국가 재창조 3대 전략

국가 재창조 3대 전략

1판 1쇄 인쇄 | 2015. 12. 3

펴낸이 한반도선진화재단
등록 2007년 5월 23일 제2007-000088호
전화 (02) 2275-8391-2
팩스 (02) 2266-2795
홈페이지 www.hansun.org

값은 표지에 있습니다.
ISBN 978-89-93093-17-9 03190

국가 재창조 3대 전략

박세일
이주호
강성진 편

한반도선진화재단
Hansun Foundation

머리말

대한민국은 2015년 광복70주년을 맞이하였다. 과거 70년 동안 우리나라는 산업화와 민주화를 동시에 이루어내면서 다른 개도국에게 부러움의 대상이 될 정도로 발전하였다. 지속적인 경제성장을 통하여 많은 나라들이 헤어나지 못하는 중진국 함정까지 잘 극복하면서 1인당 국민소득이 3만 불 수준에 접근하고 있다. 우리나라 청년층은 세계에서 뉴질랜드 다음으로 최고 학력을 가지게 되었다. 그리고 마침내 2009년 OECD의 개발원조위원회 DAC, Development Assistance Committee에 가입함으로써 한국은 원조를 받던 나라에서 원조를 주는 나라가 되었다.

그러나 과거 70년 동안 많은 성취에도 불구하고 현재 한국은 어느 때보다 큰 도전들에 직면하고 있다. 무엇보다 경제성장률이 지속적으로 둔화되고 있다. 우리나라의 1인당 실질 GDP 성장률은 1960년부터 1980년대까지는 평균 7%를 넘었으나 1990년대부터 낮아지면서 2000년대는 4%대로 떨어지고 2010년 이후에는 3% 대까지 둔화되었다. 이와 동시에 경제발전과 함께 꾸준히 개선되었던 소득불평도가 1990년대 중후반을 기점으로 악화되는 추세를 보이고 있다. 보다 심각한 것은 앞으로 다가올 것으로 예상되는 문제들이다. 우리나라는 세계 어느 나라보다도 인구 고령화의 속도가 빠르며, 국가 부채도 아직 위험수위는 아니라고 하나 빠르게 악화되고 있다. 이대로 방치하다가는 인구 절벽과 재정 절벽에 직면할 날이 머지않았다.

물론 이에 대응하여 1990년대부터 정부가 바뀔 때마다 다양한 개혁 노력이 있었지만 근본적인 문제 해결에는 거듭 실패하고 있다. 오히려 정치권은 갈수록 파퓰리즘populism의 덫에 깊이 빠져들고 있고, 정부는 갈수록 국가의 중요한 문제들을 미래지향적으로 해결하지 못하는 '약체 정부'로 전락하고 있다. 그야말로 '국가 재창조reinventing the state' 없이는 미래 희망이 보이지 않는 상황까지 온 것으로 보인다.

이러한 문제인식 아래서 한반도선진화재단은 2015년 연구 활동의 대주제를 "대한민국, 판을 바꾸자"로 정하고 각 분야의 전문가들이 국회 세미나실에서 발제하고 토론하는 '공동체자유주의 세미나'를 통하여 거의 매주 1회 국가 재창조 브레인스톰을 진행하였다. 또한 개혁 실패의 주요 원인으로 지적되는 지나친 이념 갈등을 극복하고자 합리적 진보를 지향하는 '좋은 정책 포럼'과 공동으로 두 차례의 컨퍼런스를 한국일보사 및 국회와 각각 공동으로 개최하였다. 이 책은 한반도선진화재단의 이러한 활동들의 결과물이다.

한반도선진화재단에서 공동체자유주의 세미나를 거듭 진행하면서 전문가들의 다양한 개혁 방안들을 최대한 포괄하면서도 국민 대다수가 공감할 수 있는 국가 재창조의 방향성을 담을 수 있는 기본 틀에 대한 고민이 깊어졌다. 이로부터 나온 것이 '스마트 성장', '포용적 사회발전', '지속가능한 한반도'로 구성되는 '국가 재창조 3대전략'이다. 주지하는 바와 같이 OECD와 UN과 같은 국제기구는 물론 학계에서도 최근 가장 빈번히 강조되는 핵심 단어가 지속가능sustainable, 포용적inclusive, 스마트smart 등이다. 유럽연합EU의 비전을 담은 'Horizon 2020'에서는 스마트 성장, 포용적 성장, 지속가능 성장 등을 세 가지 주요 전략으로 제시하고 있다. 다양한 민족과 종교를 배경으로 한 27개 회원국들이 합의한 유럽연합의 전략인 만큼 우리나라에서도 정파나 이념에 관계없이 동참할 수 있는 국가 재창조의 큰 방향을 제시하는데 일단 적합하다고 볼 수 있다.

세계 각국은 처한 상황은 다르지만 모두 국가 재창조를 통한 글로벌 경쟁에 돌입하고 있고, 이 과정에서 떠오른 이들 핵심 단어들은 우리에게도 논의의 출발점이 될 수 있을 것이다. 이와 같이 국가 재창조의 큰 틀은 EU, OECD, UN, 등에서 통용되는 핵심 단어들을 가져오되 안에 들어가는 구체적 내용은 물론 우리의 문제들을 심도 있게 고민한 정책과 개혁방안들을 담으려고 노력하였다.

첫째, 스마트 성장 전략에서는 더 이상 성장의 둔화 추세를 방치할 것이 아니라 성장의 엔진을 다시 점화하는 전략을 제안한다. 디지털 혁명 시대에 있어서 성장의 엔진은 인적자본과 혁신이며 이 분야에서 추격 단계의 패러다임에서 탈피하여 새로운 패러다임을 구축하기 위하여 교육개혁부터 혁신 및 창업 생태계의 조성에 이르기까지 다양한 개혁 방안들을 제시한다. 또한, 스마트 성장을 위해서는 정부부터 먼저 과감히 개혁하여야 한다. 정부가 지금까지 해 왔지만 이제는 그만두어야 할 업무들을 정리하는 한편, 정부가 해야 하지만 그 동안 제대로 수행하지 못했던 일들에 집중하면서, 일하는 방식을 민간 혹은 중간기구와 수평적으로 소통하고 협력하는 방식으로 과감히 바꾸어야 한다.

둘째, 포용적 사회발전 전략에서는 먼저 새로운 복지 패러다임을 제시한다. 단순히 나누어 주는 것이 아니라 더 많은 기회를 보장하는 방향으로, 정태적 복지에서 동태적 복지로, 정부 중심에서 민간 중심의 복지서비스 공급체계로, 치료 중심의 의료 보장에서 예방 중심의 건강 보장으로, 노후 소득 보장에서 노후 서비스 보장으로, 세대간 generation to generation 복지 정책에서 세내대 pay-go 복지 정책으로의 전환 등을 통하여 포용적 사회발전을 위한 새로운 복지 패러다임을 구축하여야 한다. 또한, 포용적 사회발전을 위해서는 정치부터 개혁하여야 한다. 정치개혁의 핵심은 정당 개혁이다. 정당을 원내 중심에서 원외 중심으로 전환하고, 정책 정당화를 이루어내는 동시에 차세대 정치지도자를 육성해 나가야 한다. 당의 운영도 전문성을 중시하는 집단 협치로 바꾸어 나가야 한다.

셋째, 지속가능 한반도 전략에서는 과거의 에너지 집약적인 경제발전 패러다임에서 친환경적인 녹색성장 발전 패러다임으로의 지속적인 전환을 제안한다. 구체적으로, 녹색 거버넌스 구축, 화석연료 보조금의 단계적 철폐를 통한 에너지 믹스의 합리화, 기존산업을 친환경적으로 전환하는 녹색화 전략 추진, 장기적 지속가능발전 전략 수립 및 전담 기구 설립, 국제사회 지속가능발전에 장기적 기여 방안 수립 등을 제안한다. 사실, 한반도의 지속가능성을 가장 위협하고 있는 것은 북한의 핵무기 개발이다. 이를 억제하고 방어하기 위한 방안들을 철저히 강구하여야 한다. 궁극적으로는 통일을 통하여 한반도의 지속가능 발전을 완성하여야 한다. 통일의지 제고, 북한동포 설득, 통일외교 강화 등을 통하여 북한의 체제변화를 유도하여야 한다.

이 책은 다음과 같이 구성하였다. 제 1부는 박세일(서울대학교 명예교수) 한반도선진화재단 상임고문의 '국가 재창조의 비전'을 담았다. 대한민국이 해방 이후 70년간 산업화와 민주화를 이룩하였다면, 앞으로 30년 내에 국가 재창조를 통하여 선진화와 통일을 동시에 이룩하여, 일인당 국민소득이 세계 최고 수준인 세계 일류국가, 동아시아의 평화를 창출하는 세계 평화국가, 인류의 보편적 발전에 기여하는 세계 공헌국가, 이 모두를 합한 '세계국가'로 발전하는 비전을 제시한다. 다음 제 2부에서부터 4부까지는 각각 스마트 성장, 포용적 사회발전, 지속가능 한반도를 주제로 2~3편의 정책 논문을 싣고 이와 함께 '공동체자유주의세미나 요약' 부문을 별도로 두어서 한반도선진화재단의 공동체자유주의 세미나에서 특별히 각 부의 주제와 관련하여 꼭 독자들과 공유하였으면 하는 발제 내용의 요약문을 발제자의 허가를 받아서 담았다.

대한민국이 현재 직면하고 있는 많은 문제들과 미래에 다가올 위기들을 잘 극복하고 선진화와 통일화를 이루어내어 세계국가로 뻗어나갈 수 있으려면, 국가 재창조의 전략에 대한 심도 있는 연구와 이를 바탕으로 한 활발한 공론화가 매우 중요하다. 한반도선진화재단이 펴내는 이 책이 미력하나마 대한민국 재창조에 조금이라도 도움이 될 수 있기를 기원한다.

그 동안 이 책의 출간을 위하여 직간접적으로 많은 도움을 주고 격려해

주셨던 한반도선진화재단의 위원님들과 회원님들, 공동체자유주의 세미나에서 발제를 해주신 교수님들과 전문가 분들, 세미나에 참석해주신 많은 분들께 먼저 깊이 감사드린다. 그리고 이 책의 구상부터 최종 출간까지 열정적으로 많은 조언과 도움을 주신 이용환 한반도선진화재단의 사무총장님, 책의 출판과 관련한 행정 업무는 물론 세세한 교정까지 노력을 아끼지 않은 이미정 사무차장님, 그리고 거의 한 해 내내 매주 개최된 세미나의 준비와 진행을 위하여 헌신적으로 수고하신 김소열 팀장, 안혜진 연구원, 민지영 연구원, 심민섭 인턴연구원에게도 진심으로 감사드린다.

2015년 11월

이주호, 강성진 배상

차례

머리말 · 4

1
비전
국가 재창조의 비전 박세일 · 13

2
스마트 성장
스마트 성장을 위한 인적자본 및 혁신 전략 이주호 · 127
스마트 성장을 위한 정부역할의 재정립 김진영 박진 · 197

공동체자유주의 세미나 요약
창조경제와 창업활성화 전략 이민화 · 254
핀테크 생태계 조성을 위한 전략 배재광 · 269
혁신과 경제민주화 이상승 · 278

③ 포용적 사회발전

포용적 사회발전을 위한 새로운 복지 패러다임 김원식 · 289

국가 재창조를 위한 정당 개혁 박세일 · 329

공동체자유주의 세미나 요약

노동개혁의 효과적 추진 방안 이인재 · 387

한국 정치의 변화와 개혁 과제 강원택 · 399

④ 지속가능 한반도

지속가능발전을 위한 저탄소 경제전략 강성진 정태용 · 409

지속가능 한반도를 위한 북한 핵무기의 효과적 억제 및 방어 전략
박휘락 · 447

지속가능 한반도를 위한 통일 전략 조영기 · 487

공동체자유주의 세미나 요약

Post-2020 신(新)기후체제와 산업경쟁력 최광림 · 532

미래전에 대비한 군 구조 개편 방향 김종하 · 540

한반도 통일을 위한 플랜A와 플랜B 천영우 · 546

國家再創造

국가 재창조의 비전

1

박세일

한반도선진화재단 상임고문
서울대학교 명예교수

문제제기, 세기적(世紀的) 4대 변화

대한민국은 어디로 가고 있는가? 많은 국민들이 걱정하고 불안해하고 있다. 국가가 나가는 방향이 잘 안 보이고 정치권의 움직임과 정부의 국정 운영이 혼란스럽기 때문이다. 솔직히 국방·외교·통일 분야도 혼란스럽고 정치·경제·사회·문화 분야도 혼란스럽다.

왜 이렇게 되었는가? 두 가지 이유 때문이라고 본다.

첫째, 지금 이 시대는 새로운 국가목표와 국가비전이 제시되어야 하고, 이를 달성하기 위한 대대적인 국가 구조의 개조 structural reinvention, 즉 국가 시스템 개조가 추진되어야 하는 시대이다. 그런데 지금 대한민국에서는 이 모든 것이 실종되고 있다. 이 시대가 요구하는 뚜렷한 (1)국가목표와 국가비전 그리고 (2)국가 재창조의 전략 – 총체적 구조개혁의 전략 – 이 제시되지 않고 있다. 그 결과 국정 안팎의 정책 혼란이 심하다. 그래서 공무원들의 무기력증이 심화되고 있고, 국민들의 좌절감이 확산되고 있는 것 같다.

둘째, 설사 국가목표와 국가 재창조 전략이 제시된다고 하여도, 이를 혼신의 열정으로 추진할 정치세력이 보이지 않고 있다. 새로운 역사를 만들 〈개혁적 정치세력〉이 보이지 않기 때문이다. 지금 이 시대는 새로운 국가목표의 설정과 국가 전반의 구조 개조가 요구되는데, 이러한 역사를 만들어 낼 새로운 국가 재창조의 〈역사주체〉가 안 보인다. 한마디로 새로운 〈국가의 그림〉도 〈추진 주체〉도 보이지 않기 때문이다.

우선 왜 이 시대는 새로운 국가의 목표와 국가비전 그리고 국가시스템 전반의 구조개혁이 요구되고 있는가? 한마디로 그 답은 우리가 살고 있는 세상의 근본 패러다임이 변화하고 있기 때문이다. 대한민국의 안과 밖에 경천동지할 구조적 변화가 진행되고 있기 때문이다. 수많은 변화가 진행되고 있으나 가장 핵심적 구조 변화만을 지적한다면 두 가지의 외부 변화와 두 가지의 내부 변화로 정리할 수 있을 것이다.

두 가지 외부 변화부터 보자. 첫째는 지구촌 규모의 초세계화 hyper-globalization 의 진행과 글로벌 경제의 구조 변화이다.[1] 특히 21세기 초세계화는 지구촌 경제를 공급과잉 – 수요부족 – 의 경제로, 그리고 일국 내 within country 분배 악화의 시대로 끌고 가고 있다. 한마디로 지구촌 전역에 〈저성장〉과 〈양극화〉의 시대가 열리고 있다. 둘째는 중국의 정치적, 경제적 급부상과 그로 인한 지구촌 권력의 세력전이 power transition – 지구패권의 이동 –

---

1) 세계화는 1980년대 말 소련과 동구의 붕괴를 계기로 본격화되기 시작하였다. 그러다 21세기 들어오면서 특히 금융의 세계화와 정보기술의 세계화가 확산되면서 지구촌 규모의 사람, 상품, 정보, 자금의 이동의 속도와 폭이 한층 빠르고 넓어지기 시작하여 국경이 더욱 더 낮아지게 되었다. 그래서 이제는 초세계화의 시대로 들어가고 있다고 한다.

의 가능성이다. 중국의 대두는 동아시아 뿐 아니라 세계의 권력지도를 바꿀 가능성을 높이고 있다. 환언하면 1990년 초 냉전이 끝나고 등장한 미국의 단일 세계 패권에 중국의 도전이 빠르게 진행되고 있다는 것이다. 그래서 전문가들 사이에 동아시아의 미래가 전쟁이냐 평화냐가 심각하게 논의되고 있다.

내부의 변화도 두 가지로 요약할 수 있다. 첫째는 포퓰리즘형 민주주의(인기영합적 민주주의)의 등장과 이의 확산으로 생기는 (1)국가능력의 추락 (2)국가 리더십의 표류 (3)국민정신의 약화, 그래서 나타나는 국정의 혼란과 국가공동체성national integrity의 약화 현상이다. 둘째는 인구노령화로 인한 국민들의 라이프 사이클life cycle의 변화와 노동시장 구조 변화로 인한 워크 사이클work cycle의 변화이다. 특히 세계화와 과학기술 혁명으로 인한 노동시장의 구조 변화는 평생직장의 감소와 불완전 고용의 증가, 노동수요의 급격한 변화라는 새로운 노동시장의 구조적 문제를 보여주고 있다. 두 사이클이 구조적 변화를 경험하면서 두 사이클의 미스매치mismatch가 증대하고 있다.

이상의 4가지 변화를 각각 간단히 살펴보도록 하자

초(超)세계화와 글로벌 경제의 구조 변화

민주자본주의 국가들 사이에 세계화 현상은 1970-80년부터 시작되었으나 지구촌 규모로 세계화의 진행은 1980년 말 경 사회주의권이 붕괴되면서 본격화되어 왔다. 구舊사회주의권이 시장경제로 편입되면서 부터이다. 2000년 이후에는 IT의 급속한 혁신에 따라 이제 초세계화hyper globalization의 단계로 들어가는 것 같다. 과거의 일국一國중심의 근대화/산업화의 시대를 끝낸 지는 오래고, 이제 다국多國중심의 세계화/정보화의 시대로 확실히 진입하였다. 이러한 변화는 무엇을 의미하는가? 이제 국가발전의 원리와 규칙rule of game이 산업화시대와는 질적으로 달라졌음을 의미한다. 그래서 이제는 국가의 각종 제도와 구조가 새로운 세계화·정보화시대에 맞추어 크게 달라지지 않으면, 더 이상의 국가발전이 어렵게 됨을 의미한다. 그래서 모든 나라들이 자국의 국가시스템 개혁을 위한 〈개혁 경쟁의 시대〉로 돌진하고 있다.

우리나라도 1994년 말부터 정부 차원에서 이러한 세계화시대가 요구하는 국가 구조개혁의 문제의식을 가지게 되었다. 그래서 1995년 초부터 김영삼의 문민정부가 총체적인 〈세계화개혁〉-사법개혁, 교육개혁, 노동개혁, 규제개혁, 행정정보화, 삶의 질 개혁 등-을 추진하였다. 그리고 김대중 정부에서도 〈4대개혁〉-기업개혁, 금융개혁, 공공개혁, 노동개혁-이라는 이름으로 세계화개혁이 지속되어 왔다. 이후 노무현 참여정부시대로 들어오면서 여러 국정개혁이 있었으나, 그 기본방향이 세계화시대에 걸맞는 외부지향성을 가지고 있지 않았고, 오히려 세계화에 역행하는 내부지향성in-ward looking-예컨대 수도이전, 역사청산위원회 등-을 가졌었다. 그리고 이명박 정부의 경우는 초기에 〈선진화 원년〉을 만들겠다고 기염을 토하였으나 개별 국정과제-예컨대 4대강 개발, 녹색성장 등-는 나름대로 활발하였으나, 국가 선진화를 위한 종합적 국가 구조개혁의 청사진이 제시되거나 추진되지는 못했다.

본래 〈선진화개혁〉은 세계화개혁의 완성을 의미하는 것이어야 했다. 세계화개혁의 초기 - 우리나라의 경우 1990년대 중반 - 에는 어차피 선진일류국가의 제도를 모방하는 [모방형 세계화]가 불가피 했지만 개혁이 성숙단계에 들어서면서 - 2000년대 중반 - 세계화는 반드시 [창조적 세계화]가 되어야 했다. 그리고 그 창조적 세계화가 성공할 때 명실공히 세계일류 선진국가가 되는 선진화가 완성된다고 볼 수 있다. 그래서 우리나라에서는 건국 → 산업화 → 민주화 → 세계화 → 선진화 → 통일로 연결되는 일관된 국가개혁의 철학과 방향감이 제시되고 추진되어 왔어야 했다.

그런데 앞에서 보았듯이 2000년 대 중반부터 이 철학과 방향감에 혼란과 혼선이 나타났다. 2013년 박근혜 정부에 들어서도 국가 구조개혁의 철학과 방향은 아직 제대로 정리되어 제시되고 있지 않다. 2014년 초 발표한 통일 대박론은 시의적절 하였지만 - 아니 오히려 늦은 감이 있지만 - 새로 제기된 [통일준비전략]과 그동안 가다 쉬다해 온 [국가 구조개혁]과의 관계가 종합적·체계적으로 연계되어 하나의 [국가 재창조 청사진]으로 제시되지 못하고 있다.

사실 국가 구조개혁의 내용은 불가피하게 세계화개혁 그리고 선진화개혁일 수밖에 없지만, 이 국가 구조개혁이 어떻게 통일준비전략과 연계되어 하나의 [선진통일을 위한 큰 국가 재창조과정]으로 이해되어야 하는가? 하나의 [큰 국가 재창조계획] 속에 통일전략과 국가 구조개혁이 어떻게 유기적으로 연계되어야 하는가? 또한 그러한 관계 속에서 어떻게 추진되어야 하는가? 등이 전혀 제대로 제시되지 못하고 있다. 그러면서 집권 초기에는 경제민주화로 시작하여 그 이후에는 창조경제, 규제혁파, 비정상의 정상화 등 국정개혁의 초점이 끊임없이 이동 변화하여 왔고, 그리고 최근에는 연금개혁, 노동개혁 등에 노력하는 모습을 보이고는 있으나, 아직도 체계적인 큰 그림이 보이지 않고 있다.

20세기의 세계화와 대비할 때 21세기 세계화는 몇 가지 질적인 변화를 하고 있다. 그래서 세계화라는 흐름에의 제도적 적응을 목표로 하는 국가구조개혁 – 세계화개혁 – 은 이러한 새로운 변화에 대하여도 충분한 대비를 하여야 한다. 다음과 같이 3가지 질적 변화가 있다.

첫째는 글로벌 경제가 구조적으로 공급과잉 – 투자와 소비 수요부족 – 의 시대로 들어가고 있다는 사실이다. 환언하면 지구촌 경제가 과잉공급, 과잉생산 능력의 시대로 들어가고 있다. 거대 국가인 중국, 인도, 브라질 등은 물론 동유럽의 과거 사회주의권, 동남아, 라틴 아메리카 심지어는 아프리카의 저개발국까지도 본격적으로 세계화에 참여하고 있다. 그래서 지구촌 경제가 전체적으로 공급과잉의 단계로 진입하고 있다. 대부분의 국가가 저임금에 기초하여 수출입국의 길을 가고 있다.

반면에 수요 측을 보면 선진국 인구가 빠르게 고령화 aging 하여, 민간의 소비수요가 추세적으로 줄고 있고, 또한 성장경제에서 〈성숙경제〉로 들어감으로서 선진국 성장률 자체도 추세적으로 낮아지고 있다. 또한 2차 세계대전 이후 고도성장시대에 도입된 다양한 복지정책 때문에 거대한 재정적자가 누증되어 정부투자와 정부소비의 여력도 많지 않다. 여기에 2008년 금융위기 이후 많은 세계 기업들은 아직 채무상환 중 de-leveraging 이므로 새로운 민간투자 여력도 많은 편은 아니다.

이제는 어느 나라든 새로운 경제 프론티어frontier – 새로운 상품 혹은 새로운 지역시장 – 를 찾거나, 경제의 질적 개선 – 기술혁신과 생산성 향상 – 없이는 경제도약의 계기를 찾기 대단히 어려운 시대가 되고 있다. 이와 동시에 새로운 21세기형 성장전략의 구상도 필요하다. 즉, 좀 더 포용적이고 좀 더 지속가능한 성장전략이 필요하다. 그래서 이제는 혁신과 생산성 뿐 아니라 고용 내수 중소기업 서비스 환경 금융안정 등을 보다 중시하는 방향으로 성장전략이 재창조되어야 한다.

둘째는 21세기 초세계화 시대로 들어가면서 금융 글로벌화가 보다 자주 주기적으로 호황boom과 불황bust을 만들어 내고 있다. 그래서 세계경제의 불안전성(급변가능성)이 크게 높아지고 있다. G20들이 모여 여러 가지 제도와 정책 변화를 시도하지만 이러한 노력들이 시장의 변화 속도를 못 따라가고 있는 것 같다. 언제 어디서 어떠한 형태로 올지 모르지만 머지않아 또 큰 규모의 금융위기가 올 것으로 보인다. 따라서 앞으로 개별국가가 〈경제 성장전략〉과 더불어 〈경제 안정화전략〉 – 예컨대 금융시장에 대한 신중규제prudential regulation 등 – 도 중요한 국가전략의 목표가 되어야 할 것이다.

셋째는 세계화의 진전에 따라 국가 간 – 선진국과 후진국 – 의 분배문제는 크게 개선되어 오고 있으나, 일국 내 분배문제는 지속적으로 악화되고 있다. 미국은 1970년대부터, 그리고 다른 선진국은 1980~90년대부터 중산층의 몰락과 양극화 경향이 등장하고 있다. 이 문제를 어떻게 풀 것인가가 대단히 중요한 국가과제가 될 것이다. 강한 노조나 최저임금 인상 등을 통한 20세기적 분배정책으로는 이 문제를 풀 수 없을 것이다. 또한 다양한 복지프로그램을 통한 20세기적 재분배정책만으로도 소득분배 개선에 한계가 있다.

왜냐하면 21세기 분배 악화의 기저에는 뒤에서 보겠지만 3가지 큰 변화가 진행되고 있기 때문이다.

첫째는 초超세계화되면서 〈세계화 부문〉과 〈비非세계화 부문〉 간의 격차의 증대이다. 수출산업, 제조업, 대기업, 고급인력 부문과 내수산업, 서비스, 중소기업, 중급 내지 저급 기술 부문 간의 격차가 증대하고 있다.

둘째는 인구구조의 변화이다. 저출산·고령화라는 변화이다. 그래서 라이프 사이클이 변화하고 있다. 노인 기간이 장기화되면서 이들에 대한 보다 정교한 사회정책이 필요하게 된다. 20세기적 노인복지정책이 근본적으로 재검토되어야 하고, 또한 고령화로 인한 새로운 사회적 위험의 등장을 잘 관리하는 거버넌스가 준비되어야 한다. 그러하지 못하면 노인빈곤의 문제, 노인층의 내부 격차의 문제가 심화된다.

셋째는 세계화로 인한 경영환경의 변화와 과학기술의 변화로 인한 노동시장 구조변화이다. 그래서 장기고용, 평생고용은 사라지고 단기고용과 비정규직이 급증한다. 그러면서 취업, 교육, 실업, 휴식(노동시장 비 참여) 간의 쌍방향 혹은 다방향의 노동이동이 격화된다. 그래서 워크 사이클work cycle의 변화가 일어나고 있다. 이 문제를 잘 대처하지 못하면 소위 비정규직 문제, 취업빈곤working poor의 문제, 대졸자 실업 문제 등이 나타난다. 따라서 21세기 분배악화 문제를 다루려면 20세기적 분배정책이나 재분배정책만으로는 불충분하다. 교육개혁, 노동시장정책, 복지정책, 신新위험관리

거버넌스, 안심 거버넌스 등 새로운 종합적인 [21세기적 사회정책]이 함께 준비되어야 한다.

20세기적 세계화의 움직임 – 상품, 사람, 자본, 정보 등의 국가 간 이동의 증대 – 에 더하여 이상의 3가지의 21세기적 구조변화(저성장, 불안정, 분배악화)가 추가되기 때문에 21세기 초세계화가 요구하는 국가 시스템 개혁 – 세계화개혁 – 도 보다 복잡하고 보다 종합적이고 체계적이 되어야 한다. 김영삼 시대의 세계화개혁을 제1차라고 부른다면 이제 보다 본격적이고 종합적인 〈제2차 세계화개혁〉 – 21세기 국가 재창조가 필요한 때라고 볼 수 있다.

중국(中國) 부상과 세계 권력지도의 변화

21세기 들어서면서 중국의 부상이 더욱 괄목하다. 반면에 미국 영향력은 상대적으로 약화의 길로 들어서고 있다. 물론 미국의 영향력은 아직도 절대적이다. 그 절대적 영향력은 상당기간 지속될 것이다. 그러나 중장기적으로 볼 때 상대적 하락은 불가피하다. 결국 장기적으로는 동아시아의 권력 균형 balance of power 이 바뀌어 지고 있다. 환언하면 미국과 중국 간의 세력 전이가 진행되고 있다고 보아야 한다. 그래서 과연 중국이 평화적으로 굴기할 수 있는가 Can China rise peacefully 가 큰 관심이다. 지난 500년간 세계에는 15번의 세력전이가 있었다. 즉 지난 500년간 세계의 기존 패권국가와 그 패권에 도전하는 도전국가 간의 패권경쟁이 15번 있었다. 이중 11번이 전쟁을 초래하였다. 그래서 중국의 부상이 평화적으로 진행되지 않을 것으로 보는 전문가들도 많다[2]. 그런데 이러한 불확실성이 높은 역사 가운데 북한은 비정상성을 더욱 공고화 아니 강화하고 있다. 국민들의 먹는 문제를 풀지 못해 체제 실패의 가능성이 높아지고 있다. 그럼에도 불구하고 핵개발 추진은 더욱 본격화되고 국내 인권탄압은 더욱 강화되고 있다. 이제 마지막 절벽을 향하여 폭주하고 있는 듯하다.

그래서 한반도는 이제 중국의 힘이 굴기하는 와중에 - 미중 간의 긴장이 높아지는 와중에 - 통일이냐, 분단이냐의 갈림길로 몰리고 있다. 한마디로 [북한의 한국화]인가, 아니면 [북한의 중국화]인가의 선택이 강요되고 있다. 어느 학자들은 통일이 우리의 선택의 문제인가? 강대국들의 전략적 선택이 더 중요하지 않겠는가? 하고 반문할지 모른다. 그러나 뒤에서 상론하겠지만 사실은 그렇지 않다. 강대국은 지금 우리의 준비와 결의를 지켜보고 있다. 우리가 어떠한 준비와 각오, 그리고 선택을 하느냐가 한반도 통일의 성공여부를 가르는 가장 중요한 변수가 되고 있다. 나아가 사실은 한반도가 통일에 성공할 것인가의 여부가 동아시아의 미래가 평화의 장이 될 것인가? 전쟁의 장이 될 것인가를 결정한다고 보아야 한다. 환언하면 통일 한반도는 중국의 평화적 부상을 촉진할 것이고, 분단 한반도는 중국의 평화적 부상을 어렵게 할 것이다. 그래서 한반도의 통일은 사실 한민족만의 미래가 달려 있는 문제가 아니다. 동아시아 전체의 미래가 달려있는 문제이기도 하다.

---

2) 경제적 상호의존성이 높기 때문에 전쟁의 가능성은 낮다고 보는 견해가 있다. 미국의 자유주의자(liberalism)들의 견해가 그러하다. 그러나 1차 세계대전 때 영국과 독일의 경제상호 의존도는 지금의 미국과 중국의 의존도 보다 높았다. 경제의 상호의존의 심화는 전쟁의 가능성을 줄이지만 전쟁의 가능성을 없애지는 못한다고 보아야 할 것이다.

우리는 지금 통일을 할 의지를 가지고 있는가? 통일준비는 제대로 하고 있는가? 통일의 시대를 열 국내외 전략은 종합적으로 수립되고 철저하게 추진되고 있는가? 어떠한 〔선진통일대전략〕 하에서 이러한 준비가 이루어지고 있는가? 그리고 이 한반도의 〔선진통일대전략〕이 지금까지 대한민국의 세계화 – 선진화개혁의 연장선상에서 요구되는 〔국가 구조개혁〕과 어떻게 연계되어 있는가? 아니 어떻게 연계되어 있어야 하는가? 지금 우리에게 필요한 것은 단순한 국가개혁 – 국내 내정개혁 – 이 아니라, 〔국가 재창조〕 – 국내개혁과 통일전략의 통합 – 이다.

포퓰리즘 민주주의와 국가공동체성의 약화

한국의 민주화는 대단히 압축적으로 진행되어 왔다. 짧은 기간에 이룬 큰 성공이었다. 그러나 좀 비판적으로 이야기하자면 〈졸속 민주화의 특징〉을 가지고 있다. 선거로 대표를 뽑는 선거민주주의의 정착에는 성공하였지만, 지금 가장 큰 문제가 되는 것은 인기영합주의 즉, 포퓰리즘이다. 인기영합적 선거공학만이 판을 치고 있다. 이러다보니 국가개혁 과제나 국가전략에 대한 논의는 사라져 버렸다. 포퓰리즘이 확산되면 정치가 목소리 큰 이익집단 – 예컨대 대기업, 대형 로펌, 대형 노동조합, 각종 직종 지역집단 등 – 에 포획당하는 경우가 빈번해지고, 그렇게 되면 국민과 국가의 이익을 소중히 하는 〈민본적民本的 민주주의〉는 지켜질 수 없다. 국민 전체의 이익을 무시하는 이익집단 민주주의 interest group democracy와 표만을 의식한 대중영합적 민주주의 populism가 결합을 하게 되는 셈이다. 그러면 국정운영은 산으로 올라간다. 그리고 민주주의는 비非민본적 민주주의 내지 천민賤民민주주의로 변화한다.

이러한 천민賤民민주주의화 – 포퓰리즘과 집단이기주의의 야합 – 가 진행되면 정치에서 공公 – 공적가치나 공적목적 – 이 사라지고 사私 – 사적이익 – 만이 난무한다. 국가목표와 국가전략에 대한 논의는 없어지고 정치의 사유화私有化, 사물화私物化가 나타난다. 국가경영형 정치는 사라지고 권력투쟁형 정치만 요란해진다.

그 결과는 사회갈등과 국민 분열의 확대이다. 그리고 더 나아가서는 국가공동체성이 약화되고 해체하는 경향을 가진다. 그러면 〈약체국가〉를 넘어 〈표류국가〉가 된다. 국가의 목표와 가치가 약화되고 국민정신 즉, 나라사랑의 마음, 나라에 대한 자긍심, 국민의무에 대한 감사, 국가봉사에 대한 의지 등이 모두 표류하게 된다.

우리나라에서 민주주의의 천민화賤民化가 진행되면 두 가지 문제가 발생한다. 첫째는 국가 재창조가 불가능해진다. 시대가 요구하는 국가시스템 전반의 구조개혁을 구상하지도 추진하지도 못하게 된다. 아니 설사 훌륭한 국가 재창조의 비전과 전략이 제시된다고 하여도 이를 추진할 국가동력 내지 국가능력 state capacity 이 생기지 않기 때문이다. 천민賤民민주주의 하에서는 정치의 국가비전 구상 및 추진능력을 비롯해서 정치의 국민통합과 국민설득능력도 모두 약화되기 때문이다.

둘째는 통일의 완성이 어렵게 된다. 천민민주주의 하에서 한반도 통일의 시대를 과연 성공적으로 열 수 있는가? 하는 문제이다. 통일이 경제적으로 큰 이익이 되는 것은 별도의 증명을 요하지 않는다. 그러나 통일과정을 지금의 대한민국의 〈천민민주주의〉 - 공적 목적과 가치를 상실한 민주주의 그리고 포퓰리즘과 집단이기주의의 야합이 판치는 민주주의 - 가 제대로 관리하고 성공시킬 수 있는가?

미국의 한 학자는 2015년 초에 한 문건을 통하여 한반도 통일이 남한의 5천만과 북한의 2만5천만을 하나로 모아 흔들어 놓았을 때 과연 한국의 민주주의가 남북통합을 성공적으로 관리할 수 있을까? 과연 한국 민주주의는 제도적, 문화적, 교육적, 사상적 준비가 되어 있는가를 걱정하고 있다[3] 미국의 또 다른 학자는 이미 2006년에 대한민국은 앞으로 민주주의 때문에 통일을 하지 못할 것 같다고까지 비관적인 주장을 한 적이 있다[4]. 분명 이 문제가 앞으로 대한민국에서 가장 큰 도전이 될 것이다. 그래서 지금 정치개혁, 선거개혁 등을 논의할 때 - 대한민국의 민주주의의 개혁을 논할 때 - 반드시 통일과정에서 발생할 문제 등을 감안한, 더 나아가서는 통일 이후를 감안한 〈통일 거버넌스〉의 창조라는 관점이 들어가야 한다. 그래야 〈분단 민주주의〉 시대를 넘어 통일이후의 〈통일 민주주의〉의 시대를 올바로 열 수 있을 것이다.

---

3) 이 문제는 대단히 중요한 문제이다. Brookings 연구소의 Kathy Moon 박사는 다음과 같은 견해를 밝힌 적이 있다. " - 통일에 대한 나의 걱정은 경제가 아니라 정치이다. - 과연 통일이 남한의 민주주의와 한반도 전체의 민주주의에 어떠한 영향을 미칠까? 대한민국의 민주주의는 아직 대단히 젊다. 민주화한지 아직 한 세대정도 밖에 지나지 아니했다. 그래서 대한민국의 민주주의는 아직 깨지기 쉽고 공격받기 쉽다(fragile and vulnerable)). 남한의 5천만과 북한의 2만 5천만을 함께 묶어 흔들어 놓았을 때 어떠한 민주주의가 등장할지 - 남북통합을 관리할 어떤 민주주의가 등장할지 걱정이 된다. 이 일을 성공적으로 해낼 제도적 준비, 문화적 준비, 교육적 준비, 사상적 준비 등은 어떻게 해야 할지? " -

4) Robert D. Kaplan: When North Korea Falls, Atlantic Monthly, Oct. 2006

과학기술과 인구구조 변화와 생애 노동주기(life-work cycle)의 변화

우리사회에 최근 복지문제가 큰 국정과제로 논의되고 있다. 그런데 19세기에도 20세기에도 복지는 항상 문제되어 왔다. 문제는 21세기의 복지문제는 과거 20세기와는 그 문제의 핵심이 크게 달라진다는 데 있다. 인구와 노동시장에 구조적 변화가 있기 때문이다. 즉 급속한 노령화로 인하여 국민들의 라이프 싸이클이 변화하고 있기 때문이다. 동시에 IT, BT, NT, ET 등 새로운 첨단 과학기술의 발달이 눈부시다. 여기에 계속되는 초세계화 경향으로 인하여 기업의 경영환경이 크게 바뀌고 있다. 그 결과 노동시장에서 워크 싸이클이 질적 변화를 하고 있다.

우선 라이프 싸이클의 변화를 보면 이제 노령인구가 늘고 평균수명이 빠르게 장기화하면서 앞으로는 노령화는 제1기와 제2기로 나누어야 할 지 모른다. 예컨대 제 1기란 아직 노동능력이 상당히 남아 있는 65-80세까지로 보고, 제2기는 사실상 노동능력이 대단히 제한적인 80세 이후로 보는 것이 좋을 것이다. 이렇게 노령화를 2단계로 나누어 각 단계에서 노동(part-time 노동, 제 3 sector에서의 자원봉사 등)과 여가(운동과 명상 등) 그리고 교육(청소년 교육 혹은 손자손녀 교육 등)을 어떻게 조합하여 노령인구의 삶의 의미와 사회에 대한 기여와 보람을 극대화할 것인가 등을 준비하여야 한다. 새로운 21세기형 라이프 싸이클 모델을 창조하여야 한다. 그리고 거기에 맞게 정부의 교육·노동·복지 프로그램을 재구성하고 재창조하여야 할 것이다.

과학기술 발달과 초세계화로 인한 노동시장의 구조변화를 보면 가장 중요한 것이 21세기 〈노동시장의 유동화〉이다. 즉 장기고용의 축소, 생애직장의 소멸, 단기고용과 비정규직의 증가, 그리고 취업과 교육과 실업과 휴식(노동시장 비참여) 사이에 노동이동의 격화 등이다. 20세기 노동시장에서는 〈장기취업-정규직 취업-생애직장〉이 기본 특징이었다면 21세기에는 이러한 모든 것이 사라지고 있다. 한마디로 안정적 노동시장에서 노동이동이 급증하는 [이동노동시장 transitional labor market]으로 바뀌고 있다. 그래서 21세기는 부문 간 노동이동 - 즉 교육 - 고용 - 실업 - 휴식 사이의 이동 - 을 원활하게 촉진하는 적극적 노동시장 정책 active labor market policy - 고용알선, 교육훈련 등 - 을 많이 준비해야 한다.

이러한 노동시장의 유동화에 대비하여 교육시장도 다양화 되어야 한다. 단순히 학교교육만 가지고는 안 된다. 보다 유연한 평생교육이 준비되어야 한다. 또한 교육내용도 과학기술과 경영환경의 변화에 따라 지속적으로 개선 upgrade 되고 다양화되어야 하고 세계화되어야 한다. 복지정책도 이러한 노동시장의 유동화, 교육시장의 다양화에 따라 보다 맞춤형이 되어야 한다. 그리고 직종이나 직장의 이동시 기존 직종이나 직장의 복지프로그램을 가지고 갈 수 있는 복지프로그램의 이동성 portable 도 높아져야 한다. 한마디로 노동, 교육, 복지 모두에서 보다 다양하고 유연한 그리고 유기적으로 연계된 맞춤형 정책이 많아져야 한다.

한마디로 인구노령화와 노동시장 변화라는 구조변화를 잘 관리하지 못하면 소위 신 위험사회 new risk society 가 - 가족해체, 사회아노미, 불완전고용 underemployment, 희망격차, 자살과 질병 등 - 등장할 수 있다. 따라서 뉴 교육 - 뉴 노동 - 뉴 복지 - 뉴 라이프 모델을 결합한 〈21세기형 사회정책〉,

새로운 〈21세기형 안심사회 거버넌스〉를 창출하여야 한다.

이상의 4가지 구조변화는 우리 대한민국의 국가시스템을 근본적으로 재검토하고, 새로 구축하여야 함을 요구한다. 한마디로 〈국가 재창조〉를 하여야 함을 요구한다. 그리고 이 국가 재창조 속에는 한반도 선진통일전략, 제2차 세계화개혁, 새로운 포용적 성장 전략, 분배개선 전략, 포퓰리즘 민주주의 극복 전략, 기존의 교육·고용·복지의 재구조화와 21세기형 안심사회 거버넌스의 창출 등이 모두 함께 들어 있어야 한다.

21세기 대한민국의 꿈, 선진통일 세계국가

우리는 앞장에서 한반도 안과 밖에서 일어나는 몇 가지 중요한 구조변화를 살펴보았다. 이러한 변화에 국가적 대응을 올바로 하려면 가장 중요한 것이 우리가 나아갈 국가목표와 방향 - 국가의 꿈 - 을 확정하는 것이다. 목표가 확실하여야 여러 환경적 구조변화에 대하여 올바른 대응방식을 세울 수 있다. 환언하면 비전과 목표가 확실하여야 그 방향으로 나가기 위한 올바른 국가 재창조 과제들을 선정하고 그 과제들을 풀 수 있는 올바른 국가 재창조 전략을 세울 수 있다.

지난 150년 한반도의 꿈 - 〈근대적 국민국가〉 만들기

한반도의 꿈은 무엇인가? 어디서 와서 어디로 가고 있는가? 아니 가야 하는가? 한반도의 꿈은 지금부터 약 150년 전 즉 1860년대 이후 한 가지 꿈을 가지고 살아 왔다[5]. 즉 그것은 한반도에서 [근대적 국민국가 modern nation state] 만들기였다. 그 꿈이 지난 70년간 한반도의 남쪽, 대한민국에서만 성공적으로 이루어 졌다. 북에서는 실패하였다. 아니 북은 전근대적 신민臣民국가내지 봉건적 신정神政국가로 남아 있었다.

앞으로 한반도가 자유주의 통일을 하게 되면 남과 북 모두에 국민국가가 완성될 것이다. 아마 통일은 지금부터 5년 안에 남과 북의 관계가 결정적으로 변화하면서 통일과정에 들어 갈 것이다. 그리고 그로부터 약 10년간의 압축적 통일과정 – 북한의 변화와 남북의 통합과정 – 을 거치면서 2030년 초 까지는 통일이 완성될 것이다. 아니 완성되어야 할 것이다.

그 이후 통일 한반도가 약 20년 정도의 고도성장을 계속하면 대한민국 해방 100년 건국 약 100년이 되는 2050년경까지는 통일 한반도는 [국민국가 nation state의 완성]의 단계를 넘어 [세계국가 global state로 도약]하게 될 것이다. 지난 150년 전부터 꿈꾸던 근대 국민국가를 한반도 통일의 완성을 통하여 이룩하고, 건국 약 100년이 되는 2050년경 세계국가로 부상하는 것이 우리 한반도의 꿈이다.

150년 전으로 다시 돌아가 살펴보자. 1860년대 경부터 한반도의 최대의 국가과제는 [봉건 군주국가]의 시대를 끝내고 [근대적 국민국가]를 만드는 것이었다. 근대 국민국가란 3가지 특징을 가지는 국가이다. 첫째는

---

5) 조선의 닫혀 있던 문을 열려고 하는 서양의 움직임은 1860년대부터 시작된다. 역사상 서양과의 첫 무력충돌은 1866년 7월 미국상선 제너럴 셔먼호가 대동강을 거슬러 올라 왔을 때이다. 곧이어 1866년 9월 프랑스군이 강화도를 점령하고 통상조약 체결을 요구한다. 이것이 병인양요이다.

개항과 개방의 국가이다. 지금까지의 폐쇄의 시대를 벗어나 이웃나라와 개항하고 교류·무역하는 나라가 되는 것이다. 둘째는 산업화국가이다. 지금까지의 농업중심사회를 벗어나 산업화하고 부국강병富國强兵하는 나라를 만드는 것이다. 셋째는 국민주권의 국가 즉 민주화국가이다. 군주주권의 시대를 벗어나 국민주권의 시대를 여는 것이다. 이 3가지 특징을 가지는 근대적 국민국가를 만드는 것이 1860년대부터 한반도의 시대적 역사적 과제였다.

이러한 역사의 요구에 대하여 두 가지 대응이 있었다. 〔문명개화파〕는 적극적으로 개항하고 외국과 교류하면서 산업화하고 나아가 국민주권의 시대를 열어나가자는 입장이었다. 반면에 〔수구척사파〕는 "개항은 매국이다"라고 하면서 개방에 반대하고 봉건적 농업사회와 군주주권의 시대를 고수하려는 입장이었다. 이 두 가지 정반대의 국가전략이 한반도에서 싸움을 하다가, 결국은 일본의 식민지가 되었다.

해방 이후 대한민국은 문명개화파의 국가전략을 선택하여 1960년대부터 본격적인 산업화와 80년대부터 본격적인 민주화에 성공하면서 근대적 국민국가 만들기에 성공하였다. 그러면서 21세기를 맞이하게 된다. 반면에 북한은 수구척사파의 국가전략을 선택하여 반反개방의 전前근대적 신민臣民국가를 유지하여 온다. 산업화에 실패한 3대세습의 봉건적 신정神政국가를 지속하여 온다. 북한에서는 근대적 국민국가 만들기에 철저히 실패한 셈이다. 아니 역사를 역주행하여 왔다. 그래서 21세기 초까지 한반도의 근대국민국가 만들기는 〈반쪽의 성공〉에 불과한 셈이다. 자유주의 통일이 되어야 비로소 북한까지 포함한 한반도 전체의 〈국민국가 만들기〉가 완전히 성공하게 될 것이다.

다시 정리해 보자! 대한민국은 해방과 건국 이후 두 산을 넘어 왔다 하나는 [산업화의 산]이고 다른 하나는 [민주화의 산]이다. 그래서 21세기 초 우리는 경제적·정치적 근대화에 모두 성공한, 환언하면 근대적 국민국가 만들기에 성공한 중진국 선두주자가 되었다.

앞으로 2048년 대한민국 건국 100년이 되기 전에 우리는 두 개의 산을 더 넘어야 한다. 하나는 [선진화의 산]이고 다른 하나는 [통일의 산]이다. 선진화란 성숙한 산업화와 성숙한 민주화를 이루어 세계일등국가, 세계모범국가, 세계존경국가가 되는 것이다. 통일은 물론 한반도 전체에 근대적 국민국가 만들기가 완성되는 것을 의미한다. 통일은 단순히 분단 이전으로의 복귀가 아니다. 분단을 넘어 한반도 전체에 완전히 새로운 근대적 국민국가인 이상적 통일국가를 창조하는 과정이 될 것이다.

그런데 선진화와 통일은 동전의 양면과 같을 것이다. 즉 대한민국이 선진화의 힘-선진일등국가로서의 국력-을 가져야 통일에 성공할 수 있고 또한 한반도 통일의 성공을 통하여 대한민국의 선진화가 완성될 수 있을 것이다. 그래서 앞으로 해방 100년, 건국 100년이 되기 전에 우리는 두 산이 아니라, 〈선진통일〉이라는 큰 산을 하나만 넘으면 된다. 지금까지 넘은 산업화와 민주화라는 산 보다 더 큰 산이 될 것이지만, 우리는 이 선진통일의 산을 넘어 한반도 전체를 선진화하는 통일을 이루고 나아가 해방 100년, 건국 100년 전에 우리는 반드시 세계국가로 웅비하여야 한다.

해방 100년의 꿈, 건국 100년의 꿈 – 국민국가를 넘어 세계국가로

상등국가 – 세계일등국가

선진통일을 통하여 우리는 무엇보다 먼저 세계일등국가를 이룩하게 될 것이다. 물론 세계일등국가는 경제적 의미만은 아니다. 세계일등국가가 되려면 세계에서 존경받는 모범국가, 양심국가가 되어야한다. 그렇지만 가난한 세계일등국가는 없다. 그래서 일등국가란 경제적으로 일등하는 나라가 되어야 한다. 한반도가 통일하면 남과 북이 서로 시너지 효과를 내면서 동반성장할 뿐만 아니라 한반도 통일의 계기로 동북 3성과 산동성은 물론 러시아의 극동지방, 일본의 서해안 지역 모두가 함께 발전하는 동아시아의 시대가 열릴 것이다. 지구촌 경제에서 가장 역동적인 새로운 [동아시아 경제권]이 등장할 것이다. 그 바로 가운데 통일 한반도가 놓이게 된다. 그래서 선진통일이 이루어지면 통일 한반도는 세계 최고의 소득수준을 보이는 일등경제의 국가가 될 것이다.

그래서 2012년 영국의 Economist지는 통일 한반도가 2050년에는 1인당 국민소득이 세계 1등을 한다고 예측했다. 지수로 표현하면 2050년 예상되는 대한민국의 1인당 국민소득이 105, 미국이 100, 독일이 88, 일본 58 등으로 나오고 있다. 전문가들이 보고 있는 이 이론적인 가능성을 역사적 현실로 만드는 것은 대한민국의 책임이고 역할이다. 이러한 의미의 세계일등국가를 만드는 것이 바로 대한민국의 꿈이다.

주지하듯이 중국은 건국 100년이 되는 2049년까지 〈중화민족의 위대한 부흥〉으로서 〈현대적 사회주의국가〉를 만든 것을 꿈으로 삼고 있다. 그러면 우리의 꿈은 무엇인가? 우리의 꿈은 건국 100년이 되는 2048년까지 세계국가로의 도약 즉 세계일등국가, 세계중심국가, 그리고 세계양심국가를 만드는데 있다. 그래야 세계에 존경을 받는 그리고 세계발전에 기여하는 세계모범국가가 될 수 있다.

평화중심 - 세계평화국가

우리 꿈 속에는 중국의 꿈과 다른 것이 하나 있다. 즉 우리는 세계일등국가만이 아니라 〔세계중심국가〕가 되고 싶은 오래된 염원이 있다. 세계중심국가의 꿈이란 세계역사에 핵심적으로 기여하는 나라가 되고 싶은 꿈이다. 한반도는 고구려가 망하고부터 1894년 청일전쟁에서 청나라가 패할 때까지 사실상 중국의 변방 속국이었다. 조공을 바치고 세자책봉을 받아야 하는 변방속국이었다. 일제 36년간 동안은 일본의 변방이었다. 그리고 해방 후에는 북은 소련의 변방, 남은 미국의 변방이었다. 우리 민족에는 〔세계변방의 역사〕를 끝내고 〔세계중심의 역사〕를 만들고 싶은 강렬한 꿈을 가지고 있다. 약 1400년 전에 자장율사가 선덕여왕에게 건의하여 진 황룡사 9층탑에 바로 이러한 염원이 서려 있다. 황룡사 9층탑을 세우면 백제와 고구려를 통일할 수 있을 뿐 아니라 이웃의 9나라 - 일본 한족 예맥 등 - 가 통일신라에 와서 조공을 바칠 것이라는 즉 〈신라가 세계중심국가가 된다〉는 강렬한 염원이 있었다. 물론 오늘의 국제관계는 과거와 같은 상하관계 속에서의 중심국가가 되는 시대는 아니다.

변방의 시대를 끝내고 중심국가가 되겠다는 염원은 두 가지이다. 하나는 이제 명실상부한 〈자주독립국가〉가 되겠다는 것이다. 〈자강 자주 자립〉의 국가를 만들겠다는 것이다. 그리고 다른 하나는 이제 세계발전에 적극적이고 핵심적으로 기여하는 나라가 되겠다는 것이다. 어떠한 기여를 하고 싶다는 것인가? 세계의 평화와 번영에 - 우선 시작은 동아시아의 평화와 번영에 - 기여하고 싶다는 것이다. 그래서 우리는 세계평화중심국가가 되고 싶다는 것이다.

앞으로 우리가 선진화와 통일을 이루면 한반도를 중심으로 하여 만주의 동북3성, 극동 시베리아, 산동성과의 환環서해권 경제, 일본 서쪽과의 환環동해권 경제 등으로 한반도 통일의 정치·경제적 효과가 퍼져 나가면서, 동아시아 전체가 급속한 번영과 평화의 시대를 열어 나갈 것이다. 이러한 변화 속에서 통일 한반도는 단순히 세계일등 국가가 되는 것으로 끝나지 않는다. 한반도는 21세기 전반부 세계에서 가장 역동적으로 성장할 동아시아의 중앙에 위치하고 있어 자연스럽게 우리는 [세계중심국가]가 될 것이다. 그래서 우선 〈동아시아 경제공동체〉를 만들어 나가는데 선도적 역할을 해야 할 것이다.

그리고 이 동아시아 경제공동체를 기반으로 〈동아시아 안보협력체〉 - 다자 간多者間 부전不戰조약, 비핵지대의 확대, 군축과 분쟁해결의 제도화 등 - 를 만들어 나가려 한다. 이 역사적 사업에 통일 한반도가 또한 선도적 중심적 역할을 하여야 한다. 그래서 동아시아 전체를 세계적 번영과 평화의 중심지로 만들어 나가야 한다. 이것을 우리는 동아시아의 선진화라고 부른다. 그래서 우리가 주장하는 〈선진통일〉은 한반도의 선진화로 끝나지 않고 〈동아시아의 선진화〉 - 동아시아의 경제공동체와 안보협력체 구축

-까지 이룰 것을 목표로 하고 있다.

그러면 한반도가 1400년의 오랜 꿈을 이룰 수 있게 될 것이다. 오랜 변방의 역사의 시대를 끝낼 수 있게 된다. 당당히 통일 한반도가 되어 중국과 일본과 어깨를 나란히 하면서 동아시아의 역사발전에 기여하는 나라가 될 것이다. 결국 통일 한반도는 동아시아의 4극四極 - 중국, 한반도, 일본, 동남아시아 - 중 일극一極을 이루어 나갈 것이다. 한반도가 세계변방의 시대를 끝내고 세계중심의 시대를 열게 될 것이다. 이것이 2048년 대한민국 건국 100주년이 되기 전에 우리가 이루어야 할 또 하나의 대한민국의 꿈이다.

사상(思想)대국 – 세계양심국가

21세기는 〈통通종교의 시대〉가 될 것이다. 지금까지의 다양한 종교들이 하나로 융합하는 시대가 될 것이다. 종교 간 갈등과 대립의 시대를 끝내고 서로 존중하고 화합하는 시대가 될 것이다. 여기에 통일 한반도가 앞장서 기여할 수 있을 것이다. 주지하듯이 한국에는 약 1200~300만 명의 불교와 유교 등 동양 종교 내지 동양 사상을 따르는 신자들이 있다. 또한 비슷한 규모의 천주교catholic 신자와 기독교christian 신자 들이 있다. 동양과 서양의 종교가 비슷한 규모로 서로 존중하고 화목하게 지내는 나라가 이 지구촌에는 대한민국 이외에는 없는 것 같다. 이는 무엇을 의미하는가?

대한민국 국민의 심성 속에 지구 위의 모든 종교를 회통하는 요소가 있는 것 같다. 그것이 최치원이 이야기한 우리 민족 전래의 풍류도風流道에서 온 것인지 더 올라가 전통적 무속巫俗사상에서 온 것인지 모르겠다. 그러나 확실한 것은 우리 민족은 종교보다 사람을 더 소중히 하는 가치가 있는 것이 아닌가 생각한다. 고대 단군시대 이래의 홍익인간弘益人間사상부터 근대의 천도교의 인내천人乃天사상까지 우리에게는 사람을 소중히 하는 사상이 강했다. 그래서 다양한 사상, 다양한 종교를 아우를 수 있는 회통의 경향이 있는 것 같다. 회통심會通心 즉 〈회통하는 마음〉이 우리 민족의 장점이라고 본다.

다양한 사상, 다양한 종교를 아우르려면 결국 사상이나 종교 보다 인간을 소중히 하여야 하고 특히 〈인간의 양심〉을 소중히 하여야 한다. 인간의 양심을 유교에서는 천성, 불교에서는 불성 그리고 기독교에서는 영성으로 부르고 있지만, 내용인 즉 같은 것이다. 인간 속에 있는 선한 본성인 양심을 개발하여 - 유교식으로는 인의예지의 4단을 더욱 확충하고, 불교식으로는 보살의 6바라밀을 실천하여, 그리고 기독교식으로는 10계명을 지키면서 이웃을 사랑하기를 내 몸과 같이 하여 - 나간다면 결국 이러한 〈양심 개발〉을 통하여 기존의 모든 사상과 동서양의 종교의 차이를 포용해 나갈 수 있고 또한 그렇게 나가야 하지 않을까?[6] 이러한 〈통通종교 · 통通사상 운동〉에 통일 한반도가 앞장서야 하고 가장 잘 할 수 있다고 본다.

통일 한반도가 이러한 〈통通종교〉 · 〈통通사상운동〉에 앞장서야 하는 이유는 두 가지이다. 하나는 앞으로 동아시아 공동체 - 경제공동체 그리고 안보협력체 - 가 형성되려면 반드시 동아시아인들이 공유하는 〈동아시아

---

6) 우리나라에서는 홍익학당의 윤홍식 대표가 이 운동에 앞장서고 있다. You tub에 들어가면 윤대표의 주장을 쉽게 접할 수 있다. 아주 바람직한 사상 종교운동 방향의 하나라고 본다.

사상〉이 있어야 한다. 이 지역의 모든 국민들이 공유할 수 있는 공동의 사상이 있어야 지역공동체가 형성될 수 있다. 그래서 동아시아 공동체 형성에 앞장서야 할 한반도가 앞장서 지구촌적 보편성을 가지는 동아시아 사상을 만들어야 한다.

다른 하나는 앞으로 통일 한반도는 서양과 동양이 만나고 화합하는 장이 되어야 할 것이다. 또한 선진국과 후진국이 만나는 장, 대륙세력과 해양세력이 교류하는 장이 되어야 하고, 또한 될 것이다. 우리는 동양에 속하면서 서양의 사상과 종교를 많이 수용하고 있고, 우리는 후진국에서 출발하여 선진국으로 발전해 온 나라임으로 후진국과 선진국의 고민과 문제점을 잘 이해하고 있다. 또한 우리 땅에서 대양세력과 대륙세력과의 충돌의 역사가 많았기 때문에 이 두 세력의 장단점을 잘 이해할 수 있어 이들을 보다 잘 아우를 수 있다. 그래서 통일 한반도가 앞장서 동아시아를 아우르고 나아가 동서양을 아우를 수 있는 선진과 후진을 모두 아우를 수 있는 〈통通종교, 통通사상, 통通문화의 시대〉를 열어야 한다.

그래서 홍익인간의 사상에 기초하여 인류의 양심개발에 앞장서는 〈세계양심국가〉가 되어야 한다. 이것이 해방100년, 건국100년 안에 우리가 이룩하여야 할 또 하나의 대한민국의 꿈이다. 우리는 통일한반도가 (1)세계일등국가 (2)세계평화중심국가에 머물지 않고 반드시 (3)세계양심국가까지 이룩하여야 진정한 〈세계국가의 길〉로 갈 수 있다고 생각한다.

왜 국가 재창조인가?, 4대 국가위기

지금까지 우리는 한반도 내부와 주변의 변화를 살펴보았고 우리 한반도가 이룩하여야 할 꿈, 국가비전과 국가목표가 무엇이여야 하는가를 정리해 보았다. 그리고 우리가 국민국가 만들기에 성공하고 세계국가로 도약해 나가려면 반드시 선진화와 통일을 이루어야 한다는 점을 확인해 보았다.

해방 후 지난 70년간 산업화와 민주화라는 두 산을 넘는 것이 결코 순탄하지 아니했다. 앞으로 선진화와 통일이라는 두 산을 넘는 것도 대단히 어려운 과정이 될 것이다. 그런데 앞에서 보았듯이 점점 선진화와 통일이라는 두 산이 큰 하나의 산으로 변화하고 있다. 즉 선진 없이 통일 없고, 통일 없이 선진의 완성이 어려워지고 있다. 그래서 우리 대한민국은 [선진통일] - 한반도 전체를 선진화하는 통일 - 이라는 큰 산을 하나 앞에 두고 있다고 할 수 있다.

이 [선진통일의 산]을 넘어야 할 지금 우리는 4가지 큰 국가적 과제 내지 국가적 위기에 당면하고 있다. 이 4가지 과제/위기를 돌파하여 나가기 위하여 우리는 총체적 국정개혁, 국가시스템의 개혁, 즉 [국가 재창조]가 필수적이라고 생각한다. 그래서 우리에게 [세계국가]가 비전이고 [선진통일]이 목적이고 [국가 재창조]는 수단이다. 그러면 어떠한 4가지 과제/위기에 우리는 당면해 있는가부터 살펴보자

선진통일의 위기 - 북한의 중국화의 위험

우리는 과연 통일을 할 수 있는가? 선진통일에 성공할 수 있는가? 지금 한반도의 주변 국가들은 우리 대한민국이 똘똘 뭉쳐서 통일하겠다고 나서면 이를 적극 반대하고 나서기 어려운 상황으로 가고 있다. 아니 수용할 수밖에 없는 상황으로 가고 있다. 대한민국의 국력이 그 만큼 커졌기 때문이고 북한체제는 실패하고 있고 그 자생력 - 개혁개방능력 - 은 거의 없기 때문이다. 또한 한반도의 분단이 장기화 그리고 고착화되면 〈북한의 중국화〉 즉, 중국의 변방 속국화가 진행될 위험이 커지는데, 이것은 우리 대한민국은 물론 미국도 일본도 다 반대하고 있다. 그리고 사실은 중국에게도 장기적으로 큰 재앙이 될 것이다. 북한의 중국화는 단기적으로는 기존 질서내지 기득권의 유지라는 측면에서는 중국이 선호할 수 있으나, 결국 중기적으로는 동아시아를 새로운 갈등과 대립의 〈제2냉전의 시대〉로 끌고 가게 된다. 중국의 평화적 부상 peaceful rising 을 불가능하게 만들 것이다. 그것은 아직 많은 내부문제를 가지고 국가발전을 지속하여야 할 중국에게는 사실 큰 장애가, 심한 경우에는 대재앙이 될 수 있다. 그래서 중국에서도 한반도가 〈자유주의 통일〉을 하는 것이 한반도의 미래는 물론 동아시아의 평화와 번영 - 중국도 포함하여 - 에 크게 기여할 것으로 보는 전문가들도

빠르게 늘고 있다. 문제는 우리의 의지와 열정과 준비이다.

　우리는 북한이 개혁개방의 길을 선택하고 남과 북이 점진적, 단계적 통일의 길로 가는 것 – 단계적 합의통일 – 을 가장 희망한다. 그러나 전문가들은 불행하게도 북한의 비핵화와 개혁개방은 사실상 불가능하다고 보고 있다. 3대 세습독재와의 단계적 합의통일은 사실상 불가능하다고 보고 있다. 그러면 두 가지 경우가 등장한다. 하나는 북한이 핵개발을 고집하면서 체제개혁도 하지 못하고 점차 사실상 중국의 변방속국이 되어 〈연명국가〉가 되어 가는 경우이다. 그리고 다른 하나는 북한이 핵개발을 고집하면서 체제개혁을 하지 못하다가, 내부모순의 폭발로 급변사태가 발생하는 경우이다. 내파implosion가 발생하는 경우이다. 이 두 가지 경우에 대하여 살펴보자.

　첫 번째 경우, 즉 핵개발을 지속하면서 체제실패가 심화되어 결국 중국의 변방화의 길로 가는 경우이다. 주지하듯이 북은 지금 이 순간에도 핵개발을 계속하고 있다. 이대로 가면 한 추계에 의하면 2014년에 20개, 2016년에 34개, 2018년에 43개로 늘어 날 수 있다고 보고 있다. 2020년에는 79개까지 보는 연구도 있다. 여기에 두 가지 전략이 필요하다. 하나는 우선 어떻게 북한을 비핵화 할 것인가? 시급한 것이 〈북한의 비핵화전략〉이다. 다른 하나는 비핵화와 더불어 어떻게 북한의 중국화를 막고 〈북한의 한국화〉를 이룩하여 통일을 성공시킬 것인가?

　북이 핵개발과 그 실전배치에 완전히 성공하면 – 전문가들은 2년 안에 실전배치 될 수 있다고 보고있다 – 한반도의 군사균형은 깨지게 되는데 그 다음은 어떻게 할 것인가? 미국의 도움으로 북의 핵사용을 막는다 하여도 〈북의 핵공갈〉은 막지 못할 것이다. 그러면 결국 남한이 〈북의 핵인질〉이 될 위험이 높아진다. 그래서 전문가들은 결국 북한의 핵개발의 지속을 막는 방법은 두 가지로 보고 있다. 하나는 선제공격 preemptive strike이다. 그것이 바람직하지 않다면 다른 하나는 북한의 현 집권세력의 붕괴 regime change 와 새로운 비핵정권 – 바람직하게는 친親통일정권 – 의 수립이다. 이 일을 어떻게 할 것인가? 대한민국은 이러한 선택에 대한 각오와 준비가 되어 있는가?

두 번째의 경우는 급변사태이다. 즉 북한의 현 집권세력에 급변이 발생하는 경우이다. 여기서 우리는 북한의 급변에 대하여 제대로 준비하고 있는가를 심각하게 자문해야 한다. 문제는 북한의 급변이 저절로 통일로 연결되는 것은 결코 아니라는 사실이다. 중국이 얼마든지 독자적으로 개입할 수 있고, 혹은 북한 내 반反통일세력과 연대하여 개입할 수도 있다. 그러면 새로운 분단, 분단의 고착화로 갈 수도 있다.

따라서 북한의 급변을 통일로 연결시키려면 두 가지를 반드시 해내야 한다. 우선 북한동포의 묵시적 수용 – 남한의 개입과 자유주의 통일에 대한 수용 – 을 끌어내야 하고, 중국의 임의적, 군사적, 경제적 개입을 막아야 한다. 과연 우리는 이를 위한 준비를 제대로 하고 있는가?

우선 중국의 개입을 막기 위하여 중국의 불개입을 설득하는 사전 외교적 노력을 하고 있는가? 개입이 발생할 때 이를 군사적으로 막을 준비는 하고 있는가? 중국의 불개입을 유도하기 위하여 중국의 한반도 개입 자체가 불가능하고 불필요하도록 만드는 길은 없는가? 우리는 반드시 미국 중국, 일본, 러시아 등 이웃 4강들이 모두 한반도 통일을 지지하도록 만들어야 한다. 어느 한 나라도 적극적으로 방해하지 않도록 만들어야 한다.[7] 이를 위해선 우리의 통일의지 뿐 아니라 통일 후 한반도의 비전 – 이웃나라들과 친화적인 〈비핵 평화국가〉가 되겠다, 상호호혜의 〈열린 통상국가〉가 되겠다는 비전 – 을 이웃 4강에게 충분히 사전에 설명하고 설득해야 한다. 지금 우리는 민관民官이 하나가 되어 이러한 작업을 충분히 하고 있는가?

다음으로 북한동포의 마음을 잡는 노력 – 북한의 한국화 – 은 제대로 하고 있는가를 자문하여야 한다. 북한 동포와 군인들에게 대한 심리전, 사상전 등을 제대로 하고 있는가? 급변시 북한의 안정화는 우리가 – 우리의 군과 민이 함께 – 직접 책임져야 하는데, 과연 구체적 준비와 각오가 되어 있는가? 예컨대 북한의 개혁개방의 가능성이 25% – 이것도 극단의 낙관적인 수치이지만 – 이고 급변의 가능성이 75%라면, 우리는 지금의 인적 물적 통일자원의 75%를 급변에 대비하여 써야 하는데, 과연 지금 그렇게 하고 있는가? 오히려 사실상 가능성이 거의 없는 단계적 〈합의통일〉을 위한 노력에, 그리고 그를 전제로 한 각종의 통일세미나와 통일축제행사 등에 대부분의 통일자원을 낭비하고 있는 것은 아닌가?

한마디로 〈합의통일에 대한 노래〉만 부르고 있고 실제로 중요한 〈흡수

---

7) 한반도 통일에 대한 중국의 지지는 기대하지 않는 것이 옳다. 그러한 의미에서 〈중국환상론〉 – 중국이 한반도통일을 지원해 줄 수 있다 – 을 가져서는 안 된다. 따라서 중국이 북한을 포기할 수밖에 없는 조건을 만드는 것이 올바른 정책방향일 것이다.

통일에 대한 대비〉는 거의 안하고 있는 것은 아닌가?[8] 그러니 최근의 민주평화통일자문회의 여론조사를 보면 국민의 78% 이상이 통일이 필요하다고 보면서 국민의 79% 이상이 통일준비가 잘 안되고 있다고 보고 있다. 그리고 미국의 한 전문가는 통일에 대한 이야기는 많으나 통일준비는 "지독히 안하고 있다terribly unprepared"고 평가한다. 그리고 일본의 한 전문가는 "통일이 좋다는 것인지, 진정 통일을 하겠다는 것인지 모르겠다"고 보고 있다.

이러한 모든 상황에 대한 전략적 대처를 위하여 가장 중요한 내부조건의 하나는 지금 대한민국 내부의 분열과 갈등 – 좌우, 지역, 세대 간 국론분열 – 을 어떻게 순화하고 조화하고 통합할 것인가이다. 아니 그것이 본래 과연 가능은 한 것인가? 어디까지 통합하는 것을 목표로 하는 것이 실제로 보다 현실적인가? 등의 문제를 깊이 생각해 보아야 한다. 한마디로 과연 대한민국은 통일할 의지와 능력을 가지고 있는가? 과연 통일이라는 국가와 민족의 사활이 달린 시대적, 국민적 과제를 풀 수 있는가? 이것이 지금 대한민국이 당면하고 있는 첫 번째 위기이다.

자유 민주주의의 위기 – 국가능력의 추락

해방 후 70년간 우리는 산업화와 민주화라는 두 산을 넘어 왔는데 과연

---

8) 우리사회 일각에 〈흡수통일 반대론〉이 있는데 이것은 잘못이다. 흡수통일은 우리의 선택사항이 아니다. 북한의 세습독재가 내부요인에 의하여 붕괴하면 당연히 우리가 흡수통일하여야 한다. 우리가 안하면 중국이 흡수통일하여 갈 것이다. 따라서 흡수통일반대론이 아니라 흡수통일준비론 내지 흡수통일대비론이 올바른 정책방향이다.

민주화 이후 대한민국의 민주주의는 성공하고 있는가? 군사독재가 없어졌다고 민주주의가 저절로 성숙하고 발전하는 것은 아니다. 생각해 보자. 우리는 1987년 대통령 국민직선제라고 하는 [절차적 민주주의]에 성공했다. 그러나 국민이 뽑은 지도자들 - 대통령과 국회의원들 - 이 국가와 국민의 이익을 위하여 일을 할 때 비로소 [실체적 민주주의]가 성공하는 것이다. 그래야 민주주의의 완성이다. 그런 의미에서 민주주의가 내용면에서 진실로 〈민본(民本)주의〉- 국민의 이익을 우선하는 정치 - 가 될 때 비로소 민주주의가 성공했다고 볼 수 있다. 그런데 지금 우리의 민주주의가 과연 〈민본적 민주주의〉인가? 국가와 국민의 이익을 위하여 - 즉 국가발전과 국민행복을 위하여 - 작동하고 있는가? 아니면 우리의 민주주의가 당리당략과 부패무능의 정치만을 양산하며, 국가발전의 발목을 잡고 국민행복과 국민통합을 흩트려 놓고 있는가?

지금 대한민국의 민주주의는 두 가지 큰 병에 걸려 있는 것 같다. 하나는 포퓰리즘populism의 병이다. 대중성/인기영합성은 과도한데 정책전문성과 국가전략성은 너무 허약하다는 병이다. 인기영합성이 과다하고 국가전략성이 과소하다. 그러니 장기적 국가이익보다 단기적 포퓰리즘 정책이 난무하게 된다. 정치인의 〈인기영합주의〉와 민간의 〈집단이기주의/폭민(暴民)주의〉가 결합되면, 그리고 거기에 〈상업적 언론〉이 부화내동하면, 국정운영은 산으로 올라간다. 이것을 우리는 〈천민적 민주주의〉라고 부르고 그 결과는 국정표류이고 국가실패이다. 지금 대한민국의 정치가 심각한 수준의 포퓰리즘의 늪에 빠져 민주주의의 천민화가 진행되고 있다.

또 다른 하나는 [약체국가weak state]의 등장이다. 국가권력의 원심력이 과도하게 커지는데 구심력은 한없이 약화되고 있다는 병이다. 민주화는 당연히 권력집중의 분산을 수반한다. 그것은 일정 수준까지는 대단히 바람직한 현상이다. 그러나 분산의 수준이 과도하면 즉 권력의 과도한 분산이 진행되면 허약한 국가가 등장하게 된다. 지금 우리나라가 그러한 수준으로 가고 있다. 그러니 국정운영의 중심이 표류하고 있다. 한마디로 약체국가의 등장이다.

이제는 더 이상의 [제왕적 대통령]의 시대가 아니다. 이제는 [제왕적 국회], [제왕적 시민사회]의 시대가 활짝 열렸다. 대통령과 정부에게 장기적 안목을 가지고 국정운영을 할 수 있는 힘이 많이 약화되었다. 예산과 법률은 모두 국회의 권한이고 대통령은 인사권 정도만 행사하고 있는데, 그것도 국회의 인사청문회에 걸려 제대로 행사하기 어렵다. 과거 국회를 장악하고 좌지우지 하던 제왕적 대통령의 시대는 이미 아니다.

여기에 세계화가 가져 오는 〈강한 시장〉(기업)과 〈약한 국가〉(정부)의 경향도 가세하게 된다. 세계화로 인하여 국가 간 자본이동이 빈번해지면 개별국가의 시장 규제력은 상대적으로 약해진다. 그래서 자본의 힘-특히 대기업의 힘-은 강해지고 국가의 힘은 상대적으로 약해지는 경우가 많다. 우리나라도 그러한 경향에서 예외는 아니다.

이렇게 민주화-여기에 세계화의 경향까지 가세하여-를 통하여 국회와 대기업과 시민사회(NGO 등)의 권력이 엄청나게 커졌는데, 국회의 정책능력과 국가전략능력 그리고 국정책임능력은 아직 한없이 낮다. 그리고 대기업은 개별자본의 이해에는 밝으나 국가전체의 이익에는 관심이 대단히 적다. 시민사회도 아직은 정책 전문성에서 많이 부족하고 정치적 중립성유지에서도 크게 부실하다. 최근에는 잘못된 이름의 국회선진화법까지 있어 정부의 국정운영을 더욱 어렵게 하고있다. 그러니 대한민국 전체의 국정운영이 잘 될 수 없다. 〈약체국가〉형상이 본격화되고 있다.

여기에 여야는 지역, 이념에 기초한 〈기득권 양당제〉에 의지하여 장기적 국가비전과 가치보다는 단기적 당리당략을 위한 정치에 함몰되어 있다. 그래서 승자독식과 패자의 무한투쟁이 서로 맞물리며 나간다. 〈국가경영형 정치〉는 보이지 않고 〈권력투쟁형 정치〉만 난무한다. 이렇게 되면 국가정책이 무엇 하나 제대로 되는 것이 없다.

민주주의가 위와 같은 두 가지 병 – 포퓰리즘과 약체국가라는 병 – 에 걸리면 그 나라는 자신의 문제를 풀 능력 즉, 국가의 문제해결 능력, 환언하면 국가능력state capacity이 지속적으로 떨어지게 된다. 그렇게 되면 나라가 제대로 운영될 리 없다. 시대가 요구하는 국가개혁, 국가시스템 개혁은 전혀 논의조차 되지 못한다. 일상의 국정은 표류하고 국가정책은 산으로 들로 뛰어 다닌다. 어떻게 국가와 국민의 이익이 제대로 실현될 수 있는가? 어떻게 시대가 요구하는 국가 재창조가 제대로 추진될 수 있을까? 이 문제를 풀지 못하면 대한민국은 결국 〔민본주의 없는 민주주의〕로, 천민민주주의로, 허구의 민주주의로 추락한다. 이것이 우리가 당면한 대한민국의 민주주의의 위기이다.

시장자본주의의 위기 – 세계화의 빛과 그림자

　자본주의 시장경제가 그리고 세계화가 대한민국이 산업화와 민주화의 두 산을 넘는 데 결정적 기여를 하였다. 당시는 세계총수요global aggregate demand가 빠르게 늘어나고 세계시장화globalization도 빠르게 진전되는 때여서, 〈수출주도의 개방경제〉를 추구한 우리에게는 큰 기회였다. 그런데 21세기 초超세계화 시대에 들어오면서 세계는 빠르게 〈저성장구조의 심화〉와 〈격차확대의 시대〉를 맞고 있다. 그래서 많은 나라가 성장률 하락, 취업불안, 양극화 등에 시달리고 있다.

　왜 저성장과 양극화인가? 돈이 없어서인가? 돈은 넘쳐 나는데 투자할 곳이 없기 때문이다. 좋은 물건을 만들 기술·노동·자본은 있는데 물건을 만들어도 팔리지 않기 때문이다. 한마디로 앞에서도 지적하였듯이 21세기에 들어와 세계가 본격적으로 [총수요부족/공급능력과다]의 시대로 들어가고 있기 때문이다. 중국, 동구東歐 등 사회주의권과 인도, 브라질 등 후진국이 세계화에 참여하면서 – 약 25억의 인구가 세계시장화하면서 – [총공급 과다]의 시대age of oversupply가 열렸다. 여기에 세계인구가 급속히 고령화하면서 저축이 늘고 소비가 줄고 있다. 또 여기에 1950~70년대의 과도한 복지정책으로 선진국의 재정적자가 구조화되어 재정투자나 재정소비의 여력도 없다. 기업들도 1990~2000년대의 부채투자의 시대를 지나 이제 부채를 털어내기 급한 시대de-leverage이다. 그러니 소비도 투자도 재정도 모두가 줄어드는 지구촌 전체가 [총수요부족]의 시대를 맞이하고 있다.

　그러면 왜 양극화인가? 많은 이유가 있지만 가장 중요한 것은 두 가지이다. 세계화와 기술발전 때문이다. 세계화로 인하여 〈중간기술mid-skill〉이 불필요하게 되고 있다. 중간기술은 후진국의 싼 인력으로 대체할 수 있기 때문이다. 즉 공장의 해외 이전이다. 또한 기술발전으로 인하여 중간기술에 대한 수요자체가 줄어들고 있다. 자동화와 로봇에 의한 대체가 그리고 ITC를 통한 해외전문가의 활용 - 예컨대 인도의 의사가 미국의 X-ray를 판독해 주는 - 등이 가능하게 되었다. 결국 〈고급기술〉 - 주로 고급기술자, 경영자, 법률가 - 과 〈하급기술〉 - 주로 음식점, 택시운전 등 대인 서비스 기술 - 에 대한 수요만 남게 되고 있다. 그 결과가 양극화이다.[9]

그러면 결국 저성장과 양극화를 극복할 길은 무엇인가? 3가지를 생각할 수 있다. 단기적으로는 불가피하게 확장적 재정금융정책이 될 것이다. 우선 저성장의 고통을 급하게 줄이는 노력이다. 그러나 이것은 일시적 처방이지 중장기 해결책이 아니다. 반드시 중기적 장기적 전략이 나와야 한다. 우선 중기적으론 구조개혁structural reform이외의 전략이 없다. 즉 공급능력/국제경쟁력을 높이기 위한, 환언하면 생산성을 높이기 위한 시스템 개혁이다. 한국경제의 새로운 비교우위new comparative advantage를 창출하기 위한 전략이다.[10] 가장 중요한 것이 교육개혁, 과학기술 투자, 노동개혁, 복지

---

9) 양극화의 원인으로 두 가지 정도를 추가할 수 있을 것이다. 하나는 금융의 세계화로 인한 돈 놓고 돈 버는 판이 커지기 때문에 소수의 극(極)부자층이 등장할 수 있다. 또 하나는 시장이 세계화되면서 초기 혁신 - 새로운 상품의 개발, 새로운 시장의 개척, 새로운 조직원리의 발견 등등 - 이 가져오는 경제적 지대(economic rent)의 크기 자체가 엄청나게 커지고 있다. 이것이 승자독식이라는 것이다. 물론 시장이 경제적이면 승자독식은 오래가지 못한다. 그러나 적어도 혁신초기에는 엄청난 부의 축척이 가능하다. 이것도 양극화의 하나의 원인이라고 볼 수 있다.

10) 경제발전은 우선은 자국의 비교우위부분을 찾아내어 그 장점을 극대화하고 적극 활용하는데서 시작된다. 그러나 경제발전이 어느 정도 진행되면 새로운 비교우위부분을 적극적으로 새롭게 창출하여야 한다. 비교우위는 주어지는 것만이 아니라 창출되는 것이다. 이 새로운 비교우위부분의 창출이 산업정책의 주과제이다.

개혁, 시장개혁, 공공개혁, 금융재정개혁, 그리고 21세기 민관협치형 신산업정책new industrial policy과 각종 규제철폐와 시장질서개혁 – 공정거래와 반독점개혁 – 이다. 이 중에서 특히 교육개혁과 산업정책이 가장 중요하다. 역사적으로 볼 때, 일반적으로 교육개혁의 속도가 기술개발보다 늦으면 양극화의 격차는 커진다. 또한 올바른 신산업정책이 있어야 저성장과 양극화 문제가 함께 풀어나갈 수 있다.

그러면 장기적으론 어떤 정책이 있을 수 있을까? 경제의 개척지new frontier를 찾는 것이다. 새로운 산업을 개발하든가 새로운 시장을 개척하는 것이다. 다행이 우리 대한민국에는 통일이라는 새로운 경제영토 – 새로운 시장 – 를 열 수 있는 기회가 다가오고 있다. 북한이라는 새로운 경제영토가 통일을 통하여 열리면 엄청난 투자수요와 소비수요가 일어날 것이다. 흔히들 통일비용이라고 하는데 이것은 잘못된 이름이다. 통일비용이 아니라 대부분이 남과 북의 경제격차를 줄이기 위한 통일투자이다. 그리고 미국의 랜드Rand연구소의 연구결과를 보면 북한투자의 55% 정도는 해외에서 올 것으로 보고 있다. 외국의 전문가들은 세계적 저성장과 양극화의 질곡에서 벗어나는데 대한민국은 통일이라는 기회가 큰 축복이라고 보고 부러워하고 있다.

그러면 대한민국의 저성장과 양극화를 극복하기 위해 우리는 확장적 재정금융정책도 쓸 수 있고 그리고 구조개혁정책도 추진할 수 있고 더 나아가 통일정책도 다 활용할 수 있다. 문제는 해결의 길이 없어서가 아니다. 저성장과 양극화를 풀 수 있는 국가전략이 없어서가 아니다. 문제는 지금의 대한민국의 민주주의가 생산해 내는 우리의 국가능력이 – 정치능력 그리고 행정능력 등 – 이 모든 국가전략을 체계적으로 일관성 있게 추진하여 소기의 성과를 만들어 낼 수 있는가? 그래서 대한민국의 자본주의를 지속 가능하게 만들 수 있는가이다. 지금 우리는 그러한 생산적인 민주주의를 가지고 있는가이다.

좀 더 길게 지난 역사를 돌이켜 보면 자본주의가 제기하는 불균형과 불평등의 문제, 주기적 경기추락의 문제 등은 항상 민주주의가 해결하여 왔다. 그리고 20세기에는 세계 민주주의가 크게 확산되어 왔다. 그러나 21세기는 들어서 세계 민주주의는 취약해지고 있다. 앞으로 민주주의에 실패하는 나라도 많이 나올 것이다. 문제는 21세기 민주주의는 취약해지는데 21세기 자본주의는 많은 새로운 난제들을 양산하고 있다는데 있다. 그래서 우리가 당면한 좀 더 근본적인 문제도 대한민국의 자본주의가 당면한 성장 동력회복, 빈부격차해소, 경제안정 확보 등의 문제를 대한민국의 민주주의가 과연 풀어 낼 수 있을까하는 문제이다. 모두가 깊이 생각해 보아야 한다.

국가공동체 위기 – 국가정신과 국가리더십의 표류

대한민국은 어떠한 가치와 도덕을 가진 사람들이 모여 사는 나라인가? 그리고 대한민국이란 나라는 어떠한 가치와 도덕을 소중히 하는 나라인가? 이것이 문제이다. 우선 대한민국의 현재는 가치혼란과 대립이 심각하다. 그 주된 이유의 하나는 압축성장 자체에서 온다고 볼 수 있다. 압축고도성장 때문에 세대간 자신들이 경험한 세상과 문화가 너무나 다르기 때문이다. 60~70대는 집단주의(예컨대: 국가주의) 영웅주의적 경향이 많았다면 30~40대는 개인주의 이기주의적 경향이 많았다. 또한 60~70대는 부패와 비리에 대하여 상대적으로 수용적이라면 30~40대는 비리와 불공정에 대하여는 참지 못한다. 또한 60~70대는 보이는 가치인 경제, 안보 등을 중시한다면 30~40대는 보이지 않는 가치인 문화, 예술, 생명 등을 중시한다. 그러나 이러한 세대 간의 가치관의 상이와 대립은 세대 간 대화를 통하여 그리고 시간이 가면서 풀 수 있다.

더 큰 문제는 가치이다. [가치대립價値對立]이 아니라 [가치부재價値不在]가 문제가 된다. 본래 국가와 국민은 가치공동체이다. 공동의 목표와 가치를 공유하는 집단이 국가이고 국민이다. 그런데 언제부터인지 우리사회가 공公이 없어지고 - 공동의 목표와 가치가 없어지고 - 사私만 - 개인의 이익과 욕심만 - 이 난무하는 세상이 되어 버렸다. 심지어는 대한민국의 가치집단들 - 종교, 시민사회, 학교, 정당, 언론 등 - 도 부분적이지만 빠르게 이익집단화하고 있다. 그러니 가치공동체로서의 국민국가가 그 가치성을 잃고 표류하는 경향이 나온다. 그러면 왜 우리는 대한민국을 사랑해야 하는지 그 의미를 상실하게 된다. 국민들도 마찬가지로 모두 개인화를 지나 파편화하고 부유화浮遊化하고 있다. 하나의 공동체의 구성원으로서의 가치적 도덕적 연대와 소속감을 느끼기 어렵게 되고 있다.

공(公)의 상실 즉 공적 가치의 부재는 지도자들의 경우 더 큰 문제이다. 옛날부터 지도자는 대중보다 공적가치를 보다 더 소중히 하고 지키며 공적가치를 위하여 기꺼이 희생하는 사람들이다. 그래서 지도자들이 국민의 존경을 받는 것이다. 그런데 지금은 지도자들이 공公을 지키지 않고 사私를 추구하는 것 같아 도저히 지도자답지 않다. 그래서 국민들이 지도자를 존경하고 싶은데 존경할 수 없다. 왜 이렇게 되었을까?

한마디로 해방이후의 근대화-산업화와 민주화-가 서구화西歐化 로 치달으면서 소위 물질자본physical capital 과 F. List가 이야기한 정신자본mental capital 간의 괴리가 너무 커졌기 때문이다. 19세기 말 서구에서 근대화의 물결이 몰려 올 때 우리선조들은 '물질이 개벽하니 정신을 개벽하자'고 주장하여 왔다. 그러면서 물질자본과 정신자본의 균형을 위하여 동도서기東道西器, 법고창신法古創新 등을 주장하여 왔다. 서양의 물질문명을 동양의 정신문화에 통합하자는 주장이었다. 올바른 방향이었다고 생각한다. 그러나 이러한 주장은 일제의 식민지화 속에서 유실되었다. 그리고 2차 대전 후 근대화는 서구화의 방향으로 일방적으로 폭주하게 되었다. 그래서 우리는 전래 동양의 정신에 좋은 전통과 가치를 모두 잃게 되었다. 그래서 [국혼이 없는 산업화], [국혼이 없는 민주화]로 치달아 왔다.

이제라도 우리는 전래의 동양의 정신을 특히 선비정신을 부활시켜야 한다. 선비는 순수한 우리말로서 정치적이면서도 동시에 정신적 내지 영성적spiritual인 지도자를 의미한다. 최초의 선비는 단군이다. 그 이후 화랑도 그리고 조선의 유학자들이 모두 선비들이다. 이렇게 한반도의 역사 속에서 면면히 흘러오는 선공후사先公後私 와 금욕禁慾 과 청빈淸貧 의 [선비정신]을, 우리의 지도자 정신을 다시 살려야 한다. 그래서 정치가들과 기업인들 속에 선비정신이 살아 움직이는 [선비민주주의], [선비자본주의] 등이 나와야한다 그리고 선비정신을 가진 [선비학자], 선비정신을 가진 [선비언론] 등도 나와야 한다. 그래서 대한민국에서 공公을 다시 살려나가야 한다. 이러한 정신혁명을 어떻게 정책화하고 제도화하고 국민 운동화 할 것인가? 그래서 다시 왜 대한민국이어야 하는가? 왜 대한민국의 국민이어야 하는가? 하는 대한민국의 국가정체성, 국민의 가치정체성을 바로 세워 나갈 것이다.

국가 재창조의 4대 분야

통일을 위한 국가 재창조

앞에서 보았듯이 통일은 우리 민족의 생존조건이고 발전조건이다. 앞으로 짧으면 2~3년 늦어도 4~5년 안에 남과 북의 관계에 근본적 변화가 오기 시작할 것이다. 그리고 10년 정도의 본격적 남북통일의 과정, 통합의 과정이 시작될 것이다. 이 일을 이루어 내지 못하면 북한은 중국의 변방속국이 그리고 남한은 제2의 타이완이 될 위험에 처할 것이다. 타이완은 중국으로부터 독립하기에는 국력이 너무 약하고 통일하기에는 민족자존심이 허용하지 않아서 이러지도 저러지도 못하는 국가정체성 상실의 나라가 되어 버렸다. 우리는 분단 3류 국가가 되어서는 안 된다. 따라서 우리는 일전一戰의 의지를 가지고 한반도 통일이라는 국가의 핵심이익을 지킬 각오를 하여야 한다. 이점을 지도자도 국민도 모두 명확히 하여야 한다. 국가핵심이익이란 전쟁을 각오하더라도 반드시 지켜 내야 할 국가이익이다.

따라서 〈통일을 위한 국가 재창조〉에서 중요한 것은 세 가지이다. 첫째는 국내적으로 지도자와 국민 모두가 한반도 통일을 위하여 일전을 할 각오와 열정을 가지는 것이다. 반드시 통일을 하겠다는 의지와 각오를 세우는 것이다. 둘째는 우리의 통일의 뜻을 북한 동포들에게 전달하는 것이다. 어떤 통일을 왜 하려고 하는가? 그리고 통일이 북한 동포들의 미래와 우리 민족의 장래에 얼마나 큰 축복이 되는가를 북한 동포들에게 설득 호소하는 것이다. 그래서 북한 동포들의 마음을 잡아야 한다.

그리고 셋째는 우리의 이러한 통일의 각오를 국제적으로 선포하는 것이다. 통일외교는 3가지를 주장해야 한다. (1)우리는 통일을 할 것이다. 확고한 통일의지를 보여야 한다. (2)우리는 통일을 할 수 있다. 치밀하고 충분한 통일준비를 하고 있음을 보여야 한다. (3)한반도의 통일이 당신들 이웃나라에게도 큰 이익이 된다. 한반도 통일 없이 동아시아의 평화와 번영은 없다는 사실을 알려야 한다. 그리고 우리는 통일을 위하여 온 국민이 몸과 마음을 던질 각오임을 밝히고 한반도 통일을 지원하는 이웃나라는 우리의 〈천년千年의 친구〉가 될 것이고 이를 방해하는 이웃나라는 우리의 〈천년千年의 적〉이 될 것임을 선언하여야 한다.

좀 더 자세히 살펴보자.

첫째, 우선 국내에서 지도자와 국민들이 하나가 되어 통일의지를 다지고 통일준비에 매진하는 것부터 시작하여야 한다. 이를 위해선 〔국가통일헌장〕을 만들어야 한다. 통일의 가치와 원칙에 대한 국가의 의지와 국민의 합의 – 우리는 어떠한 통일을 왜 지향하는가? – 를 국가통일헌장에 집약하여야 한다. 그리고 〔한반도 통일강령〕을 만들어야 한다. 그래서 통일정책의 기본방향과 원칙을 제시하여야 한다. 그리고 민과 관이 협력하여 대대적인 통일교육을 시작하여야 한다. 우리는 어떠한 통일을 왜 하려 하는지? 왜 통일이 대박인지? 어떻게 통일을 대박으로 만들 것인지? 정부가 할 일은 무엇이고 국민들이 할 일은 무엇인지? 대대적인 전국적 통일교육으로 들어 가야한다.

주의할 것의 하나는 통일헌장과 통일강령을 만드는데 20세기적 철지난 이념의 시각은 배제하여야 한다는 점이다. 특히 종북적 시각, NL적 시각은 완전히 배제하여야 한다. 합리적 진보와 개혁적 보수의 견해는 당연히 통합하여 나가야하지만, 종북좌파의 견해까지 포용하고 타협하려 하면 안된다[11]. 21세기적 국가이익과 민족이익의 극대화라는 관점에서 객관적이고 과학적이고 합리적인 주장만을 정리하여야 한다.

둘째, 다음은 북한 동포들에게 우리의 통일의지를 알리는 일이다. 지금까지 우리의 대북정책은 보수정권이든 진보정권이든 거의 같이 분단관리 내지 분단유지정책이 많았다. 북한의 도발만 막으려 하였지 북한의 3대 세습체제를 근본적으로 변화시켜 통일의 길을 열려고 하는 적극적 목표와 전략이 약했다. 그래서 대북정책은 북한정권에 대한 정책이 중심이었고 북한 동포들에 대한 정책은 없었다.

앞으로 북한정권에 대한 정책은 두 가지여야 한다. 하나는 봉쇄정책 containment 이다. 즉 북한의 국내외 영향력의 확장을 막아야 한다. 둘째는 개입

---

11) 합리적 진보와 종북좌파의 차이는 자유주의를 소중히 하는가와 아닌가에 있다. 자유주의를 전제로 하면서 〈평등〉과 〈약자와의 연대〉를 중시하는 것이 합리적 진보이다. 그러나 종북좌파는 반(反)자유, 반(反)평등, 반(反)약자이다. 그래서 반(反)진보이다.

정책engagement이다. 즉 북한의 체제변화, 북의 정상국가화를 목표로 한 교류협력정책이다. 이 두 번째 개입정책에는 당연히 상호주의와 투명성이 보장되는 교류협력이어야 한다. 그렇지 않으면 개입정책은 북한체제의 공고화에 기여할 위험이 있다. 중요한 것은 봉쇄도 하고 교류도 하면서 반드시 그 목표를 북한 3대 세습체제의 근본변화에 두어야 한다는 점이다.[12]

우리가 통일을 앞당기려면 앞으로는 북한정권에 대한 정책 보다〈북한동포에 대한 통일정책〉에 더 많은 성의와 노력을 기울여야 한다. 북한 동포들이 한반도의 자유주의 통일을 꿈꾸도록 만들어야 한다. 가장 중요한 것이 사상전思想戰을 하여야 한다. 북한은 잘못된 사상이지만 그 사상위에 서 있는 사상국가이다. 북한의 강점도 사상에 있고 약점도 사상에 있다. 그래서 사상전에서 이겨야 북한의 근본적 변화를 만들어 나갈 수 있다. 이 사상전에서 대대적인 심리전과 정보전은 필수이다. 모든 수단을 다 동원하여 북한내부에 개혁개방세력 – 친통일세력 – 친한세력을 만들어 나가야 한다. 이것이 북한의 3대 세습체제의 근본적 변화를 가져오는 지름길이다. 지금 남한에 있는 2만 8천명의 탈북동포와 50만명이 넘는 조선족 동포들이 이 과정에 모두가 통일선봉장이 되도록 이 분들에 대한 많은 노력과 투자를 하여야 한다.

셋째, 대대적인 통일외교를 전개하여 나가야 한다. 우선 우리의 강력

---

12) 미국의 대소전략가인 George Kennan은 그의 오랜 경험에서 공산독재는 양보한다고 변화하지 않고 압박한다고 변화하지 않는다. 자체 내부의 모순과 필요에 의하여 변화할 뿐이다 라고 보고 있다. 그래서 올바른 대소전략으로서 소련의 변화를 기다리면서 – 변화하기 쉬운 안과 밖의 여건을 만들면서 – 소련의 외부영향력의 확대를 막기 위한 봉쇄정책(containment)을 주장하였다. 올바른 견해라고 본다.

한 통일의지를 밝히는 것이 가장 중요하다. 한반도 통일을 지지하는 나라들과는 〈천년千年의 친구〉가 될 것임을 선언하여야 한다. 그리고 다음은 한반도 통일이 동아시아 모든 이웃나라들에게 큰 축복이 된다는 사실을 적극 설명하고 설득해야 한다. 이를 위해 해외공관들에 비상이 걸려야 할 것이다. 당사국의 행정부, 입법부, 언론, 학계, 씽크탱크think tank 등을 돌면서 우선 〔통일한반도의 비전〕을 설명하여야 한다. 여기서의 통일한반도 비전이란 통일 후 통일한반도가 어떠한 나라가 될 것인지(예컨대, 비핵평화중심국가)? 이웃나라들과는 어떠한 관계를 맺어 나갈 것인지(예컨대, 주권존중과 개방경제의 선린통상국가)? 그래서 동아시아 발전에 무엇을 기여하는 국가가 될 것인지(예컨대 동아시아 경제공동체, 안보협력체의 선도국가) 등을 제시하는 것이다. 그래서 한반도 통일에 대하여 이웃나라들이 불안하지 않게 만들어야 한다. 아니 지금의 분단 상황 보다 한반도 통일이 자신들에게 대단히 큰 이익이 된다는 사실을 알려야 한다. 그래서 가능한 자세히 개별국가별로 한반도 통일이 어떠한 이익을 가져오는지 설명하고 설득하여야 한다. 이 일에는 민과 관이 함께 나서야 한다. 학계는 학계대로 기업계는 기업계대로 일반국민들은 국민들대로 한반도 통일의 비전과 이익을 이웃나라들에게 설득하여야 한다.

앞에서의 3가지 정책 – 통일의지제고, 북한동포설득, 통일외교강화 – 을 통하여 우리는 북한의 체제변화를 목표로 한다는 사실을 확실히 하여야 한다.

북한의 체제변화와 관련하여 두 가지 가능성을 생각할 수 있다. 하나는 북한정권이 자발적으로 자기개혁을 통하여 비핵화하고 개혁개방의 길로 들어서는 것이다. 그러면 당연 1992년 합의한 남북기본합의서에 기초한〈합의통일의 길〉이 열린다. 우리 모두가 바라는 가장 바람직한 길이다. 그러나 불행하게도 가능성이 거의 없다. 그러면 다른 하나는 북한의 급변이다. 내부모순에 의한 소위 내파 implosion이다. 이 때 가장 중요한 것은 중국의 개입을 막고 북한에 개혁개방정권의 등장을 돕는 일이다. 만일 대체세력이 등장하지 못하고 혼란과 무정부상황이 지속되면 우리가 올라가 개혁개방정권을 만들어야 한다. 이를 위하여 북한에 식량, 의약품 등을 가지고 올라가 경제적·사회적 안정화를 도모할 구체적 준비 – 군사적 비군사적 준비 – 가 시급할 것이다.

통일과 관련 한반도 미래의 전개과정에서 반드시 고민하여야 할 문제가 바로 북핵문제이다. 북핵개발의 수준이 이미 소량화少量化 · 경량화輕量化에 – 탄도미사일에 탑재 가능 – 성공하였고 이제는 다종화多種化 – 우라늄핵, 증폭 핵분열탄, 수소폭탄 – 그리고 다수화多數化 – 2020년까지 최대 100개 예상 – 의 단계로 들어가는 것 같다. 이 모든 노력이 성공하면 남과 북의 군사적 균형은 완전히 깨져버린다. 어떻게 할 것인가?

결국 3가지 선택option을 생각할 수 있다. 첫째는 외교를 통한 비핵화 시도이다. 그러나 문제는 지금까지 지난 20여 년간 외교를 통한 비핵화를 시도하여 왔으나 철저히 실패하였다. 지금도 물론 6자회담의 재개를 생각할 수 있으나 대화의 채널을 가진다는 것 이상의 효과는 없을 것 같다. 둘째는 선제타격preemptive strike능력의 제고이다. 북핵무력화의 시도이다. 결국 외교로 문제를 풀 수 없다면 군사적 해결을 구상하지 않을 수 없을 것이다. 그래서 북한이 핵을 사용할 기미가 보일 때 미리 정밀 타격하는 길을 열어놓아야 한다. 아니면 최소한 북에서 발사하여 오는 미사일을 도중 요격interception하는 방법을 확실하게 확보해 놓아야 한다. 이 두 가지 능력 – 사전 타격과 사후 요격 능력 – 을 대폭 높여야 한다. 또 하나의 핵심적 문제는 우리의 사전 탐지능력 식별능력을 높이는 문제이다. 물론 만일을 생각하여 핵 민방위도 함께 준비하여야 한다. 셋째는 북한의 체제변화regime change이다. 핵개발을 고집하는 3대 세습정권자체의 변화를 통한 비핵화이다. 이상의 3가지 가능성 – 외교, 타격, 체제변화 – 을 모두 테이블 위에 올려놓고 활용하여야 할 것이다.

끝으로 점검하여야 할 것은 이상의 통일정책과 비핵화 정책을 종합적, 체계적, 지속적으로 추진할 〈통일추진 국가체제〉가 제대로 갖추어져 있는가? 하는 문제이다. 좀 더 구체적으로 생각하면 과연 지도자와 국민 모두의 통일의지를 높이기 위한 통일비전제시 범국민 통일교육 등을 추진할 인력·조직·예산 등은 갖추어져 있는가? 북한동포에게 우리의 통일비전과 의지를 지속적 반복적으로 전달할 추진 조직·인력·예산은 제대로 갖추어져 있는가? 북한 내부에 개혁개방세력, 환언하면 자유주의적 친한 통일세력을 만들어 내기 위한 조직·인력·예산은 충분히 준비되어 있고 작동하고 있는가? 이웃나라에게 우리의 통일외교와 비핵외교를 체계적으로 강화하기 위한 조직·인력·예산은 어느 수준인가? 북한의 핵개발에 대응하여 선제타격능력, 도중요격능력, 그리고 핵민방위능력 등을 높이기 위한 조직·인력·예산과 지도자와 국민의 의지는 어떠한가? 그리고 또한 이러한 다양한 분야의 국가의 통일전략이 하나로 종합되고 체계적으로 기획되고 지속적으로 추진 관리되고 있는가?

이상의 질문에 대하여 모든 부분이 대단히 미흡한 것이 지금의 실정이다. 그래서 앞에서 보았듯이 우리 국민들은 지금 통일준비가 제대로 안 되고 있다고 보고 있고 외국전문가들은 이대로는 통일이 어렵다고 보고 있다. 참 지독히 통일준비를 안하고 있다고 보고 있다.[13] 그래서 지금 핵심적 과제는 이상의 모든 문제를 다룰 종합적인 〈통일추진 국가체제〉를 만드는 것이고, 이것이 바로 통일을 위한 국가 재창조의 최우선의 핵심과제가 되어야 할 것이다.

정치적 선진화를 위한 국가 재창조

우리는 앞에서 대한민국의 민주주의는 지금 〈포퓰리즘〉과 〈국가약체화〉라는 두 가지 병에 결려 있다고 지적하였다. 그래서 국가적 과제를 풀 〈국가능력〉이 약화되고 있는 것이 대한민국 민주주의의 위기의 핵심적 내용이라고 주장하였다. 어떻게 하여야 할까?

포퓰리즘과 국가약체화를 극복하기 위하여서는 정치가 단순한 기득권 유지와 확대를 목표로 하는 [권력투쟁형 정치]에서 벗어나 국가비전과 국가전략을 중심에 놓고 선의의 정책경쟁을 하는 [국가경영형 정치]로 바뀌어야 한다.

---

13) 혹자는 소련과 동구가 붕괴되면서부터 한국은 통일을 피하기 위하여 온갖 노력을 하여 왔다고 아주 냉소적으로 이야기하고 있다.

새로운 가치지향의 정치세력

이를 위해선 첫째, 정치주체 내지 정치중심세력을 이익보다는 가치를 소중히 하는 〈가치집단〉으로 바꾸어야 한다. 그리고 과학과 실사구시를 존중하는 〈합리적 이념집단〉으로 바뀌어야 한다.

지금 대한민국의 정치집단은 이념적으로 4개의 그룹으로 나눌 수 있다. (가) 〈기득권 보수〉이다 자유만능주의, 극단적 이기주의 그리고 기득권유지만을 목표로 하는 집단이다. (나) 〈개혁적 보수〉이다. 자유주의를 신봉하면서 공동체적 연대와 가치를 소중히 하는 집단이다. (다) 〈합리적 진보〉이다. 자유주의를 전제로 하되 평등주의에 무게를 두며, 연대의 가치 특히 약자보호를 중요시하는 집단이다. (라) 〈종북좌파와 급진좌파〉이다. 소위 민족해방노선NL과 민중민주노선PD이다. 이들은 기본적으로 반反자유, 반反평등, 반反민주이고 친親폭력이다. 그리고 NL은 더 나아가 반反대한민국이다.

이 4가지 그룹 중 〈개혁적 보수〉와 〈합리적 진보〉의 목소리가 커질수록 우리의 정치는 국가전략과 국가정책을 소중히 하는 정치가 되어 갈 것이다. 또한 국가정책에 대한 여야의 대립도 보다 덜 극단적·분열적이 될 것이고, 정책 컨센서스 도달이 훨씬 용이해질 것이다. 왜냐하면 합리적 진보와 개혁적 보수는 사실 국가정책의 내용면에서 70~80% 정도는 같을 것이기 때문이다. 그리고 나머지 20~30% 정도의 차이는 건강한 차이라고 보아야 한다. 반면에 우리나라 정치에서 〈기득권 보수〉와 〈종북좌파와 급진좌파〉의 목소리가 커지면 커질수록 정치에서 국가전략과 국가정책은 외면되고 당리당략과 기득권획득과 유지를 위한 무한의 극한투쟁이 벌어지게 된다. 그래서 정치는 정책합의와 국민통합에 기여하지 않고 오히려 정책갈등과 국민 분열에 앞장서게 된다. 민주주의의 천민화가 진행된다.

따라서 정치의 주체가 신新보수와 신新진보로, 즉 개혁적 보수와 합리적 진보로 바뀌어야 하고 이들 간의 선의의 국가전략경쟁과 국가정책경쟁이 가능하도록 정치의 틀을 바꾸어 나가야 한다. 그래야 지금의 〈포퓰리즘〉과 〈국가약체화〉를 막고 국가 재창조를 위한 생산적 정치가 가능하게 된다. 그래서 대한민국의 민주주의가 국리민복을 위하여 제대로 작동하는 〈민본적 민주주의〉의 시대를 열 수 있다.

선거개혁

둘째, 신新보수와 신新진보의 등장을 위해선 - 개혁보수와 합리진보의 활성화를 위해선 - 우선 지금 정치의 기득권구조를 흔드는 〈선거개혁〉이 일어나야 한다.

지금 우리의 정치는 철저한 독과점구조이다. 기득권양당제가 지배하고 있다. 이 기득권 양당제를 지지하는 것은 두 가지이다. 하나는 지역주의이고 다른 하나는 이념진영이다. 지역은 영호남간의 지역주의이고 이념은 기득권 보수와 종북좌파 내지 급진좌파간의 철지난 대결이다. 이 둘다 지극히 시대착오적이고 비합리적인 정치유산이다. 이 시대착오적 유산을 재생산하는데 기여하고 있는 것이 지금의 선거제도 특히 〈소선거제도〉이다. 이 소선거제도가 기득권 야당제를 유지시키고 있고, 그 기득권 구조 속에 시대착오적인 기득권 보수와 종북좌파들이 기생하고 있다. 아니 기생이 아니라 기득권 양당 속에서 주류를 이루고 있다.

따라서 선거제도의 근본적 개혁이 따라야 한다. 그 기본 방향은 소선거구제의 폐지와 가능한 〈중대선거구제의 도입〉이 되어야 할 것이고 〈전국단위의 비례대표제의 확대〉가 되어야 할 것이다. 그러면 당내외의 정치경쟁이 격화될 것이다. 그러면서 당 안과 당 밖의 독과점구조가 깨져 나갈 수 있다. 우선 기득권양당 내부에서의 정치경쟁이 높아질 것이다. 이제는 아무나 공천한다고 당선된다는 보장이 없다. 그래서 정치적 경쟁력 환언하면 국가정책능력과 국정담당능력이 있는 정치인들의 공천가능성과 당선가능성이 높아질 것이다. 환언하면 개혁적 보수와 합리적 진보가 공천될 그리고 당선될 가능성이 높아진다. 동시에 당 밖에서는 제3, 4당의 등장도 가능해진다. 그러면서 본격적으로 정당경쟁, 즉 정당 간 국가전략경쟁, 국가정책경쟁의 시대가 열리게 된다.

정당개혁

셋째는 국가 재창조 세력의 등장 – 개혁적 보수와 합리적 진보의 등장 – 과 국가경영형 정치 – 포퓰리즘과 국가약체화의 극복 – 를 위하여 시급한 또 하나의 과제가 바로 철저한 〈정당개혁〉이다.

지금의 정당은 기득권 정치인들의 선거운동조직에 불과하다. 평상시 정치적 인재를 리크루트하여 당내에서 교육하고 경쟁시키며 육성하는 체제가 전혀 없고, 선거 때가 되면 다양한 연고 – 돈 공천, 연줄 공천 – 로 당에 별 기여가 없던 사람들이 갑자기 공천을 받는 경우가 많다. 그래서 공천을 받은 후 정치인들이 하향식 선거용 동원조직을 급하게 만들게 되고 - 소위 "떴다 방"이다 - 이것이 사실상 당 조직이 된다. 선거를 위하여 후보를 위하여 일시적으로 급조한 조직이기 때문에 장기적 자기생명력을 가질 수 없다. 한마디로 전근대적 사당私黨이지 근대적 공당公黨이 아니다. 그러니 가치정당이 될 수 없고 포퓰리즘 정당밖에 될 수 없다. 그래서 정치가 국가약체화國家弱體化에 기여한다. 근본적인 정당개혁이 시급하다. 사실 이것이 대한민국의 정치개혁의 핵심이다.

정당개혁은 (가)우선 당을 이원화二元化하여 〈정무政務대표〉와 〈당무黨務대표〉를 나누는 일부터 시작하는 것이 바람직하다. 지금 우리나라 정당은 오로지 여의도에서의 국회활동에 함몰되어있다. 국민 속에서의 정당 활동은 선거 때 이외에는 거의 전무하다. 크게 잘못된 일이다. 정무대표는 국회내부에서 입법과 재정활동을 하는 의원들을 지원하고 관리하는 일을 맡아야 한다. 그러나 당무대표는 정당이 국민 속으로 들어가는 그리고 역사 속으로 들어가는 일을 맡아야 한다. 당원의 조직과 교육, 공천과 평가, 그리고 당의 이념과 정책개발 등을 맡아야 한다. 당무대표는 물론 당무대표 아래의 당의 〈이념정책연구원장〉이나 당의 조직, 교육, 공천, 평가 등을 맡아야 하는 〈사무총장〉 등은 모두 국회의원이 아닌 전문당료나 당원 혹은 원외院外 전문가가 상근full time으로 맡아야 한다. 지금처럼 국회의원들이 시간제part time로 맡아서는 당이 국민과 역사 속에 뿌리를 내리는 가치정당이 될 수 없다. 이것이 소위 〈당무직과 정무직/선출직의 분리원칙〉이다.

(나) 진성당원 확대와 차세대 지도자육성 그리고 〈지지자 네트워크〉의 활성화 등을 통해 〈당내민주주의〉를 강화하여야 한다.

당무대표는 1년 내내 우선 국민들과 소통하면서 잠재적 당원을 찾아 이들을 설득하고 조직하고 교육하여야 한다. 그러면서 전국적으로 진성당원을 조직해 내야한다. 진성당원은 이념적 가치동조자이고, 당의 여러 중요 결정에 참여하는 당의 기둥이 된다. 이들이 당내 민주주의를 신장시켜 나가야 한다. 그리고 전국을 돌면서 차세대 인재를 찾아 이들을 키우고 교육하고 그리고 선출직에 공천하고 당선 후 활동을 평가하여야 한다. 이와 동시에 당의 개방화에도 노력해야 한다. 전국적으로 이슈별 지역별로 다양한 레벨의 〈지지자 네크워크〉를 만들어야 한다. 그러면서 끊임없이 당의 이념과 가치와 정책을 설명하여야 하고, 동시에 네트워크 지지자들로부터의 다양한 정치·정책의견을 수렴하여야 한다. 이러한 쌍방향 소통을 통하여 당의 정책을 설명하고 국민 속에 있는 새로운 정치과제와 정책과제도 발굴하여야 한다.

(다) 당의 〈국가전략정당화〉, 〈국가정책정당화〉에 노력해야 한다.

이를 위해선 당의 이념정책연구원들 중심으로 하여 전국적인 정책세력 – 대학, 정부연구소, 언론기관, 기업연구소, 전직 공직자 등 – 과의 정책 네트워크network 작업부터 시작해야 한다. 그래서 〈천하의 지혜〉, 〈전국적 집단지성〉을 모아내야 한다. 당은 이들과의 공동연구와 토론을 통하여 국가의 미래비전과 당의 미래비전을 만들어야 한다. 그리고 그 비전을 가지고 당원과 지지자 네트워크를 통하여 대국민 소통에 나서야 한다. 이러한 노력이 체계적으로 지속되어야 정치가 인기영합주의를 극복하고 국가비전과 국가전략 그리고 국가정책을 소중히 하는 시대를 열 수 있다. 그래서 진정으로 국민이 주인인 민본적 민주주의의 시대를 열 수 있게 된다.

권력구조 개편

앞에서 본 선거제도 개혁 정당개혁 등과 함께 또 하나 요구되는 것이 중장기적으로 우리 〈대한민국의 권력구조〉를 어떻게 할 것인가이다.

어떠한 권력구조를 가져야 포퓰리즘을 극복하기가 보다 용이하고, 국가약체화를 막기에 보다 유효한가가 핵심이다. 이와 관련 여러 가지 주장들이 나오고 있다. 대통령 중임제, 부통령제, 내각책임제, 이원집정부제 등의 논의가 있다. 이 권력구조 문제를 어떻게 풀 것인가? 이와 관련하여 두 가지 주장만을 하고자 한다. 첫째는 국가권력구조개혁의 방향에 관한 의견이고 다른 하나는 개혁과정에 대한 의견이다.

(가)국가권력의 개혁방향은 [단일성 공치共治구조], 즉 [단일성 집단협치集團協治 체제]가 바람직하다고 본다. 이제 더 이상 단치單治의 시대 1일지배 一人支配의 시대는 아니다. 이제는 공치共治의 시대 내지 집단협치集團協治의 시대를 열어야 한다. 단치에 의존하기에는 국정운영이 대단히 전문화되고 복잡다기화 되었기 때문이다. 그리고 지금의 대통령제는 분명 대통령에게도 과過부하가 되고 있다. 그래서 이제는 전국적으로 최고의 정치적 정책적 인재를 모아, 최고의 집단지성을 활용하는 〈집단협치集團協治〉를 하지 아니하면 성공적 국가운영이 어려운 시대가 되었다.

독재는 일인지배이고 민주는 다수지배이다. 다수지배가 과도하면 포퓰리즘이 등장하고 국가약체화가 진행된다. 그래서 우리는 민주화가 요구하는 다수지배와 분권화의 요구와 국가경영의 효율성이 요구하는 일인지배와 집중화(중앙집권화)와의 중간의 길을 선택하여야 할 것이다. 분권화와 집권화 사이에 조화 균형의 길을 찾아야 한다. 그래서 나온 것이 단일성 공치구조이다. 어떠한 권력구조 - 중임제, 부통령제, 내각책임제, 이원집정부제 - 가 이 방향에 합당한지 깊이 검토해 보아야 한다.

또한 제도 못지않게 중요한 것이 정치지도자의 통치스타일이다. 국가지도자가 자신의 권력을 나누어 운영하는 스타일인 경우에 제도는 비록 권한이 일인에 집중되어 있더라도 실제 운영은 분권적이고 공치적으로 할 수 있다. 그래서 통치는 제도의 문제이면서도 개인 리더십의 문제이고 문화의 문제이기도 하다.

여하튼 21세기 대한민국의 정치선진화를 위한 권력구조개혁의 방향은 〈단일성 공치구조〉라고 보아야 한다. 이와 관련 반드시 강조할 것은 단일성 공치구조는 문화의 측면 - 소위 경로의존성 path-dependency - 이 있기 때문에 가능한 우리나라 정당의 지배구조도 〈단일성 공치구조〉가 되는 것이 바람직하다. 당에서 정치인들이 성장발전하면서 단일성 공치구조와 공치문화에 익숙해지면 나중에 국가경영을 책임지게 되어도 단일성 공치구조를 운영하는데 훨씬 성공적일 수 있기 때문이다.[14]

(나) 권력구조의 개혁과정, 환언하면 헌법개정과정이 중요하다. 가능한

---

14) 단일성 협치구조가 성공하려면 협치에 참여하는 최고지도자들 사이에 정치이념과 가치, 그리고 국가비전과 전략에 대한 공감과 공유가 반드시 있어야 한다. 그래서 협치구조가 공동의 목표, 가치 그리고 전략과 정책을 가져야 한다. 그래서 협치구조를 구성하기 전에 최고지도자들 간에 공동목표 비전 전략에 대한 공동합의를 반드시 이루어야 한다. 공동합의문을 작성하여 국민 앞에 약속하는 것도 하나의 방법이다.

한 헌법 개정은 대통령이 선도하여야 한다. 여야대표와 함께 3자가 모여 다음의 몇 가지를 합의하는 것으로 시작해야 할 것이다. 첫째는 헌법 개정의 방향, 철학, 원칙이다. 둘째는 헌법 개정의 폭과 범위로 이 두 가지를 먼저 합의해야 한다. 셋째는 그 목표와 원칙 그리고 폭을 전제로 구체적 헌법개정안의 작성은 중립적 전문가들로 구성된 대통령위원회에 맡길 것을 합의해야한다. 넷째 그리고 그 위원회의 안을 양당이 수정 없이 수용할 것을 합의해야 한다. 이렇게 대통령과 여야대표가 헌법 개정의 큰 원칙과 방향을 합의한 후에 그리고 그 구체적 내용은 최고의 중립적 전문가들에게 맡기는 형태로 추진하여야 헌법 개정은 성공할 수 있다. 물론 비정파적인 전문가 위주의 〈헌법 개정 대통령위원회〉는 전국을 다니면서 전문가들과 국민들의 의견을 광범위하게 수렴하는 과정을 가지게 될 것이다. 한마디로 헌법 개정은 그 방향도 중요하지만 그 과정의 관리에서 가능한 단기적 정파적 이해가 영향을 미치지 않게 하는 것이 중요하다.

또한 우리헌법에는 시대에 맞지 않는 것이 적지 않게 있다. 사실 바꾸어야 할 것이 대단히 많다. 그러나 이 모든 것을 한 번에 다 바꾸려하면 엄청난 국론분열이 일어날 수 있다. 따라서 시급히 꼭 필요한 부분에 제한하여 헌법개정(예컨대 one-point 혹은 two-point 개정 등)을 목표로 하는 것이 바람직하다고 본다.[15]

---

15) 물론 헌법 전반에 관한 개정검토는 반드시 별도의 장에서 장기적 과제로 연구해 나가야 한다. 특히 앞으로 예상되는 통일시대를 대비하여 통일헌법의 문제까지도 감안한 헌법연구과 준비는 계속되어야 한다.

경제적 · 사회적 선진화를 위한 국가 재창조

경제 · 사회분야의 도전과 과제부터 살펴보고 그 대응방향을 생각해 보자. 이미 앞에서도 간간히 지적하였지만, 종합하여 보면 지금 대한민국의 경제 · 사회는 5가지 구조적 문제를 안고 있다.

5대 구조적 문제

첫째는 세계경제가 과잉공급단계로 들어가면서 과거와 같은 고도성장 자체가 점차 어렵다는 사실이다. 세계 모든 나라에서 어떻게 새로운 성장분야, 새로운 비교우위 분야를 개척하느냐가 큰 과제가 되고 있다.

둘째는 IT 산업과 금융부분의 결합, 이를 기초로 한 금융의 세계화가 급진전하면서 경제의 불안전성이 크게 높아지고 있다는 사실이다. 거의 주기적으로 찾아오는 세계금융의 급격한 불안정이 국내경제에 주는 영향을 어떻게 최소화할 것인가가 큰 과제이다.

셋째는 1990년대 말부터 국내소득분배가 추세적으로 악화되고 있다는 사실이다. 단순히 분배악화로 끝나지 않고 저소득층의 사회적 상향이동성 upward mobility이 크게 떨어지고 있다. 빈곤계층의 대물림이 생기면 안 된다.

넷째는 세계화와 더불어 IT, BT, NT, ET 등의 첨단과학기술분야의 발전이 눈부시게 진행되면서 교육시장과 노동시장에 주는 영향이다. 이로 인해 높은 실업률(낮은 고용률), 비정규직의 증가(평생직장의 감소) 등이 구조적·추세적인 문제가 되고 있다.

다섯째는 인구구조의 변화이다. 대한민국은 지금 고령화의 속도가 세계 제1위이다. 그러면서 라이프 사이클life-cycle이 크게 변화하고 있고 이러한 변화에 맞추어 노동사이클work-cycle과 교육사이클education-cycle을 어떻게 바꾸어 갈 것인가가 큰 문제가 되고 있다. 그래서 기존의 교육·노동·복지·문화제도와 정책의 전반에 대한 구조 개혁이 요구되고 있다.

이러한 다섯 가지 도전 내지 과제에 대한 대응으로서 우선 다음과 같은 몇 가지 국가 재창조의 방향을 생각할 수 있다.

잠재성장률 제고

가장 시급한 것은 잠재성장률의 추세적 하락을 막는 것이다. 지금과 같은 상황을 이대로 두면 잠재성장률이 1989~97년의 7.4%에서 1998~2007년의 4.7%, 2008~2012년의 3.8%, 그리고 2013~2018년 2.4%, 2019~2025년에는 1.2%로 지속적으로 하락할 것으로 예상된다. 이 하락 추세를 막고 성장추세로 되돌려야(U turn) 한다. 잠재성장률을 획기적으로 높이지 않고는 통일도 어렵고 민주주의도 어렵고 공동체의 가치(국가공동체성의 약화 경향의 방지)도 지키기 어렵다.

잠재성장률을 높이려면 3가지를 하여야 한다.

첫째는 새로운 경제영토new territory의 확보이고 확대이다. 외국과의 FTA

의 확대도 물론 이러한 방향으로의 노력이다. 그러나 우리나라의 경우에는 한반도 통일이라는 경제영토를 획기적으로 확대할 수 있는 길이 있다. 아마 세계에서 우리나라 경제만이 가지고 있는 최고의 축복이고 기회일 것이다.

둘째는 창조적 혁신creative innovation이다. 총생산성을 높이기 위한 신기술혁신, 신경영혁신, 신조직혁신이다. 창조적 혁신을 통하여 대한민국의 경제가 새로운 비교우위new comparative advantage를 끊임없이 창출하여야 한다. 결국 세계경제에서의 국가 간 경쟁은 각국의 비교우위간의 경쟁이다. 이 점을 잊어서는 안 된다.

셋째는 인구의 감소추세, 특히 생산인구의 감소추세를 막아야 한다. 가능하면 증가시키는 것이 좋다. 우리나라는 2016년에 생산가능인구가 최고조에 달한다. 따라서 출산률 제고 이민정책의 확대 등을 통하여 인구를 증가시키는 것이 중요 정책과제이다. 또 하나는 우리나라의 경우 여성의 경제활동 참가율이 국제적 수준에서 볼 때 많이 낮기 때문에 여성의 경제활동 참가율을 높이어 생산적 노동인구productive labor force의 규모를 키우는 노력도 하여야 한다. 이와 더불어 인구구조의 노령화 시대, 노인인구의 합리적 생산적 활용도 적극적으로 추구하여야 한다. 뒤에서 상론하겠지만 이제 노년 제1기(65세부터 80세)에는 – 비록 평균 노동시간은 좀 짧겠지만 – 생산적 고용에서의 취업이 얼마든지 가능한 시대가 열리고 있기 때문이다.

우선 새로운 경제영토의 확보와 관련하여 우리 대한민국에게는 큰 축복이 있다. 그것은 통일이다. 한반도 통일은 일거에 새로운 경제영토의 확대를 의미한다. 특히 지금 세계경제가 총수요부족의 단계에 있기 때문에 전반적으로 저성장으로 인한 고통을 받고 있다. 자본이 없어서가 아니라 투자할 기회가 없어서, 그리고 좋은 상품을 만들 수 있는 기술과 자본이 없어서가 아니라 만들어도 팔 곳이 없어서 세계경제가 저성장의 늪에 빠져 있는 셈이다. 이러한 때 한반도 통일을 통하여 북한이라는 방대한 새로운 투자시장과 소비시장이 일거에 확보된다는 것은 대한민국에는 실로 큰 축복이고 기회이다. 한 연구에 의하면 북한개발투자의 80%만 남한의 물건으로 하면, 그것만으로도 남한의 경제성장률을 년 5~6% 추가로 높일 수 있을 것이라는 보고도 있다.

물론 한반도만의 축복은 아니고 통일 후 한반도 경제가 뛰어 오르면서 동북 3성과 러시아의 극동지역 그리고 일본의 서해안 등 이웃지역의 경제적 도약도 함께 일어 날 것이다. 여하튼 우리는 이 기회를 절대 놓쳐서는 안 된다.

다음은 창조적 혁신이고 이를 통한 새로운 비교우위의 창출이다 우선 한국경제의 혁신체계가 성공적으로 가동되도록 해야 한다. R&D 투자부터 보면 지금 규모는 외국에 비하여 적지 않다. 다만 그 효과성이 큰 문제이다. 따라서 현재의 국가혁신체계(과학투자-교육개혁-기업개조)가 과연 얼마나 효과적인지 전반적으로 재검토해야 할 것이다.

구조개혁(structural reform)

그 다음으로 중요한 것은 아니 본질적으로 보면 보다 중요한 것은 한 나라의 인적·물적 자원이 가장 생산적인 곳으로, 가장 창의적이고 혁신적인 곳으로 흘러가도록 만드는 것이다. 시장경제질서와 각종 조직과 제도가 자유, 공정, 투명하다면 물이 위에서 아래로 흐르듯이 인적·물적 자원이 보다 생산적인 곳으로 자연스럽게 흘러 갈 것이다. 그러나 시장질서와 조직제도에 독점과 특권, 불투명과 끼리끼리 유착문화 등으로 차별과 장애가 많이 있으면 인적·물적 자원은 결코 가장 생산적인 곳으로 흐르지 못할 것이다. 그러면 창조적 혁신도 새로운 비교우위의 창출도 가능하지 않게 될 것이다. 그래서 국가의 사회경제시스템 전체 - 시장질서와 조직제도 - 의 생산성과 혁신성을 높이기 위해, 모든 분야의 구조개혁 structural reform - 정부, 기업, 학교, 금융, 재정, 산업, 무역, 노동, 복지, 지방 등 - 을 반드시 해내야 한다.

국가의 사회경제시스템 전반의 구조개혁의 기본방향으로는 다음의 세 가지가 바람직하다. 하나는 〈세계화〉이고 다른 하나는 〈자유화〉이다. 그리고 마지막은 〈공동체강화〉이다. 〈세계화〉란 모든 사회경제질서, 제도조직, 그리고 정책운영을 세계최고의 문명표준 global best standards 에 맞추는 것, 세계에서 가장 선진화된 질서와 제도에 맞추는 것이다. 물론 단순한 수입이나 모방이 되어서는 안 된다. 세계최고표준이 되는 원리를 찾아 그 원리를 우리의 의식·문화·전통과 조화하도록 수정하고 보완해야 한다. 즉 〈창조적 세계화 creative globalization〉 노력을 하여야 한다. 정부, 기업, 학교 등의 조직제도가 모두 창조적으로 세계화 going global 하여야 하고, 동시에 금융

재정 · 산업 · 무역 · 노동 · 복지 · 지방발전 등의 시장질서와 조직제도도 모두 창조적으로 세계화하여야 한다.

다음은 〈자유화〉이다. 즉 우선 각종 규제를 풀고 법치와 재산권을 바로 세우는 것이 중요하다. 그래서 시장질서와 제도조직을 자유 공정 투명하게 만드는 것이 중요하다. 물론 자유화는 대내자유화와 대외자유화 두 가지 방향으로 모두 진행되어야 한다. 공정거래와 독과점 규제를 통하여 국내시장을 자유 · 공정 · 투명하게 하는 것이 중요하고 동시에 통상자유화를 통한 대외시장개방도 중요하다. 최근 250여 년간 인류의 경제성장의 역사에서 배울 수 있는 교훈의 하나는 국가발전과 경제성장의 길은 대외개방outward looking과 기득권개혁reform이라는 사실이다. 이를 잊어서는 안 된다.

자유화를 위해 끝으로 중요한 것이 〈분권화〉이다. (가) 민간이 잘 할 수 있는 일은 정부가 해서는 안 된다 (나) 지방자치단체가 잘 할 수 있는 일은 중앙정부가 해선 안 된다. (다) 모든 공적 조직에서 – 정부, 국영기업, 학교 등 – 조직의 하부가 잘 할 수 있는 일을 조직의 상부가 나서지 말아야 한다. 그래야 자유화가 사회전체에 진전될 수 있고 창조와 혁신 그리고 자기책임원리가 확산될 것이다.

사회경제시스템 전반에 걸친 구조개혁의 세 번째 방향은 〈공동체강화〉이다. 이와 관련 두 가지 과제가 있다. 하나는 양극화의 경향까지 보이는 분배악화문제를 어떻게 할 것인가 하는 문제이고 다른 하나는 기술혁신과 인구구조변화로 인하여 발생하는 노동사이클work cycle과 라이프사이클life cycle의 변화에 어떻게 대응할 것인가 하는 문제이다.

분배문제

우선 분배악화문제부터 시작하자. 첫째는 우선 단기적으로는 보다 대담한 확장적·재정금융정책을 사용하지 않을 수 없다. 그래서 지금 경제의 어려움부터 풀어 나가야 한다. 물론 적극적·재정금융정책을 지지하는 케인즈 이론은 기본적으로 일국—國주의·부분개방 시대의 이론이기 때문에 지금과 같은 다국多國주의·전면개방의 시대에는 그 정책효과가 불가피하고 제한적일 수 밖에 없다. 그러나 중장기 구조개혁 계획에 대한 정치적 지지를 만들기 위해서도 또한 구조개혁을 위한 시간을 벌기 위해서도 일정기간 재정금융정책은 보다 대담하게 활용하지 않을 수 없을 것이다.

둘째는 중장기적으로 〈강한 경제〉를 만드는 길을 선택하여야 한다. 아직도 발전과 성장을 통한 분배개선을 기본 방향으로 하여야 한다. 우리사회 일각에는 탈脫성장론 혹은 복지우선론이 존재하지만 우리나라는 아직도 발전주의와 성장주의가 중요하다고 생각한다. 왜냐하면 대한민국이 아직은 일등 선진국가가 아니고 특히 우리나라에는 통일이후 북한의 산업화라는 대과제가 있기 때문이다. 지난 250년 동안 인류발전의 경험도 분배개선의 길은 〈강한 경제〉를 만드는 [확대균형형 분배정책] - 성장 속에서 분배를 추구하는 길 - 을 선택하는 것이 옳았다는 것이다. 그리고 [축소균형형 분배정책]은 자기패배적 self-defeating이기 때문에 결국은 모두를 평등하게 가난하게 만든다는 사실이다. 그래서 기본적으로 한국경제를 강하게 만드는 일, 한국경제의 새로운 비교우위를 창출하는 일에 보다 노력하여야 한다. 이것이 사실은 앞에서 본 세계화개혁, 자유화개혁의 목표이기도 하다.

셋째는 그러면 성장주의와 발전주의만으로 충분한가? 아니다. 확대균형정책을 추구하는 것은 옳으나 자유방임적 확대균형만으로는 소위 낙수효과만 기대하는 확대균형정책만으로는 충분하지 않다. 왜냐하면 지금 분배악화는 과학기술변화와 초세계화의 진행으로 인하여, 너무나 빠르게 진행되고 있다. 그래서 분배악화의 정도와 속도가 너무 빠르기 때문에 시장의 자동조절 능력에만 맡길 수 없다. 소위 보이지 않는 손에만 의존할 수가 없다. 그러면 어떻게 할 것인가? 고용친화적 성장전략employment friendly growth strategy, 즉 고용친화적 확대균형정책을 사용하여야 한다. 쉽게 이야기하면 성장전략의 목표로 〔성장률 극대화〕가 아니라 〔고용율 극대화〕를 선택하여야 한다. 여기서 고용율employment rate이란 그 연령대 인구 중 몇 %가 취업하고 있는가를 보이는 지표이다.

고용율을 높이기 위한 일반적 정책방향은 높은 성장률 달성을 통한 〈총수요부족실업의 축소〉, 그리고 과학기술혁신보다 빠른 교육개혁과 훈련개혁을 통한 〈구조적 실업의 축소〉, 그리고 고용안정망의 확대 등을 통한 〈마찰적 실업의 감소〉 등을 생각할 수 있다. 그러나 그것에 그치지 않고 앞으로는 실업문제가 계속 악화되면, 노동시간 단축을 통한 노동분담work sharing, 제3섹터sector(자원봉사, 시민운동)고용확대노력, 고용지원금employment subsidy제도의 확대를 통한 고용창출 등도 적극 검토하여야 한다.

21세기 안심사회

공동체강화를 위한 또 하나의 구조개혁과제로 노동사이클work cycle과 라이프 사이클life cycle의 변화에 어떻게 대응할 것인가 하는 문제가 있다. 과학기술변화와 인구구조변화로 인하여 등장하는 〈21세기형 위험사회〉를 어떻게 〈21세기형 안심사회〉로 바꾸는가 하는 문제이다.

우선 과학기술변화가 너무 빠르면 두 가지 문제가 등장한다. 하나는 고급인재의 공급을 어떻게 확보할 것인가 하는 문제이다. 교육의 질을 개선 upgrade하는 교육개혁의 문제이다. 첨단 기술변화가 요구하는 양질의 고급 두뇌를 교육조직과 제도의 낙후로 – 교육개혁의 부족으로 – 인하여 제대로 양산해 내지 못하면 분배가 악화된다. 고급기술인력은 부족하고 중급이나 저급 기술인력은 남아도는 상황이 되면 임금격차는 더욱 더 커진다.

다른 하나의 문제는 노동사이클work cycle로부터 오는 변화이다. 과거 산업화 시대처럼 과학기술변화가 더딜 때는 대학에서 배운 실력으로 일단 장기고용–평생직장을 가질 수 있었다. 취업 중에 요구되는 새로운 기술과 지식은 직장 내부에서의 직업훈련job training으로 충분히 대응이 가능했다. 그러나 세계화 정보화 시대가 되어 과학기술변화속도가 빨라지면 장기고용–평생직장이 불가능해진다. 직장내부의 직업훈련job training만으로는 과학기술변화를 맞출 수 없다. 그래서 제1교육 → 제1직장 → 제2교육 → 제2직장 → 제3교육 → 제3직장 식의 노동사이클work cycle을 가지게 된다. 평생 동안 2~4개의 직장과 직종을 이동하게 된다. 그래서 노동시장이 대단히 유동적이 된다. 단기고용이 늘고 파견직, 임시직 같은 다양한 고용형태가 등장한다. 그래서 단기고용 이후 단기교육을 받을 수 있도록 하여야 하고, 그 단기교육기간 동안 단기복지도 받을 수 있도록 하는 교육–고용–복지 간의 거버넌스의 개혁이 필요하다. 신新위험을 관리하는 새로운 거버넌스가 등장하여야 한다.

인구구조의 노령화로 인한 노동사이클life-cycle의 변화도 큰 문제이다. 과거에는 취업준비의 〈청년기〉 그리고 취업기간인 〈장년기〉 그리고 퇴직이후의 〈노년기〉로 나누어 인생을 설계하였다. 그래서 각각에 대하여 학교교육 – 직장생활 – 은퇴 후 생활 등으로 나누어 개인도 사회도 준비하여 왔다. 그러나 이제는 취업준비기간 내지 취업 후 안착기간이 장기화 되면서 청년기도 청년기 1기(예컨대 15-25세)와 2기(25-35세)로 나눌 수 있게 됐다. 또 평균수명의 장기화로 인하여 노년기도 1기(65-80세)와 2기(80세 이상)로 나눌 수 있게 된다. 그래서 보다 합리적인 21세기 형 생애주기모형life cycle model을 준비해야 한다.

예컨대 노년 1기는 과거와 달리 완전한 휴식이 아니라 (a) 고용 (b) 교육 (c) 휴식과 건강으로 나누어 준비하는 것이 바람직하고, 노년 2기는 (a)교육 (b)휴직(명상)과 건강으로 나누어 준비하는 것이 바람직하다. 노년기의 교육활동의 내용도 노년 1기에는 아직 퇴직한지 얼마 안 되어 직장경험이 생생하기 때문에 청년 2기를 대상으로 취업관련 교육과 컨설팅을 하는 것이 바람직할 수 있다. 그리고 노년 1기에는 아직 노동능력이 많이 남아있어 공공기관이나 제 3섹터sector에서 시간제part timer로 – 비록 저임금으로라도 – 일할 수 있는 기회를 만드는 것이 바람직할 것이다. 이 분들에게는 삶의 가치와 보람 그리고 공동체에서의 기여가 더 중요하기 때문이다.

노년 2기의 경우에는 노동능력이 많이 약하기 때문에 고용기회의 제공보다는 인생에 대한 성찰과 교훈을 청년 1기를 대상으로 가르치고, 그들의 인생계획에 대하여 상담consulting 할 수 있도록 하는 교육기회의 제공이 보다 바람직할 것이다. 그리고 가능하다면 노년 2기를 위한 운동과 명상의 사회제도화 – 종교단체들과 협의하여 – 를 모색하여 보면 어떨까? 여하튼 인구 노령화에 따른 생애주기life cycle의 변화에 대한 다양한 준비, 교육적 · 금전적 · 제도적 · 정책적 준비는 개인도 사회도 함께 해야 한다. 그리고 정부는 이러한 변화에 대비한 교육-고용-복지-문화/종교 간의 새로운 거버넌스 구축을 서둘러야 한다.

경제 안정화

경제의 안정성제고의 문제이다. 특히 금융의 글로벌화가 IT산업과 접목되어 진행되면서 세계금융시장의 불확실성과 불안정성이 크게 심화되어 왔다. 특히 단기자금의 거대화와 이동의 빈번화가 주기적으로 호황boom과 불황bust을 만들어 오면서 세계경제의 급변가능성을 크게 높여 왔다. 이에 대한 국제적 대응을 위하여 G20이 모여 여러 노력을 하여 왔지만 아직도 제도의 변화가 시장의 변화를 따라가지 못하고 있다. 아직 세계금융흐름에 대한 국제적 신중규제는 크게 부족하다. 언제 어디서 올지 모르나 앞으로도 큰 규모의 세계금융위기가 또 올 수 있다고 보아야 한다.

어떻게 할 것인가? 물론 G20 등을 통하여 국제금융흐름을 모니터하고 규제하는 국제적 협력노력은 더욱 강화하여야 한다. 그러나 이와 더불어 우리나라는 개별국가차원에서 세 가지 노력을 더 해야 한다.

첫째는 금융산업의 국제경쟁력을 높이는 일이다. 우리나라 금융산업은 국제적으로 볼 때 대단히 낙후된 후진산업이다. 전문 인력의 부족, 효율적 거버넌스의 부재 등으로 지금의 낙후된 금융을 이대로 두고는 세계적 규모의 금융의 흐름에 효과적으로 대응할 수 없다. 특히 인적자본과 제도적 자본의 부족이 심하다.

둘째는 금융시장에 대한 신중규제 prudential regulation 를 강화하는 일이다. 자본시장은 본래가 정보의 비대칭성이 크고 집단심리가 작동하기 쉬워서 시장실패가 등장할 가능성이 많다. 따라서 정부의 신중규제가 적절한 수준에서 반드시 강화되어야 한다.

셋째는 세계금융시장을 돌아다니는 단기 투기성 자본에 대한 국내규제를 대폭 강화하여야 한다. 단기 자본이동에 대한 국제규제가 크게 부족하기 때문에 국내규제를 강화하여서라도 경제 안정성 제고에 노력하여야 한다.[16] 단기자본에 대한 국내규제의 강화는 들어오는 자본 capital inflow 에 대하여 일정 규제를 하되 나가는 자본에 대하여는 규제를 하지 않는 것이 올바른 정책방향이 될 것이다. 왜냐하면 들어오는 자본에 대한 규제는 단기투자를 장기투자로 바꿀 유인을 제공할 수 있으나 나가는 자본에 대한 규제는 그러한 유인이 없기 때문이다. 또한 나가는 자본에 대한 규제는 재산권 문제를 일으킬 여지도 많기 때문이다.

---

16) 들어오는 자본에 대한 규제로서는 예컨대 1년 미만의 단기자본에 대하여 일정 세금(tax)을 부과하거나, 혹은 단기자본유입의 일정금액을 중앙은행에 예치하도록 하는 방법(special deposit requirement) 등이 있을 수 있다.

국가재창조위원회

경제적, 사회적, 선진화를 위한 국가 재창조를 구체적으로 추진하는 방식으로는 대통령실에 정부와 민간합동위원회로 〔국가 재창조위원회〕라는 대통령위원회를 만드는 것으로부터 출발할 수 있다. 그리고 국가 재창조위원회 산하에 하부위원회sub-committe를 두어서 분야별 구조개혁을 담당하게 하는 것이 좋을 것이다. 예컨대 (a) 공공부분개혁위원회(공무원과 공기업) (b)교육/과학기술개혁위원회 (c) 금융개혁위원회 (d) 노동/복지개혁위원회 (e) 조세/재정개혁위원회 (f) 시장질서개혁위원회(독과점, 개방화, 유착구조) (g) 국토/지방발전개혁위원회 등을 생각할 수 있다. 이러한 국가 재창조과제를 담당 개별부처에 맡기지 않고 대통령위원회의 형태로 청와대에서 직접 추진하는 것은 몇 가지 장점을 가지고 있다.

첫째는 시스템/구조개혁은 반드시 기존의 기득권구조의 변경을 수반하지 않을 수 없다. 그래서 당연히 반발과 비판이 있고 따라서 누구도 개혁의 짐을 지기가 쉽지 않다. 결국 대통령이 국익의 입장에서 직접 앞장설 수 밖에 없다. 또한 그러할 때 국가 재창조에 대한 대국민설득력이 가장 높다.

둘째는 대부분의 시스템/구조개혁은 여러부처에 걸려있는 과제가 많다. 이런 경우 개별부처 간 협의에 맡기면 부처이기주의 때문에 타협이 쉽지 않다. 장관도 부처이기주의에 포획되기 쉽고, 총리의 조정력에도 한계가 있을 수 있다. 그래서 청와대에서 직접 맡는 것이 좋다.

셋째는 대통령위원회에 정부대표와 더불어 민간대표를 함께 참여시키면 민간의 개혁성과 관료의 현실성을 조화하는 우수한 개혁안을 만들 수 있다. 개혁안은 이상적이기만 하여서는 곤란하며 반드시 현실성이 있어야 한다. 그래서 학자와 공무원들이 함께 작업하는 것이 바람직하다. 또한 대통령위원회로 하여금 개혁안의 입안 뿐 아니라 추진과정의 감시감독 monitoring도 책임 지우는 것이 바람직하다. 직접 개혁안을 만든 대통령위원회 소속의 민과 관이 함께 현장에 나가 진행상황을 직접 감시감독하면 개혁의 현장착근에 보다 효과적일 것이다.

넷째는 대통령위원회에서 내부논의와 외부공청회를 거쳐 개혁안을 입안하여 대통령께 보고하고 대통령이 이를 수용하여 최종 확정하는 방식을 선택하면 외부공청회과정에서 국민과의 소통의 기회가 충분히 많다. 또한 개혁안 입안과정, 대통령의 수용과정과 확정과정이 각각 큰 뉴스가 됨으로 이를 통하여도 개혁의 내용과 방향을 보다 정확하게 국민들에게 알릴 수 있는 중요한 기회가 된다.

이상의 여러 장점들이 있어 국가 재창조는 대통령위원회의 방식을 취하는 것이 바람직하다고 본다. 보다 구체적으로는 1995년 〔세계화추진위원회〕를 벤치마킹bench marking하는 것이 좋을 것이다. 당시는 〔세계화추진위원회〕에서 준비한 개혁안 중 대통령이 수용, 확정한 사항은 모두 총리실에 있는 〔세계화추진단〕으로 넘겨서 개별부처 차원의 추진을 총리실에서 감독 조정하고 평가하도록 하였다.

국민정신혁명을 위한 국가 재창조

인간은 육체만으로 존재하지 않는다. 정신이 있어야 한다. 마찬가지로 국가는 단순한 영토적 존재가 아니다. 정신적 존재이다. 지금 대한민국은 정신적 기초가 크게 흔들리고 있다. 크게 보면 국민정신혁명이 요구되는 두 가지 급한 과제가 있다. 하나는 국가공동체의식의 해체 혹은 국가관의 혼란이다. 다른 하나는 개개인의 가치관 내지 도덕관의 해체 내지 혼란이다. 쉽게 이야기하면 첫째 국가가 도대체 무엇인지? 왜 중요하고 필요한지? 관심도 이해도 적은 것 같다. 국가란 공동체는 어떻게 되던지 나만 잘되면 된다는 이기적 개체의식만 팽배한 것 같다. 둘째 인간이란 어떠한 존재인지? 어떻게 사는 것이 올바로 사는 것인지? 관심도 심각한 고민도 적은 것 같다. 그래서 쉬운 말로 요즈음은 많은 사람들이 '막 사는 것 같다'. 물질만능과 황금만능의 풍조가 과도하다.

이 두 가지 과제 - 올바른 〈국가관의 부재〉와 올바른 〈인생관의 부재〉 - 를 풀어야 한다. 우선 국가관의 문제부터 보자. 국가란 정신적·가치적 존재이다. 우리 대한민국은 특정한 가치·이념·원칙을 중심으로 모여 만든 나라이다. 아무렇게 만든 나라가 아니다. 그리고 그 특정의 가치·이념·원칙이 모두 헌법에 표현되어 있다. 대표적인 가치가 자유와 인권이다. 그리고 시장경제, 법치주의, 의회주의, 세계평화주의 등이다. 왜 우리는 자유주의적 헌법을 가지고 있고 이것을 소중히 하는가? 자유주의가 개인의 행복을 그리고 공동체의 발전을 가능하게 하는 길이기 때문이다. 그래서 자유주의를 확대하고 심화하려는 대한민국이 자랑스럽고 소중한 것이다. 국민개개인의 행복과 발전을 담보해주는 가치이고 제도이기 때문이다.

인간이란 본래가 공동체적 존재이다. 그래서 공동체의 건강성이 개개인의 건강성에 크게 작용한다. 개인이 아무리 훌륭해도 병든 공동체 속에서는 자기 능력을 발휘할 수 없다. 또한 행복할 수도 없다. 행복이란 본래가 나와 남과의 사이에 - 나와 공동체사이에 - 존재하기 때문이다. 그래서 우리는 개인의 행복을 위하여 그리고 개인능력의 발휘 즉 자기 발전을 위하여 〈건강한 자유주의적 공동체〉를 가져야 한다. 그래서 우리는 대한민국이라는 공동체를 소중히 하는 것이다. 그리고 건국이후 지금까지 산업화와 민주화를 이루고 이제는 선진통일을 향하여 나가는 대한민국이 자랑스럽고 고마운 것이다. 여기서 나라사랑의 애국심과 선공후사하는 국가관이 나오는 것이다. 그런데 지금 우리사회에는 이 나라사랑의 애국심과 공公을 우선하는 국가공동체관이 너무 약화되어 버렸다. 그러니 사회전반에 사私가 판치며 그 결과의 하나는 증폭되는 사회갈등과 국민 분열이다.

다음은 개개인의 인생관과 가치관의 문제를 보도록 하자. 인간은 육체적이면서 정신적인 존재이다. 육체만 중시하면 금수禽獸와 다르지 않다. 정신과 가치가 있어서 윤리와 도덕이 있어서 비로소 인간이 인간다워질 수 있다. 즉 인간의 존엄성과 가치가 드러나고 삶의 보람과 행복이 가능해 진다. 그런데 지금 우리들은 어떠한 정신과 가치로 사는가? 어떠한 윤리와 도덕을 가지고 사는가? 물질주의와 황금만능주의는 인간이 정신과 가치를 버리고 육체와 욕망만을 소중히 하는 것과 같다. 거기서 어떻게 건강한 윤리와 도덕이 나올까? 그리고 건강한 윤리와 도덕이 없는 공동체 속에서 어떻게 인간이 행복할 수 있고 올바르게 발전할 수 있을까? 지금 우리사회는 정신보다는 물질, 가치보다는 이익, 배려보다는 이기가 너무 판치는 것 같다.

이러한 올바른 가치관의 부재는 앞에서 본 국가공동체성의 부실과 더불어 우리 국민 개개인을 더욱 파편화하고 방향없이 표류하게 만든다. 더욱더 외롭고 고독하고 그래서 더 파괴적이며 분열적으로 만든다. 공동체와 가치의 상실 속에서 북한동포를 구하겠다는 통일의지가 나올 수 있을까? 공동체와 가치의 상실 속에서 프로와 장인의 직업윤리와 근면·성실·정직의 노동철학이 나올 수 있을까? 올바른 직업윤리와 노동철학이 없이 대한민국이 과연 선진화에 성공할 수 있을까? 결국 국가관과 가치관을 바로 세우지 않고는 통일도 선진화도 어렵다는 이야기이다. 선진통일이 안된다는 이야기이다. 왜 이렇게 되었는가?

본래 국민들의 공동체에 대한 시각과 태도, 윤리와 도덕 등의 가치관을 F. List는 정신적 자본mental capital이라고 불렀다. 지금 대한민국의 정신적 자본이 크게 약화된 데는 큰 이유가 하나 있는 것 같다. 그것은 우리나라를 이끌어 온 [문명개화파(박규수/김옥균-이승만-박정희-김영삼/김대중)]가 개혁개방을 통하여 대한민국을 산업화 민주화하면서 즉 서구의 근대적 사상과 제도를 도입하는 과정에서 우리전래의 동양의 도道를 잊었기 때문이 아닌가 생각한다. 19세기 말 우리나라 선각자들이 동도서기東道西器를 주장하여 왔다. 서양의 근대문명과 제도를 받아들이면서도 정신은 전래의 동양정신을 지켜 나가자는 주장이었다. 그러나 구체적 실천을 보면 서구의 근대적 제도의 도입에 급급한 나머지 동양 전래의 정신자본을 헌신짝처럼 던져 버렸던 것이다. 아니 동양의 정신자본을 전근대적 낙후의 상징처럼 홀대하여 왔다. 우리 선조의 아름다운 전통과 깊은 삶의 철학을 모두 낙후된 골동품으로 치부하여 왔다. 근본적으로는 여기서 문제가 생긴 것으로 보인다.

본래 역사적으로 보면 서양西洋은 〔좋은 세상〕을 만들기 위하여 가능한 〔좋은 제도〕를 만들려고 노력하여 왔다. 인간은 본래 죄인이고 피조물이라고 보았다. 그래서 불완전한 인간들이 모여 각자가 이기적으로 행동하여도 그 행동의 결과는 사회적으로 유익하게 될 수 있는 〔좋은 제도〕를 어떻게 만들까에 집중하여 왔다. 그래서 시장경제와 민주주의 등의 제도를 만들어 왔다.

반면에 동양東洋에서는 〔좋은 세상〕을 만드는 길은 가능한 〔좋은 사람〕을 많이 만들어 내는 데 있다고 보았다. 좋은 사람들 – 좋은 지도자와 좋은 국민 – 을 많이 만들어 내면 좋은 세상이 될 수 있다고 보았다. 그래서 동양에서는 정신과 가치의 문제를 대단히 중요시하여 왔다. 따라서 좋은 세상을 만들기 위하여 우리나라 유교에서는 〔선비정신〕을 그리고 불교에서는 〔보살정신〕을 그리고 우리나라 단군의 가르침에서는 〔홍익인간〕을 많이 강조하여 왔다. 이 모든 가르침 속에 공통으로 흐르고 있는 것은 가족·이웃·국가공동체의 존중, 금욕과 선공先公, 인애와 정의, 자비와 계율 등이었다. 그리고 이러한 좋은 덕과 품성들이 인간의 내면 – 불교는 불성, 유교는 천성 혹은 양심 – 에 이미 잠재되어 있다고 보았다. 그래서 개발만 하면 인간은 모두 성인군자가 될 수 있고 보살부처가 될 수 있다고 보았다.

동도東道에서는 본래 소학小學과 대학大學이 있다. 15세까지는 가족과 이웃에 대한 배려 즉 관계적 인간관을 훈련과 습관으로 배워야 한다고 보았다. 그래서 이유를 묻도록 하지 않고 좋은 습관 즉 좋은 말과 행동거지를 무조건 반복적으로 익히는 훈련의 소학과정을 두었다. 그리고 15세 이후가 되면 왜 그러한 말과 행동거지가 중요한 지를 철학적·원리적으로 이해하는 대학大學 과정으로 들어가도록 하였다. 좋은 인간을 만들기 위한 대단히 합리적 교육철학이었다.

그런데 언제부터인지 우리 교육과정에서 우리 청소년들이 좋은 습관-좋은 말과 행동거지-을 배우는 과정이 없어져 왔다. 그리고 우리의 대학생들에게는 그러한 말과 행동거지가 왜 철학적으로 원리적으로 옳고 필요한지를 이해하도록 하는 그래서 내적 확신에 이르게 하는 교육과정이 사라져 왔다. 그래서 서기西器는 도입하였는데 동도東道는 버린 셈이 되었다. 그래서 그동안 건국 산업화·민주화를 통하여 정치경제적 자유화와 서구화에는 많은 진전·발전 그리고 성취가 있었지만 공동체정신·공동체적 윤리와 도덕, 즉 동양화 내지 한국화에는 큰 후퇴가 있었다고 보여 진다. 서양적 자유주의는 번창하였으나 동양적 공동체주의가 크게 약화되어 심지어 요즈음에는 공동체해체현상-파편화破片化된 개인, 부유浮遊화하는 개인-이 많이 나타나고 있다.

이러한 공동체의식의 약화, 가치관·도덕관의 부실 등이 우리 대한민국이 서구민주주의를 받아들였어도 이익집단들이 국익이라는 공公을 무시하고 집단이익이라는 자신들의 사私만을 주장하는 민주주의, 즉 이익집단민주주의 interest group democracy로 만들고 있다고 보인다. 그리고 이러한 이익집단민주주의에 정치인들의 인기영합적 포퓰리즘 populism이 가세하면 우리민주주의를 쉽게 〈중우衆愚민주주의〉로 만들고, 더 나아가 가면 〈약체弱體국가〉를 만들게 된다. 그런 것이 우리나라 정치가 국가정책을 소홀히 하는 정치, 국가전략이 부실한 정치, 아니 더 나아가 국가과제를 풀지 못하는 〈불모의 정치〉를 만들고 있는 것이 아닐까?

또한 공동체의식의 약화와 가치관 도덕관부실이 우리나라 자본주의를 물질만능의 〔한탕자본주의〕와 황금만능의 〔천민자본주의〕를 만드는 것이 아닐까? 그래서 우리가 필요한 것은 공동체사랑을 살리고 가치와 도덕관을 바로 세워 이 땅에 선비적 정치지도자가 중심이 된 〔선비민주주의〕, 선비적 기업인들이 운영하는 〔선비자본주의〕를 세워나가는 것이 아닐까 생각한다. 선비는 주지하듯이 금욕절제하고 선공후사하는 사람들이다. 정치지도자들이 큰 선비, 국민들은 작은 선비가 될 때, 기업인들은 큰 선비, 노동자들은 작은 선비가 될 때 대한민국은 오늘의 우리 민주주의와 우리 자본주의의 위기를 넘어 선진통일의 대업을 이루어 낼 수 있다고 생각한다.

여기서 한 가지 지적해 둘 것은 서양에서는 전통적으로 인간의 개체성을, 동양에서는 인간의 공동체성을 보다 많이 강조하여 왔다는 점이다. 그래서 서양에서는 개인주의가 반면에 동양에서는 공동체주의가 풍성하게 발전하여 왔다. 동양의 공동체주의는 단순히 가족, 이웃, 국가에 끝나지 않고 역사공동체, 자연공동체로까지 확대되어 왔다. 지금 대한민국은 국가공동체의식의 강화, 올바른 가치관과 도덕심의 강화가 특별히 중요하기 때문에 동양의 공동체주의가 보다 강조되어야 한다고 생각한다. 지금까지 산업화와 민주화시대인 20세기에 우리는 서구의 자유주의(개인적 자유주의)에 기초하여 국가경영을 하여 왔다면 21세기 선진화와 통일의 시대에는 서구적 자유주의에 동양적 공동체주의를 융합한 〔공동체자유주의〕가 국가경영의 기준이 되고 방향이 되고 가치가 되어야 한다고 생각한다.

그러면 앞으로 어떻게 하여 위와 같은 방향으로 대한민국의 국민정신혁명을 이루어 낼 것인가? 몇 가지 안을 제시할 수 있을 것이다.

첫째: 〔종교지도자 연석회의〕를 마련하여야 한다.

각 종교대표들이 모여 지금의 대한민국의 국가공동체가치와 국민정신과 국민도덕이 당면하고 있는 문제점들에 대한 깊이 있는 토론과 반성과 분석의 기회를 가져야 한다. 그리고 각 종교가 현재와 같은 공동체해체위기와 국민가치관 위기가 도래하게 된 과정에서의 종교의 역할에 대한 철저한 자기성찰 위에, 각 종교가 자기반성과 자기개혁의 방향을 제시하여야 한다. 동시에 모든 종교대표들이 함께 합의 할 수 있는 대한민국의 국민정신혁명의 기본 방향과 원칙 등에 대한 〔21세기 한민족 정신혁명선언〕을 채택하여 발표하여야 한다. 그리고 그 선언문 속에 각 종교가 어떻게 서로 협력할 것인지에 대한 방향과 원칙도 함께 제시되어야 한다.

둘째: 〔교육지도자 연석회의〕를 마련하여야 한다.

초중고 그리고 대학의 최고 교육지도자들이 모여 지금까지의 우리나라 교육에서 왜 공동체교육과 정신교육·도덕교육·가치교육이 부족하였는가에 대한 철저한 분석과 자기반성이 있어야 한다. 그것을 바꿀 정책대안을 제시하여야 한다. 그리고 〔21세기 한민족 공동체가치 교육선언〕을 채택하여야 한다. 이 공동체가치교육을 앞에서 언급한 〔국가 재창조위원회〕 산하의 〔교육개혁위원회〕의 교육개혁정책과 연계하여 각 학교교육현장에서 구체적으로 추진되도록 하여야 한다.

셋째: 〔국가지도자 연석회의〕를 마련하여야 한다.

정치 · 경제 · 사회지도자들이 모여 국가관과 가치관의 혼란의 문제를 본격적으로 함께 논의하여 그 원인 대책을 강구하여야 한다. 예컨대 정치지도자들은 적어도 어떻게 하여 우리나라 민주주의의 포퓰리즘화를 막을 것인가? 어떻게 [이익집단민주주의]를 순화할 것인가? 어떻게 〈국가약체화〉와 〈불모의 정치〉를 막을 것인가? 어떻게 당파의 이해가 아니라 국민의 이익을 우선하는 [민본적 민주주의]를 살릴 것인가? 어떻게 선비적 품성을 가진 정치지도자가 이끄는 [선비민주주의]가 되도록 할 것인가를 논의하고 그 방향을 제시하여야 한다

경제지도자들은 어떻게 하여야 자본주의의 천민화를 막을 것인가? 어떻게 하여야 [카지노 자본주의], [정글 자본주의]를 막을 것인가? 어떻게 하면 건강한 직업윤리와 노동의식을 키울 수 있는가? 어떻게 하면 금욕절제하고 선공후사하는 선비적 품성을 가진 기업지도자들이 나오도록 할 수 있는가? 그래서 [선비자본주의]를 만들어 나갈 것인가? 환언하면 인간적 가치를 중시하는 자본주의 즉 [인본적 자본주의]를 만들어 나갈 것인가를 논의하고 그 방향을 제시하여야 한다.

NGO등 사회운동지도자들이 모여 어떻게 하여 우리나라에 건강한 시민사회를 성숙시켜 나갈 것인가? 참여와 책임의 시민의식을 어떻게 신장시켜 나갈 것인가? 노동운동지도자들이 모여 어떻게 프로와 장인의 직업윤리, 그리고 근면 · 성실 · 정직의 노동철학을 만들어 나갈 것인가 등을 논의하고 그 방향을 제시하여야 한다.

한마디로 국가지도자들이 모여, 우리의 오랜 역사 · 문화 · 전통에 맞는,

그러면서도 21세기 세계기술과 경영환경 변화에도 맞는 내용으로 [21세기 한민족 도덕정치 윤리경영선언]을 제시하여야 한다. 그리고 앞장서 솔선수범함으로서 국민적 공감대와 지지를 확대해 나가야 한다. 이상과 같이 종교지도자들과 교육 지도자들이 앞장서고 뒤에서는 정치경제지도자들과 시민운동, 노동운동의 지도자들이 함께 뒷받침하여 나간다면 그 때 우리사회는 반드시 바뀌기 시작할 것이다. 정신혁명의 대장정이 본격화될 것이다.

국가 재창조 추진의 주도세력

[위로부터], [옆으로부터] 그리고 [아래로부터]의 개혁

　대한민국이 통일에 성공하기 위하여, 대한민국의 민주주의가 실패하지 않게 하기 위하여, 대한민국이 시장자본주의를 유지 발전시키기 위하여, 그리고 대한민국이 국가의 공동체성을 지켜나가기 위하여 우리는 대대적인 국가 재창조가 필요하다. 모든 국가제도와 시스템을 근본적으로 개혁하여 새롭게 개조하여야 할 뿐 아니라, 국민의식도 근본적으로 개혁하지 않으면 안 된다. 제도도 의식도 이대로는 안 된다. 그런데 이러한 엄청난 국가 재창조를 하려면 엄청난 규모의 〈정치의 힘〉이 모여야 한다. 엄청난 크기의 〈역사의 힘〉이 모여야 한다.

　지금과 같이 여당과 야당이 국가비전과 전략과는 아무 관계없는 당리당쟁에 매몰되어 있고, 여당과 야당 안에서 각종 계파가 공익과 아무 관계없는 계파싸움에 날을 새고 있어서는, 국가 재창조를 위한 정치와 역사의 큰 힘을 모아 낼 수 전혀 없다. 따라서 국가 재창조에 성공하기 위해 필요한 엄청난 변화와 개혁의 에너지를 모아내려면 우리는 기존의 〈생각의 틀〉을 뛰어넘어야 한다. 기존의 여와 야를 뛰어 넘는 새로운 접근을 하여야 한다. 비상非常의 문제를 풀려면 비상非常의 생각을 하여야 한다. 그렇지 않고는 새로운 큰 개혁의 에너지와 동력을 만들어 낼 수 없다. 그리고 정치지도자들 뿐만이 아니라 정부공무원 그리고 학계, 언론계, 시민사회 등 모든 국민들이 함께 국가 재창조에 참여할 수 있는 길을 활짝 열어야 한다. 모든 국민들의 열망과 희망의 에너지를 모아야 한다. 그래야 국가 재창조가 시작되고 성공할 수 있다.

우선 대통령이 국가 재창조의 비전과 의지를 가지는 것이 절대적으로 중요하다.17 총리와 각부장관들의 의지와 능력도 대단히 중요하다. 그러나 그들의 의지만으로 한시대가 요구하는 국가 재창조가 성공할 수 있는 것은 아니다. 우선 대통령과 정부의 국가 재창조 노력을 정치적으로 적극 지지해줄 정치세력, 즉 강력한 여당이 국회에 존재하여야 한다.

국가 재창조는 구체적으로는 법제개정과 예산조치로 나타난다. 따라서 국회에서 국가 재창조를 뒷받침해주지 않으면 성공할 수 없다. 이를 위해선 야당도 적어도 국가 재창조의 총론 내지 대의에는 동의하는 야당이어야 한다. 비록 구체적 개혁방향과 정책수단에는 이의가 있어도 통일과 선진을 위한 국가 재창조의 당위성과 큰 방향에는 찬성하는 야당이 존재하여야 한다. 오로지 정파적 이익투쟁과 권력투쟁에만 올 인하는 정치세력이 아니라, 국

---

17) 동서고금의 역사를 보면 본래 치국(治國)이 되는가 난국(亂國)이 되는가는 최고지도자 한 사람의 인품과 능력에 의존하는 경우가 대부분이다.

가경영과 국가전략을 소중히 하는 정치세력들이 여야를 막론하고 존재하여야 한다. 그리고 이들이 여야의 중심세력이 되어 있어야 한다.

국가 재창조의 성공을 위하여 다음으로 요구되는 것은 행정부의 의지와 능력이다. 비록 여야 정치세력이 국가 재창조의 청사진과 그 개혁방향에 합의했다고 하여도, 이를 현장에서 추진하는, 현장의 변화를 만들어 내는 그룹은 행정 관료들이다. 이들이 과연 국가 재창조를 성공적으로 추진할 의지, 능력, 유인들을 가지고 있는가가 대단히 중요하다. 과거 개혁의 역사를 보면 많은 나라에서 국가 시스템의 구조 개혁이 안案으로 만들어지는 과정보다 집행과정에서 왜곡되고 변모하고 후퇴하는 경우가 많았다. 따라서 국가 재창조의 청사진을 현장에서 착근시키는 행정 관료들의 의지와 능력이 중요하다.

다음으로 중요한 것이 이러한 국가 재창조의 전 과정을 지지하고 격려하고 감시하고 비판하는 기능을 하는 집단이 있어야 한다. 예컨대 언론, 학계, 시민단체들이 기본적으로 국가 재창조를 위하여 돕고 감시하는 역할을 하여야 한다. 그리고 일반국민들도 국가 재창조의 전 과정에 관심을 가지고, 기회가 되는대로 참여할 노력을 하여야 한다. 개별 개혁과제별로 다양한 국민운동이 일어나는 것도 아주 바람직하다. 예컨대 민간교육개혁위원회를 만들어 정부의 교육개혁과정에 직간접적으로 올바른 투입input을 넣는 것은 아주 중요하다. 혹은 직접 교육개혁국민운동을 조직하여 교사나 학부모의 교육문화개선에 앞장서는 것도 대단히 바람직하다.

국가 재창조과정에서 특히 학자나 언론 등 전문가들의 역할이 중요하다. 이들이 국가 재창조와 관련하여 시대적 공론公論 내지 정론正論을 세워 주어야 한다. 교수, 연구소박사, 언론인 등이 모여 다양한 씽크탱크think tank 혹은 씽크네트워크think network를 만들어 주요 국가 재창조과제에 대한 올바른 공론과 정론을 세워주어야 한다. 국가 재창조는 정치권이 주도할 수 밖에 없지만 실제로 정치권에서의 논의과정에는 기득권의 이해가 많이 작용할 수 있고 혹은 표를 의식한 단기적 관점에서의 졸속 결정이 이루어 질 가능성이 많다. 그래서 단기적 정파적 이해가 아니고 또는 기득권의 이해가 아니고 국민과 국가의 장기적 이익의 관점에서 국가 재창조안이 만들어지려면 이들 비정파적인 그리고 기득권의 이해에서도 자유로운 학자, 언론 등 전문가들의 참여(input)가 반드시 있어야 한다.

이와 같이 국가 재창조가 성공하면 [위로부터의 개혁] – 대통령과 의회 그리고 정부 – 과 [옆으로부터의 개혁] – 학자, 언론 등의 씽크탱크think tank 운동 – 그리고 [아래로 부터의 개혁] – 시민운동 국민운동의 참여와 지지와 감시와 비판이 함께 일어나야 하고 함께 일어날수록 좋다. 그래야 국가 재창조의 성공 가능성을 크게 높인다. 환언하면 (1) 국가 재창조 정치세력 (대통령과 여야) (2) 국가 재창조 정책세력(행정부와 민간 think tank) (3)국가 재창조 국민운동(시민운동, 국민운동) 이 3 주체들이 함께 움직여 주어야 국가 재창조가 성공하고 비로소 역사가 바뀐다.

국가 재창조 정치세력

국가 재창조를 위한 새로운 역사주체, 구체적으로는 앞에서 본 3주체를 어떻게 만들 것인가? 여기서는 [국가 재창조 정치세력]을 만드는 문제와 [국가 재창조 정책세력]을 만드는 문제를 중심으로 좀 더 살펴보도록 하자.

신(新)보수와 신(新)진보의 등장

이들 새로운 국가 재창조의 주체를 만들려면, 앞에서도 이야기하였지만 기존의 발상을 바꾸어 – 기존의 사고를 바꾸어 – 비상한 발상을 하여야 한다. 우선 다음의 3가지 노력을 하여야 한다.

첫째, 우리나라 정치권이 내부개혁을 통하여 신新보수와 신新진보 – 개혁적 보수와 합리적 진보 – 의 두 축으로 우뚝 서야 한다.

지금 우리나라 정치권은 크게 보면 보수와 진보 양대 진영으로 나누어져 있다. 우선 시급한 것이 두 세력이 각자가 주장하는 철학과 이념, 비전과 정책을 정리하여 내세우면서 각자 자기정체성identity and integrity을 바로 세워야 한다. 그리고 자기 깃발 – 어떠한 대한민국을 꿈꾸고 있고, 그것을 어떻게 실현하겠다는 것인지 – 을 확실하게 세워야 한다. 그때그때 인기영합적 정책만 양산하여서는 국가 재창조가 불가능하다. 우선 각자가 치열한 내부 성찰과 토론을 통하여 국가발전철학과 국가전략을 재정비하고 재정립하여야 한다. 이념적 철학적 정책적 자기정체성을 확실히 하여야 한다.

본래 보수는 〈자유와 공동체〉를 소중히 하는 이념이다. 진보는 〈평등과 연대〉 특히 약자弱者와의 연대를 소중히 하는 이념이다.

이 두 가지는 국가발전을 위하여 모두 필수적 가치이고 불가결한 이념이다. 그런데 우리나라의 보수를 보면 정치적 보수-정치적으로 이익이 되기 때문에 보수에 편드는 보수-는 많았지만 〈가치적 보수〉, 〈철학적 보수〉-보수의 가치의 타당성을 믿고 이 가치를 실현하고 실천하려는 보수-는 적었다. 자기의 자유와 발전만을 주장하였고 타인의 자유에 대한 배려와 공동체발전을 위한 헌신과 희생은 많이 부족하였다. 한마디로 자기희생적인 〈개혁적 보수〉는 적고, 기득권보수, 현실안주적 보수가 많아서 이들이 대한민국에서 진정한 보수의 발전을 막아 왔다.

반면에 진보는 이념적 관념적 진보는 많았지만 〈정책적 진보〉는 적었다. 인기영합적 정치구호만을 떠드는 이념과잉 형(型) 진보는 많았지만, 평등과 약자를 위한 실효성 있는 합리적 정책과 전략을 준비하는 〈합리적 진보〉는 적었다. 더구나 우리사회 일각에서는 시대착오적인 극좌적 이념을 가진 반(反)진보적 진보도 있어서, 대한민국의 진정한 진보의 발전을 막아 왔다.

이제 과거의 역사-구(舊)보수와 구(舊)진보의 시대-를 뒤로 하여야 한다. 대한민국의 산업화 시대를 이끌어온 구보수 그리고 민주화시대를 이끌어온 구진보의 시대는 끝내야 한다. 우리나라 정치에서도 〈신보수〉〈개혁적 보수〉와 〈신진보〉〈합리적 진보〉가 자기들의 깃발을 들고 나와야 한다. 개혁보수는 현실안주의 기득권 보수와의 관계를 정리하여야 한다. 합리진보는 시대착오적 이념형 진보와의 관계를 정리하여야 한다. 그리고 일관된 철학적 가치적 소신과 정책적 대안을 새롭게 정비하고 등장하여야 한다. 그것이 국가 재창조대업의 시작이 될 것이다.

이 두 세력이 등장하여 각자가 국가 재창조의 청사진과 로드맵을 만들어야 한다. 〈신보수의 국가 재창조 청사진〉과 〈신진보의 국가 재창조 청사진〉이 나와야 하고, 이 청사진과 로드 맵을 뒷받침하는 국가비전과 전략의 적정성·타당성·현실성 등을 가지고 양 세력 간에 정정당당하게 정책경쟁을 벌여야 한다. 국가 재창조를 위한 국가비전과 국가전략의 자유롭고 치열한 경쟁이 일어나야 한다.

생각컨데, 신보수 그리고 신진보가 진정성 있는 그리고 책임있는 국가 재창조의 비전과 전략을 제시한다면, 그 방향과 결론의 최소한 70% 정도는 서로 같을 것이다. 왜냐하면 21세기 초 세계화시대, 초 정보화시대 급변하는 기술과 경영환경, 그리고 인구구조의 노령화 시대에, 국리민복과 국가발전을 목표로 하는 - 성장과 복지, 미래와 현재를 모두 소중히 해야 하는 - 국가비전과 국가전략의 내용이 사실은 보수와 진보사이에 크게 다를 수가 없다. 성공하는 나라의 성공전략에는 본래 공통점이 많기 때문이다. 그리고 나머지 30% 정도의 진보와 보수 간의 견해의 차이는 대단히 건강한 생산적 차이가 될 것이다. 그래서 이 30% 부분에 대하여도 좀 더 깊은 과학적 실증적 논의를 통하여 서로 배워나가면, 결국은 합리적 타협의 길을 찾을 수 있을 것이다.

신(新)보수와 신(新)진보의 전략적 대타협

둘째, 국개개조를 위하여 신新보수와 신新진보가 〈큰 전략적 대 타협Great Big Deal〉을 해야 한다.

각자 국가 재창조의 비전과 전략을 정비한 개혁적 보수와 합리적 진보가 다음으로 할 것은 〈큰 전략적 대 타협〉이다. 우리나라 개혁적 보수와 합리적 진보가 국가와 민족을 진정 생각한다면 대한민국의 〈선진통일과 국가 재창조〉를 위한 - 나라를 위한 - 〈큰 전략적 대 타협〉을 하여야 한다. 적어도 국가의 대대적 개조기간 동안, 그리고 통일과정이 시작되면 그 격렬한 변화의 기간 동안 두 세력이 먼저 〈국가전략연합〉, 〈정책연대〉를 하는 것이 중요하다. 그리고 필요하다면 합리적 원칙하에 국정의 일정 부분을 〈공동경영-공동책임〉하는 것도 바람직하다. 소위 신보수와 신진보 간의 대타협(Great Big Deal) 이 필요하다. 이 대타협이 가능해야 그래서 개혁을 위한 거대한 정치적 동력, 역사적 에너지를 동원해 낼 수 있어야, 대한민국은 통일할 수 있고, 민주주의를 살릴 수 있고, 시장자본주의를 발전시킬 수 있고, 국가의 공동체성, 즉 가치성을 지켜 나 갈수 있다.

왜 신보수와 신진보는 국가 재창조과정 그리고 선진통일과정에서 큰 전략적 대타협을 해야 하는가? 왜 대타협 Great Big Deal이 역사적 당위가 되는가? 3가지 이유가 있다고 본다. 첫째는 개혁보수이든 합리진보이든 모두가 〈애국세력〉이기 때문이다. 국가의 발전과 국민의 복리를 목표로 하는 세력이기 때문에 올바른 국가 재창조과정에서 힘을 합치지 않을 이유가 없다.

둘째는 북한의 3대 세습독재는 〈反자유이고 반反평등〉이다. 그래서 자유를 주장하는 보수와 평등을 주장하는 진보의 기본가치에 북한체제는 정면으로 반反한다. 그래서 선진통일과정에서 북한에서의 〈자유와 평등의 확산〉

을 위해 개혁보수와 합리진보가 힘을 합쳐야 한다. 분열할 이유가 없다.[18]

셋째는 국가 재창조과정과 선진통일과정에 상당한 정도의 혼란과 갈등 그리고 비용과 고통이 불가피하게 등장한다. 문제는 이를 어떻게 극소화하는가이다. 그 극소화하는 방법의 하나가 보수와 진보의 대타협이다. 보수와 진보가 분열과 갈등을 증폭시키면 한반도의 미래는 대단히 불투명해진다. 모두가 패자가 될 수 있다. 이상의 3가지 이유로 우리는 대타협Great Bid Deal이 시대적 역사적 소명이라고 생각한다.

우리가 국가 재창조를 위하여 정치주체, 역사주체를 만들어 나갈 방향이 위와 같다면 지금 여의도에서 논의되고 있는 모든 정치개혁의 논의는 분명 그 방향이 다음과 같아야 한다. (1) 모든 정치개혁의 논의는 그 것이 신보수와 신진보세력의 등장을 돕는 방향인가 아닌가? (2) 국가 재창조를 위한 그들의 정책능력을 높이고, 합리적 정책경쟁을 촉진하고, 필요하다면 정책연합의 환경을 만드는 방향인가 아닌가? 이 두 가지를 기준으로 그 역사적 이론적 정당성과 타당성이 판단되어야 한다.

예컨대 지금 논의되고 있는 〈공천제도의 개선〉과 관련해서는 - 국민공

---

18) 우리사회에 중도라는 말이 있고 포용과 통합이라는 말이 있다. 한 가지 확실히 할 것은 남과 북 사이에 중도는 없다는 것이다. 자유주의와 세습독재 사이에 - 자유사회와 노예사회 사이에 - 중간은 포용과 통합은 없는 사실이다. 그래서 둘 중 하나를 선택하여야 하지 그 중간은 선택할 수 없다. 그런데 자유주의를 선택한 이후 - 자유주의적 가치를 대전제로 한 이후 진보와 보수 혹은 좌와 우 사이에는 얼마든지 중도가 있고 포용이 있고 통합이 있다. 예컨대 자유시장경제를 전제로 한 이후 성장주의를 선택할 것인가 복지주의를 선택할 것인가 하는 보수와 진보의 두 주장사이에는 얼마든지 중도가 있고 중도가 바람직한 경우가 많다. 우리나라에선 이 두 가지 다른 중도를 구별하지 않고 혼란스러워 하는 경우가 있다. 이를 바로 잡아야 한다. 이 글에서 신보수와 신진보가 합쳐야 하다는 주장은 두 세력 모두가 자유대한민국을 전제로 하고 있음을 의미한다. 혼돈이 없기를 바란다.

천open primary 인가? 전략공천인가? – 어느 제도가 이 시대가 요구하는 신보수와 신진보의 등장을 용이하게 하는가? 아니면 구보수와 구진보의 생존을 돕는데 기여하는 제도인가에 의하여 지금의 제도개선 논의가 옳은가, 아닌가가 결정되어야 할 것이다.

또한 지금 논의되고 있는 〈정당개혁의 방향〉도 각각의 정당에 최고의 유덕유능有德有能한 합리적 진보와 개혁적 보수가 모여들게 만드는 것인가? 그래서 각 정당이 합리적 국가 재창조의 비전과 정책을 만들어 내고, 서로 선의의 경쟁을 하고, 필요하다면 대타협Great Big Deal도 할 수 있도록 하는데 기여하는 정당개혁 방향인가? 그러한 방향으로의 제도개선논의인가 아닌가로 옳은 정당개혁인가 아닌가가 결정되어야 할 것이다.

그리고 지금 정치권에서 논의되고 있는 〈선거구획정과 선거제도 개선〉의 문제도 그동안 대한민국의 정치발전의 발목을 잡아 온 2대 장애물인 〈지역주의〉와 〈진영논리〉의 영향을 줄이는 방향인가 아닌가? 그래서 최고의 유능 유덕한 개혁적 보수와 최고의 유능 유덕한 합리적 진보의 의회진출을 돕는 것인가 아닌가? 구舊보수와 구舊진보의 퇴출을 막는 제도변화가 되는 것은 아닌가? 이것이 판단의 기준이 되어야 한다.

예컨대, 비례대표제는 본래 지역정치를 뛰어 넘어 정책전문성과 직종대표성을 높여 〈국가경영형 정치〉를 할 인재들을 확보하는 것이 목표였다. 그런데 그동안 정당지도부가 사적 인맥으로 혹은 철지난 이념으로 원칙없이 비례대표를 공천하여 놓고 그 폐해가 많이 발생하니, 이제 없애겠다고 한다면 지역정치에 매이지 않는 〈국가경영형 인재〉는 앞으로는 어떻게 구하겠다는 말인가? 지역정치가 아니라 〈세계정치〉를 해야 할 시대인데 앞으로 그러한 인재는 어떻게 구하겠다는 말인가? 오히려 비례대표제를 늘리고 그 공천과정을 보다 객관적 합리적 기준으로 투명하게 할 생각을 하는 것이, 개혁보수와 합리진보의 정치권진출에 보다 큰 도움이 되는 것이 아니겠는가? 또한 〈전국구 비례〉와 〈권역별 비례〉 중 어느 제도가 바람직한가도 논의되고 있는 모양인데, 이 문제도 어느 제도를 선택하는 것이 지금까지 대한민국 정치발전을 막아온 지역주의와 진영논리를 약화시키는 데 기여할 것인가? 아니면 그 반대인가를 기준하여 그 당부를 판단하여야 한다.

한마디로 모든 정치개혁 관련 논의가 대한민국의 정치발전에 기여하는 방향인가? 구舊보수와 구舊진보의 퇴출을 돕고 신新보수와 신新진보의 등장에 기여하는, 그래서 대한민국의 선진통일과 국가 재창조의 성공을 담보하는 그러한 방향으로의 개혁논의인가 아닌가가 가장 중요하다고 생각한다.

정책세력의 전국 네트워크(network)화

셋째, 〈정책세력〉, 〈국가전략세력〉이 전국적 네트워크화 하여, 대타협 Great Big Deal을 적극 지원하고 감시하여야 한다.

다음으로 중요한 것은 교수, 학자, 전문가, 언론인, 전직 행정가 등의 지식인 – 개혁적 정책세력 – 들이 모여 국가 재창조의 필요성과 당위성에 대한 공론公論,pubic judgement을 세워야 한다.¹⁹ 그리고 국가 재창조를 성공시키기 위해 합리적 진보와 개혁적 보수가 힘을 합쳐야 한다는 공론도 세워야 한다. 그래서 신보수와 신진보의 정치적 정책적 노력 – 자기정리와 큰 전략적 대타협 – 을 지지하고 지원하고 감시하여야 한다.

율곡선생은 선비지식인들이란 나라의 원기元氣이고 그들이 창출하는 공론은 나라의 진기眞氣라고 하였다. 국가 재창조가 성공하려면 나라의 원기와 진기를 모두 모아야 하고 그래서 국가 재창조의 청사진과 국가 재창조를 추진한 세력을 만들어 내야 한다. 이러한 방향으로의 지식인들의 노력 특히 그 중에서도 정책능력을 가진 〈개혁적 정책세력〉, 그리고 국가전략을 소중히 하는 〈개혁적 국가전략세력〉들의 노력이 집중되어야 한다.

이러한 정책세력, 국가전략세력의 활성화를 돕기 위하여 지금 우리나라에서 가장 시급한 것의 하나가 국가차원의 종합적 씽크탱크think tank를 설치하는 것이다. 현재의 정부출연연구소들을 통폐합하고 부분적으로 민간부분에서의 보완을 통하여 국가 최고수준의 정예연구원 수천 명 규모의 〈국가전략원〉을 만들어야 한다.²⁰ 〈21세기 집현전〉을 만들어야 한다. 통일 외교 국방부터 경제, 산업, 노동, 복지 그리고 문화와 종교까지를 포함하

---

19) 공론이란 여론과 다르다. 여론은 일반인 다수의 의견이지만 감성적이고 가변적이고 단기적이다 때로는 즉흥적이다. 그러나 공론은 그 분야의 이론전문가 현장전문가들의 분석과 성찰이 즉 심계원려가 들어간 의견이다. 그래서 이성적이고 과학적이다. 공론이 여론을 이끌고 가는 민주주의는 발전하고 그 반대는 실패할 위험이 크다.

20) 이제는 과거처럼 정부출연연구소가 특정 권력에 불공정하게 봉사하는 시대는 아니다. 국가전략원은 확고한 정치적 중립성과 최고의 전문성을 생명으로 하여야 한다. 그래야 올바른 최고의 국가전략이 나올 것이고 높은 대국민설득력을 가지게 된다. 한마디로 올바른 개혁공론을 세울 수 있다. 또한 그래야 외국의 유사한 국가전략연구기관과의 세계경쟁에서 이길 수 있다.

여 〈종합국력comprehensive national power〉을 높이기 위한, 모든 부분의 전략을 체계적으로 연구하여, 종합적 국가전략을 세우는 노력을 하여야 한다.

그리고 앞으로 이 국가전략원은 정치권에서 신보수와 신진보가 각각의 국가 재창조의 청사진과 전략을 만들어 낼 때 이를 적극 도와야 한다. 사전협의도 하고 공동작업도 하고 평가보완도 그리고 사후지원도 하여야 한다. 그래서 국민들 사이에 올바른 국가 재창조의 개혁공론이 형성되고 정치권에서도 올바른 국가 재창조의 청사진이 나오도록 만드는데, 이 국가차원의 종합적 씽크탱크thinktank의 선도적이고 지원적인 역할이 필수적으로 필요하다.

이와 동시에 각 주요정당 – 합리적 진보정당과 개혁보수 정당 – 에서는 〈국가전략본부〉를 만드는 것이 바람직하다. 앞으로는 정당별로 국가비전과 국가전략을 먼저 세우고 – 예컨대 국가 재창조의 큰 그림을 먼저 그리고 – 그 대강 속에서 개별 현안정책에 대한 당론이 나와야 한다. 그렇지 않으면 정책현안마다 즉흥적이고 편의적인 대응이 많아지고, 그 결과는 정책의 포퓰리즘화이다. 정치의 천민賤民민주주의화이다.

다음으로 각 주요정당의 국가전략 연구와 논의를 도와주고 각 정당의 연구결과의 수렴과 여·야 간 정책합의와 타협을 촉진하기 위하여, 그리고 가능하다면 대타협Great Big Deal의 성사를 돕기 위해, 국회차원의 전문가와 국회의원들이 함께 참여하는 〈국가전략위원회〉를 두는 구상도 바람직하다.

더 나아가 정부의 〈국가전략원〉과 국회의 〈국가전략위원회〉가 앞장서서 대학이나 민간차원의 각종 국가전략연구 활동도 적극 도와야하고 적극적으로 네트워크network화하여야 한다. 요컨대 전국적 집단지성을 – 정政, 관官, 학學, 민民 모두를 네트워크 화하여 – 모아내어 활성화하여야 한다. 그래야 우리의 올바른 국가비전과 전략이 세워지고, 이를 기초로 국가 재창조의 대업이 성공할 수 있다. 한마디로 이것이 바로 〈국가전체를 전략화〉하는 방법이다.[21] 21세기는 국가전체를 전략화하지 않으면 국가성공이 쉽지 않은 세기이다. 21세기는 불확실성이 너무 크기 때문이다.

국가 재창조 행정세력

다음으로 국가 재창조의 성공을 위해선 행정부의 의지와 능력이 중요하다. 국가운영의 70%는 공무원들이 하는 것이다. 국가 재창조의 70%도 마찬가지이다. 정치권이 만든 국가 재창조의 개혁안을 어떻게 현실속의 변화로 이루어 내는가는 행정부 관료들의 의지와 능력에 달려 있다. 아무리 훌륭한 국가 재창조안이 입법과 예산을 통하여 정치권에서 만들어졌다고 하여도, 그것이 정책현장에서 올바르게 집행되지 않으면 국가 재창조는 미완으로 끝나거나 실패할 수밖에 없다. 그래서 여기서 우리는 과연 우리나라 정부 관료들은 국가 재창조의 대업에 앞장설 그리고 성공시킬 충분한 유인과 정보와 능력을 가지고 있는가? 이 문제를 점검해 보아야 한다.

---

21) 21세기 국가성공을 위하여 핵심 단어(key words)를 세 개만 이야기한다면 (1) 세계화 (2) 인간화 (3) 전략화가 아닐까 생각한다.

소프트웨어(software) 개혁

지금 중앙정부와 지방공무원들의 개혁의지와 사기는 어떠한가? 개혁역량과 능력은 어떠한가? 지금 각종 공공부문 기관의 준(準)공무원들의 경우는 어떠한가? 우리나라에선 과거 산업화시대에는 정치지도자와 행정지도자 - 장차관과 실국장 등 - 들이 한 마음 한 뜻이 되어, 대한민국의 산업화를 위하여 혼신의 노력을 한 적이 있다. 그리고 모든 공무원들이 공직에 보람과 자부심을 느끼며 산업화를 위하여 몸을 던지던 때가 있었다. 그리고 당대 우리사회의 최고의 인재들이 공직에 몰려들던 때가 있었다. 지금은 어떠한가? 지금의 의지와 사기와 열정과 능력으로 과연 대한민국의 공직자들이 특히 정부의 공무원들이 과연 앞으로 선진통일과 국가 재창조를 성공적으로 해 낼 수 있을까?

국가 재창조가 성공하려면 공직자들이 특히 행정공무원 - 더 나아가서는 사법공무원까지 포함하여 - 들이 (1) 국가 재창조를 위한 개혁정신에 불타는 확실한 사명감을 가져야 하고 (2) 자신이 추진하는 개혁사업에 대하여 무한한 자부심과 자긍심을 느끼며 신 바람나게 일 할 수 있어야 하며 (3) 앞장서 노력하는 공직자들에게 국가차원에서의 보상 즉 〈경제적 보상〉 그리고 〈사회적 인정〉이 반드시 뒤 따라야 한다. 그런데 이러한 점에서 지금의 행정제도와 공직자제도는 크게 미흡한 것 같다.

과연 우리나라 공직자들은 국가 재창조를 위하여 노력한 유인 · 정보 · 능력 - 개혁유인 · 개혁정보 · 개혁능력 - 을 가지고 있는가 하는 문제를 한 번 살펴보자.

첫째, 과연 정부 관료들은 국가 재창조에 앞장설 개혁 유인改革誘因, incentive이 있는가?

국가 재창조의 동기유발이 충분한가이다. 국가 재창조개혁에는 불가피하게 사회경제적 기득권을 파괴하는 측면이 있다. 지지도 많지만 반대도 적지 않다. 우리나라에는 특히 끼리끼리 유착관계가 크다. 그래서 기존의 기득권구조를 변화시키는 개혁에는 항상 반대그룹으로부터 오는 위험부담이 따른다. 또한 우리나라에는 부처별 칸막이 즉 〈부처이기주의〉가 강하다. 그러나 국가 재창조개혁은 국가전체를 위한 개혁이기 때문에 부처이기주의를 넘어서야 하는 경우가 허다하다. 이 경우에도 개혁 추진자들은 자기가 소속하는 부처의 이기주의로부터 오는 압박을 넘어서야 한다. 그것도 적지 않은 위험부담이다. 이러한 상황에서 지금의 행정제도와 공무원제도는 공무원들이 국가 재창조에 앞장 설 충분한 유인과 동기유발을 주고 있는가?

유인에는 두 가지가 있을 수 있다. 하나는 〈정신적 도덕적 유인〉이고 다른 하나는 〈물질적 경제적 유인〉이다. 우선 정신적 도덕적 유인은 공무원들이 개혁의 대의에 대하여 얼마나 공감하고 있는가? 이에 참여하는 것에 대한 자긍심과 사명감을 얼마나 느끼는가이다. 개혁의 주체인 국가 지도자 내지 정치권이 얼마나 공무원들에게 국가 재창조의 당위성, 정당성, 합리성을 이해시키고, 국가 재창조에 대하여 강열한 역사적 사명감과 가치를 느낄 수 있게 만드는가가 대단히 중요하다. 그에 따라 공무원들의 개혁노력과 성과는 크게 달라질 것이다.

그리고 다음은 물질적 경제적 유인이다. 과연 국가 재창조에 앞장서 성공적 기여와 실적을 내면 그것이 당해 공직자들의 보수, 승진승급, 표창 등에 얼마나 제대로 반영되는가? 또한 그 반영의 정도가 얼마나 공정하고 객관적인가 등에 의존할 것이다. 지금 우리의 행정제도와 공직자제도는 과연 어떠한가? 과연 국가 재창조에 앞장서려는 정부 관료를 격려하고 지원하고 보상하는 제도이고 정책인가? 아니면 국가 재창조개혁에 헌신하는 것보다는 적당히 〈정치적 줄서기〉를 하는 것이 보다 위험부담도 없고 승진과 승급에 더 효과적인 것은 아닌가? 확실한 것은 지금 이대로는 정신적 도덕적 유인도 약하고 물질적 경제적 유인도 거의 없는 것으로 보인다. 그러면서 국가 재창조의 성공을 기대할 수 있을까? 분명한 것은 국가 재창조노력에 충분한 동기유발과 유인을 공무원들에게 제공하지 않으면서 무조건 위에서 개혁을 요구하면 그 결과는 부실, 왜곡 혹은 실패일 것이다.

둘째, 과연 정부 관료들은 국가 재창조에 앞장설 개혁 정보 information를 가지고 있는가?

우선 정부 관료들이 국가 재창조개혁에 등장하게 된 배경, 앞으로 나갈 방향 등에 대해 올바른 정보와 정확한 이해를 가지고 있어야 한다. 그리고 앞으로 바꾸어 나갈 개혁의 방향뿐만 아니라 지금 현장의 상황이 어떠한지에 대해 정확히 파악하고 있어야 한다. 예컨대 교육개혁의 경우를 생각해 보자. 과연 지금 정부 관료들은, 특히 책임 있는 위치에 있는 고위관료들은 교육현장의 실상과 실제의 문제에 대하여 얼마나 구체적 정보를 가지고 있고 심층적 이해를 하고 있는가? 만일 탁상행정에만 오래 익숙해 있다면, 과연 현장을 바꾸는 개혁에 공직자들은 촉매재가 될 것인가 장애물이 될 것인가?

더 나아가 지금까지 우리나라 교육개혁의 역사에 대한 정보와 이해는 가지고 있는가? 왜냐하면 과거의 개혁역사가 주는 교훈에 대한 이해는 미래 개혁성공에 크게 기여하기 때문이다. 공직자들이 과연 정책현장의 정보뿐만 아니라 현재와 과거의 정책역사에 대한 충분한 정보와 이해를 가지고 있는가? 외국에서 일어나는 개혁과 그 교훈에 대한 정보는 가지고 있는가?

셋째, 과연 정부관료들은 국가 재창조에 앞장설 충분한 개혁 능력capacity을 가지고 있는가?

이 문제도 대단히 중요하다. 고위직 공직자는 물론 일선 공직자들의 개혁추진 및 정착능력이 결국은 개혁의 성공여부를 결정한다. 아무리 개혁유인 즉 의지가 있고 개혁을 성공시킬 정보가 충분하여도, 개혁능력이 제한되면 개혁은 성공하기 어렵다. 지금 우리나라 교육은 개혁능력, 즉 정책전문성과 현장성을 높이고 그리고 정책추진의 전략성을 높이기 위하여 기획되고 있는가? 이렇듯 개혁능력은 단순히 법령을 교과서적으로 해석하고 집행하는 것만으로는 부족하다.

여기서 두 가지 의미의 창조적 집행이 필요하다. 하나는 현장의 다양한 구체적 사정을 감안하여 관료적 기계적 집행이 아닌 융통성과 창의성이 있는 집행을 하여야 한다는 것이다. 필요하다면 본래의 개혁안에 대한 일정부분 수정과 보완이 필요할 수도 있다. 또 하나의 창조적 집행은 이해당사자들과의 충분한 소통과 협의 즉 협치協治를 통한 집행을 의미한다. 개혁의 가치와 원칙을 지키되 현장에서 반드시 이해당사자들과의 소통하고, 설득하고 그래서 지지와 협력을, 더 나아가 참여와 책임까지도 이끌어 내는 집행이 되어야 한다. 한마디로 개혁의 거시적 방향은 정치권에서 결정한다고 하여도 미시적 조정은 반드시 정부 관료들이 주도하는 개혁현장에서 이루어져야 개혁이 성공할 수 있다. 그래서 우리는 정부 관료가 미시적 조정을 할 능력, 창조적 능력을 가지고 있는가를 묻는 것이다.

국가 재창조의 성공을 위해서 위에서 본 3가지의 근본적인 문제를 살펴보고 그 문제를 해결하기 위한 대대적인 행정제도와 공무원제도의 개혁을 준비하여야 한다. 지금 우리의 공무원 선발제도, 교육훈련제도, 정기적 순환보직제도 각종의 감사 평가제도 그리고 승급승진제도, 보수와 보너스 제도 등등이 과연 우리나라 공무원들이 국가 재창조에 앞장설 개혁유인과 개혁정보와 개혁능력을 높이는데 기여하고 있는가? 아니면 오히려 그 반대인가? 이 문제에 대한 냉정하고 철저한 분석위에서 행정제도와 공무원제도의 근본적 개혁을 준비하여야 한다. 이러한 철저한 공직부문의 개혁이 이루어져야 새로운 국가 재창조세력의 한 축이 될 개혁적 공직자들이 큰 흐름을 이루며 등장할 수 있을 것이다.

일반적으로 정부개혁은 하드웨어 개혁(조직과 제도개혁)과 소프트웨어 개혁(운영과 정신개혁)으로 나눌 수 있다. 가장 중요한 것은 지금까지 앞에서 논한 소프트웨어 개혁이다. 즉 채용과 교육, 배치와 승진승급, 보수와 유인incentive 제도, 감사와 평가 등등의 개혁을 통하여 최고의 유덕유능한 인재가 다시 공직에 모이고, 자긍심과 소명감을 가지고, 몸과 마음을 던져

선진통일과 국가 재창조에 헌신하는 시대를 열어내야 한다. 21세기가 요구하는 새로운 공직자상 그리고 공직자 정신과 문화를 만들어 내야 한다.

하드웨어(hardware) 개혁

그 다음으로 필요한 것이 국가 재창조를 위한 하드웨어 개혁이다. 이와 관련하여 두 가지만 제안하고자 한다.

첫째, 부총리제의 〈홍익인간원〉과 〈국가기획원〉의 설립이다.

홍익인간의 정신 아래서 (1)동도서기東道西器할 수 있는, 즉 동양의 정신적 인격을 갖추고 서양의 최첨단 과학기술을 활용할 수 있는 인재를, 나아가 (2)동도東道와 서도西道를 결합하여, 즉 동양의 정신과 서양의 사상을 결합하여 – 사상을 세계화하여 – 새로운 21세기 〈세계보편사상〉을 만들어 낼 수 있는 인재를 (3)더 나아가 개인과 공동체의 관계를 올바로 이해하여 – 공동체자유주의적 입장에서 – 개인의 자유와 국가공동체의 공동체성을 동시에 강화하고 높일 수 있는 인재를, 길러내고 활용하는 분야를 책임지는 부총리제의 〈홍익인간원〉을 설치하는 것이 바람직하다. 이 기구는 예컨대 교육, 과학, 노동, 복지, 환경, 문화, 종교 등의 국정분야를 총합적으로 관장하여야 할 것이다.

다음은 과거 산업화 시대의 〈경제기획원 Economic Planning Board〉이 했던 역할과 유사한 중단기 국가기획을 세우는 총괄 부총리제의 〈국가기획원〉의 설립이 필요하다고 본다. 경제기획원의 〈21세기 확대판〉이라고 볼 수 있다. 과거 경제기획원은 경제중심의 국가기획이었지만 이제는 통일, 외교, 국방, 경제, 산업, 교통, 국토, 문화, 예술 등 전 국정분야의 기획기능을 관장하는 기관이 필요하다. 선진통일과 국가 재창조를 기획하고 관장할 종합적이고 체계적인 국가전략기구가 정부조직으로 필요하다.

앞에서 이야기한 국가차원의 씽크탱크think tank인 〈국가전략원〉은 전국에서 최고의 집단지성을 모아내어 〈홍익인간원〉과 〈국가기획원〉이 추진해야 할 국정전반에 대한 기획과 전략수립에 적극 도움을 주어야 한다. 밑그림을 그려 주어야 한다.

둘째, 〈인사원人事院〉과 〈교육원敎育院〉의 반#독립화와 전문화 그리고 〈감사원〉의 정부개혁의 추진상황 모니터링monitoring 기구화이다.

공무원 채용, 교육, 배치, 승급승진관리, 보수와 인센티브 등은 중장기 시각을 가진 전문성이 뛰어난 독립기구에서 관장하는 것이 옳다. 공무원의 수준과 능력이 국정의 수준과 능력을 결정한다. 최고의 유능하고 유덕한 인재를 찾아내어 최고의 선진교육을 하고 혼신의 마음으로 공익을 위하여 뛰게 만들어 내는 〈인사원〉이어야 한다. 〈교육원〉은 세계최고의 교육을 제공하여 국내외 경쟁력이 출중한 공직자를 만들어야 하고 〈인사원〉은 국내외로부터 천하의 인재들을 뽑아 최고로 키워야 한다. 공직자들이 정치적 연줄이나 찾아다니게 하여서는 안 된다. 행정은 중립성과 전문성 그리고 국민에 대한 봉사성이 생명이어야 한다.

그리고 앞으로 모든 정부개혁, 행정개혁, 공공부문 개혁은 〈감사원〉이 철저히 그 추진상황을 조사 평가하고 필요하다면 보완과 대안을 제시하는 것이 효과적일 것이다. 이를 위해 감사원이 먼저 해야 할 일은 그동안 수많은 행정개혁이 제안되고 추진되었는데 왜 제대로 추진되지 않았는지, 미흡한 부분을 찾아 그 원인을 밝히는 일부터 시작하여야 한다.

대한민국이 중소기업을 위한다는 중소기업 정책은 1970년대부터 반세기 가까이 역대 모든 정권이 주장하여 왔다. 그래서 과연 성공하였는가? 아직도 안 되었다면 그 근본이유가 무엇인가? 교육개혁의 문제도 마찬가지이다. 역대의 모든 정권이 교육개혁을 주장하여 왔는데 왜 아직도 중고등학생의 30~50%가 교실에서 잠을 자고 있는가? 그 원인이 무엇인가? 이제는 철저히 파 헤쳐져야 한다. 그리고 대안을 세워야 한다. 공무원들의 국정운영의 전문성이 약화되는 주요 이유의 하나가 〈순환보직제〉에 있다는 지적은 수십 년이 되었다. 왜 아직도 이 제도는 고쳐지지 않는가? 합리적 대안은 전혀 없는가?

모든 행정개혁, 정책개혁의 진행상황을 철저히 조사 분석 평가하여 개혁의 실공實功을 높이지 않으면, 앞으로 추진해야 할 모든 국가 재창조노력도 소리만 요란하고 내용은 부실할 수밖에 없을 것이다. 〈감사원〉이 나서서 앞으로 진행될 국가 재창조를 위한 각종 개혁의 진행상황, 성과와 효과를 철저히 조사·평가하고, 그리고 필요하다면 보완도 하고 대안도 제시하여야 한다. 그리고 그 대안의 집행상황까지도 책임지고 살펴야 한다. 이를 위해 감사원의 능력을 대폭 보강하여 국가 재창조의 추진상황의 점검과 보완의 책임을 맡겨야 한다. 그래서 추진상황이 미흡하면 감사원부터 책임지도록 하여야 한다.

맺는 말

우리는 반드시 성공할 것이다

　과연 대한민국이 국가 재창조에 성공하여 한반도의 선진통일의 시대를 열고 세계국가로 우뚝 설 수 있을까? 아니면 국가 재창조에 실패하고 그래서 한반도 선진통일의 시대를 열지 못하고 결국 분단 3류 국가로 전락할 것인가? 요즈음 전문가들의 의견이나 민심의 동향을 보면 그 답이 간단하지 않은 것 같다. 때로는 낙관론이 때로는 비관론이 교차하고 있다. 그러나 안과 밖의 상황에 대하여 위기의식을 느끼는 것은 옳고 바람직하지만 미래에 대한 비관론은 안 된다. 우리는 낙관론을 가지고 나가야 한다. 결국 우리는 국가 재창조에 성공하고 선진통일시대를 반드시 열 것으로 본다. 아니 불가피할 것으로 본다.

　첫째, 우리 민족은 반드시 통일국가를 만들 것이다.

　우리민족은 한반도 수천 년의 역사 속에서 형성된 강력한 민족자존과 독립의식을 가지고 있다. 끝임 없는 외세와의 싸움 속에서도 자기를, 자기의 자존과 자긍을 지키는 데 성공하여 왔고, 탁월한 의지와 능력을 보여 왔다. 그래서 분명 한민족은 반드시 통일에 성공할 것이다. 특히 이제는 한반도 통일이 우리 민족의 결단에 달려있는 상황이 되고 있다. 세계를 둘로 나누어 싸웠던 냉전적 세계패권의 시대가 끝난 지 이미 오래이다. 또한 대한민국은 이제 결코 작은 나라가 아니다.

이제는 강대국이라고 하여도 우리의 염원을 꺾으면서 민족분단을 더 이상 한반도에 강제할 수 없다. 우리의 의지와 결단과 열정이 가장 중요하다. 그래서 통일은 반드시 될 것이다. 이 통일에 성공하려면 반드시 국력이 크게 신장되어야 한다. 그리고 국력의 신장은 국가 재창조를 통하여 시작될 것이다. 국가 재창조개혁은 통일하기 전에 시작해야 한다. 물론 국가 재창조는 통일 전에 완성될 수도 있으나 실제는 통일 전에 시작하되 통일 과정을 통하여 진화발전하고 결국은 통일 후에 완성될 가능성도 크다. 그래서 머지않아 대한민국은 [국가 재창조를 통하여 통일]을 이룬 후 통일한반도를 만들어 21세기 성공한 세계국가가 되어 있을 것이다.

둘째, 통일한반도는 반드시 〈선진국가〉가 될 것이다.

우리 민족은 본래 역동성과 성취욕이 다른 민족보다 강하다. 그래서 가만히 중도에 주저앉을 수 없는 민족이다. 또한 비록 현실은 어두워도 자부심과 자신감이 커서 이상과 꿈은 대단히 높게 가져온 민족이다. 과거 1907년 국채보상운동 때의 한 선언문을 보면 "이렇게 나라의 빚을 갚아 자유민이 돼서 우리나라도 언젠가는 〈세계상등국가〉가 될 것을 희망하노라"라는 글로 끝을 맺고 있다. 3년 후 일본의 식민지가 될 정도로 국운이 쇠

잔한 시기인데도, 우리 선조들은 우리나라가 언젠가는 세계상등국가, 요즈음 식으로 이야기하면 세계 선진국가, 세계일등국가가 될 것이라는 자신감과 꿈을 가지고 살아 왔다. 우리는 대단한 민족이다.

그런데 선진국가가 되려면 반드시 국가 재창조에 성공하여야 한다. 국가 재창조 없는 선진화는 불가능하다. 선진화 자체가 국가 재창조과정이다. 그래서 대한민국은 〔국가 재창조를 통하여 선진화〕를 이룬 후 21세기 세계국가로 뛰어 오를 것이다.

요약하면 한반도는 〔국가 재창조와 선진통일〕에 성공한 후, 반드시 21세기 세계국가 global state 로 뛰어 오를 것이다. 즉 〈세계선진일등국가〉, 〈세계평화중심국가〉, 그리고 〈세계양심대국〉이 되어 있을 것이다.

국가 재창조를 위해 〈3대 역사주체〉들이 모여야 한다.

앞으로 이 민족사적 대업에 성공하려면 〈새로운 역사주체〉가 형성되어야 한다. 정치적 사회적으로도 3대 주체가 모여야 한다. 또한 이념적 사상적으로도 3대 주체가 힘을 모아야 한다. 각각 살펴보자.

우선 정치적 사회적 3대 주체로서는 (1) 〔국가지도자의 리더십 state leadership〕이 있어야 한다. 국가 재창조와 선진통일의 비전과 개혁의지를 가진 국가리더십이 존재하여야 한다. (2) 〔개혁적 통합적 정치세력〕이 등장하여야 한다. 국가 재창조와 선진통일을 적극적으로 추진하려는 개혁의지를 가진 통합적 - 신보수와 신진보를 통합하는 - 정치세력이 나와야 한다. (3) [선비적 지식인과 〈깨여 있는 국민〉]들이 나와야 한다. 이제는 금욕절제, 선공후사하는 비정파적 지식인들이 앞장서, 시대의 개혁공론을 세우고 이를 확산시켜야 한다. 그리고 국민들도 깨어 있어야 한다. 개혁과정에 적극 참여하고 비판하고 지지하고 그래서 최종 결과에 함께 책임질 생각을 하여야 한다. 이들 3그룹이 힘을 합치면 대한민국의 국가 재창조와 선진통일은 반드시 성공할 것이다.

다음은 〈새로운 역사주체〉를 만들기 위하여 힘을 모아야 할 〈이념적 사상적 3대 주체〉를 생각해 보자.

애국적 보수주의자

[애국적 보수주의자] 즉, [전통적 공동체주의자]가 함께 힘을 모아야 한다. 전통적 공동체주의란 전통적 의미 - 동양적 의미 - 의 가족과 동네와 나라의 발전을 중시하는 분들이다. 전통적 의미의 좋은 가족이란 반드시 유교적 권위주의적 가부장적 가족을 의미하는 것은 아니다. 서로 공경과 사랑의 가족관계의 가족이다. 부부자자父父子子이면서도 부자유친의 가족이다. 또한 전통적 의미의 좋은 나라란 우리 대한민국이 단군시대부터 오랫동안 꿈꾸어 왔던 [홍익인간사회]의 꿈이고, 조선조 시대 이후 꿈꾸어 왔던 [민본국가]의 이상이다. 이러한 전통적 공동체주의, 애국적 보수주의의 꿈을 소중히 하는 분들이 국가 재창조와 선진통일을 위하여 힘을 함께 모아야 한다.

우리사회에서는 건국세대, 산업화세대 등 연로한 세대에 이러한 의미의〈전통적 공동체주의〉생각을 하는 분들이 많다. 그리고 계층적으로는 저소득 서민층에 이러한 공동체적 문화가 많은 것 같다. 앞으로는 젊은 세대에게도 우리 전통 문화와 역사를 올바르게 가르쳐, 젊은 층에서도 전통적 공동체주의자들을 많이 길러내야 한다. 북한사회에는 아직 서구화의 진전이 거의 없었기 때문에, 전통적 공동체적 사고와 문화가 아직 많이 남아 있을 것으로 본다. 이들이 모두 국가 재창조와 선진통일에 함께 하여야 한다.

개혁적 자유주의자

국가 재창조와 선진통일의 중심에 〔개혁적 자유주의자〕들이 서야 한다. 개인의 존엄과 자유와 창의는 개인행복과 발전 그리고 공동체발전의 기본원리이다. 이들이 반드시 국가 재창조와 선진통일의 주체가 되어야 한다. 여기서 개혁적이란 자유주의는 중요하지만 자유주의가 자유만능주의의 덫에 걸려서는 안 된다는 것이다. 기득권 고수나 유지만을 고집하여서는 역사발전이 안 된다는 것이다. 그래서 자유주의는 반드시 끊임없이 개혁적이고 진화적이고 발전적이어야 한다는 입장이 개혁적 자유주의이다.

우리사회에서는 지난 산업화시대와 민주화시대를 거쳐 온 분들 사이에 개혁적 자유주의자들이 많다고 본다. 산업화와 민주화시대의 여야 정치인, 정부관료, 대기업 간부, 중소기업인, 언론인, 교직자, 종교인, 법조인, 군간부 등등 대부분이 개혁적 자유주의자들이였다고 본다.

21세기 사회민주주의자

반드시 [21세기 사민社民주의자social democrats]들이 함께 해야 한다. 평등의 가치와 연대의 가치를 중시하는 특히 약자에 대한 배려를 강조하는 사민주의는 반드시 국가 재창조와 선진통일에 함께 힘을 합쳐야 한다고 본다. 국가 재창조와 선진통일의 주체가 되어야 한다고 본다. 굳이 21세기라고 앞에 부친 것은 〈20세기적 사민주의〉는 20세기적 복지국가의 꿈을 과도하게 강조하여 여러 부작용을 만들어 내어, 국가발전의 지속가능성에 많은 문제를 야기했다. 그래서 20세기적 사민주의에 대한 반성과 비판이 있었고, 그 결과 〈제3의 길the third way〉 등의 새로운 21세기적 사민주의 모색이 있었다. 이러한 노력은 앞으로 대한민국의 국가 재창조, 선진통일과정에 함께 기여할 것이 많다고 본다. 힘을 합쳐야 한다.

우리사회에서는 민주화운동이 두 단계로 진행되어 왔다. 1960-70년대의 민주화운동의 주체는 〈자유주의자〉였다. 그러나 80년대 이후 민주화운동의 주체는 반反자유주의자 즉 〈사회주의〉 내지 공산주의자였다. 구체적으론 민족해방NL이라고 하는 주사파 종북세력과 민중민주PD라고 하는 좌파세력이 사실상 민주화를 주도하여 왔다. 아직도 우리나라 진보진영에 이들의 영향이 대단히 크다.

그런데 1990년 초 동구의 붕괴이후 사회주의 내지 공산주의의 몰락을 보면서 우리사회 일각에서도 〈건전한 사민주의〉가 등장하기 시작하였다. 아직 세력으로는 약할지 모르나 정서적으로는 특히 국민들의 의식과 문화 속에는 사민주의적 경향이 크다고 보여 진다. 보수가 주장하는 〈자유〉와

〈공동체〉가 물론 중요하지만 진보가 주장하는 〈평등〉과 〈연대〉도 대단히 중요한 가치이다. 따라서 사민주의적 사고는 우리나라에서는 큰 정치사상적 자산이다. 주지하듯이 우리나라 헌법에는 자유주의적 가치와 사민주의적 가치가 함께 들어 있다. 앞으로 이 사민주의자들이 모두 국가 재창조와 선진통일에 함께 힘을 합칠 수 있도록 도와야 한다.

이와 같이 우리나라에서는 앞으로 (1) 애국적 보수주의자 즉 전통적(동양적) 공동체주의자 (2) 개혁적 자유주의자 (3) 21세기 사회민주주의자 들이 모두 힘을 합쳐 국가 재창조에 앞장서야 한다. 이 3세력의 사상을 하나로 묶을 수 있는 사상을 우리는 〈공동체자유주의〉라고 부를 수 있을 것이다.

이들 공동체자유주의자들이 힘을 합쳐 국가 재창조를 위한 (1) 개혁적 국가리더십을 창출하고 (2) 개혁적 통합적인 정치세력을 형성하고 (3) 선비적 지식인들과 깨어 있는 국민들을 만들어 나가야 한다. 그래서 이들이 합심하면 대한민국은 국가 재창조에 성공할 수 있을 것이다. 그러면 대한민국은 자유주의 통일을 이루고, 민주주의에 성공하고, 시장자본주의를 발전시키고, 국가공동체성을 강화하면서, 21세기 동아시아에 우뚝 선 〈세계중심국가〉로 웅비雄飛할 것이다. 선진통일강국을 이루어 내는 새로운 역사의 장을 활짝 열게 될 것이다. 이것이 21세기 초 바로 이 시대를 사는 우리 모두의 역사적 사명이고 시대적 소명이다.

천재일우(千載一遇)의 기회를 놓쳐서는 안 된다
선진통일과 국가 재창조의 병진(竝進)

끝으로 강조하고자 하는 것이 있다. 국가 재창조를 위해서는 기득권을 내려놓아야 한다. 특히 국가지도자, 사회지도자들부터 기득권을 상당부분 내려놓을 생각을 하지 않으면 국가 재창조가 성공하기 어렵다. 그래서 〈평상의 시기〉에는 국가 재창조가 사실상 대단히 어렵다. 그런데 다행히 이제 국가 〈비상의 시기〉가 다가오고 있다. 즉 한반도 통일의 시기이다.

한반도에 통일의 시기가 오고 통일과정으로 들어가면 국가전체가 비상의 시기로 아니 초비상의 시기로 들어 갈 것이다. 이 때 모든 기득권들이 한번 크게 흔들리게 된다. 사회전체가 크게 요동칠 것이다. 갈등도 혼란도 상당히 있을 수 있다. 그러나 미리 준비를 철저히 하면 크게 보아 안정적으로 통일과정을 관리할 수 있다. 중요한 것은 이렇게 사회가 요동치고 기득권체제가 한번 흔들릴 때가 바로 국가 재창조의 적기(適期)이고, 호기(好期)라는 사실이다. 이때 강력한 국가리더십이 미리 개혁을 준비하고 개혁적 정치세력과 개혁적 정책세력들 – 학자, 언론 등 – 이 긴밀히 협력하여, 국민들에게 직접 호소하면서, 국가 재창조를 확실히 하고 일관성 있게 추진한다면 크게 성공할 수 있다. 그래서 선진통일과 국가 재창조를 한꺼번에 함께 이루어 낼 수 있다.

본래 개혁과 재창조는 모두가 변화를 위하여 새로운 각오를 할 때 가능하다. 평상시에는 어느 사회, 어느 시대에도 모두가 변화와 개혁을 좋아하지 않는다. 그러나 비상의 시기에는 모두가 자신과 공동체의 발전을 위하여 큰 각오들을 한다. 고통을 나눌 각오들을 한다. 그래서 다가오는 통일의 기회와 시기는 진정으로 한반도가 하나 되고, 대한민국이 거듭날 수 있는 국가 재창조와 국가도약을 위한 절호의 기회, 천재일우의 기회가 될 것이다. 이 기회를 놓쳐서는 아니 된다. 그래서 우리나라에 이러한 역사적 시대적 대업을 미리 미리 준비하는 정치지도자, 행정지도자, 학계와 언론계 지도자들이 많이 나와야 한다. 물론 국가의 최고지도자가 이러한 역사적 시대적 사명을 찾아 자신의 몸을 던지며 앞장서야 한다. 그리고 국민들에게 새로운 역사의 시대를 열자고 진정성 있게 직접 눈물로 호소하여야 한다. 대란大亂의 시대에는 대치大治가 필요하다는 사실을 국민들에게 알리고 호소하여야 한다.

그래서 우리가 국가 재창조와 선진통일을 이루어 내면 통일한반도는 해방 후 100년이 되는 해, 2045년경에는 세계국가global state로서 우뚝 서게 될 것이다. 경제적으로 〈세계일류국가〉 그리고 동아시아의 평화를 창출하는 〈세계평화국가〉, 인류의 보편적 발전에 기여하는 〈세계공헌국가〉 이 3가지를 합친 국가로서의 〈세계국가〉, 〈세계중심국가〉가 되어 있을 것이다. 이제 통일한반도가 수천 년의 〈세계변방의 역사〉를 뒤로 하고 〈세계중심의 역사〉를 열어 나갈 것이다. 〈국민국가의 시대〉를 뒤로 하고 〈세계국가의 시대〉로 뛰어 오를 것이다.

해방 이후 70년간 우리는 산업화와 민주화를 이룩하였다. 앞으로 30년 안에 우리는 선진화와 통일을 이룩할 것이다. 그래서 이제 한반도의 꿈은 '선진통일을 통하여 세계국가로!' 이다. 이것이 우리 모두가 희망하는 21세기 한반도의 꿈, 한국몽韓國夢이 된다.

國家 再創造

본고는 2015년 5월 13일 한국일보와 한반도선진화재단 및 좋은정책포럼이 주체한 한국포럼에서 발표한 "디지털 혁명 시대의 인적자본 및 혁신 전략"을 일부 보완하여, 2015년 7월 2일 한반도선진화재단의 공동체자유주의 세미나와 2015년 10월 6일 국회 미래전략자문회의와 한반도선진화재단 및 좋은정책포럼이 주체한 "대한민국 미래 대토론회"에서 발표한 글을 다시 일부 보완한 것이다. 본고는 필자가 공저한 이주호·정혁·홍성창(2015), 이주호·류성창·이삼호(2015), 이주호·김용성 (2015), 이주호·김기완·홍성창(2014), 등 네 편의 논문과 세미나 발표 자료인 이주호(2015)에 상당 부분 기초하였다.

스마트 성장

2

스마트 성장을 위한 인적자본 및 혁신전략

이주호

한반도선진화재단 정책위원장
KDI국제정책대학원 교수

요약

디지털 혁명 시대에는 인적자본과 혁신에 중점을 둔 "스마트 성장smart growth"을 이루어내지 못한 국가들은 저성장에 빠질 가능성이 크다.

한국의 향후 스마트 성장은 마치 동시에 벌어지는 세 가지 경주에서 모두 이겨야하는 상황에 비유할 수 있다. 첫째, 인간과 기계와의 경주에서 기계에 이겨야 한다. 디지털 기술의 급격한 발전으로 인간의 일자리가 기계에 대체되는 위협을 극복하지 못한다면, 지속적으로 일자리가 감소하고 성장은 멈출 것이다. 따라서 기계가 대체할 수 없는 기술력을 가진 인재를 양성하고 이러한 인재들이 역량을 충분히 발휘할 수 있도록 조직의 혁신을 추진하여야 한다. 둘째, 교육과 기술의 경주에서 교육이 기술에 뒤처지지 않아야 한다. 기술 변화가 속도를 내면서 인력 수요가 바뀔 때 교육의 변화를 통하여 따라잡지 못하면 경제성장이 둔화되고 소득불평등이 확대된다. 20세기 전반기 동안 교육이 기술을 앞서나가면서 세계를 선도하던 미국도 1970년대 중반 이후 교육이 기술의 빠른 발전을 따라잡지 못함으로써 경제성장이 둔화되고 형평성도 악화되었다. 셋째, 한국과 다른 국가들의 경주에서, 한국은 앞선 국가를 추격하던 낡은 모델에서 벗어나야만 성장을 이어갈 수 있다. 일본이 1990년대 이후 성장을 멈춘 근본적인 이유는 추격 단계가 끝났는데도 불구하고 새로운 기술을 모방하거나 수입하는 체제로부터 탈피하지 못하였기 때문이다.

한국이 세 경주에서 모두 이기기 위해서는 국가 차원에서 전략적으로 인적자본과 혁신에 집중하면서 추격 단계의 패러다임에서 탈피하여 새로운 패러다임을 구축하는 스마트 성장을 체계적으로 추진하여야 한다.

인적자본 전략으로는 무엇보다 끊임없이 교육의 일관된 변화를 추구하여야 한다. 그 동안 교육 거품을 해소하기 위하여 추진하여온 교육 다양화 개혁을 지속적으로 현장에 착근시키면서, 프로젝트수업과 수행평가 중심의 수업방식 변화, 컴퓨팅 사고력 및 진로 기술교육의 혁신, 혁신생태계의 중심지가 되기 위한 대학의 변화, 등과 같이 미래지향적 교육개혁에 집중하여야 한다. 또한, 군 인력 제도, 육아 지원제도, 해외인력 제도, 등과 관련된 제도 개혁 및 노동개혁을 통하여, 세계에서 가장 빠른 고령화의 충격을 흡수하여야 한다.

혁신 전략으로는 대학과 정부출연(연)의 고위험·고가치^{high-risk high-payoff} 연구가 활성화되도록 미국의 DARPA와 같이 급진적 혁신을 추구하는 특공대와 같은 연구기획 전문기관을 설립하고, 정부출연(연)도 과감하게 개방하고 개혁하여야 한다. 창업 활성화를 위해서는, 중앙 정부가 일방적으로 지시하는 수직적인 관료체제에서 탈피하여 지역 차원에서 다양한 주체들이 보다 개방되고 자율적인 기반 위에 협력과 소통을 통하여 청년의 창업과 경제의 혁신을 지속적으로 지원하는 창업 공동체가 구축되어야 한다. 이러한 혁신 전략이 성공하기 위해서는 정부부터 먼저 수직적 하향식 조직 문화를 벗어던지고 민간과 협력하고 혁신을 지향할 수 있도록, 관치를 타파하고 중간 전문기구들의 독립성을 강화하는 과감한 정부개혁을 추진하여야 한다.

서론

우리가 흔히 우리 시대를 저성장 시대 혹은 저출산·고령화 시대 등으로 부르지만 보다 본질적으로 혹은 보다 장기적으로 '디지털 혁명digital revolution' 시대로 정의할 수 있다. 왜냐하면 경제 성장이나 인구 변화의 근저에서 매우 장기적인 변화를 만들어가는 것은 기술의 변화이기 때문이다. 특히 20세기 후반부터 시작된 디지털 기술의 발전은 가히 혁명적으로 가속화되면서 우리의 경제와 사회의 근본적인 변화를 요구하고 있다.

디지털 혁명의 시대에 국가의 성장 전략은 인적자본과 혁신에 중점을 두어야 한다는 차원에서 "스마트 성장smart growth"을 추진하여야 한다. 그러나 우리나라에서 스마트 성장에 대한 논의는 아직까지 활발하지 못하다. 본 연구에서는 디지털 혁명 시대에 있어서 스마트 성장 전략이 왜 요구되고 있는지, 다른 선진국의 스마트 성장 전략에 대한 논의는 어떻게 진전되고 있는 지, 그리고 우리나라에서 스마트 성장을 이루어내기 위해서 무엇을 하여야 하는 지, 등에 대하여 논의하고자 한다.

본 연구의 구성은 다음과 같다. 제 2장에서는 디지털 혁명시대의 주요 '경주race'에 대한 논의를 통하여 인적자본 및 혁신에 초점을 둔 스마트 성장의 중요성을 강조하고, 제 3장에서는 EU와 미국에서의 스마트 성장에 대한 논의를 살펴보고 한국의 스마트 성장 전략의 방향을 제시한다. 제 4장에서는 인적자본과 관련하여, 교육, 노동, 제도 개혁을 통한 한국의 스마트 성장 전략을 제시하고, 제 5장에서는 혁신과 관련하여, 과학기술혁신, 창업생태계 구축, 정부개혁, 등을 통한 스마트 성장 전략을 제안하며, 마지막 제 5장에서 결론을 맺는다.

디지털 혁명 시대의 경주들

최근 스마트 성장과 관련하여 국가 정책이나 전략에 대한 토론이나 보고서에서 자주 인용되는 것이 '경주race'에 비유한 개념들이다. 본 연구는 세 가지 경주에 주목한다. 첫째는 인간과 기계의 경주이며, 둘째는 교육과 기술의 경주이고, 셋째는 국가 간의 경주, 혹은 우리 입장에서 보면, 한국과 다른 국가들의 경주이다.

인간과 기계의 경주

브린졸프슨과 메카페Brynjolffson and McAffe,2012는 디지털 혁명 시대에는 인간이 기계와의 경주에서 이기는 것이 중요하다고 강조한다. 이들은 디지털 혁명이 이전의 산업 혁명 시기와는 달리 2000년대 들어와서 미국의 일자리를 만들어내지 못하고 있는데 주목한다. 사실 기계가 인간을 대체하는 것에 대한 두려움은 산업혁명 시기인 1811년 기계화된 방적기를 파괴하는 운동을 일으킨 루드Ned Ludd를 비롯하여 간헐적으로 증폭되었지만 기술 발전으로 소멸되는 것보다 더 많은 일자리가 창출됨으로써 극복되어 왔다. 그러나 미국의 일자리 증가율이 2000년대 10년 동안 처음으로 마이너스 1.1%를 기록하였는데, 이는 1980년대(20.2%), 1990년대(19.8%)에 비해서도 큰 폭의 하락이지만 1940년대(37.7%)와 비교하면 더욱 충격적인 결과이다(Brynjolffson and McAffe, 2012).

그런데, 일자리가 감소하는 부분을 자세히 보면 주로 기계가 쉽게 대체할 수 있는 일부터 줄어든다. 따라서 저기능 근로자보다 오히려 회계경리원, 은행원, 반숙련공 등과 같이 평균적 기능을 요구하는 일자리가 훨씬 빠르게 사라지고, 저기능 일자리이지만 기계가 쉽게 대체할 수 없는 정원사, 미용사, 가정간병인 등과 같은 직종과 고학력자들의 직종에 대한 수요는 증가하는, 소위 일자리의 양극화 현상이 나타난다. 이러한 맥락에서 미국의 '중위 실질가구소득real median household income'이 2000년대 들어와서 10년 동안 감소하였고, 부wealth의 증가에 있어서 1983년부터 2009년 동안 40%가 상위 1%에 집중되었으며, 80%가 상위 5%에 집중되는 현상을 보이고 있다(Brynjolffson and McAffe, 2012). 이렇게 디지털 혁명 시대에는 인간이 기계와의 경주에서 뒤처지면 일자리가 감소하고 소득불평등은 확대될 것이다.

브린졸픈슨과 메카페Brynjolffson and McAffe,2012는 디지털 기술 혁명 시대에 인간이 기계와의 경주에서 이기기 위한 두 가지 핵심 분야로 인적자본 투자와 조직 혁신을 제시하고, 디지털 기술, 인적자본 투자, 조직 혁신을 결합한 '광범위한broad-based' 생산성 제고 전략을 제안한다. 즉, 기계가 대체할 수 없는 기술력을 가진 인재를 양성하고 이러한 인재들이 역량을 충분히 발휘할 수 있도록 조직의 혁신을 추진하는 것이 디지털 혁명 시대에 인간이 기계와의 경주에서 이길 수 있는 방법이라는 것이다. 미국만 하더라도 아직 교육의 변화 가능성은 무궁무진하므로, 특히 디지털 기술과 새로운 '수업방식pedagogy'을 접목시켜 21세기가 요구하는 새로운 역량과 기술을 키워내는 교육개혁을 적극적으로 추진하여야 한다고 제안한다. 그리고 급변하는 디지털 기술과 새로운 기술을 가진 인재들을 충분히 활용할 수 있도록 새로운 조직구조, 조직과정, 그리고 비즈니스 모델을 함께 창출하여야 한다는 것이다. 미국의 구글, 페이스북, 애플, 아마존 등과 같은 새로운 유형의 대기업들은 새로운 유형의 상품을 만들어낼 뿐만 아니라 새로운 생태계, 더 나아가 새로운 산업을 창출하고 있다. 또한 10명도 되지 않는 직원에도 불구하고 글로벌 네트워크를 가지고 전세계 고객을 대상으로 자기 분야에서 최고의 경쟁력을 갖춘 '초소형 다국적기업micro-multinational'들이 더 많이 출현하도록 조직혁신을 추진하여야 한다는 것이다.

교육과 기술의 경주

골딘과 카츠Goldin and Katz, 2009는 브린졸프슨과 메카페Brynjolffson and McAffe, 2012, 2014가 인간과 기계와의 경주에 주목하기 이전에 교육과 기술 간에 무자비한 경주가 벌어지고 있다고 지적한 바 있다. 즉, 기술 변화가 속도를 내면 인력에 대한 수요가 크게 바뀌는데 교육의 변화를 통하여 이를 따라잡지 못하면 경제성장이 둔화되고 소득불평등이 확대된다는 것이다.

지난 20세기 동안 미국의 경제가 세계를 선도할 수 있었던 힘은 교육 발전에 기반을 둔 것이며, 따라서 20세기는 인적자본의 세기이자 미국의 세기였다는 것이다. 미국은 20세기 초반 국가의 부가 인적자본에서 나온 다는 새로운 아이디어를 받아들여서 이미 1930년대에 중등교육을 보편 화시킨 유일한 나라였으며 유럽의 1950년대 중등교육 보급 수준은 미국 의 1910년대 수준에 불과하였다는 것이다. 이처럼 미국이 20세기를 주도 할 수 있었던 가장 큰 요인으로 미국 교육이 유럽보다 앞섰던 점을 꼽았다 (Goldin and Katz, 2009).

그러나 20세기 전반기 동안 교육이 기술을 앞서나가면서 세계를 선도 하던 미국도 1970년대 중반 이후 교육이 과학기술의 빠른 발전을 따라 잡 지 못함으로써 경제성장이 둔화되고 형평성도 악화되는 문제가 초래되었 다는 것이다. 21세기 들어와서 이제 거의 대부분의 나라들이 20세기 초부 터 미국이 추구하였던 중등 및 고등교육의 보편화와 같은 인적자본 투자 를 따라하는데 반하여, 미국은 70년대 이후 교육의 발전이 오히려 주춤하 고 있어서 2004년 고등학교upper secondary를 졸업하는 비율이 EU국가들의 평균이 83%인데 비하여 미국은 75%에 불과하다(Goldin and Katz, 2009). 이렇게 미국에서 교육이 기술 발전에 뒤쳐짐으로써 경제성장이 둔화되고 형평성이 악화되었다는 것이다(Goldin and Katz, 2009).

이처럼 브린졸프슨과 메카페Brynjolffson and McAffe, 2012, 2014가 미래지향적 전 망에 근거한데 비하여 골딘과 카츠 Goldin and Katz, 2009는 과거의 한 세기를 뒤 돌아보는 분석에 근거하고 있다는 차이가 있지만, 두 연구 모두 공통적으 로 디지털 혁명 시대에 인적자본과 기술혁신의 중요성을 강조하고 있다. 우리나라도 점점 기술의 프론티어에 접근해 가면서 미국이 당면한 문제와 본질적으로 같은 문제에 봉착하고 있다. 어떻게 하면 인적자본의 투자와 조직의 혁신을 통하여 기계와의 경주에서 이길 수 있을 지, 그리고 어떻게 하면 교육이 급변하는 기술과의 경주에 뒤처지지 않도록 할 수 있을 지에 대한 분명한 국가전략을 가지고 있어야 한다.

한국과 다른 국가들의 경주

개도국이 어떻게 1인당 GDP에서 월등히 앞 선 선진국을 따라잡을 수 있느냐 하는 것도 흔히 '경주'에 자주 비유되는 주제이다. 아브라모비츠 Abramovitz,1986는 뒤처져 있는 나라일수록 더 큰 도약을 할 수 있는 잠재력이 있으므로, 한 국가의 생산성 증가율은 생산성의 수준과 역의 관계에 있다는 "추격 가설catch-up hypothesis"을 제시하였다. 그는 1870년부터 1979년까지 16개의 산업화된 국가들을 대상으로 한 분석에서 일반적으로 생산성이 낮은 수준의 국가들이 더 빠른 성장을 보이는 경향은 분명히 확인되지만, 같은 수준에서 출발한 국가들 중에도 어느 나라는 앞 선 나라를 추격하고, 어느 나라는 추월하며, 어느 나라는 추락하는 등 많은 차이를 보이는데, 그 이유는 선진 기술을 흡수할 수 있는 '사회적 역량social capability', 그 중에서도 제도와 인적자본과 같이 중요하지만 쉽게 변화하지 못하는 부분의 차이 때문이라고 지적하였다(Abramovitz, 1986).

한국이 빠른 경제성장을 통하여 선진국을 따라잡은 것은 추격가설을 입증한 사례라고 할 수 있다. 이근(Lee,2013)은 1980년에서 2000년 사이에 한국과 대만이 과감한 R&D투자와 기술혁신을 통하여 많은 남미국가들이 헤어나지 못하는 중진국 함정을 통과하였음을 실증적으로 보였다. 그러나 추격가설은 한 국가가 기술 프론티어 국가와의 격차를 좁힐수록 오히려 성장률은 떨어질 수밖에 없다는 점에서 모든 국가의 추격과정은 '자기제한적self-limiting'이라는 점을 이론적으로 보여주고 있다. 김인수Kim,1997는 우리나라 기업들이 외국 기술을 모방하여 낮은 비용으로 빠르게 제품화하는 혁신능력을 축적해온 과정을 분석하면서 추격 이후 단계에서는 미국형의 혁신이 요구된다는 점을 지적하였다.

이러한 소위 추격 모델을 통한 성장의 한계와 이를 극복하기 위한 방안을 모색하기 위해서는 이웃 일본의 사례로부터 배울 수 있는 점이 많다. 호시와 카시압Hoshi and Kashyap,2011은 일본이 1990년대 이후 거의 성장을 멈춘 원인을 분석하고 있다. 이들에 따르면, G7 국가들 중에서 1인당 25,000불에 도달하면 미국, 영국, 캐나다와 같이 1.7% 대의 성장을 하는 국가들과 일본과 이탈리아와 같이 1% 이하로 떨어지는 나라의 두 부류가 있다고 분석하고(그림 1), 일본이 경제성장을 멈춘 후자의 부류에 속하게 된 가장 근본적인 이유는 추격 단계가 끝났기 때문이라고 주장한다.[1]

---

1) 이들은 추격단계의 종언과 함께 인구 고령화와 글로벌화를 일본 성장이 멈춘 세 가지 주요 원인으로 제시한다.

[그림1] G7국가의 1인당 실질성장률 추이 : 1971-2009 (2000년 USA PPP)

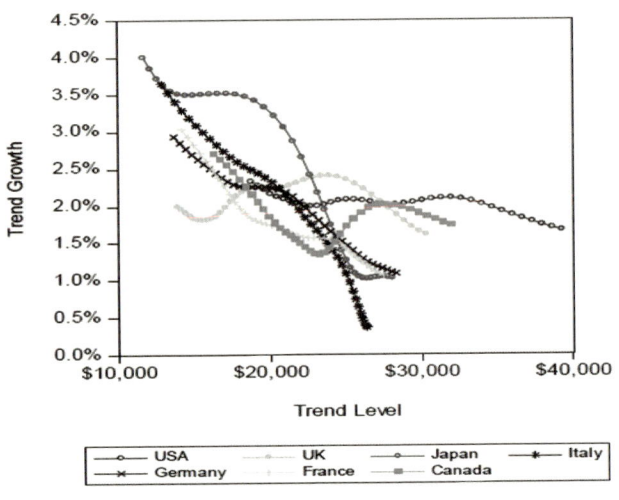

출처 : Hoshi and Kashyap (2011)

일본은 선진국으로부터 새로운 기술을 모방하거나 수입함으로써 성장할 수 있는 단계를 이미 지났는데도 불구하고 성숙된 경제에 적합하지 못한 추격 단계의 경제 제도와 관행들을 바꾸지 못하고 있다. 특히 이들은 일본이 낡은 산업정책에 집착함으로써 많은 '좀비기업 zombie firm[2]'을 양산하고 있다고 비판하고 실증적으로 일본에서 좀비기업들이 국제경쟁에 상대적으로 덜 노출된 서비스 분야에서 제조업에 비하여 훨씬 높게 분포되어 있음을 보였다. 이렇게 정부가 과거의 산업정책을 버리지 못하고 지나치게 시장에 개입함에 따라서 일본의 정부 부채는 매우 심각한 수준에 이르고 있다.

---

[2] 좀비기업이란 생산성이 낮고 시장 이윤을 내지 못하여 시장에서 퇴출되어야 함에도 불구하고 정부의 보조금과 금융 지원으로 살아남아 있는 기업들을 지칭한다.

[그림2] G20 국가의 1인당 실질성장률 추이 : 1971-2013 (2011년 USA PPP)

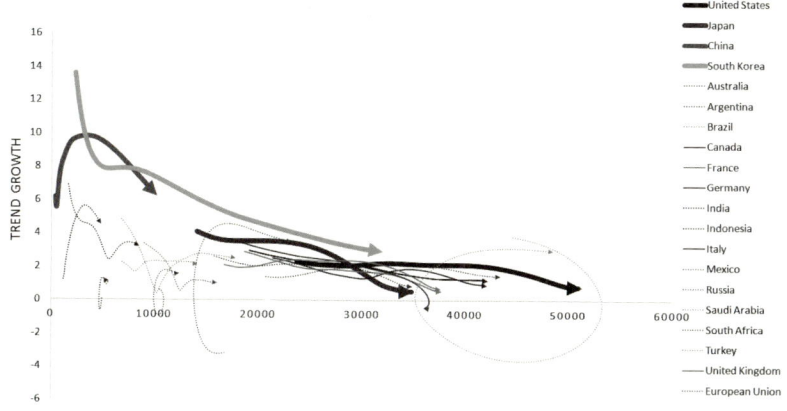

주 : 1인당 실질성장률 추이는 Hoshi and Kashyap (2011)를 따라서 Hodrick and Prescott filter를 사용

    이와 같이 추격 모델에 대한 논의와 일본의 경험을 검토하여 보면, 우리나라의 경우 프론티어 국가인 미국과 달리 어떻게 하면 그 동안 국가를 발전시켜온 낡은 추격 모델로부터 벗어나느냐 하는 또 다른 도전에 직면하고 있음을 알 수 있다. 즉 우리에게는 디지털 혁명이라는 새로운 기술 변화가 주는 도전에 더하여 과거의 추격 모델의 문제점을 해소하고 보다 성숙한 경제체제를 구축하느냐 하는 도전에 동시에 직면해 있다. 이 두 가지 도전을 스마트 성장 전략을 통하여 동시에 극복하지 못한다면 우리나라도 미국의 성장 경로보다 일본의 성장 경로를 답습할 가능성이 있다. 본고에서 호시와 카시압Hoshi and Kashyap,2011의 분석 방법을 한국을 포함한 G20 국가들로 확장하여 살펴보면, 현재 한국은 일본 혹은 미국의 경로중에서 어디로 갈 것인지 기로에 와 있음을 알 수 있다(그림 2).

지금까지의 논의를 요약하면, 디지털 혁명 시대에 한국이 직면한 도전은 동시에 벌어지는 세 가지 경주에서 모두 이겨야하는 상황에 비유할 수 있다. 한국이 디지털 혁명 시대의 세 가지 경주에서 모두 이기기 위해서는 국가 차원에서 전략적으로 인적자본과 혁신에 집중하면서 추격 단계에서 통하였던 과거 패러다임에서 탈피하여 새로운 패러다임을 구축하여야 한다. 다시 말하면, 우리나라에서도 최근 선진국에서 강조하는 하는 바와 같이 인적자본과 혁신을 중심으로 한 스마트 성장 전략을 국가 차원에서 체계적으로 추진하여야 한다.

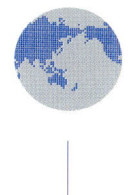

스마트 성장을 위한 국가들의 전략

앞에서 왜 디지털 혁명 시대에 한국은 스마트 성장 전략을 추구하여야 하는 지를 세 가지 경주에 비유해서 논의하였다. 안타깝게도 한국에서는 스마트 성장을 위한 학계의 연구와 논의나 정부의 정책적 노력이 체계적으로 이루어지지 못하고 있다. 본 절에서는 스마트 성장이 체계적으로 추진되고 있는 EU의 경우와 경제성장에서 인적자본과 혁신의 중요성이 학계를 중심으로 심도 있게 논의되고 있는 미국의 경우를 살펴본다.

EU의 Horizon 2020

EC European Commission: EU의 집행기관는 "스마트 성장smart growth"을 교육, 연구 및 혁신, ICT(정보통신기술) 및 디지털사회, 등의 세 분야에 있어서 성과를 향상시키는 것으로 정의하고 이를 통하여 유럽이 경쟁국에 비하여 낮아진 성장을 회복하여야 한다고 주장한다(EC, 2011).

2020년을 목표로 한 EC의 비젼을 담은 "Horizon 2020"에서는 스마트 성장의 구체적 목표를 1) EU의 GDP 대비 R&D에 대한 투자를 3% 수준까지 증가시키고, 2) 20-64세 여성과 남성의 고용율을 75%까지 높이며, 3) 학교 중퇴율을 10%이하까지 낮추고 고등교육 취학률을 30-34 인구의 40%까지 높이는 것, 등으로 정하고 있다. 또한 이러한 양적 목표치를 제시함과 동시에 EU는 스마트 성장을 위한 다양한 정책을 추진하고 있다. 스마트 성장을 위한 EU의 대표적인 프로젝트를 보면, 1) "Digital agenda for Europe"을 통하여 초고속 인터넷과 상호작용 가능한 애플리케이션에 기반을 둔 디지털 마켓을 EU 전체를 하나로 묶어서 창출하고, 2) "Innovation Union"을 통하여 R&D와 혁신이 기후 변화, 에너지와 자원 효율, 보건과 인구 변화 등과 같은 사회의 주요 도전적 과제에 집중하도록 하고, 순수 연구에서 상용화까지 혁신의 각 과정 간의 연계를 강화시키며, 3) "Youth on the move"를 통하여 학생들과 훈련생들이 해외에서 학습할 수 있도록 지원하고, 청년층의 취업을 위한 역량개발을 강화하고, 유럽 대학의 국제 경쟁력을 높이며, 교육훈련의 질적 수준을 향상시키는, 등의 노력을 하고 있다(EC, 2010).

이와 같이 EU의 스마트 성장 전략은 매우 체계적으로 정책화되어 있지만, 유럽 국가들의 연합체인 EU의 특성 상 스마트 성장을 위한 제도 개혁에 초점을 두기 보다는 유럽 국가들 모두에 통용될 수 있는 양적 목표치의 제시나 교육과 연구에 있어서 국가 간의 이동성과 협력을 활성화하는 분야 등에 초점이 맞추어져 있다.

미국의 낙관론과 비관론

미국은 앞에서 인용한 기계와 인간과의 경주에 대한 MIT 교수들인 브린졸프슨과 메카페 Brynjolffson and McAffe,2012 의 연구나 교육과 기술 간의 경주를 연구한 하버드 대학의 교수들인 골딘과 카츠 Goldin and Katz,2009 의 연구에서 보는 바와 같이 인적자본과 혁신을 통하여 디지털 혁명 시대의 저성장 문제를 해결하여야 한다는 연구들이 활발히 진행되어 왔다.

앞에서 인용한 학자들이 인적자본과 혁신 분야의 개혁을 통하여 디지털 혁명 시대의 도전을 극복하고 성장을 이어갈 수 있다는 낙관론을 제시하였다면, 이에 반하여 고든 Gordon,2012;2014 은 경제사학자들이 수집한 1300년부터의 초장기 super long-run 데이터를 활용하여 미국의 제로 성장을 예견하는 비관론을 제시하고 있다. 영미의 1인당 실질성장률은 오랫동안 미미한 수준에 머물다가 1750년대부터 증가하기 시작하여 1950년에 정점에 도달한 후 하락하는 추세이다(그림 3). 이러한 성장률의 변화 추이는 세 번의 산업혁명과 긴밀히 연계되어 있다. 1750년대부터 1830년대까지 제1차 산업혁명 시기에는 증기엔진, 면방적, 철도, 등의 기술혁신이 있었고, 1870년대부터 1900년대까지 제2차 산업혁명 시기에는 전기, 내연기관, 자동차, 상하수도, 등의 기술혁신이 있었으며, 1960년대부터 제3차 산업혁명을 통하여 컴퓨터와 인터넷 기술로 대변되는 소위 디지털 혁명이 진행되고 있다. 제1차 및 제2차 산업혁명 이후 후속 기술의 점진적 혁신 효과가 적어도 100년 넘게 이어지면서 경제성장은 1950년대에 정점에 이르기까지 가속되어 왔다. 그러나 디지털 혁명으로 불리는 제3차 산업혁명은 다차원적으로 진행되었던 2차 산업혁명에 비하여 경제성장에 주는 효과가 제한적이어서 1996년부터 2004년까지의 매우 짧은 고성장 시기 이후 후속 효과가 빠르게 소멸되면서 향후 저성장의 시대가 도래할 것이라는 것이 고든의 주장이다(그림 3).

[그림3] 영미의 1인당 실질성장률, 1300-2100 (실제 및 가상경로)
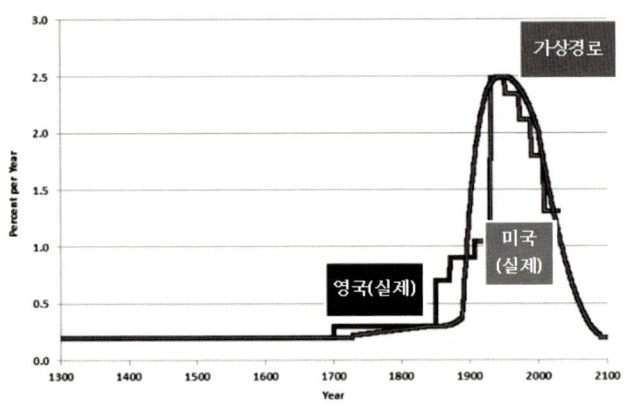

출처 : Gordon (2011)

고든Gordon,2012;2014은 디지털 혁명의 생산성 증가 효과가 제2차 산업혁명에 비하여 미약할 것이라는 기술비관론에 덧붙여 미국이 직면하고 있는 네 가지 '역풍headwinds'까지 고려한다면 미국 국민들의 99%의 가처분소득의 증가율이 0.2%까지 하락할 것이라는 충격적인 예측을 내놓았다(그림 4). 즉 1891년부터 2007년까지 미국의 1인당 실질성장률은 2.0%이었으나, 여기서 인구의 고령화로 총 근로시간이 감소하게 됨에 따라서 1인당 실질성장률이 0.3% 포인트 감소할 것이고, 미국의 교육이 과거와 달리 지속적으로 인적자본을 축적하는데 실패함에 따라서 다시 0.2% 포인트 감소할 것이며, 소득불평등이 심화됨에 따라서 99%의 국민에게 돌아오는 실질소득 감소효과가 0.5% 포인트일 것이고, 국가부채가 누적되면서 세금을 올리거나 국가의 이전지출을 줄이지 않을 수 없게 됨에 따라서 미국 국민들의 99%의 가처분소득의 증가율이 또 0.2% 감소할 것이며, 마지막으로 앞에서 언급한 디지털 기술혁명의 생산성 증가가 과거에 비하여 0.5% 포인트 낮을 것이라는 추정까지 덧붙이면, 최종적으로 미국 국민들의 99%의 가처분소득의 증가율은 0.2%에 불과하게 될 것이라는 주장이다(그림 4).

[그림4] 하위 99% 국민들의 가처분 실질소득 증가율 : 2%에서 0.2%까지의 차감

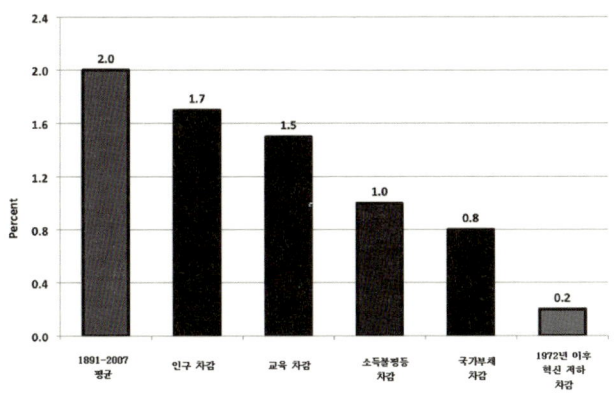

출처 : Gordon(2014)

이렇게 고든의 성장에 대한 비관론에 주목하는 이유는 20세기 줄곧 프론티어 국가의 위치를 다른 나라에 뺏기지 않았던 미국이 현재 어떠한 문제들과 씨름하고 있느냐 하는 것이 '빠른 추격자fast follower'인 한국에 주는 시사점이 크기 때문이다. 물론, 고든의 비관론에 반하여 디지털 기술의 역량이 무어의 법칙에 따라서 기하급수적으로 증대됨에 따라서 경제와 사회에 강력한 영향을 미치게 될 것으로 보는 소위 기술낙관론자 techno-optimist 들도 많다. 그리고 미국이 당면한 인구문제, 교육문제, 소득불평등 문제, 국가부채의 문제는 한국과 비교하면 정도와 성격에서 많은 차이가 있다. 더 나아가서 한국은 노동개혁, 정부개혁, 창업생태계 구축, 등에 있어서 미국보다 더 많은 과제들이 산적해 있다. 그러나 고든의 비관론은 우리가 향후 스마트 성장을 위한 제도 개혁의 방향을 잡는데 있어서 논의의 출발점을 제공한다는 차원에서 유용하다.

한국의 스마트 성장

우리에게 미국, EU, 일본은 더 이상 우리가 모방하고 따라잡아야 할 목표가 아니다. 미국의 경우 고든의 비관론에서 볼 수 있듯이 성장을 제한하는 여러 가지 도전에 직면하고 있으며, 일본은 이미 20년 이상 추격단계 이후의 새로운 모델로 바꾸지 못하여 저성장에 시달리고 있다. 스마트 성장 전략을 체계적으로 추진하고 있는 것처럼 보이는 EU의 경우에도 유럽 개별 국가들 중에서는 그리스와 같이 최근 많은 어려움을 격고 있는 국가들이 많다.

본고에서는 한 국가의 장기적인 경제성장은 얼마나 시대의 변화에 발맞추어 경제사회 제도를 개혁할 수 있느냐에 달려 있다고 본다. 지난 반세기 동안 한국의 성공적 발전 경험이야말로 이러한 견해를 뒷받침하는 좋은 사례이다. 마찬가지로 향후 반세기 동안의 한국의 발전도 우리가 얼마나 디지털 혁명이 가지고 올 변화에 대응하여 지속적으로 제도를 개혁하고 정책을 바꾸어 나갈 수 있느냐에 달려있다(김기환, 2013). 따라서 본 연구에서는 디지털 혁명시대가 가져올 저성장의 위협을 극복하기 위한 가장 중요한 분야로 인적자본 및 혁신 분야를 제시하고, 한국의 스마트 성장은 과거 개발 년대 우리가 가지고 있었던 성장의 낡은 패러다임을 과감하게 바꾸는 제도 및 정부 개혁에 우선순위를 두어야 한다고 제안한다. 보다 구체적으로, 한반도선진화재단에서 그동안 토론되었던 자료들과 필자의 연구들을 바탕으로 인적자본과 혁신 분야의 국가전략을 다음 두 장에서 제안한다.

스마트 성장을 위한 인적자본 전략

우리나라는 1950년대만 하더라도 저학력 국가 중 하나였지만 반세기만에 세계적으로 인정받는 고학력 국가가 되었다. 특히 2010년 청년층(15-34세)의 평균 교육연수는 13.4년으로써 일본과 미국을 추월하여 뉴질랜드 다음의 세계 2위 수준까지 높아졌다. 이러한 교육의 빠른 발전이야말로 대한민국이 지구상에서 거의 유일하게 반세기 만에 산업화와 민주화를 동시에 이룩한 원동력이 되었다. 그러나 교육의 양적 팽창이 급격히 이루어지는 가운데 교육의 수평적 차별화와 질적 향상이 학부모와 학생의 수요에 부응하지 못함으로써 사교육이 팽창하고 질 낮은 대학으로의 진학이 크게 증가하는 등 교육거품이 심각한 문제가 되었다. (이주호·정혁·홍성창, 2015).

한국의 인적자본 전략으로 무엇보다 중요한 것은 끊임없이 교육의 일관된 변화를 추구하여야 한다는 것이다. 그 동안 교육 거품을 해소하기 위하여 추진하여온 교육 다양화 개혁을 지속적으로 현장에 착근시키면서, 프로젝트 수업과 수행 평가 중심의 수업방식 변화, 컴퓨팅 사고력 및 진로 기술

교육의 혁신, 혁신생태계의 중심지가 되기 위한 대학의 변화, 교육 가버넌스의 변화, 아래와 중간으로부터의 개혁, 등과 같이 디지털 혁명 시대에 대응한 미래지향적 교육개혁에 집중하여야 한다. 인적자본 전략은 교육에만 국한될 것이 아니다. 어느 나라보다 빠르게 진행되는 고령화에 대응하여, 고학력 청년층의 공급이 지속적으로 증가하던 시대에 형성된 여러 가지 제도들과 노동 관행들의 개혁이 요구된다. 특히, 군 인력 체제의 개편, 육아 지원제도의 개혁, 우수 해외인력 유치를 위한 제도개혁, 그리고 노동개혁 등을 통하여, 한국을 가장 우수한 인재들을 키우는 동시에 세계의 우수한 인재들이 와서 일하고 싶어 하는 '인재대국'으로 만들어야 한다.

교육개혁

교육 다양화 개혁

한국의 주요 교육 문제는 교육에 대한 지출이 지속적으로 증가하는데도 불구하고 인적자본의 증가로 이어지지 않은 교육거품 현상으로 설명할 수 있다(이주호·정혁·홍성창, 2015). 한국에서 1990년부터 2009년 기간 동안 사교육과 대학진학률이 폭발적으로 팽창함과 동시에 실업계고교가 크게 위축되고 대학 간의 수직적 차별화가 더욱 악화되면서 교육 거품이 두텁게 형성되었다. 즉 전반적으로 교육의 질이 빠르게 향상되지 못한 가운데 실업계 고교와 2년제 전문대학교가 상대적으로 학문중심의 일반계 고교와 연구대학에 비하여 질적 격차가 벌어졌다. 그리고 4년제 대학들도 산학협력이나 교육에 특화하거나 특정 분야에 특성화하는 등 수평적 차별화를 이루지 못하고 있다. 여기에 더하여 초중등학교에서는 대학 입시와 관련된 시험에 집중하면서 여전히 암기위주 수업방식과 양적인 평가방식에서 벗어나지 못하면서 인성이나 창의력과 같은 비인지 역량을 제대로 길러주지 못하였다.

이러한 교육거품을 해소하기 위하여 그동안 정부가 노력하였던 교육개혁의 방향은 교육 다양화 개혁으로 정리할 수 있다.

첫째, 학교들과 대학들 간의 수평적 차별화를 강화하는 것이다. 마이스터고교 정책을 포함한 실업계 고교교육 강화, 진로교육 강화 등을 통하여 반드시 대학에 진학하지 않더라도 전문직업인으로써 괜찮은 일자리를 가질 수 있도록 추진하는 동시에, 대학별 특성화를 통하여 차별화된 분야에 집중하거나 교육이나 산학협력에 특화하도록 하는 정책들을 추진하였다.

둘째, 학교와 대학의 자율성과 책무성을 강화하여 교육의 질을 제고하는 것이다. 자사고, 자공고, 기숙형고교 등 학교선택권과 학교 운영의 자율권을 확대한 정책들, 교장의 자율적 리더십을 강화하기 위한 교장공모제 도입은 물론, 교육정보공시, 학업성취도평가, 교원능력개발평가 등과 같이 학교의 책무성을 높이기 위한 정책도 함께 추진되었다. 동시에 연구대학의 질을 높여가는 정책과 함께 질 낮은 대학을 퇴출시키는 대학구조개혁 정책도 추진하였다.

셋째, 높은 사교육비와 대학등록금으로 인한 교육거품 부담을 경감시키는 것이다. 사교육비 부담을 경감하는 대책으로는 방과후 학교를 강화하고, 지역사회나 기업들이 방과후 혹은 주말 프로그램에 교육기부를 활발히 할 수 있도록 지원하는 정책들과 동시에 사교육에 대한 규제정책과 국영교육방송인 EBS에서 수능강의를 제공하고 그 내용을 실제 수능시험과 연계하는 정책, 그리고 영어공교육 강화 정책 등을 추진하였다. 또한, 대학생 등록금 부담을 반으로 줄이는 정책을 추진하여 한국장학재단을 설립하여 국가장학제도를 크게 확충하였으며, 소득연계형 학자금 대출제도인 '든든 학자금 제도'를 도입하였다.

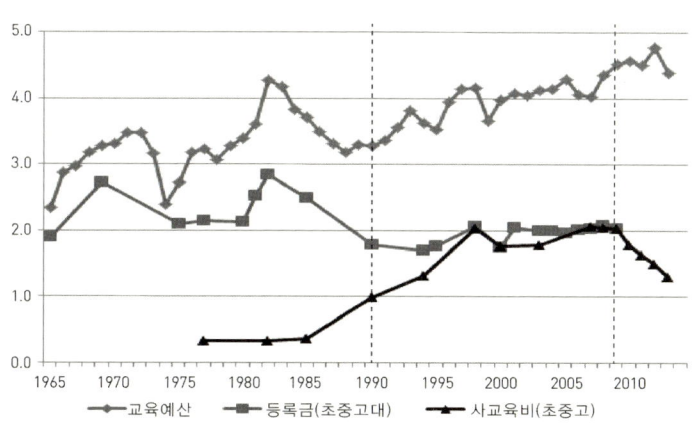

[그림 5] GDP 대비 교육투자 규모

자료: 교육부, 『교육통계연보』, 각년도; 김흥주(1998); 최상근(2003); 통계청 사교육비조사(http://www.kostat.go.kr/survey/pedu, 접속일자: 2014. 4. 10).
출처: 이주호 정혁 홍성창(2015)

이러한 교육다양화 개혁의 추진을 통하여, 한 때 공교육 규모에 육박하였던 사교육 지출은 2010년을 고비로 감소하기 시작하였고(그림 5), 대학 진학률도 1990년 33.3%에서 시작하여 2008년을 정점으로 83.9%까지 높아졌다가 다시 2012년 71.5%까지 감소하였다(그림 6). 물론 이러한 긍정적인 모습에도 불구하고 여전히 사교육비나 질 낮은 대학으로의 과도한 진학 문제가 완전히 해소되지 못하였다. 이주호·정혁·홍성창(2015)은 청년층 노동인구(34세 이하) 중 고졸자 임금의 평균값보다 더 낮은 임금을 받는 대졸자의 비중이 1980년 약 3% 수준에서 2011년 23%까지 지속적으로 증가하였음을 보이고 이것을 교육거품의 주요 지표로 제시하였다(그림 7). 이처럼 교육거품이 여전히 두텁게 끼여 있는 만큼 교육다양화 개혁은 지속적으로 추진될 필요가 있다.

[그림 6] 연도별 고교 졸업생의 진학 비중 (단위: %)

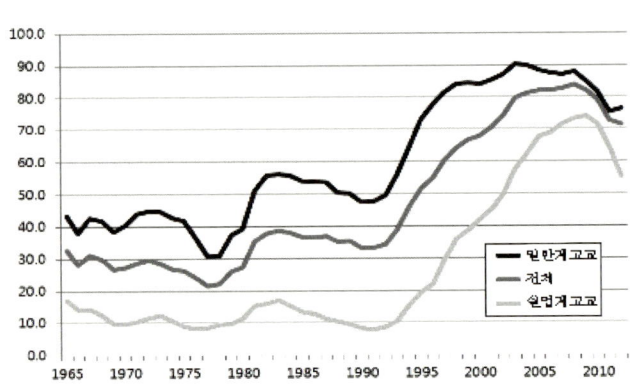

자료: 교육부, 『교육통계연보』, 각년도. 출처: 이주호 정혁 홍성창(2015)

[그림 7] 고졸보다 낮은 임금의 4년제 대졸자(34세 이하) 비중 변화

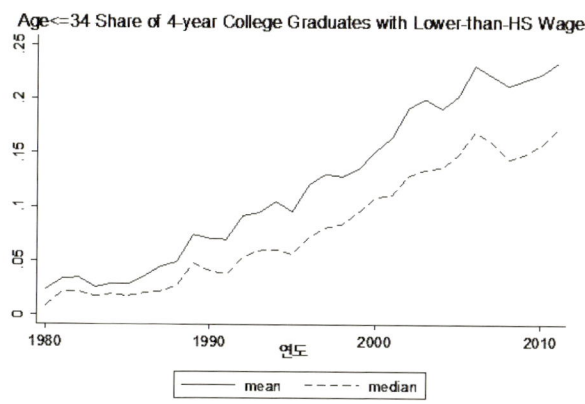

출처: 이주호 정혁 홍성창(2015)정혁 홍성창(2015)

스마트 인재 양성을 위한 교육 개혁

그 동안 교육거품을 해소하기 위하여 추진하여온 교육다양화 개혁을 지속적으로 현장에 착근시키면서, 동시에 디지털 혁명 시대가 요구하는 새로운 역량과 기술을 갖춘 '스마트 인재'를 키워내는 교육개혁에 시동을 걸어야 한다. 스마트 인재 양성을 위한 교육 개혁의 주요 의제로 아래의 세 가지를 제시한다.

〈 프로젝트 수업과 수행평가 중심의 수업방식 변화 〉

우리는 그 동안 지나치게 선다형 평가와 주입식 교육에 의존하여 왔다. 그러다보니 학생들은 학교에서 행복하지 못하고 교사들도 자기효용감을 상실하고 있다. 이러한 교실에서 미래가 요구하는 소위 6C[Fullan and Langworthy,2014]라고 하는 창의성[creativity], 비판적 사고력 및 문제해결력[critical thinking and problem solving, 협업collaboration, 소통communication, 인성character, 시민정신 citizenship, 등이 제대로 길러지기 힘들다. 따라서 학교 교실에서 교사의 수업방식의 변화를 이끌어내는 상향식 점진적 접근을 추진하여야 한다.

첫째, 교사의 프로젝트 수업PBL:Project-Based Learning 및 수행평가의 역량을 강화할 체제를 구축하여야 한다. 교사들이 수업과 평가 방식의 변화에 대하여 집중적으로 연수할 수 있는 기회를 제공하여야 한다. 이러한 연수 과정에서 교실의 변화 과정에서 일어날 수 있는 여러 가지 문제점들에 대하여 서로 간의 의견도 활발히 교환할 수 있고 전문가들로부터 전문적인 피드백도 꾸준히 받을 수 있도록 교원 연수의 내용과 방법도 개선하여야 한다. 그리고 교육대학과 사범대학의 교육 프로그램에서 수업과 평가 방식의 변화에 대한 부분을 대폭 강화하여야 한다.

둘째, 프로젝트 수업과 수행 평가의 현장 실천을 지원할 체제를 구축하여야 한다. 가장 시급한 것은 교사들이 교과별로 프로젝트 수업과 수행 평가를 할 때 도움을 줄 수 있는 다양한 정보와 훈련 기회를 제공하는 것이다. 교사들뿐만 아니라 전문가들도 함께 참여하여 교과별로 양질의 프로젝트 수업과 수행 평가에 필요한 다양한 정보를 담은 가이드라인을 작성하고 이에 관한 정보와 함께 온 라인 연수 프로그램을 인터넷 웹 기반으로 먼저 제공할 필요가 있다.

셋째, 프로젝트 수업과 수행 평가의 변화를 확산하는데 도움을 줄 수 있는 체제를 구축하여야 한다. 자유학기제 학교, 자율 학교 등 변화를 선도하는 학교를 선정하고 외부 전문가의 도움을 충분히 받을 수 있도록 그리고 일반 교사들도 폭 넓게 참여할 수 있도록 지원하고, 선도 학교의 성공 사례가 다른 학교들에도 확산될 수 있도록 지원하여야 한다.

넷째, 현장의 변화가 이루어지지 않는 상황에서 대학입시제도를 무리하게 바꾸려는 것보다, 학생들의 대학 진학에 바로 영향을 주지 않는 '저부담평가low-stake exam'이면서도 교사들과 교장들에게는 변화를 유도할 수 있는 학업성취도평가부터 선다형 평가에서 탈피하여 과감히 수행평가로 전환하여야 한다. 영어 NEAT 평가의 경우 이미 상당 부분 개발되어 있는 내용을 학업성취도평가의 영어 교과에 반영할 필요가 있다.

다섯째, 대학입시제도의 점진적 변화를 일관되게 추진하여야 한다. 대교협, 대학 총장들을 포함한 대학의 당사자들과 학교 현장의 교사들과 전문가들이 머리를 맞대고 대학입시제도의 장기적 변화에 대한 비전을 함께 만들어낼 수 있는 국가적 협의체를 구성하고 여기에 정치권은 물론이고 교육단체들이 대폭 힘을 실어주는 방식으로 대학입시제도의 장기적 개선 방안을 만들어 내어야 한다.

〈 컴퓨팅사고력 및 진로 · 기술 교육의 혁신 〉

진로 · 기술 교육career and technical education은 마이스터고교 및 진로직업상담교사 제도 도입 등으로 최근 활성화되고 있지만 앞으로 더욱 발전시켜야 한다. 특히 일반고 위기와 관련하여 직업반의 활성화에 주목할 필요가 있다. 마이스터 고교와 특성화 고교가 활성화되면서 이러한 학교에 진학하지 못한 학생들이 역으로 일반고에 진학하고 있다. 이들을 위하여 미국의 career academy와 같이 보건, IT, 금융 등과 같은 특정 분야의 수업을 학교 내 혹은 밖에서 들을 수 있게 하고 파트타임으로 일할 수 있는 기회도 제공하는 등 일반고의 직업반을 혁신하여야 한다[3].

차성현·정진수·이상봉(발간예정)은 컴퓨팅 사고력에 대한 교육의 중요성을 강조하고 학생들에게 컴퓨팅 사고력을 키워주기 위해서 과학교육과 기술교육을 전반적으로 개편하여야 할 필요성에 대하여 아래와 같이 강조하고 있다.

"세계 각국은 '컴퓨팅 교육', '프로그래밍 교육', '코딩교육', '소프트웨어개발 교육'등의 이름으로 디지털 혁명 시대에 대비한 교육개혁을 추진하고 있다. 미국은 국가적 차원에서 컴퓨팅 사고력 향상을 위한 정보 교과의 활성화를 추진하고 있으며, 새로운 과학 교육과정 New Generation Science Standards에 컴퓨팅 사고력을 도입하였다. 또한, 미국대학입학시험인 SAT는 Computational Thinking의 중요성이 강조됨에 따라 computing과 computer science를 좀 더 폭넓게 수용한 AP과정인 Advanced Placement Computer Science를 개발하고 있다. 영국은 코딩, 인터넷 안전, 3D 프린팅을 유치원부터 고등학교까지 의무적으로 교육하도록 교육과정 개편하였다. 특히, 컴퓨팅 교과를 영어, 수학, 과학과 함께 전 학년으로 확대하고, 아이디어-디자인-제작의 전과정을 포함한 '디자인과 기술' 과목도 도입하였다. (차성현·정진수·이상봉, 발간예정)."

---

3) 미국의 Career Academy는 저소득층 자녀에게 매우 긍정적인 효과가 있어서 수업을 들은 후 8년 후의 소득이 20% 이상 높아졌다고 한다 (Holzer, 2014).

따라서, 디지털 혁명 시대에 대응한 교육 전략으로 특히 우리나라 초중등 교과 체제에서 디지털 핵심 역량 교육을 담당하고 있는 과학교육과 기술교육 분야에서 무엇을 어떻게 가르칠 것인가에 대한 교육전략 및 실행 방안 마련이 필요하며 교사 양성 및 재교육, 직업교육, 입시제도 등 제도적 개선 방안도 모색하여야 한다(차성현 · 정진수 · 이상봉, 발간예정)."

〈 혁신생태계의 중심지가 되기 위한 대학의 변화 〉

세계적으로 혁신을 선도하는 대학들은 혁신생태계의 '중심지central hub' 역할을 이미 하고 있거나 이를 지향하고 있다. 대표적인 사례로 거론되는 스탠포드 대학은 실리콘 밸리라는 세계 최고의 기술혁신클러스터의 리더 역할을 하고 있다. 미국 정부는 스탠포드 대학과 대규모의 군사전자연구에 관한 용역계약 등 연구 지원을 통하여 국방 기술력을 발전시켰고, 스탠포드 대학은 이를 기반으로 자기공명 및 핵분열 등에 관한 학문적 연구를 발전시켜 다수의 노벨상 수상자를 배출하였으며, 이와 관련된 IT산업기술을 바탕으로 수많은 창업가들을 배출하는 동시에 성공한 창업가들은 다시 기부를 통하여 대학 발전에 기여하는 생태계를 형성하고 그 중심지 역할을 하고 있다.

우리나라 대학들도 혁신 생태계의 중심지 역할을 통하여 스마트 인재를 키워낼 수 있으려면, 기술혁신클러스터에서 대학의 역할을 어떻게 강화할 것인지, 대학 자체의 연구생산성을 어떻게 높여갈 것인지, 대학, 출연연, 기업, 간의 산학연 협력을 어떻게 강화할 것인지, 대학을 중심으로 청년 창업을 어떻게 강화시킬 것인지, 등 산적한 과제들을 풀어나가기 위하여 끊임없이 변화를 위한 노력을 하여야 할 것이다.

이원형(2015)은 지역 혁신클러스터에서 지역대학의 선도적 역할이 부족해서 아직 대부분의 대학이 지역혁신사업을 대학의 산학협력 파트너를 확대하는 사업 정도로 인식하고 있다고 비판하면서 다음과 같이 제안한다.

"대학은 지역의 혁신클러스터 발전과 관련하여 혁신클러스터의 비전 제시자와 리더의 역할을 맡고, 산업수요에 부응하는 교육 및 연구를 담당하여야 한다....연구경쟁력을 높여 민간수탁연구를 대폭 확충해야 한다. 민간 수탁연구 확대는 정부의 연구비 지원이 정체되고, 대학 취학인구가 급속히 감소하고 있는 미래를 준비하기 위한 핵심 과제이다. 민간수탁연구 확대를 위해서는 대학의 운영철학과 연구관리시스템의 대폭적인 혁신이 요구된다."

따라서 혁신클러스터 정책과 대학의 특성화 사업을 연계시켜야 한다. 테크노파크, 연구개발특구, 산업단지 관리본부 등 혁신클러스터 추진 주체와 특성화 대학 간의 유대와 협력을 강화하기 위하여 관련 부처 간의 협력 및 국가 차원의 조정기능을 강화하기 위한 정부 혁신이 요구된다.(이원형, 2015)

교육 개혁의 실천을 위한 전방위 전략

스마트 성장을 위한 교육개혁의 추진을 위해서는 미래인재양성을 위한 교육개혁의 의제를 잘 선정하는 것도 중요하지만 이를 실천하기 위하여 어떻게 전략적으로 접근하느냐 하는 것도 중요하다. 본 연구에서는 교육 개혁을 위하여 그 동안 주로 의존하여 왔던 위로부터의 개혁 일변도에서 벗어나 그 동안 간과되어 온 아래로부터의 개혁 및 중간으로부터의 개혁까지 포괄하는 전방위 실천 전략을 제안한다.

우리나라 교육개혁 추진 방식의 문제점을 성찰하여 보면, 백년지대계인 교육정책마저도 5년 단임 대통령제 아래서 정권의 5년간 업적을 최대화하는 차원에서 추진되면서 일관성을 잃어버리는 문제가 심각하다. 그러나 정치 탓으로만 돌릴 것이 아니라 이러한 문제를 극복하기 위하여 정권의 변화에도 불구하고 지속될 수 있는 교육 가버넌스의 구축을 고민하여야 한다.

첫째, 무엇보다 5.31 교육개혁위원회 이후 이제 다시 한 번 국가의 중지를 모으는 교육개혁위원회를 설립하여 21세기가 필요한 인재양성과 혁신을 선도하고 사회적 이동성을 확대하는 교육발전의 새로운 모델을 제시할 필요가 있다. 그 동안 정부가 5년마다 바뀌면서 교육정책의 연속성이 훼손되는 문제점이 심각하게 부각되고 있는 바 이를 극복하기 위해서는 5년 정권을 넘어서는 개혁안을 제시할 수 있는 사회적 협의기구의 성격을 가지되 현장교사 혹은 대학총장들과 같이 교육현장의 목소리를 최대한 반영할 수 있는 전문가들로 구성된 교육개혁위원회가 필요하다.

둘째, 교육 추진 체계와 관련하여 최근 가장 심각하게 불거진 이슈는 교육감 직선제를 비롯하여 교육청과 관련된 지방교육자치의 문제이다. 우리나라 지방교육자치는 첫째, 교육자치단체와 일반자치단체가 분리 운영됨에 따른 비효율이 많고, 둘째, 교육자치가 광역자치단체 수준에 집중되어 기초자치단체 수준 혹은 개별 학교의 자율권이 아직도 미약하다는 문제점을 가지고 있다(박정수, 2015). 교육감 직선제는 2007년 간선제에서 직선제로 바뀐 이후 과도한 선거비용과 후보자간의 과열된 이념 논쟁을 유발하면서 전문성과 중립성을 요하는 교육감 선거의 취지가 훼손되고 있어서 근본적 제도개편이 필요하다는 지적도 많다. 이에 대한 대안으로 그 동안 러닝메이트 제도, 공동등록 제도 등이 제안되었지만 정치권에서는 직선제에 대한 양측의 간극이 지나치게 넓어서 제도개선에 대안 논의의 진전이 전혀 이루어지고 있지 못하다. 따라서 박정수(2015)가 제안한 바와 같이 교육감의 선출 방식을 각 시도 조례로 결정하도록 위임하는 것도 좋은 타협안이 될 수 있을 것이다. 교육감 선출 방식을 반드시 전국적으로 획일화할 필요도 없기 때문에 각 시도가 선택 가능한 방식으로 러닝메이트, 간선제, 임명제, 직선제, 등을 제시하고 이 중에서 각 시도가 조례로 결정하게 하면 될 것이다. 이렇게 할 경우 다양한 교육감 선출 방식을 각 지역에서 시도할 것이고 이 중에서 가장 적합하고 효율적인 제도가 전국적으로 확산될 수 있을 것이다.

교육 다양화 개혁은 그 동안 정책과 제도를 변화시키는데 초점을 두었지만, 아직도 현장에 깊게 뿌리를 내리지 못한 경우가 많이 있다. 또한 학교 현장에 뿌리를 내린 정책들은 정부가 바뀌어도 흔들리지 않지만, 현장에 뿌리를 깊이 내리지 못한 정책들은 아쉽게도 중단되거나 축소되는 경우가 많았다. 따라서 현장 변화에 더 많은 관심을 기울이는 아래와 중간으로부터의 교육개혁 방식에 무게 중심을 옮길 필요가 있다.

미국에서 최근 PBL project-based learning이 확산되는 과정을 보면 아래와 중간으로부터 개혁의 중요성을 알 수 있다. 미국에서는 1990년대 후반 캘리포니아의 나파밸리에 있는 뉴텍하이스쿨 New-tech highschoo에서 모든 수업을 적어도 두 과목을 융합한 형식으로 프로젝트수업을 하는 방식으로 바꾼 새로운 형태의 학교가 시작되었다. 그런데 이것이 가능하였던 배경에는 BIE_Buck Institute of Education_이 프로젝트 수업에 대한 연구와 연수를 맡아서 지원을 해주었고 게이츠재단_Bill&Melinda Gates Foundation_에서는 재원을 지원하였기 때문이다. 이와 같이 민간재단들이 중간으로부터의 지원이 아래로부터의 변화를 촉진하는데 큰 역할을 하였던 것이다. 이제 뉴텍스쿨은 미국 전역에서 170개가 넘는 학교들이 생겨났고 교사에게 필요한 연수는 자체적인 네트워크 센터에서 이루어지고 재원은 지방 교육청_school district_에서 지원하고 있다.

이렇게 미국에서 민간재단들이 교육의 변화를 위하여 중간으로부터 적극적으로 역할을 하는 것은 미국 사회의 교육에 대한 변화 욕구를 학교에 전달한다는 차원도 크다. 프로젝트 수업만 하더라도 처음 캘리포니아 지역에서 게이츠재단이 지원한 것도 그 만큼 이 지역의 IT 기업들이 프로젝트 수업으로 길러진 미래인재에 대한 갈망이 컸기 때문이다. 우리나라에서도 최근 기업들이 특성화 고교 졸업생들의 취업에 앞장선다거나 교육기부에 점점 더 많은 관심을 보이고 있다. 따라서 이러한 사회적 수요를 학교에 전달해 줄 수 있는 중간기구들이 더 많이 설립되고 더 큰 역할을 하는 것이 우리나라의 교육변화를 위해서도 절실히 요구된다.

아래로부터의 교육개혁에 있어서 우리나라만큼 큰 잠재력을 가진 나라는 없을 것이다. 무엇보다 교사들의 역량이 세계적으로 가장 우수한 것으로 평가받는다. 그리고 우리 사회가 교육에 두는 가치는 어느 나라보다도 크다고 할 수 있다. 따라서 향후 교육개혁에 있어서 아래로부터의 개혁 전략에 대하여 더 많은 논의와 노력이 필요하다. 예컨대 수업방식의 변화를 위하여 교사들의 연구동아리 활동에 보다 적극적으로 지원될 필요가 있다.

아래와 중간으로부터의 교육개혁의 필요성은 대학의 경우도 마찬가지이다. 우리나라는 80%의 학생들이 사립대학에 다니는 만큼 개별 대학의 자율에 기초한 아래로부터의 변화가 어느 나라보다 활발할 수 있는 잠재력을 가지고 있다. 미래인재 양성을 위하여 향후 대학이 맡아야 할 역할은 혁신과 창업 생태계의 중심지가 되는 것이다. 그런데 이러한 생태계를 구축하기 위해서는 과거와 같이 중앙 정부 중심으로 일방적으로 지시하고 명령하는 수직적인 관료적 체제에서 탈피하여 지역 차원에서 혁신과 창업과 관련된 다양한 주체들이 보다 개방되고 자율적인 기반 위에 협력과 소통을 통하여 청년들의 창업과 경제의 혁신을 지속적으로 강화시키는 수평적인 공동체적 노력이 크게 요구되고 있다. 대학의 변화도 이제는 하향식으로 정부의 정책에 따라서 수동적으로 변화하도록 요구할 것이 아니라, 자율과 개방을 바탕으로 혁신과 창업을 위한 수평적인 공동체의 구축을 위하여 리더이자 참여자로서의 역할을 다하는 과정에서 아래로부터 이루어지도록 유도하여야 한다.

인적자본 제도 및 노동 개혁

우리나라 인적자본의 미래를 전망할 때 우리나라 인구가 세계 어느 나라보다 급격히 고령화되는 현상에 주목하지 않을 수 없다. 우리나라는 OECD 국가 중에서 고령화가 가장 빨리 진행되어 2026년에는 고령인구

(65세 이상)가 전체인구의 20%를 차지하는 초고령 사회로 진입하고, 노인 부양비율 또한 2012년에는 생산가능 인구(15~64세) 6.2명당 고령인구 1명에서, 2020년 4.5명당 1명, 2060년 1.2명당 1명으로 하락할 것으로 전망된다(최강식, 2014).

따라서 청소년을 잘 교육시키는 것이 여전히 우선적인 인적자본 투자가 되겠지만 청년층의 비중이 급격히 줄어드는 것에 대응하여 인적자본을 효율적으로 활용하는 체제를 갖추는 것도 매우 중요해지고 있다. 그 동안 우리의 인적자본 활용과 관련된 주요 제도들이 잘 교육 받은 청년들의 노동공급이 빠르게 증가하던 시절에 형성되었기 때문에 인적자본이 중요해지면서 동시에 인구고령화가 급격히 진전되는 시대의 변화에 부응하여 이제는 낡아 버린 제도들을 개혁하여야 한다.

군 인력 제도의 개혁

인적자본이 더욱 중요하여지는데도 불구하고 청년인구가 급격히 감소하는 상황에서 현재 청년층이 본인의 의사와 관계없이 21개월을 의무적으로 군에서 복무하여야 하는 군 인력 제도의 사회적 비용은 더욱 커질 수 있고 이 때문에 우리 경제의 활력도 크게 떨어질 우려가 있다. 그러나 남북이 대치하는 상황에서 징병이냐 혹은 모병이냐 하는 양 극단의 선택에 대한 소모적인 논쟁은 실질적인 제도의 개선에 이르지 못하고 국론만 분열되는 결과를 초래할 수 있다.

현재 "국방개혁에 관한 법률"은 국군의 상비병력 규모를 군구조 개편과 연계하여 2020년까지 50만 명을 목표로 하고 있으며 이중에서 장교, 부사관 등 간부의 규모를 20만 명 그리고 사병을 30만 명으로 계획하고 있다. 그런데 만약 30만 명의 사병을 현행의 획일적 21개월 징병제로만 충원할 경우 오히려 미래전에 대비한 국방력 증가에 걸림돌이 될 수 있다는 우려도 제기되고 있다. 첨단기술전쟁을 수행할 수 있는 정밀타격군, 대테러전쟁을 수행할 수 있는 특수작전군, 사이버군, 등을 중심으로 한 군구조 개편을 뒷받침하기 위해서라도 군 인력체계의 개혁을 검토하여야 한다는 것이다(김종하, 2014).

따라서 미래전에 대비한 국방력 증대를 추진하면서 동시에 인구변화에 따른 효율적 인적자본 활용이 가능한 "12개월 징병제"에 대하여 심도 있는 논의가 필요하다. 예컨대 2020년 30만의 사병 확보를 위하여 "12개월 징병제"에 의한 15만의 '일반 병사'와 매년 지원자들 중에서 3만 7천5백 명을 충원하여 적어도 4년 동안 정밀타격군, 특수작전군, 사이버군, 등에 근무하도록 하는 15만의 '전문 병사' 체제로 이원화하는 방안 등에 대하여 심도 있게 검토할 필요가 있다. 이렇게 국방력을 강화하면서도 군대 의무복무 기간을 21개월에서 12개월로 줄일 수 있는 변화가 가능한 지에 대하여 심도 있는 분석에 근거한 사회적 공론화가 필요하다(이주호 · 이정민 · 김현준, 발간예정).

육아 지원 제도의 개혁

한국의 15-64세 남성경제활동참가율은 2012년 현재 77.6%로서 고용선진국[4] 평균 81.1%에 근접하고 있으나 이와 대조적으로 15~64세 여성경제활동참여율은 55.2%로서 고용선진국 평균 68.3%에 크게 못 미친다(변양규, 이진영, 2014). 이렇게 한국 여성의 경제활동참가율이 낮은 가장 중요한 이유는 여성의 높은 육아 부담 때문이어서 국가가 질 높은 보육 및 유아교육 서비스를 제공하는 것이 중요한 정책과제로 강조되어 왔었다.

그러나 무상보육지원을 급격히 확대하면서 중앙정부 보육예산이 2013년 4조 1,400억원이며 유아교육예산 역시 4조원에 이르는 수준까지 확대되었고 0-2세의 어린이집 이용률이 2002년 11.8%에서 2012년 63.0%까지 가파르게 증가하였지만 실제로 여성취업률의 증가에는 큰 기여를 하지 못하고 있다(윤희숙 외, 2013). 따라서 최근 무상보육지원의 양적 확대에 어떠한 문제가 있었는지를 엄밀히 분석하고 여성의 경제활동참가를 높일 수 있는 육아 지원 제도를 구축하여야 한다.

무엇보다 무상보육정책과 여성 취업을 연계하여야 한다. 한국은 OECD 국가 중에서 0-2세 자녀를 둔 여성의 취업률이 보육시설 이용률보다도 낮은 유일한 나라이다(윤희숙 외, 2013). 무상보육 지원을 여성의 취업 여부와 관계없이 확대하다보니 취업하지 않은 여성에 대하여 취업 유인을 제공하지 못하였을 뿐만 아니라, 가정에서 유아와의 긴밀한 관계가 자녀의 인성과 역량 발달에 중요함에도 불구하고 시설보육을 과잉 이용하도록 왜곡된 유인을 제공하였다. 대부분의 OECD 국가들도 0-2세 보육지원은 취업 여

---

[4] 변양규, 이진영 (2014)는 OECD 회원국 중 고용률이 70%이며 인구도 1,000 만 명 이상인 미국, 영국, 캐나다, 독일, 네덜란드, 일본, 오스트레일리아, 등 7개국을 고용선진국으로 정의하고 있다.

성에 한하여 이루어지는 만큼 우리도 이 문제를 하루 빨리 보완하여야 할 것이다.

무상보육의 확대에도 불구하고 여성 취업이 증가하지 못하는 또 다른 이유는 어린이집과 유치원의 질적 수준이 충분히 담보되지 못하고 있어서, 여성들이 마음 놓고 직장 생활을 하기 어렵다는 점이다. 이러한 문제는 정부가 무상육아지원에 있어서 최소한 재무적 투명장치인 재무회계규칙을 적용하지 않아도 공적지원 대상이 되는 것과 같이 질적 수준이나 성과에 연계하지 않고 획일적으로 지원하는 문제와 깊이 연결되어 있다(윤희숙 외, 2013). 또한 누리과정을 도입하여 어린이집이나 유치원에 관계없이 3-5세 유아의 교육과정을 통합하였으나, 여전히 교육부와 보건복지부가 유치원과 어린이집을 각각 관리하는 이원화된 구조를 유지하다보니 교사 수준이나 질적 차이가 큰 문제가 남아 있다. 따라서 육아 지원 제도의 개혁을 통하여 이러한 문제를 빨리 해소하여 주어야만 우리 인적자본의 절반을 차지하는 여성 인적자본을 효율적으로 활용할 수 있을 것이다.

해외 인력 제도의 개혁

국가 간의 경쟁에 있어서 인적자본의 중요성이 점점 더 크게 인식되면서, 많은 나라들은 교육개혁을 통하여 자국민의 인적자본을 키우는 정책과 더불어 해외의 우수 인적자본을 적극적으로 유치하는 정책을 함께 추진하고 있다. 이와 같이 국제적으로 고기술 전문인력Highly-skilled labor 유치의 경쟁이 심화되면서 미국은 1990년대부터 이민비자정책의 기조를 전환하였고 일본은 2009년부터 유학생 유치 확대에 초점을 둔 해외 고급인력 유치 종합대책을 추진 중이다. 반면 우리나라는 그동안의 비전문 저숙련 외국인 노동자 도입에만 치중하여 왔고 이러한 우리나라의 외국인력정책이 한국의 산업구조의 선진적 개편을 오히려 늦추었을 가능성에 대한 우려도 제기되고 있다(최슬기·이시욱, 발간예정).

사실 우리나라의 해외 고기술 전문 인력의 유치정책은 다른 나라에 비하면 아직도 체계가 제대로 잡혀있지 못하다. 우리나라의 사증체계(E1~E7)에서는 전문인력과 숙련인력을 적절히 구분하지 못하고 혼재되어 있는 등, 어떻게 하면 해외 전문기술인력을 활용하여 디지털 혁명 시대에 필요로 하는 다양한 인력을 활용할 수 있을 지, 증가하고 있는 외국인 유학생을 활용할 것인지, 혹은 역량이 높은 해외 전문 기술 인력을 국내에서 육성할 수 있을 지, 등에 대하여 심도 있는 연구와 함께 관련된 개혁 정책에 대한 공론화도 시작하여야 한다(최슬기·김석호·이윤석, 발간예정).

노동 개혁

인적자본이 더욱 중요하여 지는데도 불구하고 청년인구가 급격히 감소하는 상황에서 가장 시급하게 고려하여야 할 노동개혁의 핵심 과제는 임금체계의 개편이다. 우리나라는 연령과 근속에 따라 임금이 증가하는 연공서열형의 호봉제 중심의 임금체계를 가지고 있다. 이러한 호봉제 중심의 임금체계는 고학력의 청년층 공급이 지속적으로 증가하는 시기에는 기업의 입장에서 인건비의 부담을 크게 늘리지 않으면서 청년층을 노동시장에 최대한 많이 흡수할 수 있는 장점이 있었다고 볼 수 있다. 그러나 전체 노동시장에서 청년층의 비중은 급격히 감소하고 중장년층이 늘어나는 시기에는 기업들의 인건비 부담을 가중시켜서 기업들의 전체 채용 규모를 위축시킬 가능성도 크다. 또한, 연공서열형 임금체계는 과거 상명하달의 위계체계와는 잘 맞을 수 있어도, 조직의 구성원들에게 지속적으로 개방적 혁신을 추구하도록 유인을 제공하는데 문제가 많다.

그러나 임금체계의 개편에 대하여 개별 기업의 노사협상 과정이나 국가 차원에서의 노사정 협의 과정에서 큰 진전을 이루어내지 못하고 있는 상황에서, 국회에서는 근로자의 정년을 대기업과 공기업은 2016년부터 중소기업은 2017년부터 60세로 연장하는 법을 통과시킴으로써 임금체계 개편의 시급성이 더욱 커지게 되었다. 왜냐하면, 우리나라의 가장 많은 사업장에서 정년을 55세로 규정하고 일반기업들의 평균 정년이 57세에 불과한 사실(최강식, 2014) 자체가 연공서열형 임금체계와 강하게 연결되어 있기 때문이다. 즉, 기업들의 입장에서 연공서열형 임금체계로 인하여 근로자들이 특히 50세 이후 생산성에 비하여 높은 임금을 받는 기간을 최소화하려고 정년을 두는 것이기 때문이다(Lazear, 1979). 따라서 법적으로 정년이 늘어난 이상, 정부는 공공 부문부터 임금피크 제도를 도입하고 더 나아가 직무급, 역할급, 성과급, 등을 강화하는 임금체계개편을 이루어내어야 하며, 민간 부문에서도 이러한 변화가 가능하도록 지원체제를 구축하여야 한다.

우리나라 노동시장 이중구조의 문제도 오래 전부터 지적되어 왔지만(이주호, 1992), 좀처럼 해소되지 못하고 있다. 노동시장 이중구조의 문제는 대기업 및 공기업의 정규직들에 대하여는 지나치게 경직적으로 고용보호가 이루어지는 반면 중소기업 혹은 취약계층 근로자들에 대한 사회보험

등을 통한 보호는 여전히 취약함에 따라서, 한편으로는 대기업과 공기업 분야의 일자리 창출을 저해하고 다른 한편으로는 근로자들 간의 격차를 확대시키고 있다는 것이다(유경준, 2014; 최강식, 2014; 조준모,2015). 따라서 파업시 대체근로 허용(박기성, 2015), 저성과자 통상해고의 법적기반 마련(조준모, 2015), 임금체계의 개편(최강식, 2014), 등을 통하여 대기업 및 공기업 노동시장의 경직성을 완화하면서, 이와 동시에 소규모 사업장 및 취약계층 근로자의 현황 파악을 위한 DB를 구축하고 관련 행정기관 간의 연계를 강화하는 등, 사회보험의 사각지대를 축소하고 두루누리 사업의 실효성을 제고할 필요가 있다(유경준, 2014).

스마트 성장을 위한 혁신 전략

한국은 GDP 대비 R&D 투자가 세계 최고 수준이며 삼성과 같은 한국 대기업이 미국의 가장 혁신적인 기업인 애플과 글로벌 시장에서 치열하게 경쟁하고 있다는 점에서 혁신 분야의 강국으로 평가받기도 한다(OECD, 2009). 그러나 한국의 혁신 생태계가 급진적 과학기술 혁신을 통하여 새로운 상품, 새로운 생산과정, 새로운 시장을 만들어낼 수 있는 독자적인 역량을 갖추고 있느냐 하는 차원에서 미국에 한참 뒤쳐져 있고 심지어 중국에도 밀리고 있다는 우려가 있다.

한국의 혁신전략으로는 무엇보다 과학기술 분야에 있어서 대학과 정부출연(연)의 고위험고가치 high-risk high-payoff 연구가 활성화되도록 미국의 DARPA와 같이 급진적 혁신을 추구하는 특공대와 같은 연구기획 전문기관을 설립하고, 정부출연(연)도 과감하게 개방하고 개혁하여야 한다. 창업 활성화를 위해서도, 중앙 정부가 일방적으로 지시하는 수직적인 관료체제에서 탈피하여 지역 차원에서 다양한 주체들이 보다 개방되고 자율적인 기반 위에 협력과 소통을 통하여 청년의 창업과 경제의 혁신을 지속적으로 지원하는 창업 공동체가 구축되어야 한다. 이러한 혁신 전략이 성공하기 위해서는 정부부터 먼저 수직적 하향식 조직 문화를 벗어던지고 훨씬 개방적으로 민간과 협력할 수 있도록 과감한 정부개혁을 추진하여야 한다.

과학기술의 혁신

우리나라 대학과 출연(연)의 연구자들은 지나치게 안전한 연구를 지향하고 있으며 시급한 현실 문제들을 해결하거나 새로운 기회를 창조하는데 기여하는 고위험·고가치 연구는 매우 취약하다는 우려가 제기되고 있다(송치웅 외, 2014). 이러한 우려는 여러 가지 지표를 통해서도 확인되고 있다(이주호, 김기완, 홍성창, 2014).

첫째, 고위험·고가치 연구의 지표라고 할 수 있는 학문분야별 피인용도 상위 1% 논문으로 정의되는 고피인용 논문 highly-cited papers의 경우, 2002~2011년 10년 동안 발표된 SCI 논문을 중심으로 고피인용 논문의 수와 증가율을 분석한 결과, 한국의 점유율이 1.0%에서 1.2%로 증가하였으나 같은 기간 중국은 2.4%에서 3.9%, 대만은 0.4%에서 0.7%로 훨씬 빠르게 증가하였다.

둘째, 상해교통대의 '세계대학학술평가 ARWU:Academic Ranking of World Universities'는 매년 세계 상위 500대 연구대학을 발표하는데, 이 평가에서 500위권에 포함된 한국 대학은 2004년 8개교에서 2012년 10개교[5]로 증가하였지만, 반면 여기에 포함된 중국(홍콩 포함)의 대학들은 2004년 13개교에서 2012년 37개교로 급격하게 증가하여 세계 9위에서 4위로 올라섰다. 결과적으로 중국은 지난 10년도 채 되지 않는 기간 동안 미국을 제외하고는 독일 및 영국과 거의 대등하게 세계적 연구 대학을 많이 보유한 국가가 되었다(그림 8).

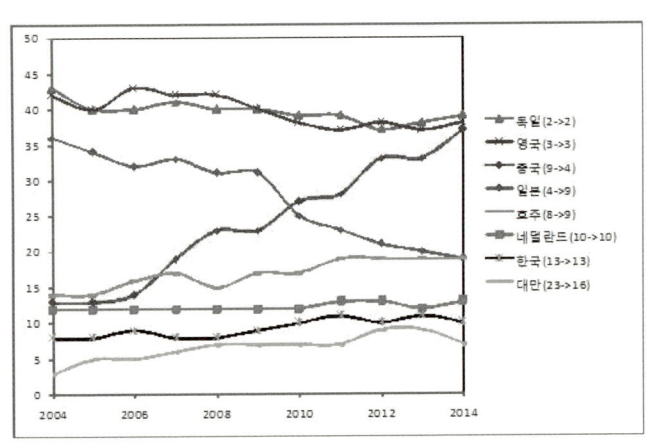

[그림 8] 국가별 세계 500대 대학의 수 (2004-2014)

주: 미국은 위 그림에서 제외(2004년 169개교, 2014년 146개교). 중국은 홍콩 포함. 국가명 뒤 괄호 안의 수치는 대학 수 기준 2004년 및 2014년 순위임.
자료: 상해교통대(2014). http://www.shanghairanking.com/(접근일자 2014.11.7.)
출처: 이주호, 김기완, 홍성창(2015)

셋째, 한국의 특허 생산 실적에 있어서 출연(연)이나 국공립 연구기관 등

---

5) 서울대(101-150위), KAIST, 성균관대, 연세대, 한양대, 고려대, 포항공대(이상 201-300위), 경희대, 경북대, 부산대(이상 401-500위).

정부 부문은 대학에 비해서도 뒤처지고 있다. 출연(연)을 비롯한 정부 부문은 2000년까지만 하더라도 대학에 비해 4배가량 높은 특허 점유율을 보였으나, 2010년에 이르러 불과 10년 만에 특허 점유율이 대학에 역전되었다(특허청, 2013). 정부가 집계하는 기술이전 건수는 대학이나 공공연구소 모두에서 높게 나타나고 있지만 이를 통한 기술료 수입이나 국민경제 상의 파급효과 면에서는 미미한 수준이다. 문제는 총 1만 5천 건이 넘는 기술이전 실적에도 불구하고 2011년도의 대학 및 공공연구소 기술료 수입은 각각 117억원과 832억원으로 모두 합쳐도 1,000억원에 미치지 못하고 있다는 점이다. 최근 5개년 동안 대학의 기술이전 건당 기술료 수입은 비록 소폭이지만 증가한 반면 공공연구소의 경우에는 뚜렷하게 하락하였다.

이렇게 우리나라에서 고위험 고가치 연구가 활성화되지 못하는 근본적 원인은 정부의 역할이 지나친 관료통제에 의존하면서 기획관리 전문기관, 출연(연), 대학 등으로 권한을 이양하기 위하여 필요한 제도 개혁이 지연되고 있는데 기인한다. 과거 기술 추격과 모방의 시대에 주효하였던 과도한 정부개입, 규제, 직접지원 정책 등이 그대로 잔존하면서 고위험 고가치 연구를 가로막고 있다.

경제가 글로벌 기술 프론티어에 가까워질수록 모방보다는 창조를 위한 R&D의 중요성이 더 커지게 되고 이와 동시에 경쟁을 제한하는 제도나 정책의 비용이 더 커지게 된다(Acemoglu et al., 2006). 연구개발 정책에 있어서도 정부가 연구개발의 기획부터 실행까지 모든 과정에 개입하려 하기보다는 공적 투자자로서의 역할에 집중하여야 하며(Lerner, 1999), 정부가 우월한 입장에서 주도하기보다 정부와 대학, 기업, 출연(연) 간의 파트너십을 강조하여야 하지만(송위진 외, 2006), 정부의 개입을 과감히 낮추고 대학과 출연(연)의 자율역량을 키우기 위한 제도 개혁은 안타깝게도 계속 지연되고 있다.

K-ARPA(가칭)의 도입

미국에서는 DARPA Defense Advanced Research Projects Agency와 같이 매우 자율적이고 창의적으로 고위험 고가치 연구를 기획하는 기관들의 역할이 강화되고 있다. 반면 우리나라의 국가연구개발사업은 개별 부처가 산하 기획관리 전문기관을 강하게 통제하면서 개별 부처 수준에서 상황과 필요에 따라 사업들이 만들어짐으로써 효율성을 저해하고 있다(조현대 외, 2003).

우리나라의 하향식 연구지원이 고위험 고가치 연구를 가로막고 있다는 사실은 이들 연구개발사업의 성공률이 매우 높다는 점에서도 간접적으로 확인할 수 있다. 과제별 R&D 성공률은 (구)지식경제부 지원 사업의 경우 2010년 97%, 중소기업청 지원 사업의 경우 2008년 93%에 이른다. 연구의 본질은 아직 밝혀지지 않은 것에 대한 탐구이다 따라서 우리나라 하향식 연구사업의 매우 높은 성공률은 고위험 연구에 도전하도록 지원이 이루어지고 있지 못함을 반증하는 것이다. 반면 실제로 하향식 지원의 사업화 비율은 미국(69%)과 영국(71%)에 비해 현저히 낮은 2~30% 대에 머물고 있다(송치웅 외, 2014). 이는 단기적 사업성과 창출에 초점을 맞춘 관료 통제 중심의 연구관리 방식으로 인해, 도전적이지만 위험부담이 큰 연구보다는 단기간에 성공이 확실시되는 '안정적인' 연구를 지원하는 경향이 크며, 결과적으로 고위험·고가치 연구에 대한 지원이 제대로 이루어지고 있지 못하고 있음을 보여준다[6].

이를 극복하기 위한 대안의 하나로, 우리나라에서도 미국의 DARPA와 같이 기존의 전공과 학문분야를 초월하여 전략적 목표를 설정하고 위험을 적극적으로 감수하고 실패를 용인하는 조직문화를 갖춘 새로운 고위험 고가치 연구를 기획하는 전문기관의 설립을 추진할 필요가 있다. DARPA는 과거 냉전시대 (구)소련의 인공위성 조기 발사에 충격을 받아 도전적이고 파급효과가 큰 연구를 집중 수행하기 위해 국무성(DoD) 산하에 설립된 기구로서, 조직 규모는 작지만 전권을 부여받은 프로젝트 매니저(PM) 중심의 개방형 연구조직 운영을 통해 레이더, ARPA-NET(인터넷의 전신), 무인항공기 등의 개발에 크게 기여해 왔다. 우리나라에서도 미국의 DARPA와 같은 K-ARPA(가칭)[7]를 아래와 같이 설립할 필요가 있다.

첫째, K-ARPA를 우리나라 기존 연구개발 시스템으로부터의 독립성과 자율성을 확보하는 특공대와 같은 조직(Dugan and Gabriel, 2013)으로 만들어야 할 것이다. 이를 위하여 법령에서 K-ARPA가 고위험을 무릅쓰고 고가치 연구에 도전할 수 있도록 최대한의 독립성과 자율성을 보장하여 획일적인 공기업 규제와 감사원 감사의 틀에서 벗어날 수 있도록 제도화하여야 한다. 또한 K-ARPA의 PM들이 프로젝트를 선정하고 운영하는데 있어서도 충분한 자율성과 독립성을 가지도록 법령에 명시함으로써 젊고 새

---

6) 특히 민간 참여 프로젝트의 경우에는 이처럼 높은 성공률을 보이는, 다시 말해 단기성과가 확실시되는 연구를 과연 공공재원을 통해 지원해야 할 필요가 있는지에 대한 의문도 제기될 수 있다.

7) K-ARPA(Korea Advanced Research Project Agency) 명칭은 송치웅 외(2014)의 보고서에서 제안되었다.

로운 아이디어와 유연한 사고력을 가진 인재들을 영입할 수 있도록 지원하여야 한다.

둘째, K-ARPA는 현장밀착형 네트워크 지배구조를 갖추어야 한다 (Fuchs, 2011). 현장밀착형 네트워크 지배구조는 개별 부처 중심의 관료통제 중심의 지배구조에 대한 대안이 될 수 있다. K-ARPA의 PM들이 대학, 출연(연), 기업 등에 있는 국내외 최고 과학자 간의 현장밀착형 네트워크를 상시적으로 조성하고 이러한 네트워크를 통하여 협력과 혁신이 일어나도록 지원하는 역할을 할 수 있도록 하여야 한다.

셋째, K-ARPA는 미국의 DARPA와 같이 급박한 시장(사회)의 필요에 맞추어 기초과학의 지식을 확장시킴으로써 기존의 기술 로드맵에는 존재하지 않는 놀라운 연구결과를 창출하거나 기존의 산업 전체를 와해시킬 수 있는 신기술을 창조할 수 있어야 한다. 이를 위하여 개별 부처가 출연(연)에 PBS project-based system 로 발주하는 일정 부분을 따로 떼어서 고위험·고가치 연구에 할당하고 이를 K-ARPA에서 추진하도록 하는 방안을 검토할 필요가 있다.

연구재단의 개혁

연구자들이 연구주제를 정하여 응모하면 이를 동료평가에 의하여 선정하는 상향식 지원의 상당 부분을 관장하고 있는 한국연구재단은 미국의 NSF National Science Foundation 와 같은 자율성을 가지고 있지 못하다. 이승종(2011)은 우리나라 연구재단의 예산 및 사업구조 자체가 전문가들의 전문성보다는 관료들의 통제가 용이하도록 설계되어 있다는 점을 지적한 바 있다. 즉 우리나라 연구재단은 미국의 NSF와는 달리 학문 분야별로 예산구조나 사업체계가 되어 있지 않고 사업별 예산구조(선도연구자 지원사업, 일반 연구자 지원사업, 첨단연구 지원사업, 등)로 되어 있다. 이에 따라 전문위원(PM)들이 각자의 분야별 전문성에 맞추어 연구를 기획하기 어려울 뿐만 아니라 적정연구비 규모 및 연구기간이 학문분야별로 상이함에도 불구하고 학문 분야별 특성을 고려하지 않고 일률적인 규칙에 따라 연구비를 지원하는 문제가 있다. 이러다 보니, 전문성 강화를 위하여 도입되었다. 이러한 문제는 연구재단에 대한 관료통제가 고위험·고가치 연구를 직간접적으로 저해하고 있다는 하나의 단면을 보여 준다.

물론 한국연구재단의 자율성 강화만으로 상향식 동료평가를 통하여 대학 교수들에게 지원되는 지원금이 저위험·저가치 연구로 쏠리는 문제를 모두 해소하기는 어려울 수 있다. 동료평가 제도 자체에 고위험·고가치 연구지원이 기피되는 문제들도 존재하며, 우리나라의 상대적으로 좁은 전문가 풀pool의 문제도 극복되어야 하기 때문이다. 그러나 우리보다 앞서 동료평가peer review 제도를 도입하였고 이를 개선하기 위하여 자율적인 지원기관(예컨대 미국의 NSF)이 선도하면서 학계를 중심으로 변화를 추구하는 선진국들의 사례들에 주목하여야 한다.

구체적으로, 사업별 예산구조를 개편하여 미국의 NSF와 같이 학문 분야별 예산구조로 바꾸고 PM들에게 더 많은 재량권을 부여하는 등 연구재단의 자율역량 강화와 더불어 국제 수준에 올라선 국내 연구의 수준을 고려한 동료평가의 국제화, 효과적인 연구 수행 지원에 초점을 맞춘 보다 선진화된 사업관리방식의 도입, 사업성과에 대한 엄밀한 내·외부 평가를 통한 지속적인 사업구조 개선 등 책무성을 강화하기 위한 노력이 병행되어야 할 것이다. 또한, 혁신도약형 R&D 사업, 학제간 연구지원, 연구자 기반 연구지원, 협력연구(특히 국제협력연구) 지원 등을 강화함으로써 고위험·고가치 연구에 충분한 자금이 유입될 수 있도록 연구자금 배분구조를 설계할 필요가 있다. 전체 지원 총액의 일정 비율을 고위험·고가치 연구를 촉진할 수 있는 연구지원 방식에 배분하는 목표를 정하고 이 목표를 매년 일정 비율로 증가시키는 방식을 도입하여야 한다.

정부출연(연)의 개혁

정부가 정부출연(연)에 출연금을 지원하고 자체적으로 연구를 추진하게 하는 총액기관지원방식의 경우에도 관료통제의 문제가 심각하다. 이민형 외(2012)는 우리나라 출연(연)의 경우 단기 사업 중심으로 연구가 추진되어 연구의 연속성이 없이 단절되고 있으며 파편화된 연구가 이루어지고 있다고 우려한다. 정부출연(연)이 자율적으로 미래가 요구하는 고위험·고가치 연구를 중심으로 연구 사업을 기획하지 못하는 이유는 소수의 관료들에 의하여 부처 간 조율이 미흡한 채 연구 사업이 발주되고 있기 때문이라는 것이다. 그 동안 정부출연(연)의 자율성과 책무성을 강화하기 위한 지배구조 개혁 노력이 있었지만 큰 성과를 거두지는 못했다는 것이 일반적인 평가이다. 1999년 도입된 연구회 제도만 하더라도 관료통제의 문제를 해소하기는커녕 오히려 악화시킨 측면이 있다. Arthur D. Little이 산업기술연구회 소속 11개 정부출연(연)을 대상으로 분석한 한 연구는 우리나라 연구회의 경우 정부 영향력이 높은 형태로 구성되어 있어 독립성과 자율성이 낮다고 지적하고 있다(Arthur D. Little, 2010).

정부출연(연)에서 고위험·고가치 연구가 보다 활성화되려면 무엇보다 관료통제에서 벗어나 보다 개방된 체제에서 연구원들이 고위험·고가치 연구에 몰두할 수 있도록 지배구조를 조속히 개편하여야 한다. 정부부서의 지나친 관료통제도 걷어내는 동시에 개별 정부출연(연)들 간의 벽을 허물고 출연(연)이 대학 및 기업은 물론 해외 연구기관과도 훨씬 적극적으로 협력연구를 하도록 개방하여야 한다. 또한, 연구기획은 물론 예산·인사 권한을 정부로부터 이사회에 대폭 이양함으로써 출연(연)들이 소수 관료들의 주문에 따라서 단절적이고 단편적인 연구를 양산하는 체제에서 벗어나서 종합적이고 연계적인 연구가 이루어질 수 있도록 하여야 할 것이다. 이와 함께 출연(연)을 획일적인 공공기관 규제의 틀에서 제외시키는 방안도 적극적으로 검토하여야 할 것이다.

공공연구소 인력의 유동성을 제고하는 방안으로, 미국 연방연구기관에서처럼 정부출연(연)의 일부(기존 또는 신규) 연구센터를 대학 내에 입주시킴으로써 센터 연구원들이 교수직을 겸직하면서 대학 교수들과 공동연구를 수행하고 대학원생의 교육·연구 참여를 촉진하도록 하는 방안을 고려할 수 있다.[8] 이외에도 연구대학과 정부출연(연)의 통합, 정부출연(연)의 연구대학으로의 전환 등 다양한 방식으로 대학과 정부출연(연)간의 벽을 허물고 개방하는 방안들을 모색할 필요가 있다.

---

8) 이러한 정책 제언에 대해서는 송위진 외(2006)의 논의를 참조. 한편 출연(연) 연구센터들을 반드시 물리적으로 대학 캠퍼스 내에 위치시키지 않아도 될 수 있다.

창업공동체의 구축 및 정부 개혁

창업 공동체의 구축

창업은 우리경제가 산업화시대의 낡은 패러다임에서 벗어나 21세기 디지털 혁명 시기에 창조경제로 진입하기 위한 핵심전략이라고 할 수 있다. 괜찮은 일자리 창출, 경제의 고부가가치화, 글로벌 시장에서 새로운 경쟁우위 확보를 위해서는 무엇보다 창업을 통한 경제의 활력제고가 중요하며 우수한 청년들의 창업은 지역 경제에 새로운 아이디어와 기술을 유입시켜 지속적인 혁신이 일어나도록 하는 지역 혁신생태계 발전의 필수조건이다.

우리나라에서 창업이 활성화되기 위해서는 과거와 같이 중앙 정부 중심으로 일방적으로 지시하고 명령하는 수직적인 관료적 체제에서 탈피하여 지역 차원에서 청년들의 창업과 관련된 다양한 주체들이 보다 개방되고 자율적인 기반 위에 협력과 소통을 통하여 청년들의 창업과 경제의 혁신을 지속적으로 강화시키는 수평적인 공동체적 노력이 크게 요구되고 있다. 창업희망청년, 창업가, 벤처캐피탈, 창업정책담당자, 창업교육자, 대학, 창업컨설턴트 등의 창업관련자들이 수평적으로 협력하고 소통하는 공동체의 활성화가 중요하다. 이러한 창업공동체가 구축되기 위해서 정부는 직접적으로 개입하려고 하기보다는 장기적인 관점에서 근본적인 환경조성부터 주력해나가야 한다.

첫째, 무엇보다 창업교육을 활성화하여야 한다. 오호영(2015)은 미국과 비교해서 한국의 경우 고학력자, 명문대생, 공학계열 등과 같이 기술창업을 통해 기회를 포착하고 도약할 잠재력이 높은 청년층이 창업을 기피하고 있다고 분석하고 아래와 같이 제안한다.

"대학 창업교육 커리큘럼을 실제 창업과 연계될 수 있을 정도로 체계화, 구체화하기 위해 대학 내에 창업교육 관련 구심점으로서 대학내 '기업가센터'(창업교육센터)를 활성화하고…대학에 대한 창업지원에 있어 기술창업을 통해 성공 가능성이 높은 집단을 위주로 선택과 집중 전략을 추구해야 하며…대학단계에서 갑자기 창업교육을 강화한다고 청년창업이 활성화되기는 어려우므로 민간단체와의 협력을 통해 초중고 단계에서부터 체계적인 창업교육프로그램을 개발 보급할 필요가 있다(오호영, 2015)."

둘째, 창업 실패를 용인하고 재도전을 장려하는 제도적 기반을 마련하여야 한다. 우리나라에서 청년창업이 활성화되지 않은 주요 원인 중의 하나는 창업 실패에 대한 무관용이다. 특히 우리나라의 연대보증제도는 창업이 실패할 경우 주변의 친인척까지도 신용불량자로 만들게 되어서 기업가 정신을 크게 위축시키고 있다(배재광, 2014). 따라서 국책기관인 신용보증기관, 기술보증기관, 중소기업진흥공단부터 연대보증을 면제해 나갈 필요가 있다. 이 때 우려되는 모럴 헤저드의 문제는 사후적 징벌 배상을 강화해서 해소해나가도록 하여야 한다(배재광, 2014; 이민화, 2015). 이와 관련하여 벤처기업 창업주의 평균 실패횟수가 중국이 2.8회로 한국의 1.3회보다 훨씬 높고 미국 실리콘밸리와 거의 같은 수준이라는 것에 주목할 필요가 있다. 실패횟수가 많다는 것은 제도적으로 재도전의 기회가 열려 있고 기업가정신도 살아있다는 것으로 해석할 수 있기 때문이다(창업진흥원, 2014).

셋째, 디지털 혁명 시대에는 개방 플랫폼을 통하여 과거와는 비교가 되지 않는 저비용으로 글로벌 시장을 대상으로 한 기술 창업이 가능해지고 있다. 따라서 전자금융의 공인인증서 강제규정과 같은 인터넷 금융규제는 물론이고 무선망(Wi-Fi), 홈쇼핑, 원격의료, 등에 있어서 플랫폼 개방을 어렵게 만드는 각종 정부규제들을 신속히 해소해 주어야 한다. 우리가 일본의 갈라파고스 현상처럼 글로벌 표준을 따라가지 않고 규제를 고집하여 글로벌하게 진행되고 있는 개방 플랫폼과 개방 혁신으로부터 고립되는 일이 없어야 한다(이민화, 2015).

넷째, 엔젤 및 벤처 투자가 활성화되도록 하여야 한다. 엔젤 및 벤처 투자가 활성화되기 위해서는 투자자들이 수익실현을 위한 회수시장이 발달하여야 하는 바 M&A와 기업공개(IPO)의 시장 활성화가 중요하다. 특히 이 분야에서 중국의 약진에 주목하여야 한다. 중국의 M&A 규모는 200억 달러로 우리나라(5억달러)의 40배로 GDP를 감안해도 우리나라가 중국의 1/6 수준에 불구하며, 기업공개(IPO) 규모도 중국이 GDP 대비 0.317%로 한국(0.080%)보다 4배 많다(창업진흥원, 2014). 우리나라는 세계에서 미국 다음으로 코스닥을 먼저 시작하였지만 닷컴버블 붕괴 이후 안정보수화로 벤처기업의 IPO가 중국에 비하여 뒤쳐지고 있다. 크라우드 펀딩의 활성화도 창업가들의 재원조달에 중요한 통로가 될 수 있지만, 우리나라는 법제화가 다른 나라보다 뒤처진데다 최근 국회에서 통과 예정인 법안도 1년 동안 환매를 금지하고 연간 투자 총액을 500만원으로 제한하는 등의 지나친 규제 조항을 담고 있어서 문제가 지적되고 있다.

이러한 개혁 의제들에 비추어볼 때, 최근 창업진흥원이 한국과 중국의 창업생태계를 비교하면서 중국을 시장중심형, 한국을 공급중심형으로 대비한 것은 가히 충격적이다고 할 수 있다(창업진흥원, 2014; 이민화, 2015). 디지털 혁명 시대의 성장의 중심지로 예견되는 창업생태계를 놓고 보았을 때, 우리나라가 중국에 비하여 오히려 시장 기능이 약하고 정부 통제 중심이라고 비교되는 것은 매우 우려되는 점이다. 과학기술 정책에서와 마찬가지로 창업 정책에서도 정부의 기능이 혁신을 촉진하기보다는 저해하는 쪽으로 작용하고 있음을 보여주는 것이다. 특히 부처 이기주의에 따른 부처 간의 영역 다툼의 폐해도 위기 수준이다. 창업생태계와 관련해서도 미래부 주관으로 각 시도별로 창조경제혁신센터가 설치되고 있지만 유사한 기능과 목적을 가진 기존의 테크노파크 및 연구개발특구와는 물론 산자부의 산업단지 관리본부, 중소기업청의 창업보육센터, 교육부의 창업선도대학, 등과 수평적으로 협조가 제대로 이루어지지 못하고 있다(이민화, 2015; 이원형, 2015). 따라서 본 연구의 마지막에 다루는 정부개혁이야말로 혁신정책을 추진할 때 반드시 선행되어야 할 개혁의제라고 할 수 있겠다.

정부 개혁

한국 정부는 그 동안 어느 나라보다 인적자본과 혁신에 있어서 적극적인 역할을 해 왔다. 그러나 1990년대 이후 정부의 관료적 통제와 지나친 개입이 오히려 민간 부문의 변화와 혁신을 가로막고 있다는 비판을 받고 있다. 박진(2015)은 현재 한국 정부의 문제는 하지 말아야 할 일을 너무 많이 하는데 있다고 지적한다. 특히 기업의 R&D에 대한 정부의 지원은 시장에서 퇴출되어야 할 부실한 기업이 정부 지원에 의존하여 연명하는 좀비기업을 양산하고 더 나아가 이들 좀비기업이 오히려 혁신적인 기업을 저가입찰 등으로 시장에서 몰아내는 부작용이 클 수 있다. 앞에서 지적한 것처럼 인적자본과 혁신 분야에서는 정부가 연구재단이나 과학기술평가원과 같은 중간기구들에 대하여 지나치게 관료적으로 통제하거나, 학교, 대학, 출연(연), 등에 대하여 불필요하게 규제하는 부분이 너무 많다. 따라서 이와 같이 정부가 하지 말아야 할 것에 대하여 명확히 하고 정부 기능을 과감히 폐지하는 것이 정부개혁의 출발점이 되어야 한다.

그러면, 혁신은 민간이 주도하고 정부는 민간이 혁신할 수 있도록 기반만을 조성하는 식으로 역할을 최소화하는 것이 바람직할까? 정부가 하지 말아야 할 일을 하지 않는 것은 중요하다. 그러나 정부 기능을 최소화하는 것이 항상 정답은 아니다. Mazzucato(2013)는 정부는 기업이 위험을 감수하기 힘든 장기적인 관점에서 매우 혁신적인 투자를 할 수 있다고 지적한다. 즉, 미국도 급진적인 혁신은 DARPA와 같은 정부기구에 의하여 이루어졌으며, 기업들이 글로벌 경쟁이 격화되면서 점점 더 고위험 고가치의 연구개발 투자를 기피하게 되므로 정부가 이러한 부분에서 적극적으로 역할을 하여야 한다고 주장한다. 그녀의 주장에 따르면, 애플의 i-phone만 하더라도 GPS를 비롯한 많은 기술들이 정부로부터 나왔고 제약 산업에서 혁신적 신약들은 대부분 NIH에서 지원 받은 대학 연구실에서 나왔다고 지적한다(Mazzucato, 2013). 혁신에 있어서 중요한 것은 R&D에 얼마나 많이 투자하느냐가 아니라 새로운 아이디어와 지식이 경제 전반에 얼마나 잘 확산되도록 제도화하느냐 하는 것이며, 민간 부문의 기업, 대학, 투자자, 등은 물론 공공 부문의 정부, 출연(연), 공기업, 등이 어떻게 개별 조직의 벽을 허물고 지식의 확산이 일어날 수 있도록 하는 수평적으로 서로 협력하는 국가 체계를 구축하느냐가 핵심이다.

이렇게 한국의 정부가 과거부터 해왔던 방식인 수직적 명령체계를 통하여 하던 많은 일들이 이제는 하지 말아야 할 일들이 되었고, 정부가 앞으로 하여야 할 많은 일들은 과거 방식에서 탈피하여 민간과의 수평적 협력 관계를 구축하지 않고는 불가능한 일들이다. 따라서 정부의 역할을 이렇게 바꾸기 위해서는 정부의 인사, 조직, 기능, 등을 포괄하는 과감한 정부 개혁이 추진되어야 한다.

첫째, 공무원 인사 제도의 보다 과감한 개방을 추진하여야 한다. 공무원 인사에 있어서 이미 개방직 제도가 도입되어 있지만 아직도 뿌리를 내리지 못하고 있다. 일반직과 개방직을 하나의 틀에서 접근하기보다, 개방직부터 먼저 과감한 인사 혁신 방안들을 적용하고 일반직에 대해서는 장기적으로 변화시켜나가는 전략을 택하는 것이 바람직하다. 개방직부터 행정자치부가 중앙집중적으로 그리고 획일적으로 관리하는 체계를 철폐하고 개별부처 자율에 전적으로 맡겨서 한다. 개방직 인사에 대하여는 분권화와 자율화를 통하여 개별 부처 장관이 책임지게 하여야 한다.

공무원 인사제도의 변화가 실질적으로 일어나지 않는 근본적 이유 중의 하나는 행정자치부의 획일적 중앙집권적 관리체계에 기인한다. 따라서 개방직부터 분권화와 자율화를 실현하여 개별 부서에 전적으로 맡기고 개별 부처 장관이 책임지도록 하여야 한다. 공무원 임금체계나 고용체계도 개방직에 대하여는 기존의 연공급이나 승진체계로부터 탈피할 수 있도록 획일적인 규제를 모두 철폐하여야 한다. 개방직의 임금 및 고용 체계를 지금보다 훨씬 더 과감하게 변화시켜야 민간의 유능한 인재들이 개방직에 지원할 수 있다. 이러한 개방직의 변화에 발맞추어 개방직을 점진적으로 확대해나가고 일반직도 변화시켜나가야 한다.

　공무원 인사의 개방은 반드시 민간을 향한 개방에 국한될 필요가 없다. 우리나라 공무원 인사제도에 있어서 가장 심각한 문제는 부처이기주의가 위기 수준까지 도달하였다는 것이다. 우리나라 공무원 조직을 소위 '관피아'라고 하여 마피아 조직에 비유하는 상황에 이르게 된 것은 부처별로 높은 칸막이를 치고 부처 공무원들의 이익을 추구하는 폐쇄성 때문이다. 따라서 싱가포르나 말레이시아처럼 공무원들이 평생을 한 부처에 소속되어 일하는 체제를 바꾸어야 한다. 싱가포르에는 세 가지 유형의 공무원이 있다. 우리나라의 전문직처럼 교사 출신들이 평생 교육부에서 일하는 것과 같이 한 부처에 소속된 공무원들이 물론 있다. 그러나 이 첫 번째 유형의 공무원들은 국장급 정도까지만 승진한다. 나머지 고위직까지 승진하는 일반 공무원들은 한 부처에 소속되지 않고 여러 부처를 이동한다. 이들 중에서 두 번째 유형은 예컨대 사회부처와 같이 모든 부처가 아닌 연관성이 높은 부처들을 이동하고 마지막 유형은 모든 부처를 이동한다. 우리나라도 이러한 식의 공무원 개방에 대하여 적극적으로 검토하여야 스마트 성장을 견인할 수 있는 진정한 스마트 정부, 혁신 정부로 거듭날 수 있다.

　둘째, 정부 부처 간의 수평적 연계와 통합이 가능한 정부조직 개혁을 추진하여야 한다. 예컨대 영국에서는 부처 간 수평적인 조화와 협조가 이루어지지 않아 여러 부처가 연계된 문제를 해결하지 못하는 문제가 부각되면서 정부개혁의 방향을 '통합형 정부Joined up Government'로 제시하고 부처 간 연계와 통합을 강조하였다. 특히 인적자본과 혁신과 관련된 정부 형태도 다양한 변화의 가능성을 검토하고 연구하여야 한다. 영국은 2007년 고든 브라운 총리가 국정 최우선 과제로 교육개혁을 제시하고 기존의 교육을 학교영역과 고등교육 영역으로 분리한 후 학교영역에 아동 복지와 가족복지 역할을 추가하여 아동학교가족부DCSF: Department for Children, Schools and Families를 출범시켰고[9], 2009년에는 고등교육 영역에 산업과 과학기술, 직업훈련을 추가하여 산업혁신숙련부DBIS: Department for Business, Innovation and Skills를 신설하였다. 이렇게 함으로써 학교영역에 관한 행정은 보육과 청소년 문제까지를 포함하여 보다 포괄적으로 다룰 수 있도록 하였고, 고등교육 영역은 과학기술뿐만 아니라 산업 및 혁신정책까지도 포괄하여 융합 행정이 가능하도록 하였다. 우리나라에서도 부처 간의 협력이 제대로 이루어지지 못하는 문제가 심각한 상황이므로, 영국과 같은 선진국의 경험을 심도 있게 분석하고 인적자본과 혁신 분야는 물론 다양한 행정 사안들에 대해서 수평적인 조화와 협력이 극대화될 수 있는 정부의 조직형태를 고민하여야 한다.

셋째, 정부의 일하는 방식도 근본적으로 변화시켜야 한다. 사전적인 규제와 관료 통제 중심의 일하는 방식에서 보다 개방적이고 자율적인 기관들 간의 수평적 협력 관계를 통하여 일하는 방식으로 바꾸어야 한다. 이런 차원에서 감사원의 정책감사와 같이 개별 부처의 자율적인 의사결정을 심각하게 위축시키는 제도는 과감히 철폐하여야 한다. 또한 공공기관들의 업무가 다단계의 사전결제 중심으로 이루어지고 있는 문제도 과감하게 결제 단계를 줄이고 가능한 사후결제가 가능하도록 하여야 한다. 공공 프로

---

9) 2010년 보수당과 자유민주당의 연합정부 하에서 다시 부처 조직개편이 단행되면서 명칭이 교육부(DE)로 변경되었다.

젝트들에 대하여 지나치게 세세한 지침들을 가지고 통제하는 것도 과감히 간소화하여야 한다(이민화, 2015).

세계는 현재 혁신적인 정부를 새롭게 만들어 내기 위한 경쟁에 돌입하고 있다(Micklethwait and Wooldridge, 2014). 우리나라는 2000년대 이전까지만 하여도 어느 나라보다도 유능하고 혁신적인 정부를 가지고 있었다는 평가가 많았다. 그러나 디지털 혁명 시대에는 정부의 조직도 수직적인 명령체제에 의존하기 보다는 수평적으로 민간은 물론 타 부처 혹은 다른 공공조직들과 소통하고 협력하면서 일할 수 있는 정부로 거듭나야만 한다. 정부의 조직이 이렇게 스마트하게 변화하지 못하면 우리의 민간 조직들이 스마트하게 바뀌는데도 그만큼 어려움이 가중될 수 있다. 스마트 성장의 핵심이 국가적으로 스마트 인재를 만들어 내고 이들을 활용할 수 있는 스마트 조직을 활성화시키는데 있다고 한다면, 우리 정부를 스마트[10]하게 새로 만드는 정부 개혁은 향후 가장 근본적이고 중요한 개혁 분야라고 할 수 있다.

---

10) 우리나라에서는 그 동안 스마트 정부라는 용어를 ICT 기술을 활용한 행정에 주로 방점을 두었다면, 본고에서는 디지털 혁명에 대응하여 스마트 인재를 적극적으로 활용하고 민간 및 타 부처와 수평적으로 소통하고 적극적으로 협력할 수 있는 혁신적인 조직으로 정부를 새롭게 만들어가야 한다는 보다 광의의 의미로 스마트란 용어를 사용한다.

결론

한국은 그 동안 교육입국 및 과학기술입국과 같은 슬로건이 말해주듯이 국가적으로 인적자본과 혁신에 어느 나라보다 높은 우선순위를 두고 강조해 왔다. 그리고 한국 정부는 어느 나라 정부보다 인적자본과 혁신에 있어서 적극적인 역할을 해 왔다. 21세기는 디지털 혁명의 시대인 동시에 인적자본과 혁신, 그리고 스마트 성장의 세기이다. 따라서 우리나라 향후의 국가 성장전략은 인적자본과 혁신을 엔진으로 하는 스마트 성장이 중심이 되어야 한다.

본 연구에서는 인적자본과 혁신에 있어서 매우 포괄적이고 근본적인 개혁을 통하여 꺼져가는 국가 발전과 성장의 엔진을 다시 점화하고 스마트 성장을 추구할 것을 제안한다. 인적자본과 관련하여서는 디지털 혁명이 요구하는 미래인재 양성을 위한 과감한 교육개혁을 추진하는 것과 동시에, 군 인력 제도, 육아 지원제도, 해외 인력 제도, 등과 관련된 제도 개혁 및 노동개혁을 통하여 세계에서 가장 빠르게 진행되는 고령화의 충격에 대응하여야 한다. 또한, 혁신전략으로는 과학기술의 혁신을 통하여 고위험·고가치 연구 high-risk high-payoff research를 활성화하는 것과 동시에 중앙

정부가 일방적으로 지시하는 수직적인 관료체제에서 탈피하여 지역 차원에서 다양한 주체들이 보다 개방되고 자율적인 기반 위에 협력과 소통을 통하여 청년의 창업과 경제의 혁신을 지속적으로 지원하는 창업 공동체의 구축과 이를 위한 과감한 정부개혁을 추진하여야 한다.

앞에서 소개하였듯이 21세기 많은 국가들은 인구, 교육, 소득불평등, 국가부채, 등의 역풍headwind에 직면할 가능성이 크다. 우리나라도 이러한 역풍을 스마트 성장 전략을 통하여 대응하여야 한다. 우리의 경우 아직 군 인력 개혁을 통하여 청년층을 더 효율적으로 활용할 수 있는 여지가 있고, 여성 인력도 육아 지원제도의 개혁을 통하여 경제활동참가율을 10% 포인트 이상 올릴 수 있는 가능성이 있으며, 교육도 양적 팽창은 한계에 도달하였지만 질적인 향상은 우리 학부모와 학생의 높은 교육열을 감안하면 가능성이 무궁무진하다. 소득불평등의 악화 가능성도 인적자본정책이 다른 정책수단과 달리 성장과 분배에 동시에 긍정적으로 기여하는 측면이 강한 만큼, 인적자본 정책의 강화를 통하여 높은 사회이동성을 보장할 수 있다(이주호·김용성, 2015).

본 연구에서 다루지 못하였지만 한국의 미래 전략으로 빼놓을 수 없는 것이 통일이다(박세일, 2013). 통일이 향후 국가 발전과 성장에 순풍tailwind의 역할을 하게끔 인적자본과 혁신의 분야에서도 통일 전략의 수립과 철저한 준비가 필요하다. 마지막으로, 본 연구에서 제시한 스마트 성장을 위한 제도 개혁의 방안들은 결코 단정적인 것이 아니며 향후 보다 엄밀한 연구와 보다 활발한 공론화를 통하여 다듬어 나가야 할 것들이다. 그러나 분명한 것은 현재 우리가 내부의 다른 문제들에 몰두하느라 성장의 엔진이

꺼진 채 세차게 불어올 역풍을 외면하고 표류할 때가 아니라는 위기 인식을 공유하고 인적자본 및 혁신을 엔진으로 한 스마트 성장을 위한 사회적 합의와 개혁의 추진에 매진하여야 한다는 것이다.

참고문헌

- 고영하, 창조경제와 창업국가 대한민국, 한반도선진화재단 세미나 발표자료, 2014.
- 김기환, 『한국의 경제기적: 지난 50년, 향후 50년』, 기파랑, 2013.
- 김종하, 미래전 추세와 군 구조 개편 방향, 한반도선진화재단 토론 자료, 2015.
- 박기성, "노동분배율과 노사정위원회," 한반도선진화재단, 세미나 발표자료, 2015.
- 박세일, 선진통일전략: 21세기 한반도의 꿈, 21세기북스, 2013.
- 박정수, "지방교육자치와 교육감선거 개선방안," 교육자치의 현주소 점검, 국회 토론회 자료, 2015.
- 박진, 공공부문 개혁의 효과적인 추진방안, 한반도선진화재단 세미나 발표 자료, 2015.
- 배재광, 창조경제 활성화 전략으로서의 연대보증 면제와 효율적인 회생제도, 한반도선진화재단 세미나 발표자료, 2014.
- 변양규·이진영, "고용선진국과 한국의 노동시장: 지표 및 유연성 비교", 한국경제연구원 정책연구 2014-15.
- 송위진 성지은 김연철 황혜란 정재용, "탈추격형 기술혁신체제의 모색", STEPI 정책연구 2006-25, 2006.
- 송치웅 홍성범 장용석 김기국 서정화, "창의적 연구개발을 위한 K-ARPA 시스템 구축방안", STEPI, 2014.
- 오호영, "한국과 미국의 청년창업 실태와 창업교육 활성화 과제," 인적자본정책의 새로운 방향에 대한 종합연구, KDI, 2015.
- 유경준, "노동시장 구조개선을 위한 과제," 한반도선진화재단, 세미나 발표자료, 2014.
- 윤희숙 외, 보육 유아교육 지원에 관한 9가지 사실과 그 정책적 함의, KDI FOCUS 제34호, 2013.
- 이민형 외, "연구성과제고를 위한 정부출연연구기관 역할 및 운영체계 효율화 방

안", STEPI 정책연구 2012-02, 2012.
- 이민화, 창조경제와 창업활성화, 한반도선진화재단 세미나 발표자료, 2015.
- 이승종, "연구사업의 분야별 연구비 배분방안 및 PM의 역할 정립 방안에 관한 연구", 한국연구재단, 2011.
- 이영, 국제비교를 통해서 본 조세정책 발전방향, 한반도선진화재단 세미나 발표자료, 2015.
- 이원형, "지역혁신체제에서 대학의 역할," 인적자본정책의 새로운 방향에 대한 종합연구, KDI, 2015.
- 이주호, "디지털 혁명 시대의 인적자본 및 혁신 전략," 한국포럼 발표자료, 한국일보 한반도선진화재단 좋은정책포럼, 2015.
- 이주호, "교육개혁의 의제와 실천: 한국교육의 과거 20년과 미래 20년," 5.31 20주년 세미나 발표자료, 한반도선진화재단, 2015.
- 이주호, '한국의 이중노동시장에 관한 실증분석', 노동경제논집, 제15권, 37-75, 1992. 12.
- 이주호·정혁·홍성창, "한국은 인적자본 일등국가 인가?", 김용성·이주호 편, 인적자본정책의 새로운 방향에 대한 종합연구, KDI, 2015.
- 이주호·류성창·이삼호, "선다형 평가에서 수행평가로," 김용성·이주호 편, 인적자본정책의 새로운 방향에 대한 종합연구, KDI, 2015.
- 이주호·김용성, "인적자본 정책의 새로운 방향" 김용성·이주호 편, 인적자본정책의 새로운 방향에 대한 종합연구, KDI, 2015.
- 이주호·김기완·홍성창, "고위험·고가치 연구 활성화를 위한 연구개발부문의 개혁의제," KDI FOCUS 제49호, 2014.
- 이주호·이정민·김현준, "전문병사 제도도입에 다른 군 인력체제 개편의 경제 분석," 이주호·최슬기 편, 성인 역량 강화를 위한 인적자본전략, KDI, 발간 예정.
- 조준모, "이중 노동시장 구조 개선을 위한 노동개혁 과제," 한반도선진화재단, 세미나 발표자료, 2014.
- 조현대 외, "정부연구개발사업의 체계 구조분석 및 정책제언", STEPI 정책연구 2003-27, 2003.
- 차성현·정진수·이상봉, 디지털 혁명에 대응한 교육개혁 방안 연구, 한반도선진화재단, 발간예정.

- 창업진흥원, 한중일 창업생태계 비교 연구, 세미나 자료, 2014.
- 최강식, "정년 연장과 임금 피크제," 한반도선진화재단, 세미나 발표자료, 2014.
- 최슬기·이시욱, "해외전문기술인력 유입의 경제효과 분석", 이주호·최슬기 편, 성인 역량 강화를 위한 인적자본전략, KDI, 발간 예정.
- 최슬기·김석호·이윤석, "해외인력 개방을 위한 제도개혁 방안", 이주호·최슬기 편, 성인 역량 강화를 위한 인적자본전략, KDI, 발간 예정.
- 특허청, 2012년 지식재산통계연보, 2013.
- Arthur D. Little, "산업기술연구회 및 소관 연구기관 조직개선 방안 연구", 산업기술연구회, 2010.
- Acemoglu, Daron, Philippe Aghion. Fabrizio Ziliboti, "Distance to Frontier, Selection, and Economic Growth," Journal of the European Economic Association 4(1), 2006, pp.37~74.
- Abramovitz, M. "Catching Up, Forging Ahead, and Falling Behind," Journal of Economic History,46(2):385-406, 1986.
- Brynjolfsson, Erik and Andrew McAfee, Race against the Machine: How the Digital Revolution is Accelerating Innovation, Driving Productivity and Irreversibly Transforming Employment and the Economy, Digital Frontier Press, 2011.
- Brynjolfsson, Erik and Andrew McAfee, The Second Machine Age: Work, Progress, and Prosperity in a Time of Brilliant Technologies, WW Norton & Company, 2014.
- Dugan, Regina E, and Kaigham J. Gabriel, "Special Forces Innovation: How DARPA Attacks Problems", Harvard Business Review, 2013.
- European Commission, Horizon 2020 The Framework Programme for Research and Innovation, Communication from the Commission to the European Parliament. The Council. The European Economic and Social Committee and the Committee of the Regions, 2011.
- European Commission, Europe 2020 Flagship Initiative: Innovation Union, Communication from the Commission to the European Parliament. The Council. The European Economic and Social Committee and the Committee of the Regions, 2010.
- Fuchs, Erica R. H., "Rethinking the role of the state in technology development: DARPA and the Case for Embedded Network Governance" Research Policy 39,

2010, pp.1133-1147.
- Fullan, Michael and Maeia Langworthy, A Rich Seam: How New Pedagogies Find Deep Learning, Pearson, 2014.
- Goldin, Claudia and Lawrence Katz, The Race between Education and Technology, Harvard University Press, 2008.
- Gordon, Robert, "Is U.S. Economic Growth Over? Faltering Innovation Confronts The Six Headwinds," NBER Working Paper 18315, 2012.
- Gordon, Roberts, 2014. "The Demise of UF Economic Growth: Restatement, Rebuttal, and Reflections," NBER Working Paper 19895.
- Holzer, Harry, "Building Labor Market Skills among Disadvantaged US Workers: Four-Year College Degrees and Alternatives," EWC-KDI Conference, 2014.
- Hoshi, Takeo and Anil Kashyap, Why Did Japan Stop Growing? NIRA Report. 2011.
- Kim, Linsu, Imitation to Innovation: The Dynamics of Korea's Technological Learning, Harvard Business School Press, 1997.
- Lazear, Edward P., "Why Is There Mandatory Retirement?" Journal of Political Economy, 87(6), 1979.
- Lee, Keun, Schumpeterian Analysis of Economic Catch-up: Knowledge, Path Creation, and the Middle-income Trap, Cambridge University Press, 2013.
- Lerner, Josh, "The government as venture capitalist: the long-term impact of the SBIR program," The Journal of Business 72/3, 1999, pp.285-318.
- Mazzucato, Mariana, The Entrepreneurial State: Debunking Pubic vs. Private Sector Myths, Antheme Other Canon Economics, 2013.
- Micklethwait, John and Adrian Wooldridge, The Fourth Revolution: The Global Race to Reinvent the State, Penguin Books, 2014.
- OECD, OECD Review of Innovation Policy: Korea, 2009.

國家再創造

스마트 성장을 위한 정부역할의 재정립

김진영

한반도선진화재단 부민경제연구회장
건국대학교 교수

박 진

안민정책포럼 회장
KDI국제정책대학원 교수

요약

최근의 경제이론에서는 창의적인 아이디어가 궁극적인 경제성장의 원천이라고 주장한다. 우리나라가 지금까지의 요소 축적형, 추격형 성장을 벗어나 지식과 아이디어를 기반으로, 세계경제의 최일선에 서있는 선도자로 성장해 나가야 한다. 이러한 시대적 요구에도 불구하고 우리나라의 성장잠재력은 교육의 위기와 신뢰의 위기로 위협받고 있다. 이러한 위기를 극복하고 구성원들의 활력과 창의를 바탕으로 한 새로운 성장 패러다임을 만들어 가야 한다. 그리고 이러한 새로운 성장 패러다임에 상응하는 정부 역할 변화의 변화가 이루어져야 한다. 그러한 변화에 대해 이 글에서는 정부가 지금까지 해 왔지만 이제는 억제해야 할 일들과, 해야 하지만 제대로 수행하지 못했던 일들로 나누어서 제시해 보고, 그러한 정부 개혁을 이끌어낼 수 있는 구체적 방안까지 생각해 본다.

지금까지 우리나라의 성장과정 속에서 정부기능은 과잉상태가 되었다. 줄여야 할 기능이 많이 있지만 홍보성 정책, 진흥기능, 비공식적 통제, 공공기관의 시장참여 기능은 축소되어야 한다. 이러한 기능들은 정부의 개입을 억제해 달라고 호소할 주체가 없거나(홍보성 정책, 진흥기능) 있어도 입을 열 수 없다는 (비공식적 통제, 시장참여 기능) 특징이 있다. 이러한 기능을 억제하기 위한 정부의 개혁이 필요하다.

반면 정부가 해야 할 일들의 공통적인 특징은 무엇을 하고 있다는 인상을 주는 일들이 아니라 긴 시야를 가지고 묵묵히 해나가는 일들이다. 당장에 성과가 나타나지는 않지만 정부는 공공부문의 신뢰를 제고해야 하고,

불공정과 불평등을 시정해야 하며 장기적인 조망을 가지고 교육과 연구 분야에서 사람에게 투자해야 한다. 이러한 변화를 이끌기 위해서도 정부개혁이 필요하다.

시대가 요구하는 개혁을 구체적으로 추진하기 위해서는 먼저 자율개혁이 필요한 과제와 타율개혁 과제를 분리해야 한다. 그리고 정부가 줄여야 할 기능은 타율개혁으로, 정부가 향후 더 해야 할 기능은 자율개혁으로 추진해야 한다. 이렇게 정부기능을 개혁할 새로운 개혁전담 조직이 필요하다. 공공기관 개혁은 결국 정부 전체의 기능을 겨냥해야 하므로 정부개혁을 추진하는 조직이 공공기관에 대한 개혁도 담당해야 한다. 또한 다른 업무 없이 개혁에만 전념하도록 추진주체는 개혁 외에 다른 관리업무가 없어야 한다. 어떤 형태로든 공공기관, 부처를 모두 대상으로 하는 개혁추진 체계가 구축되어야 정부개혁도 성공할 수 있다.

서론

1990년대 말의 외환위기 전까지 우리나라는 눈부신 경제성장을 이루었다. 우리 국민들은 이러한 성취를 당연히 여겨왔다. 하지만 외환위기 이후 우리나라의 경제성장은 정체에 빠져 있다. 이러한 경제의 정체 속에서 우리나라는 급속히 고령사회로 접어들고 있다. 여러 모로 미래의 성장 전망이 밝지는 않은 상황이다. 그렇다면 현재 우리나라의 경제는 어떤 모습이며 미래에는 어떤 모습을 지향해야 할 것인가? 또한 우리가 바라는 미래를 위하여 정부는 어떤 역할을 해야 할 것인가? 이 글에서는 이러한 질문들에 대해 경제성장을 위한 정부의 역할이라는 주제를 중심으로 생각해보기로 한다.

물론 경제성장 자체가 목적이 될 수는 없다. 우리가 지향해야 하는 사회는 단순히 경제적으로 번영하는 사회를 넘어서 보다 높은 가치를 추구해야 할 것이다. 이하의 논의를 위해 이 글에서는 우리가 추구해야 할 가치를 "활력이 있고, 공정하면서 서로에 대한 배려가 있는 사회"라고 정리해 본다. 물론 이러한 사회는 우리 경제가 궁극적으로 지향해야할 바를 요약하고 있기도 하다.

　활력이 있는 사회는 구성원들이 미래를 낙관하면서 더 나은 미래를 위해 여러 형태의 도전을 하는 사회라고 할 수 있다. 이러한 도전 속에서 경제 성장의 동력이 창출될 수 있는 것이다. 공정한 사회란 구성원들에게 기회를 균등하게 부여하며 자신의 노력으로 얻은 성과를 빼앗기지 않도록 보장할 수 있는 사회라 할 수 있다. 구성원 중 일부의 편만을 든다든지 힘을 가진 자가 타인의 귀중한 노력의 산물을 강탈하는 사회는 결코 공정하다고 할 수 없을 것이다. 기회의 균등은 노력을 통해 자신의 처지를 개선할 수 있다는 의지를 일으켜 준다. 자신의 노력으로 이룬 성과를 빼앗기지 않을 수 있다는 확신은 더 많은 노력을 이끌어 낼 수 있다. 이렇게 볼 때 활력 있고 공정한 사회는 개개인의 분권화된 선택을 바탕으로 운영되는 시장 경제가 사회적으로 바람직한 결과를 내기 위한 가장 중요한 기초라고 할 수 있다.

　한편 서로에 대한 배려가 있는 사회는 불운에 처한 구성원을 함께 돕는 사회이다. 인류는 한 사회의 구성원들이 예견할 수 없이 닥치는 일들로 인해 얻게 되는 피해를 최소화하고 안정된 생활을 지탱하기 위해서는 개인의 노력에 맡기기보다는 사회 시스템으로 대응하는 것이 더 우월하다는 경험을 해 왔다. 이러한 경험을 바탕으로 선진국들은 여러 형태의 복지제도를 운영하고 있다. 하지만 복지제도의 운영에는 반드시 비용이 수반되고 그 비용은 결국 사회구성원들이 함께 부담해야 할 수밖에 없다. 누군가를 위해서 다른 사람이 어느 정도 희생해야 하는 것이다. 예를 들어 질병에 시달리지 않는 사람이 질병에 걸린 사람을, 젊은 사람들이 나이 드신

어르신들을 실질적으로 지원하게 된다. 그리고 가장 중요하게는 부유한 사람들의 소득을 빈곤층에 이전하는 조치가 취해지게 된다.

이런 소득의 재분배가 불가피하다면 공동체의 미래를 위해 소득을 포기해야 하는 쪽에서는 그 대의를 납득하고 자신이 포기한 소득이 훌륭한 미래의 투자라고 믿을 수 있으며, 소득의 이전을 받는 입장에서는 본인에게 현재 제공된 혜택을 더 나은 미래로 전환해 가는 디딤돌로 삼도록 되어야 할 것이다. 이러한 생산적 복지가 구성원의 동의하에서 운영된다면 그것은 서로가 배려하는 인간적인 사회를 만들뿐 아니라 경제성장에도 긍정적인 기여를 할 수 있게 된다.

이렇게 활기차고 공정하면서도 서로에 대한 배려가 있는 사회란 결국 성숙한 시장경제와 합리적 복지가 결합될 때 가능한 것이다. 성숙한 시장경제는 개인의 창의성을 최대한 끌어내며 최초의 소득분배를 공정하게 만들기 위해 필요하며 합리적 복지는 최초 소득분배의 공정성을 깨지 않으면서 사후적 형평성을 제고하기 위해 필요하다. 이러한 제도의 설계와 실행에서 정부는 매우 중요한 위치를 차지한다.

지금까지의 요소 축적형, 추격형 성장을 벗어나 지식과 아이디어를 기반으로, 세계경제의 최일선에 서있는 선도자로 성장해 나가려면 새로운 성장 패러다임이 필요하다. 그리고 이러한 새로운 성장 패러다임에 상응하는 정부 역할 변화의 변화가 이루어져야 한다. 그러한 변화에 대해 이 글에서는 정부가 지금까지 해 왔지만 이제는 억제해야 할 일들과, 해야 하지만 제대로 수행하지 못했던 일들로 나누어서 제시해 보고자 한다.

이 글의 구성은 다음과 같다. 먼저 미래의 성장을 낙관할 수 없는 우리의 현실에 대해 논의한 후 바람직한 경제성장의 모습은 어떤 것인지, 그리고 그것이 가능하기 위한 조건은 무엇인지를 실리콘밸리의 성공을 사례로 생각해 본다. 나아가 이러한 바람직한 성장을 뒷받침하기 위해 정부가 하지 말아야 할 일들에 대해 제시한다. 이렇게 정부가 하지 말아야 할 일에 대해 논의하는 이유는 과거 성장 과정에서 우리 국민들이 지나치게 정부에 의존하게 되었고 정부는 지나치게 많은 일들을 하려고 나서고 있다는 판단 때문이다. 미래의 성장을 위한 새로운 정부의 역할을 찾아나가려면 과거에 익숙했던 여러 관행들과의 결별이 필요하다. 이러한 과거의 관행과의 결별이라는 차원에서 정부가 하지 말아야 할 일부터 논의하는 것이다. 다음으로는 정부가 해야 할 일에 대해 제시해 본다. 정부가 해야 할 일이라고 잘 인식하지 못했던 일이나 해야 할 일로 인지하면서 잘 실천하지 못했던 일들에 대해 논의하면서 미래의 정부 역할에 대해 다시 생각해 본다. 끝으로 정부가 하지 말아야 할 일들과 해야 할 일을 정리하면서, 그러한 역할 재정립을 구체적으로 실천해 가기 위한 정부개혁의 방안에 대해 논의한다.

현실진단: 성장의 위기

우리나라의 미래를 낙관할 수 없는 이유는 우리의 과거 성장의 특징인 정부가 이끄는 요소 투입형 성장이 한계에 이르렀기 때문이다. 이에 더하여 우리나라는 낮은 신뢰와 그에 따른 불신 기반 제도들을 개혁해야 하는 과제를 안고 있다. 또한 성장의 궁극적 원천인 미래 세대의 교육도 비효율적 투자가 이루어지고 있어 개선이 필요한 상황이다. 이러한 성장의 위기에 대해 한 항목씩 살펴보자.

요소투입 성장, 정부주도 성장의 한계

우리나라는 경제위기 전에 비해 성장률이 현저하게 떨어진 상태다. [그림 1]은 우리나라의 1인당 실질 GDP 연간 성장률과 1960년대, 70년대, 80년대, 90년대, 2000년대, 그리고 2010년 이후의 성장률 평균을 제시하고 있다. 1981년과 1998년 두차례를 제외하면 우리나라의 1인당 실질 GDP 성장률은 예외없이 높은 수준을 유지하여 왔다. 특히 1960년대부터 1980

년대에 사이에는 평균성장률이 7%가 넘는 성장률을 보여왔을 뿐 아니라 1960년대의 성장률보다 1970년대가 높으며, 1970년대보다는 1980년대가 높은 성장률을 구현하였다.[1]

하지만 1990년대의 성장률은 경제위기시를 제외하더라도 7% 이하로 떨어졌으며 2000년대 이후에는 10년간 평균성장률이 4% 대로 떨어졌다. 2010년 이후의 성장률은 3%대로 떨어진 상태이다. 이러한 낮은 성장률은 이전에 경험하지 못했던 것으로 많은 우려를 낳고 있다.

과거의 성장 경험으로부터 몇 가지 시사점들을 얻을 수 있다. 우리나라의 성장은 대외 여건에 크게 의존한다. 1960년대는 미국과 일본을 비롯한 시장경제 국가들의 성장세가 높은 시기였다. 1980년대는 이른바 3저라고 하는 호의적 대외 여건이 우리의 성장에 매우 유리한 환경을 조성해 주고 있었다. 우리나라는 대외지향적인 경제정책을 선택함으로써 이러한 유리한 대외 여건을 잘 활용하며 성장해 올 수 있었다. 반면 1970년대는 두 차례의 석유 파동 등으로 대외여건이 호의적이지만은 않은 시기였다. 이때 우리나라는 진취적인 중동 국가 진출 등으로 위기를 극복하는 탁월한 능력을 보인 바가 있다. 하지만 대외 여건이 더 나았던 1980년대에 비해 1970년대의 전반적인 성장세가 높지 않았다는 점은 대외여건에 민감한 우리나라 경제의 성격을 잘 반영하고 있다.

---

1) 연대별 평균성장률의 계산은 각각 1961년부터 1970년까지, 1971년부터 1980년까지, 1981년부터 1990년까지, 1991년부터 1997년까지, 2000년부터 2010년까지, 그리고 2010년부터 2014년까지로 나누어서 계산한 값이다. 1998년의 경제위기 상황은

한편 경제위기를 감안하지 않더라도 1990년대에 이미 경제 성장세는 이전에 비해서 약간 둔화되었다는 사실도 알 수 있다. 이는 자본이 축적되고 소득이 높아진 상태에서 성장세가 둔화되는 것은 어느 정도 불가피하다는 사실을 말해 준다. 이어지는 2000년대 이후의 저성장은 적어도 부분적으로는 우리 경제의 규모가 커지고 자본 축적이 일정 수준이상으로 이루어졌음을 반영하고 있다. 요소축적으로 인한 성장세는 이제 둔화될 수밖에 없다.

[그림 1] 1인당 실질 GDP 성장률의 변화 추이와 와 연대별 성장률의 평균

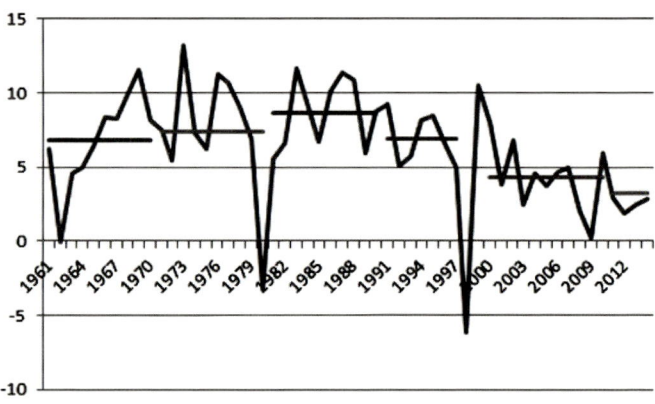

자료: 한국은행 경제통계시스템(ecos.bok.or.kr)

이렇게 요소축적 성장의 한계에 온 시점에서는 기술진보를 반영하는 총요소생산성Total Factor Productivity의 증가가 성장을 견인해야만 한다. 실제로 시간이 흐름에 따라 우리의 경제성장은 노동과 자본의 투입증가에 의한 성장으로부터 총 요소생산성 증가에 따른 성장으로 변하는 추세를 보여주고 있다. 아래 〈표 1〉에서 보는 것과 같이 총 요소생산성이 경제성장에 기여하는 바가 1980년대에는 29%에 불과했으나 2010년대에는 44%로 증가했다. 더 나아가 2040년 이후에는 모든 잠재성장률이 총요소생산성에 의해 견인될 것으로 예측되고 있다.

노동과 자본의 투입이 중요하던 시기에는 생산요소를 동원하고 결합시키는 정부의 역할이 중요했다. 국내내외의 자본 도입, 교육훈련 기관의 설립, 기업의 설립과 성장지원이 그것이었다. 그러나 생산성 중심의 시대가 되면 정부의 역할은 크게 바뀌어야 한다. 민간이 최대한의 창의를 발현시키도록 제도를 만드는 일에 집중해야 하는 것이다.

[표 1] 1인당 실질 GDP 성장률의 변화 추이와 와 연대별 성장률의 평균

	잠재 성장률 (A)	생산요소 투입		총요소 생산성 (B)	B/A
		물적자본	취업자수		
1981~90	8.6	4.3	1.7	2.5	29.1
1991~00	6.4	3.4	1.2	1.9	29.7
2001~10	4.5	1.9	0.8	1.8	40.0
2011~20	3.6	1.5	0.5	1.6	44.4
2021~30	2.7	1.2	0.0	1.5	55.5
2031~40	1.9	0.8	−0.4	1.5	78.9
2041~50	1.4	0.5	−0.5	1.4	100.0

출처: 신석하 외, 한국의 잠재성장률 전망 및 하락요인 분석, KDI, 2012

달리 표현하자면 정부주도의 "경제개발계획"형 성장의 한계에 이른 시점에서는 정부에서 경제성장의 동력을 찾는 것이 아니라 과거 정부 주도 성장의 부작용에 따른 문제들을 해결하는 노력이 더 절실히 요구된다고 할 수 있겠다. 이와 관련해서는 과거의 경제개발계획 하의 성장단계에서도 성장의 동력을 창출한 주체는 정부라기보다는 기업이었다는 사실을 인식할 필요가 있다. 우리나라의 경제성장 과정에서 정부의 역할이 컸다는 데에는 이론의 여지가 없다. 하지만 정부의 역할이 직접 재화와 서비스를 창출한 것은 아니었다. 기업이 활발하게 활동할 수 있는 여건을 만들어 준 것이 정부의 역할이었다.

이렇게 민간의 활발하게 활동할 여지를 만들어 주는 정부의 노력은 미래에도 유지되어야 한다. 단, 이러한 정부의 역할은 큰 규모로 성장한 우리경제의 여건에 알맞은 방식으로 이루어져야 할 것이다.

그렇다면 우리는 창의력을 바탕으로 하는 지식기반 성장의 준비가 되어 있을까? 개인의 창의성이 경제성장의 궁극적 원천이라는 점을 인지한다면 미래에 성장 동력을 끌어내는 방안은 자연스럽게 도출된다. 바로 젊은이들을 주축으로 구성원들의 활력과 창의성을 끌어내는 것이다. 미래의 성장을 논할 때 구성원들의 활력과 창의성이 경제성장의 궁극적 원천이라는 데서 잠재적 성장 동력을 현실화할 모든 논의들이 출발되어야 할 것이다. 따라서 성장 동력에 대한 논의를 위해서는 미래세대의 교육을 빼놓을 수 없다.

교육의 위기

교육의 문제는 전문가를 포함하는 많은 국민들이 불만을 가지고 있고 위기의식도 느끼고 있다. 무엇보다 시대에 맞지 않는 비효율적 투자가 이루어지기 때문이라 생각된다. 초중등 시절의 과다한 학습을 거쳐 들어오는 대학의 낮은 교육의 질로 인해 시대가 요구하는 인재를 양성하고 있지 못하다.

우리 교육투자의 비효율성을 영어과목의 예로 살펴보자. 적어도 과거의 경험으로 보자면, 우리의 영어 교육은 효율성과 형평성 양면에서 크게 성공을 거두지는 못한 것으로 보인다. 부분적으로는 영어와 우리말 사이의 언어 간 거리가 먼 이유도 있겠지만 적지 않은 시간을 영어학습에 투입하고 있음에도 불구하고 우리는 여전히 영어 의사소통이 잘 안 되는 나라에 속한다. 또한 형평성 면에서도 우리나라 지역별 영어 실력 차이는 매우 큰 것으로 나타나고 있다. 특히 대도시 및 중소도시 지역과 농산어촌 지역 차이가 적지 않다. 또한 여러 실증연구를 보더라도 가정환경에 따른 학업성취도 차이가 가장 큰 과목이 바로 영어다.

근본 원인은 우리나라가 처한 현실에서 미래의 세대들에게 영어가 얼마나 요구되며 어떤 능력이 필요한지에 대한 성찰이 결여된 채, 입시와 취업에서 영어 시험의 중요성만 강조되기 때문이다. 더욱 안타까운 사실은 어려운 시험 문제로 전반적인 영어 실력이 향상되는 것을 보장하지 못한다는 것이다. 예컨대 매우 어려운 영어 시험을 보아야 했던 본고사 세대의 영어 실력, 특히 의사소통 능력이 그 이후 세대의 영어 실력보다 앞선다고 할 수 없을 것이다.

한 나라의 전반적인 외국어 수준이 하루아침에 올라갈 수는 없다. 외국인을 만나고 이해하고 외국인과 만나는 것을 즐길 줄 아는 사람들이 늘어가면서 외국어 수준도 함께 올라가는 것이다. 그런 면에서 우리나라 영어 수준이 한 단계 오르기 위한 전제조건은 지금보다 더 개방적인 사고와 열린 마음이라 할 수 있다. 영어 실력이, 더구나 지금과 같은 시험 성적 향상위주로 형성된 영어 실력이 개방적인 사고를 이끌어낼 수 있을지는 의문이다. 개인수준에서 영어 학습의 효율성이라는 측면에서도 개방적인 사고가 외국어에 대한 열의를 유도하는 것이 더 바람직하다. 즉, 자발적 동기부여 없이 효과를 얻기는 어려울 것이다.

여기까지 생각이 이르면 결국 영어 교육의 문제는 영어 과목만의 문제가 아니라 초중등 교육 전반의 문제들을 반영하고 있음을 느끼게 된다. 상대평가로 학생들의 순위를 가르는 문제는 영어 과목에만 있는 것이 아니다. 수능시험만 해도 그 근본 취지는 대학수업을 받을 수 있는 능력을 평가하는 것이지만, 현실에서는 한 학생이 다른 학생보다 점수가 얼마나 높으냐를 판단하는 기준이 되면서 비효율적인 과잉학습을 낳고 있다.

더 근본적으로 자발적 동기 부여와 자기주도적인 학습에 실패하고 있는 과목은 영어뿐만이 아니다. 일반적인 인식은 우리나라 학생들이 고등학생 때까지는 잘하다가도 대학만 오면 못한다는 것이지만, 사실은 자발적 동기 부여와 자기주도적 학습 능력을 기르지 못해 수동적인 자세가 굳어지고, 무엇보다 비효율적인 학습으로 심신이 지친다는 면에서 우리 학생들은 이미 초중등 교육에서 심각한 문제를 안고 대학에 입학하고 있다. 이렇게 심신이 지친 미래 세대들에게서 경제성장에 필요한 활력을 요구할 수 있을까? 우리는 너무도 쉽게 우리 교육을 비판하면서 교육에, 그리고 그보다는 우리 미래세대에게 쓸데없이 많은 짐을 지우고 있다. 그것이 교육 위기의 실체이다.

경제성장의 궁극적인 원천은 사람이라는 점은 아무리 강조해도 지나치지 않다. 지식과 기술의 창조자로서 사람은 궁극적인 경제성장의 원동력이라고 할 수 있다. 우리는 과연 미래 세대를 귀하게 여기면서 그들이 자신이 활동할 미래에 대비하도록 도와주고 있는지 자문해 보아야 할 것이다. 만약 그러지 못하고 있다면 미래의 경제성장도 위기에 처할 것이다. 교육의 위기는 경제의 위기이기도 하기 때문이다.

신뢰의 위기

널리 알려진 바와 같이 우리나라의 신뢰수준은 외국과 비교해 매우 낮은 수준에 머물고 있다. 세계가치관조사에서는 "대부분의 사람이 신뢰할 수 있다고 생각합니까?"라는 질문을 통해 한 나라의 신뢰수준을 측정하고 있다. 1980년대부터 2010년대까지 6차례의 조사에서 같은 설문 문항이 포함되어 왔는데 우리나라의 신뢰수준은 1980년대(36%)에 비해 2010년대(29%)에 더 낮아졌다.

우리는 낮은 신뢰를 걱정해야 한다. 낮은 신뢰는 사회적으로 커다란 비용을 수반하기 때문이다. 서로를 신뢰하지 못하는 사회에서는 불신을 기반으로 한 제도들이 형성된다. 그리고 불신을 기반으로 한 제도는 사회적 에너지를 낭비하게 한다.

생활에서 찾을 수 있는 몇 가지 예를 들어보자. 우리는 각종 증명서를 떼는 데 많은 수고와 비용을 치른다. 대학을 믿지 못하기 때문에 입시에서 자율성이 주어지지 못하고 있다. 마치 대학은 부정을 저지를 것이라는 가정을 바탕으로 각종 규제와 제도들이 마련되는 것으로 보인다. 또한 주관적 평가를 신뢰하지 못하기 때문에 객관적인 점수에 극단적으로 매달리게 되고 이는 다시 0.1점 차이로 당락을 가르는 비생산적 소모적 경쟁을 유발하고 있다. 이 외에도 사회 전반적으로 신뢰가 낮기 때문에 치러야 하는 비용들은 우리 삶 곳곳에 숨어있다.

또한 주목해야 할 사실 중 하나는 2005년 세계가치관 조사에 의하면 공적제도 및 기관에 대한 신뢰가 1980년대와 비교해 행정부와 입법부의 하락이 두드러지고, 그 밖의 사법부, 군대, 경찰 등의 공적 기관들의 신뢰는 모두 하락했다는 것이다. 수준이 낮다는 것보다 못지않게 심각한 문제는 신뢰의 수준이 낮아지는 추세라는 점이다. 우리나라의 공적 기관들은 신뢰를 잃어 왔다. 이러한 공적 기관들의 신뢰 저하는 사적 네트워크, 좀 더 알기 쉽게 말하자면 "배경background"을 공식적인 절차보다 더 믿고 의지하는 사회로 만든다. 이러한 사회는 공정하기 어렵고 공정하지 않은 사회는 활력이 떨어지게 된다. 낮은 신뢰는 저성장의 원인이 된다.

어떤 경제성장인가?: 실리콘 밸리의 사례

위에서 소개한 여러 성장의 위기를 극복하고 새로운 성장 패러다임을 만들기 위해서 우리는 어떤 경제성장을 해야 할 것인가? 최근의 경제이론에서는 창의적인 아이디어가 궁극적인 경제성장의 원천이라고 주장한다. 사실 이것이 지난 세기말에 경제학계에서 발견한 가장 중요하고 의미 있는 발견 중 하나이다. 상식적으로도 노동투입시간을 늘리는 "땀perspiration에 의한 경제성장"보다는 창의적인 아이디어로 수요를 창출하고 많은 사람들의 만족도를 높일 수 있는 "영감inspiration에 의한 경제성장"이 바람직하다는 사실은 쉽게 동의할 수 있을 것이다.

학계나 정부에서 생각하는 창의력에 의한 경제 성장의 모습을 가장 현실적으로 보여주고 있는 곳은 미국의 실리콘밸리라고 할 수 있다. 그곳에서 이루어지는 활발한 창업과 성공이 우리나라에도 있을 수 있다면 바람직할 것이다. 젊은이들이 좋은 아이디어로 커다란 경제적 성공을 거두면서 지역과 국가가 성장하는 형태의 성장을 바란다면 정부의 역할에 대한 논의에 앞서 실리콘밸리를 좀 더 들여다 볼 필요가 있겠다.

실리콘 밸리는 21세기 집적의 경제Economics of Agglomeration가 실현되는 가장 극명한 사례라 할 수 있다. 이 지역은 일찍이 노벨 경제학상 수상자 루카스Robert Lucas Jr.가 지적했던[2] "고급인력의 상호작용Interaction of human capital이 경제성장의 원동력이라는 사실을 실증적으로 보여주고 있다.

실리콘 밸리에서 지식경제의 성공을 이끄는 제도적·문화적 배경은 유연한 노동시장과 활발한 창업, 실패를 두려워 않는 문화, 그리고 기술자들의 우대 등을 들 수 있다.[3] 수평문화와 다양성도 빼 놓을 수 없는 요소이다.[4]

이 외에도 새로운 산업에 적응하는 도시의 유연성Flexibility도 주목할 필요가 있다. 실상 미국에서 실리콘밸리의 성장은 전통 공업도시의 쇠퇴와 함께 나타난 현상이다. 즉 파괴와 창조가 동시에 진행된 예라 할 수 있는 것이다. 예를 들어 과거의 명성에 집착했던 자동차 도시 디트로이트Detroit나 철강과 공업 도시 클리블랜드Cleveland 등은 실리콘밸리가 성장하는 동안 쇠퇴했다. 창조와 파괴는 동시에 일어나는 것이다. 파괴를 두려워한다면 창조가 있을 수 없다고도 할 수 있겠다. 실리콘 밸리가 시작되는 샌프

---

2) Lucas(1988)

3) 실리콘 밸리 지역의 주민들은 초등학교부터 "실패는 누구나 할 수 있다. 하지만 실패에서 배워라"라는 어구를 접하면서 살고 있다.

4) 실리콘 밸리에서 활동하는 젊은이들과의 인터뷰에서 다음과 같은 언급들이 나오고 있다. "서열이나 수직적 문화가 없기 때문에 왜냐고 물을 수 있고, 그게 업무를 정확히 할 수 있는 기본 요소임은 물론이고, 자기의 생각과 의견이 녹아들어가면서 당위성과 '내 일'이라는 책임감도 생긴다. 업무에 대해서 이야기할 수 있는 건 신입사원이나 10년 일한 직원이나 똑같다." "다양성이 매우 중요한데 여러 문화가 뒤섞여 있다 보니 서비스의 목표나 고객층, 그리고 문제가 생겼을 때 해결 방법 등 어떤 일에서도 각자의 경험이 쏟아져 나오는 게 기업의 경쟁력이다" (http://www.bloter.net/archives/214063)

란시스코San Francisco시도 역시 공업도시였지만 다른 쇠락한 공업 도시들과는 달리 유연하게 새로운 산업을 받아들인다.

좋은 연구중심 대학의 존재도 매우 중요한 요소였다. 예를 들어 세계의 모든 젊은이들이 선망하는 구글Google은 스탠포드대학의 재학생들이 세웠다.[5] 물론 좋은 대학이 충분조건이 아니다. 미국 중부에도 좋은 공대들은 많이 있지만 이 지역이 신 산업의 중심지가 되었다는 것은 인재를 키워내는 기관 외에도 인재들을 끌어당길 다른 중요한 흡입요소가 있음을 암시한다.

슈퍼스타Superstar의 존재도 실리콘 밸리가 출발하는 데 큰 역할을 했다. 이는 간과되기 쉬운 사실이지만 매우 중요한 의미를 가진다. 흔히 스티브 잡스Steve Jobs 같은 기업인 슈퍼스타가 주목받는다. 하지만 그에 못지않게 중요한 슈퍼스타는 연구와 발명계의 슈퍼스타이다. 예를 들면 트랜지스터의 발명자 윌리엄 쇼클리William Shockley의 존재가 없었다면 실리콘 밸리가 과연 탄생할 수 있었을지는 의문이다.[6]

물론 기업가 정신의 문제도 언급하지 않을 수 없다. 이 지역에서는 활발한 창업과 M&A가 아이디어가 넘치는 젊은 잠재 기업가들을 끌어들이고 있다. 기업가에게 기업가 유전자가 따로 있는 것은 아니라고 생각된다. 그

---

5) 구글의 초기 홈페이지는 스탠포드 대학 사이트에 있었다. (google.stanford.edu)

6) 이 인물에 대해서는 실리콘 밸리에 실리콘을 가져온 사람(the man who brought silicon to Silicon Valley)이라고 평하기도 한다.

보다는 기업가를 생산해 내는 사회적 분위기가 무엇인지를 파악할 필요가 있을 것이다.[7]

실리콘밸리하면 빼 놓을 수 없는 것이 바로 벤처캐피털이다. 어떻게 하면 우리나라 금융기관이 혁신을 뒷받침할 수 있을까? 이것은 매우 중요한 문제이다. 현재 우리나라는 벤처캐피탈 마저도 투자보다는 대출 중심이고, 공공기관 중심이고, 초기단계 기업보다는 회수단계 기업 중심으로 지원한다는 문제를 가지고 있다.[8] 우리나라에서는 전반적으로 건전하게 위험을 감수하고 위험을 함께 나누는 면에서 부족한 것이 사실이며 이는 향후 경제성장의 가장 큰 걸림돌 중 하나가 될 수 있다.

실리콘밸리 같은 혁신 산업 집적지역은 행운을 포함하는 여러 가지 원인들이 작용하여 생긴 결과로 현재 선 순환하는 경제생태계가 작동하고 있는 것으로 보인다. 물론 실리콘밸리와 같은 장소가 우리나라에 있고 실리콘밸리와 같은 아이디어와 창업에 의해 주도되는 성장이 우리나라에서 이루어지면 좋겠으나 그와 같은 지역이 생길 것이라고 장담하기 어려운 것이 사실이다. 그런 면에서 실리콘밸리가 우리에게 주는 시사점과 우리가 무엇을 해야 할 것인가 하는 질문들을 찾아내는 것이 중요하다고 본다.

---

[7] 사실 여기에는 우연의 작용도 많으며 경로의존성(path-dependence)도 강하다. 쇼클리의 고향이 실리콘 밸리의 중추 도시인 팔로알토(Palo Alto)였기 때문이다. 그는 뉴저지 벨연구소(Bell Lab)에서 일하다 고향으로 돌아온다. 이런 슈퍼스타의 고향이라는 우연적 요소는 시애틀(Seattle)에서도 발견된다. 이 도시는 1970년대를 거치면서 1970년대 말 빌 게이츠(Bill Gates)가 뉴멕시코 주에 있던 회사를 옮겨오면서 성장이 시작되고 현재는 혁신도시로 명성을 공고히 하고 있다.

[8] 김우진(2014), 이인호(2015) 등

여러 질문들이 있을 수 있지만 가장 먼저 해야 할 질문 중 하나는 실리콘밸리의 번영에 정부가 어떤 역할을 했는가 하는 것이다. 그 답을 찾기는 어렵다. 실제로 실리콘밸리에서 정부의 명시적 역할은 잘 보이지 않는다. 그곳에는 현장 중심의 체계적인 창업교육부터 유망한 창업초기기업에 대한 투자와 성장지원에 이르기까지 유기적인 지원시스템이 구축되어 있지만 정부가 주도한 것은 아니다. 실리콘밸리에서도 핵심적 위치에 자리 잡은 스탠퍼드대학교는 현장 중심의 창업교육이 진행되는 창업 친화적인 대학문화의 산실이라고 할 수 있다. 이 대학교는 사립대학이다. 또한 앞서 언급한 바와 같이 유망한 아이디어와 기술만 있으면 서로 투자하겠다는 벤처캐피탈들이 줄을 서 있지만 이들도 정부의 지원을 받고 있지는 않다. 그곳에는 창업을 경험하고 실패와 실패를 딛고 성공하는 경험을 축적한 많은 선배 CEO들이 기업가정신과 창업의 모델이 되고 있으며, 멘토로서 직접적인 활동을 하기도 한다. 이 모두 정부 지원 하에 이루어지는 행동들은 아니다. 선순환 구조를 이루는 이른바 "창업 생태계"에서 정부의 역할은 아마도 대학의 연구에 대한 지원 정도를 찾을 수 있을 것이다.

다음으로 중요하게 던져야 할 질문은 왜 우리나라에서는 위험을 분담하는 건전한 공동투자가 활발하지 않을까 하는 점이다. 여기에 대해서는 실패의 결과가 지나치게 혹독하다는 데에 많은 사람들이 동의하고 있는 것으로 보인다. 그렇다면 혹독한 실패의 대가는 시장의 실패인가 정부나 제도의 실패일까? 이는 기본적으로 제도와 관련이 깊다고 보아야 할 것이다. 장기적으로는 실패를 두려워하지 않는 문화가 정착되어야 하겠지만 문화의 형성을 기다리고 있기 보다는 재기가 가능한 사회시스템의 설계를 고민해야 할 것이다. 여기서 복지의 긍정적 기능 중 하나인 사회보험과 사회안전망이 경제성장에 기여할 수 있는 근거를 찾을 수도 있을 것이다.

궁극적으로 실리콘밸리가 주는 가장 중요한 시사점은 정부의 역할에서 찾기보다 사람과 아이디어의 중요성에서 찾아야 할 것이다. 21세기는 다른 어떤 때보다도 경제성장에서 인적자본의 역할이 중요하다는 점을 깊이 인식해야 한다. 단적으로 말하면 실리콘밸리 같은 곳이 안 생겨도 좋다. 하지만 실패를 두려워하지 않는 다수의 젊은이들은 우리나라에 간절히 필요하다.

실리콘밸리의 사례를 통해 초중등 수준의 교육에 문제가 많더라도 좋은 고등교육과 창의성이 보상 받는 노동시장을 포함하는 좋은 경제생태계가 있으면 혁신을 기반으로 하는 큰 성장 동력이 창출됨을 알 수 있다. 어떤 면에서 초중등교육에서 우수함을 보이는 우리나라는 좋은 고등교육과 선순환 경제생태계 하에서 더 나은 성취를 이룰 수도 있을 것이라는 희망을 가져볼 수도 있겠다. 단, 이는 보다 장기적인 조망을 가지고 사람을 더 귀히 여기는 문화를 바탕으로 하는 교육개혁이 이루어지고 노동시장에서 개선이 지속될 때 가능할 것이다.[9]

---

9) 물론 국가경제 전체를 보자면 실리콘밸리형 성장에도 어두운 면이 존재한다. 집적의 경제(Economics of Agglomeration)에 수반되는 지역 간 불균형 문제를 어떻게 해결할 수 있을지는 매우 난제라 할 수 있다. 실리콘 밸리는 인재를 모으면서 탄생했다. 이러한 집적의 경제는 필연적으로 지역 간 격차 증대(divergence)를 내포할 수 있다. 즉, 지역 내에서 낙수효과(tickle-down)도 있지만 국가 경제 전반적인 효과를 기대하기는 어렵다. 이는 경제성장은 어느 정도 있지만 실질임금 상승은 이를 따르지 못하는 현 상황과 관련되어 매우 어려운 난제라 할 수 있다.

무엇을 하지 말 것인가?

세계경제포럼(WEF)의 국가경쟁력 조사에서 한국은 144개국 중 26위에 머문다. 12개 지표 중 금융시장의 발전도 (87위), 노동시장의 효율성(83위)이 주범이다. 물론 이 조사는 설문조사의 한계를 그대로 가지고는 있다. 그러나 우리의 시장이 효율적이지 않다는 사실은 불변이다. 성장동력을 위한 정부의 대표 처방은 기업 지원이다. 정부혁신 3개년 계획도 지원과 육성으로 가득하다. 우리는 박정희 대통령 시절 경제에 대한 정부 개입에 좋은 추억이 많다. 그러다 보니 정부 개입을 당연시 하는 생각이 정부와 국민에 만연해 있다. 언론도 '정부가 나서라'고 부추기며 청와대도 정부를 압박한다. 정부는 뭔가 해야 한다는 강박을 갖게 되었다. 그 결과 국민과 정부 모두 정부 만능주의에 빠져 있다.

국민이 어려움을 호소할 곳이 정부 외엔 없으니 정부에 기대는 건 이해가 된다. 이러한 정부만능주의는 정부에게 부담인 동시에 즐거운 일이다. 조직과 영향력을 키울 수 있기 때문이다. 그러나 정부가 온갖 일을 다 하게 되면 결국 개인의 의존심도 커져 경제 활력은 떨어진다. 과거 새마을운동의 정신이었던 자조, 자립은 정부에 대한 의존탈피를 의미했다. 국민은 정부가 뭐든 다 해줄 것으로 기대하고, 정부는 그에 편승하여 힘과 자리를 늘리는 국가에선 활력을 기대할 수 없다. 최빈국에서 성공한 정부 개입을 세계 11위 경제규모가 된 후에도 지속해서는 아니 된다.

이러한 정부 만능주의에 의해 정부기능은 과잉상태이다. 줄여야 할 기능이 한 두가지가 아니나 이하에서는 홍보성 정책, 진흥기능, 비공식적 통제, 시장참여 기능을 중심으로 논의를 전개하고자 한다. 이 외에도 규제기능이 있으나 이에 대해서는 이미 정부도 충분히 인식하고 있으며 강력한 규제완화 정책이 추진되고 있어 이에 대한 추가적인 설명은 생략한다. 아래에서 살펴보게 될 네 가지 기능들은 철폐를 호소하는 주체가 있는 규제와 달리 줄여 달라고 말하는 당사자가 없거나 (홍보성 정책, 진흥기능) 있어도 입을 열 수 없다는 (비공식적 통제, 시장참여 기능) 특징이 있다.

홍보성 정책[10]

국민과 청와대의 요구가 높을수록 정부는 효과 없는 이벤트와 대증요법으로 일하는 티를 내는데 집중한다. 근본적인 문제해결은 시간이 오래 걸리며 쉽지도 않기 때문이다. 그리곤 할 일 다 했다 홍보하며 면피한다. 근본개혁은 뒷전이 된다. 모든 부처가 앞 다투어 홍보성 정책을 내어 놓고 있다. 홍보성 정책의 효과는 거의 없다고 해도 과언이 아니다. 그런데도

---

10 박진, 한국일보 기고문 2015.10.13일자를 바탕으로 보완되었다.

정부는 국민과 청와대를 향해 일하는 티를 내느라 분주하다.

　2015년 초 대학의 MT에서 학생들의 음주사망 사고가 발생하자 교육부는 발 빠르게 '학교행사 안전관리 대책'을 발표한다. 안전관리 우수대학에 인센티브를 부여한다고 한다. 그나마 당초 검토되었던 MT사전 신고제는 학생과 학교의 반발로 빠졌다. 학생의 음주문제는 개인의 문제이며 학교가 자율적으로 지도할 사안인데 정부가 개입하고 있다. 직장의 회식 후 사망사고도 종종 발생하므로 이제는 회식관리 우수 기업은 정부에게서 세제 혜택이라도 받아야 할까? 한 신문사설도 "대학이나 당국 차원에서의 대책 마련이 시급하다."고 부추긴다. 정부는 일하는 척하며 대학통제도 강화하는 부수입을 얻는다.

　2015년 10월초 산업통상자원부 주도로 소위 블랙프라이데이 전국 합동 세일이 진행되었다. 할인 폭이 적다는 지적에 정부는 유통사에 추가할인 압력을 넣었고 이는 먼저 구매한 소비자의 원성을 샀다. 정부가 개입하면 국민은 그것을 권리로 인식한다. 신용불량자 구제를 위한 미소금융도 그런 문제를 낳았었다. 기왕에 세일을 할 바에야 같은 시기에 몰아서 하자는 취지는 좋다. 그러나 정부가 할인율까지 압박하는 것은 도를 지나쳤다. 소비진작은 분배개선 등 근본을 해결해야지 이런 식의 이벤트로는 달성되지 않는다. 그러나 정부가 이벤트를 그만 둘 것 같진 않다. 한 언론은 "정부나 ... 기업은 ... 다음에는 알차고 내실 있게 준비"해 달라고 요구하고 있고 정부 역시 기업통제를 즐겼기 때문이다.

　고용노동부가 주관하는 '고용창출 우수기업 지원제도'는 고용창출이

'우수'한 기업을 선정해 정기근로감독 면제, 법인세 조사 제외 등 다양한 혜택을 주는 제도다. 새정치민주연합 한정애 의원실 발표에 의하면 선정된 '우수' 기업들의 38%가 최근 고용을 축소했다 한다. 별 필요없는 인력이지만 정부혜택을 받기 위해 채용했다면 어찌 오래갈 수 있겠는가. 반대로 충원의 필요성이 있어 뽑았다면 정부가 굳이 상까지 줄 필요는 없는 것이다. 정부는 노동시장 개선, 일자리 미스매치 해소 등 근본해결에 집중해야 한다. 그러나 정부가 일하는 티를 내고 기업통제의 부수입을 얻으니 이런 이벤트성 정책은 계속될 것 같다.

2015년 3월 대통령의 중동 순방시 UAE와 '할랄식품산업 협력 MOU'가 체결되자 농림축산식품부는 신속하게 8대 추진과제를 발표한다. 거기엔 무슬림 관광객 대상 할랄식품 공급방안도 포함된다. 전국에 할랄식당이 20여개 밖에 되지 않아 우선 할랄도시락 공급을 고려한다고 하며 할랄식당 리모델링도 지원한단다. 식당은 수요가 있으면 저절로 생겨나는 것인데 여행사의 고민을 정부가 대신해 주고 있다. 정부가 부추겨 식당을 만들어 놓고 영업이 부진하면 정부가 책임질 것인가? 농림부는 나아가 할랄 관련 과課 신설을 시도한다. 그러자 한 신문은 "주무부처에는 아예 할랄 관련 과 단위 조직이 없다."며 거든다. 농림부에 할랄 과가 있어야 할랄시장이 개척된다는 믿음에 기초한 기사이다. 정부 내에 LPGA과가 있어 우리의 여성 골퍼가 세계를 주름잡고 있는가? 그럼에도 농림부는 청와대에 열심히 일하는 티를 내며 시장통제를 강화하고 조직 확대를 추진한다.

정부는 홍보성 정책을 그만 두어야 한다. 정책효과가 별로 없음에도 국민과 청와대를 향해 뭔가 해야 한다는 강박에서 해방되어야 한다. 정부의 일하는 티내기에 국민이 당분간은 속을지 모르지만 결국 정부에 실망하게 된다. 이는 대정부 신뢰를 저하시킨다. 결국 정부만능주의는 정부에게도 독이다. 정부는 할 수 없는 일을 국민에게 분명히 설명하는 '기대수준 관리'를 해야 한다. 국민이나 청와대도 정부에 당장의 성과요구는 자제해야 한다. 그래야 정부가 홍보용 정책을 그만 두고 4대 개혁 등 해야 할 일에 집중할 수 있다. 정부는 만능이 아니기 때문이다.

과도한 진흥기능

진흥이란 민간의 어떤 바람직한 행동을 더 유발하기 위하여 보조금지원, 세금감면 등 유인을 제공하는 정부의 행위를 말한다. 2015년 기준 국고보조금은 58조원이며 국세감면액은 35.7조원(추정)이다. 2015년 예산규모가 375조원이니 그 규모를 알 수 있다. 우리 정책금융의 GDP 비중은 아래에서 보듯이 전 세계적으로 높은 편이다. 공공기관의 이름에서 한국, 공사, 공단 등을 제외하고 나면 가장 흔한 단어가 '진흥'일 정도로 진흥은 우리 공공기관의 가장 대표적인 기능이 되었다. 정부의 진흥기능을 공공기관이 대행하면서 생긴 현상이다. 이러한 과도한 진흥기능은 시장의 활력을 오히려 잠식하고 있다.

[그림 2] 주요국의 GDP대비 중소기업 정책금융 비중

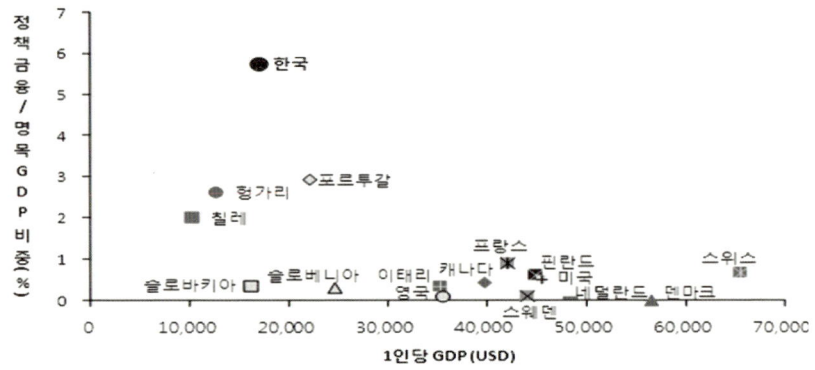

자료 : OECD, 「Financing SMEs and Entrepreneurs 2012」, 2012
손상호, 김동환(2013, 22p)에서 재인용

과도한 지원에는 많은 부작용이 따른다. 첫째, 퇴출될 기업이 시장을 교란한다. 우리의 정책금융은 국내총생산(GDP)의 5% 정도인데 이는 경제협력개발기구OECD 국가 중 최고 수준이다. 이런 수치는 후진국에서나 발견된다. 이는 정부 지원으로 연명하는 기업을 양산한다. 그 결과 3년 연속 영업이익으로 이자도 못 갚는 기업이 15%에 달하고 있다. 더구나 증가추세이다. 이러한 소위 좀비 기업은 저가 입찰로 건전 기업의 발목을 잡는다.

둘째, 과도한 지원은 기업의 정부 의존을 심화시킨다. 정부는 작년 "2017년까지 글로벌 경쟁력을 갖는 중소·중견기업 후보군을 1,150개 선정하여 100개를 육성"한다는 목표를 세웠다. 개발시대의 발상이다. 기업 경쟁력은 정부가 만드는 것이 아니고 치열한 경쟁 속에서 함양되는 것이다. 정부 지원으로 생긴 경쟁력은 지원 종료와 함께 사라진다. 그렇다고 지원을 영구화할 순 없다. 정부가 기업을 영구히 지원하면 기업은 영구히 의존적이 된다. 중소기업이 혜택을 받기 위해 중견기업으로의 성장을 꺼린다는 소위 '피터팬 신드롬'은 지나친 의존성의 한 예이다.

셋째, 지원기업을 공공기관이 선정하는 과정 자체가 시장을 훼손한다. 기업의 가능성을 평가하는 것은 금융의 몫인데 우리는 그 일을 공공부문이 대신하고 있다. 정부는 금융의 기업평가 동기와 역량이 부족하다는데 그렇다고 정부가 그 일을 대신하면 금융은 언제 제 역할을 할 수 있을까? 우리의 낙후된 금융은 관치 탓이다. 자녀가 못 미더워 부모가 온갖 일을 대신하면 자녀의 자립은 멀어진다. 금융에 동기만 부여하면 역량은 곧 생긴다. 또한 공공부문의 기업선정 과정은 부정과 담합의 원천이기도 하다. 중소기업진흥공단 등 수 많은 진흥기능은 이제 금융기관으로 그 기능을 넘겨야 한다. 정부는 필요시 이차보전만 하면 된다.

넷째, 과도한 보호는 무리한 투자를 낳는다. 정부는 도산하지 않는다. 따라서 기업의 수익에 대한 걱정보다는 일단 투자와 고용창출에 초점을 맞추게 된다. 기업 시각에선 수익성이 낮아 안 할 사업인데 정부 지원 덕에 투자하게 되었다면 그 사업이 장기적으로 성공하겠는가? 1997년의 경제위기도 기업이 정부를 믿고 과잉투자 한 탓이다. 과잉투자의 종착역은 고통스러운 구조조정이다.

정부의 진흥기능은 시대에 따라 다른 형태를 보였다. 1960년대에는 수출에 대한 전반적인 진흥을 해왔으나 1970년대 들어서는 중화학 공업 등 핵심 산업을 고르고 나아가 그 산업을 운영할 기업을 고르고 더 나아가 사업까지 고르는 무리수를 두었다. 그 결과 1980년대에 중화학공업 구조조정을 겪게 된다. 그 이후 1997년 경제위기 이후에는 재정이 진흥기능의 주요 수단으로 등장한다. 50여년 동안 우리 경제에 뿌려졌던 진흥의 달콤함을 이제는 걷어낼 때가 되었다. 초등학생 아이를 옆에 앉혀 놓고 가르치며 성공했던 교육법을 대학원생이 된 자식에게 똑 같이 유지한다면 그 교육법이 성공하겠는가?

이러한 정부의 진흥기능은 정치권-정부-공공기관-국민의 4자 담합의 결과이다. 진흥기능에는 반대하는 세력이 없다. 먼저 정치권은 임기 중 어떻게든 기업을 지원해 경제성장과 일자리 창출을 이루고자 한다. 과잉진흥의 장기적 부작용은 다음 정권의 문제이기 때문이다. 산업부, 국토부, 농식품부, 미래부, 문화부 등 진흥이 주요 업무인 정부 부처는 일의 성과를 급하게 내기 위해 민간을 진흥하고자 한다. 심하게 말하면 그 과정에서 열심히 일하는 티를 내고 민간에 대한 영향력을 유지해 퇴임 후 자리를 보장 받으려는 생각도 없진 않다. 공공기관은 정부의 진흥기능이 커지면서 조직과 인력도 늘어난다. 대부분의 진흥기능이 공공기관을 통해 집행되기 되기 때문이다.

가장 심각한 문제는 기업과 국민이 이러한 정부의 진흥기능을 즐긴다는 것이다. 이런 점에서 진흥축소는 규제축소보다 더 어렵다. 규제는 피규제자가 철폐를 주장하지만 진흥을 줄이자고 주장하는 계층은 없기 때문이다. 그러다 보니 정부의 민간에 대한 진흥기능은 과도한 수준에 이르게 된 것이다. 물론 정부의 기업 지원은 필요하다. 그러나 그것은 창업 초기에 집중되어야 하고, 정부나 공공기관 대신 금융을 통해 집행하며, 경쟁을 촉진하는 방향으로 재설계되어야 한다. 그래야 꺼져 가는 우리의 성장 동력을 살릴 수 있다.

비공식적 통제

이제 우리는 요소 축적에 의한 고도성장이 불가능한 시대에 접어들었다. 새로운 성장동력은 결국 세계적인 기업이나 제품의 출현에 달려 있다. 마이크로소프트, 구글, 아이폰, 페이스북 등 세계 최고의 기업과 제품들을 배출해 내는 미국 IT산업 경쟁력의 원천은 무엇일까? 미국의 유수 연구소에서 일하는 분의 답은 '토론'이었다. 회의에서 자유롭게 발언하고 최선의 대안이 선택되는 과정이 경쟁력의 배경이라는 것이다. 그렇다. 과거 노동과 자본투입 중심의 성장기에는 무엇이든 열심히 하면 되었으나 생산성 중심의 시대에는 창의적 아이디어가 중요하게 된다. '토론'이란 결국 창의적 아이디어를 내는 토양을 설명한 것이었다. 그 토양은 무엇으로 구성되는가? 우리는 그 토양을 가지고 있는가?

창의적 아이디어가 넘치는 경제가 되기 위해서는 무엇보다도 의사결정에 참여하는 주체들이 각자 대등한 입장에서 의견을 개진할 수 있어야 한다. 이는 한 조직내의 회의에서도 해당되며 사회 전체에도 해당한다. 각 기관도 일정한 권한을 보장 받고 그 권한을 행사할 수 있는 분위기가 있어야 한다. 그러나 우리 사회는 대등사회가 아니라 서열사회이다. 대등사회에서는 활발한 토론으로 의사결정을 하나 서열사회에서는 힘 있는 개인이나 기관의 비공식적이고 암묵적인 힘이 결정을 한다. 그 과정에서 창의는 사장된다. 예컨대 회의에서 상급자가 하는 말에 하급자가 토를 달기 어렵다. 심지어 동급자 간에도 입사 순서 등 서열이 존재한다. 그리고 그 서열은 암묵적인 압력으로 작용하여 개인의 창의를 제한한다.

최근 KDI의 연구에 의하면[11] 우리나라 공공부문은 OECD에 비해 재량권이 낮고 중요한 의사결정에 참여하는 기회가 적었다. 이는 공공부문이 직무를 통해 역량을 함양하는 기회를 박탈하는 문제를 갖는다. 이것이 우리 공공부문의 역량이 OECD 평균에 비해 낮게 나타나는 많은 이유 중의 하나가 아닌가 한다. 재량권을 가지고 있어야 창의적인 결정을 내릴 수 있으며 그 과정에서 역량이 높아가는 것이기 때문이다.

이러한 문제는 조직간에도 존재한다. 대통령은 집권당의 원내 대표를 끌어 내린다. 법률에 보장된 공식적인 권한행사가 아닌 암묵적인 권한을 행사한 결과이다. 큰 공기업의 사장은 추천위원회, 공공기관운영위원회를 거쳐 대통령이 임명하도록 되어 있다. 그러나 그 위원회는 대부분 유명무실하다. 내정이 지배하기 때문이다. 정해져 있는 규칙이 비공식적인 영향력에 의하여 무시되고 있는 것이다. 공기업의 본부장급은 사장이 임명하도록 되어 있다. 그러나 실제로는 주무 부처가 결정권을 행사한다. 자기 조직원 인사권도 제약 받는 기관장이 어떻게 리더십을 발휘할 수 있겠는가. 또 국책연구기관은 관련 부처의 입김에서 자유롭게 연구활동을 하고 있는가?

정부가 4대강 사업을 하도록 수자원공사에게 압력을 행사했다고들 한

---

11) 이주호, 박진 외 (2015)

다. 그러나 어디에도 그 증거는 없다. 공문보다는 비공식적인 방법으로 4대강 사업을 '요청'했기 때문이다. 정부와 공공기관에게 업무를 위탁하면서 공식적인 위탁계약을 맺는 경우는 드물다. 각 부처는 내 산하기관이니 당연히 나의 일을 위탁 받아 수행해야 하는 것으로 생각한다. 그 일을 다른 기관이 더 잘 수행할 것이라는 생각은 하지 않는다. 이런 까닭에 산하기관에 비공식적으로 업무를 떠 넘기는 관행이 만연해 있다.

민간도 마찬가지여서 대기업은 하청기업과 대등한 계약관계가 아니라 상하관계이다. 세월호, 메르스 사태도 각 주체가 자율성을 가지고 적극적인 초기대응을 하지 못한 것이 더 큰 원인이다. 컨트롤타워 부재는 그 다음의 문제이다. 조직이던 국가이던 창의가 넘치기 위해서는 각 주체가 대등하게 의견을 말하고, 권한을 행사할 수 있어야 한다.

그러나 이러한 비공식적 통제의 피해자는 입을 열 수가 없다. 입을 열었다가는 비공식적인 방법으로 제재를 받게 되기 때문이다. 비공식적 통제를 줄이기 위해서는 결국 힘을 가진 주체로부터의 자발적 개혁이 필요하다. 그만큼 이 개혁은 어려운 일이다.

시장참여 기능[12]

공공기관은 과거 누리던 수익이 감소하면서 새로운 영역을 찾아 나서는

---

12) 이에 대한 자세한 논의는 박진, 허경선, 조성봉 (2013) 참조

경우가 많아졌다. 그러다 보니 민간이 수행할 수 있는 분야에 공공기관이 참여하는 경우가 점차 늘어 나고 있다. 과거 정부는 전매청을 통해 직접 담배를 생산하다가 이를 공기업인 한국담배인삼공사로 전환시켰고 결국 민영화했다. 체신청이 한국전기통신공사를 거쳐 KT로 민영화된 것도 비슷하다. 기업은 민간이 하고 정부는 시장실패를 보완하는 것이 시장경제의 원칙이다. 국가가 우월 지위를 이용해 시장을 침범하는 것은 비효율적이고 불공정하다. 기업의 100%가 공기업인 나라의 모습이 궁금하다면 북한을 보면 된다. 우리도 많은 공공기관이 시장에 참여하고 있다. 경영평가를 받는 약 160개 기관을 대상으로 조사한 결과 90여개 기관이 시장에서 수익을 내고 있었다.

이와 같은 시장참여는 잘 보이지는 않으나 민간에 대한 침해가 세금보다 더 심하다. 세금은 수익의 일부를 정부가 가져오는 것이나 시장참여는 민간의 수익기회를 아예 차단하기 때문이다. 이는 민간의 활력을 저하시켜 현 정부가 주창하는 창조경제에도 역행한다. 또한 공공기관은 대체로 독점으로 사업을 수행하는 경우가 많은 반면 민간이 수행할 경우 경쟁이 가능하므로 민간이 할 경우 오히려 고용창출에도 도움이 되는 경우가 많다.

여기에도 네 가지 유형이 있다. 첫째, 필요한 일이나 수익성이 낮아 공급이 충분치 않은 경우를 보완하기 위한 시장참여다. 임대주택이나 해외자원개발이 그 예다. 이 경우에도 정부는 민간을 활용하고 부족한 수익성, 높은 위험성을 보완해 주면 된다. 임대주택은 점차 민간이 공급하도록 하고 정부는 저소득층에게 바우처 등 주거지원을 하는 방안이 옳다. LH공사만 임대주택을 공급하다 보면 공급자간 경쟁이 없어 비용이 과도해지게 된다. 더구나 공급자 입장에서는 관리가 어려운 저소득층의 입주를 꺼리는 문제가 발생할 수 있다. 실제로 2005년 이후 임대주택 입주자의 55.4%가 중간 소득수준을 넘는 계층이다. 한편 해외자원개발에 공기업이 무분별하게 참여하다 보니 많은 부실을 초래한 바 있다.[13] 해외자원개발은 민간이 주도하되 공기업은 컨소시엄에 참여하여 위험을 공유해 주는 역할에 충실해야 한다. 수익성이 나지 않으면 공공기관이 해야 한다는 방침은 잘못된 것이다.

둘째, 민간을 견제할 목적으로 수익성이 있는 시장에 참여하는 경우다. 교통안전공단의 차량검사나 한국석유공사의 알뜰주유소가 그 예다. 민간에만 맡길 경우 차량검사를 제대로 하지 않거나 주유소끼리 담합해 유가를 올리기 때문에 이를 견제하기 위해 시장에 참여한다고 한다는 논리이다. 이 경우에는 공공기관이 시장참여를 중단하고 감독기능으로 전환하는 것이 맞다. 예컨대 교통안전공단은 민간의 차량검사 결과에 대한 감독기능으로 전환하는 것이 맞다. 심판을 하려면 선수(시장참여)를 그만둬야 함은 물론이다. 그리고 주유소간 담합이 있다면 이를 막는 공정거래정책을 강화하는 것이 옳은 접근법이다. 공공기관을 통해 주유소를 운영하는 것은 하책이다.

셋째, 다른 공적인 목적수행을 위한 재원을 마련하기 위한 경우다. LH공사의 분양주택사업은 임대사업을 위해, 한국관광공사의 면세점 사업은

---

13) 석유공사는 2009년 1달러에 거래되었던 부실 정제 자회사 '날(NARL)'을 1조원에 인수하는 것을 10일만에 졸속 결정하였고 광물자원공사는 2008년에 멕시코 볼레오 지분을 70%나 인수하여 부실을 초래하였다. (새누리당 공기업혁신특위, 2014)

관광진흥사업을 위해 운영한다. 이 경우 정부는 공공기관의 시장참여를 중단시키고 재원을 별도로 마련해 주는 것이 맞다. 공공기관의 이러한 교차보조는 무책임성의 시작이다.

넷째, 공익성도 수익성도 낮으나 남는 시설이나 인력 활용을 위해 시장에 참여하는 경우다. 한국석탄공사의 무연탄사업과 농수산물유통공사의 컨벤션사업, 도로교통안전공단의 예식장 사업이 이에 해당한다. 이 경우에는 사업폐지를 검토하는 것이 마땅하다.

그러나 공공기관의 시장참여는 공공기관과 정부의 반대가 커 쉽게 해소되기 어려운 속성을 가졌다. 공공기관은 정부의 간섭이 약한 수입원을 확보해서 좋고, 정부는 예산 덜 주어도 되니 반긴다. 수익창출 기회를 원천적으로 빼앗긴 민간이 이에 대해 공개적으로 항변하는 것은 쉬운 일이 아니다. 이러한 이유로 공공기관의 시장수익 잠식은 계속되어 왔다. 민간이 수행할 경우 여러 업체 간 경쟁이 가능하므로 오히려 고용이 확대될 가능성도 많다. 경쟁으로 인한 창의발현은 물론이다. 앞으로 정부는 공공기관의 시장참여 기능에 대해 전면적인 기능점검을 해야 한다.

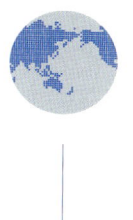

무엇을 할 것인가?

홍보성 정책, 진흥, 비공식 통제, 불필요한 시장 참여를 억제하면서 대신에 정부가 힘써 해야 할 일은 무엇일까? 공통적인 특징부터 말하자면 무엇을 하고 있다는 인상을 주는 일들이 아니라 긴 시야를 가지고 묵묵히 해나가야 할 일들이다. 당장에 성과가 나타나지는 않는 일들이다. 민간에서 할 수 없기에 정부가 해야 하는 일들이다. 아래에서 공공부문의 신뢰제고, 불공정과 불평등의 시정, 장기적인 조망을 가진 교육 연구 투자의 효율성 제고 등을 정부가 해야 할 일로 제시해 본다.

공공부문의 신뢰제고

앞서 우리사회의 신뢰수준이 높지 않고 그에 따라 큰 비용을 치르고 있다는 사실을 소개했다. 하지만 신뢰라고 하는 사회적 자본의 축적이 경제에도 유리하고 갈등 상황의 해결에도 유리하다는 점이 있다고 해서 경제성장을 위해 고도 성장기에 물적 자본을 투자하듯이 국가주도로 신뢰자본 투자율을 높이는 식의 정책을 편다는 것은 현명하지도 가능하지도 않은 방법이다. 정부에게는 무엇보다 먼저 공공부문의 신뢰를 높이는 노력이 필요하다. 그 다음 단계에서는 정부의 신뢰 제고를 바탕으로 불신에 기반을 둔 제도들을 신뢰에 근거를 둔 제도로 바꾸어 나가야 할 것이다.

정부가 구성원 간 신뢰도를 높이는 데 기여하자면 무엇보다 우선 공공기관의 신뢰도를 높여야 한다. 즉, 정부가 정책과 행정의 투명성·공정성을 높이고 대기업과 같이 힘 있는 집단에 대해 법 적용을 철저히 하는 것이 중요하다.

또한 이익집단의 이해관계를 다스리는 정치의 품위도 중요하다. 어떤 나라의 정치도 이익집단에서 자유롭지 못한 것이 사실이나 우리나라는 그 경향이 더 심하고 이익집단에 대한 편의 봐주기가 노골적으로 드러나기도 한다. 이러한 정치적 품위의 부재는 다시 국민들의 정치에 대한 불신과 냉소를 낳는다. 이러한 악순환을 끊기 위해서는 정치에 대한 신뢰가 회복되어야 한다.

사법부의 중요성은 새삼 강조할 필요도 없을 것이다. 예컨대 최근 연구에서 나타난 바와 같이 재벌기업에 대한 관대한 판결의 경향이랄지,[14] 불법 행위에 대한 교정을 목적으로 하고 있는 교도소에서 조차 재산유무에 따른 차별 대우가 이루어지는 현실 등은 사법부의 신뢰를 떨어뜨릴 수 있다. 사법부는 국민이 기댈 수 있는 마지막 정의의 보루이다. 사법부의 신

---

14) 최한수(2015), 왜 법원은 재벌(범죄)에 관대한가?, 재정포럼 2015년 9월호

뢰가 떨어지면 공공기관 전반에 대한 신뢰는 회복할 수 없게 될 것이다. 최근 문제가 된 대기업 총수의 집사 변호사의 접견과 같은 현상이 빈발하는 나라에서 국민들이 공공기관을 신뢰하기 바란다는 것은 그야말로 어불성설이다. 법과 제도를 무시하거나 우회하는 특권적 관행의 폐지하고 전관예우, 공직자들의 관련 민간기업 진출을 원천적으로 차단하는 등 공적 부문에서 높은 도덕성을 요구하는 실질적 개혁이 필요하며 이러한 개혁은 국민의 신뢰를 받는 사법부가 받쳐주어야 가능하다.

여기서 사회적 자본은 수입 불가능하다는 점을 다시 한 번 강조할 필요가 있다. 일반적인 자본은 국경을 넘은 이동이 가능하지만 사회적 자본은 모자란다고 해외에서 들여올 수 없다. 신뢰라는 사회적 자본은 우리 스스로가 축적해 나갈 수밖에 없다. 이는 향후 우리 경제의 성패를 장기적으로 결정짓는 궁극적인 인프라가 될 것이다.

불공정과 불평등의 시정

기회의 균등은 우리 사회가 추구하는 중요한 지향점이다. 기회의 균등은 우리 국민이 요구하는 최소한의 정의라고 할 수도 있겠다. 지금 우리 경제가 겪고 있는 전반적인 활력저하는 실제로 불공정이나 불평등 문제에서 기인하는 부분이 적지 않다. 과거의 경제성장은 가난을 떨치고 절대빈곤 문제를 거의 해결하였지만 상대적 빈곤과 역동성 부족, 계층의 고착화 등의 새로운 도전을 안겨주고 있다. 그리고 이러한 문제들은 성장의 발목을 잡는 요인이 되기도 한다.

물론 어느 정도의 소득불평등은 자연스러운 결과이다. 모든 사람의 소득이 같아질 수는 없는 수많은 이유가 존재하기 때문이다. 그리고 소득 불평등이 개인의 노력과 능력의 정당한 결과인 한 받아들여야 할 것이다. 이러한 불평등이 사회구성원에게 용납되고 사회에 대한 신뢰 수준을 낮추지 않기 위해서는 개인의 노력과 능력이 펼쳐질 수 있는 공정한 환경의 조성이 무엇보다도 중요하다. 얼마나 공정한 경쟁 환경이 주어졌느냐에 따라 소득불평등을 바라보는 사회구성원의 시선은 엄청나게 달라질 수 있다. 불평등이 있을 수 있지만 불공정이 그 원인은 아니었다는 사회구성원의 합의가 있을 때 그것이 성숙한 시장경제라고 할 수 있을 것이다.

불공정한 요소를 제거해 나가는 데 있어 정부의 역할은 중요하다. 현재 대기업과 중소기업의 임금 차, 그리고 정규직과 비정규직의 임금차이는 상당한 수준이다. 한 조사를 통해 자동차 공장 정규직 근로자 연봉과 2차 협력사 사내하청근로자의 임금은 4.4배 차이가 있음이 보도되기도 했다.[15] 이 정도로 큰 차이를 생산성의 차이, 혹은 앞서 인적자본, 능력, 노력 등으로만은 설명할 수 없을 것이다. 이는 노동자들의 교섭력의 차이, 수요독점으로 인한 자동차 공장과 협력사 간 부품 거래에서 교섭력의 차이에서 온다고 보는 것이 타당할 것이다.

이런 차이는 상당부분 경쟁이 제한된 시장 실패 상황으로 간주할 수 있

---

15) 최근 한 연구는 기업규모별, 그리고 정규직-비정규직 간 임금 차이를 다음과 같이 밝히고 있다. A 지역의 근로자 중 자동차 공장 정규직 평균 연봉은 9700만원, 사내하청 노동자는 5000만원, 1차 협력사 4700만원, 1차 협력사에 사내하청으로 비정규직 3000만원, 2차 협력사의 정규직 2800만원, 2차 협력사 사내하청 노동자 2200만원

다. 다른 한편으로는 대기업의 교섭력이 강해지는 방향으로 전개된 과거 역사의 유산이기도 하다. 생산성의 차이가 아닌 교섭력의 차이를 반영하는 격차를 줄일 수 없다면 활기 있는 경제를 기대하기는 어려울 것이다.

이러한 불평등이 최근 문제가 되고 있는 청년실업의 원인이 된다는 사실도 인식할 필요가 있다. 실업은 활력이 최저로 떨어진 상태이다. 우리나라 청년들은 양질의 일자리를 찾으며 그럴만한 자질이 있다. 하지만 현재 양질의 일자리는 제한되어 있다. 또한 양질의 일자리가 될 수 있는데도 그렇지 못한 일자리들도 있다. 생산성이 아닌 교섭력의 차이로 인한 임금 불평등이 해소된다면 적어도 청년 일자리 문제는 상당부분 해결될 수 있을 것이다.

현재 불평등은 그 수준이 높으냐 낮으냐를 떠나서 그 원인에서 문제가 있다고 보아야 할 것이다. 공정한 사회, 공정한 배분을 지향하기 위한 제도적 기반의 중요성은 그런 의미에서 특별히 강조되어야만 할 것이다. 요컨대 정부가 하는 역할은 소득의 분배가 이루어지고 난 후에 불균등을 조정하는 재분배에만 있는 것이 아니라, 최초의 소득분배가 공정하다는 인식이 공유될 수 있는 제도를 세우고 집행하는 데도 있는 것이다.

물론 불행이나 위험에 처한 구성원들을 못 본채 지나가지 않고 다른 구성원들의 힘을 모아 도울 수 있는 사회를 위한 재분배도 중요한 정부의 역할이다. "공정하게 기회를 제공했으니 그 이후의 모든 결과는 개인의 책임이다."라고 등을 돌리는 사회에서 안정감과 사회통합을 기대하기 어려울 것이다.

경제학계에서는 과거 형평성의 증가와 경제성장 사이에는 상충관계가 있다는 견해가 많았으나 최근으로 올수록 오히려 소득불평등의 증가가 경제성장에 좋지 않은 영향을 끼칠 수 있다는 점을 이론적으로나 실증적으로 규명하는 연구들이 많이 나타나고 있다[16] 예컨대 Berg and Ostry (2011), Berg et al. (2012) 등 최근 IMF에서 수행된 연구에서는 소득불평등과 성장의 기간 사이의 관계를 살펴보았는데 소득불평등도가 높은 경우 경제성장의 기간이 길어지지 못한다는 결과를 내놓고 있다. 이들 연구에서는 소득분포, 정치제도, 무역자유화, 환율경쟁력, 외국인직접투자(FDI) 등 성장기간에 유의미한 영향을 미치는 여러 요인 중에서도 소득분포가 성장 기간에 미치는 영향이 가장 강건하고 중요한 요인이라는 추정결과를 내놓고 있다.

신관호, 신동균 (2014)의 연구에서는 소득불평등이 경제위기에 미치는 영향을 분석하기도 했는데, 지니계수로 측정된 소득불평등의 증가가 외환, 인플레이션, 주식, 국내 해외채무, 금융 위기 등의 발생 횟수로 측정된 위기 가능성을 높이는 것으로 보고하고 있다. 즉, 소득불평등의 증가가 성장에 해로운 영향을 주는 위험가능성을 증가시켜 간접적으로 경제성장에 부정적 영향을 준다는 것이다.

Ostry et al. (2014)에서는 재분배가 이루어지고 난 이후의 불평등도의 증가가 중기 성장에 부정적 영향을 미치는 것을 발견하였다. 이는 불평등을 감소시키는 재분배가 성장과 상충관계에 있다는 과거의 통념과는 상충되는

---

16) 여기서 소개하는 경제성장과 불평등 혹은 소득분배 사이의 관계에 대한 보다 자세한 설명은 홍승현 외(2014)를 참조.

결과이다. 또한 재분배가 이미 높은 수준인 경우에는 추가적인 재분배가 성장에 부정적 영향을 미치지만 재분배 수준이 낮은 상황에서는 추가적인 재분배가 성장기간을 늘리는 것으로 보고하고 있다. OECD 국가들 중에서 세전 빈곤률과 세후 빈곤률 사이의 차이가 가장 작은, 즉 재분배 기능이 가장 약한 우리나라로서는 유념할 필요가 있는 결과라 할 수 있다.

[그림 3]에서 보듯이 우리나라는 세전 빈곤율로는 OECD 가입국 중 스위스를 제외하면 가장 낮은 나라이다. 그러나 세후 빈곤율 기준으로 보면 멕시코, 이스라엘, 터키, 칠레, 미국, 일본, 그리스에 이어 8번째로 높은 나라가 된다. 그리고 세전 빈곤율과 세후 빈곤율의 차이는 가장 적은 나라이다. 물론 우리나라는 최근 사회복지에 대한 정부기여를 크게 늘려가고 있지만 복지제도가 빈곤 퇴치라는 목표보다는 보편적 무상서비스 제공으로 흐르는 경향이 있어 복지제도의 재분배 기능은 의문시 되는 상황이다.

[그림3] OECD 가입국 세전·세후 빈곤율 현황

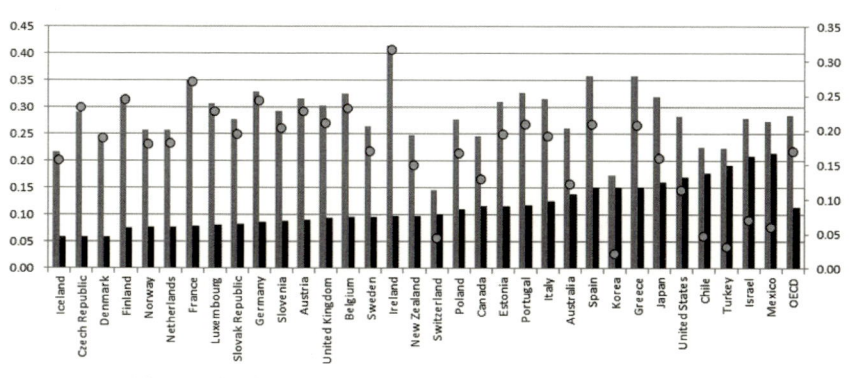

자료: OECD. Stat. (2011년 혹은 가까운 연도 자료.) 홍승현 외(2014)에서 재인용

분배의 정의를 통해 성장을 촉진하는 정부의 역할에 대해 정리해보자면 우선적으로는 최초의 소득분배 상황이 구성원들에게 공정한 것으로 받아들여질 수 있는 제도의 설립과 집행으로부터 출발하여 구성원 간의 통합을 추구하는 재분배 정책을 통해 민간의 활력을 뒷받침하는 노력으로 요약할 수 있겠다.

장기적 조망을 가진 교육 · 연구 지원

양적인 기준에서 보자면 우리나라의 교육과 연구에 대한 정부의 지원은 나무랄 데가 없다. 우리나라는 교육과 R&D에 대한 투자를 매우 많이 하는 나라이다. 하지만 단기간에 성과를 내려는 조바심이 장기적인 성장 동력의 창출과는 모순되는 정책들을 낳고 있어 이를 극복할 필요가 있다. 무엇보다 필요한 것은 장기적인 시야라고 할 수 있다. 어차피 정부의 지원은 시장에서 쉽게 보상받지 못하는 부분에 가는 것이 원칙이다. 단기성과가 있는 부분에 정부까지 집착할 필요는 없다.

사실 연구지원에서 단기적인 성과만을 요구하면서 영향력 있고 중요한 연구들이 이루어지지 않는다는 지적은 이미 오래전부터 있어 왔다. 2015년 많은 일본 과학자들이 노벨상을 받는 모습을 부러움 섞인 시선으로 바라보면서 유행을 좇는 연구자들보다 자신이 좋아하는 연구에 일평생 매진하는 연구자들이 존중 받는 다른 나라들의 학계분위기를 부러워하기도 했다.

정부로서는 학자와 연구자들을 특정한 방향으로 몰아가고 있지 않은지,

현 상황을 재고해 보아야 할 것이다. 학자들의 자율적 공동체를 믿지 못하고 연구의 질과 관계없는 지표로 이루어진 평가 기준으로 학자공동체의 품위를 떨어뜨리는 행위를 유발하는 학술지 평가나 논문 편수 등 정량지표만으로 업적을 평가하는 관행 등은 단기적 성과를 낳을지는 모르나 장기적인 학문 발전에는 걸림돌이 될 수 있다.

다양한 사람들이 다양한 주제를 갖고 연구하고 실패의 확률이 높더라도 도전하는 연구들이 이루어지기 위해서는 단기간의 성과에 집착하거나 일부 스타에게 몰아주는 지원 방식에서는 탈피하여 한다. 장기적으로 바람직한 학자 공동체의 형성을 돕는 방식의 연구지원 방식을 고민해야 한다. 무엇보다 정부는 기초학문에 대한 지원을 꾸준히 지속하고 기초 학문이 인재를 계속 흡입할 수 있도록 조용한 지원을 계속해야 한다.

교육에서도 인간에 대한 장기 투자라는 본질을 놓치고 단기에 변화를 유도하려는 조급한 개혁을 추진하는 사례가 많이 발견된다. 반값 등록금에 대한 집착이나 신뢰도가 낮은 평가에 의거한 대학정원감축 밀어붙이기 등 대학 교육의 질적 제고와는 상관없거나 심지어 배치되는 조치들이 최근에 더 두드러진 추세가 되고 있다. 무엇보다도 모든 대학에서 학생 한 사람, 한 사람을 놓치지 않고 그들의 부가가치를 높여주는 것이야말로 '고등 교육의 경쟁력'이라 할 수 있을 것인데 이는 대학의 자율적 역량 확대 없이는 불가능하다. 하지만 지금의 정부 정책은 대학의 자율과는 배치되는 정책으로 일관하고 있는 것이다.

역량을 갖춘 많은 교수들을 모으는 일부터 이들이 연구 시간을 희생하거나 혹은 연구와 강의를 병행할 수 있는 방식을 찾아 학생들의 부가가치를 올리는데 많은 시간과 열정을 투여할 수 있도록 유도하는 내부 유인 기제까지, 중요한 대학 내 기제들은 아직까지도 성공적으로 정착되지 않은 것으로 보인다. 오직 정부가 제시하는 기준에 따라 높은 평가를 받으면서 재정지원을 얻거나 정원 감축을 모면하려는 단기 실적 위주의 대학 운영이 일반적인 대학 운영의 모습이 되어버렸다. 자율을 잃어버리고 지표에 집착하는 대학들로부터 다양성과 장기적인 발전을 기대할 수는 없다. 여기서도 정부는 장기적인 조망을 가지고 단기적으로 대학을 몰고 다니려는 유혹을 극복해야 한다.

정리하자면 성장의 원동력으로서 사람을 귀하게 여기는 기본 인식을 바탕으로 개개인의 자율과 창의를 유도할 수 있는 조용하고도 지속적인 지원을 해야 한다. 학계에서 건전한 위험 감수를 할 수 있도록 격려하고 응원하는 방식의 지원과 학문의 다양성을 존중하는 방식의 지원이 필요하다. 이러한 지원의 과실은 언제 나타날지 모르지만 확실히 나타나게 되어 있다. 또한 정부가 미처 기대하지 못했던 성과를 이루어낼 수도 있다.

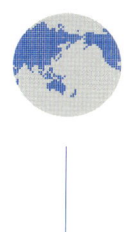

맺는말: 정부개혁의 방향과 전략

개혁의 방향

활력 있고, 공정하고, 구성원들이 서로 배려하는 사회의 정착을 위해 정부의 역할은 중요하다. 국가 경제 운영에서 정부가 그 동안 해왔지만 하지 말아야 할 일과 그 동안 해오지 않았기 때문에 꼭 해야 할 일로 나누어서 다시 한 번 정리해 본다.

우선 정부가 하지 말아야 할 일부터 출발해 보자. 무엇보다 과거의 성장 모형에서 벗어나서 정부의 과잉 기능을 제어해야 한다. 수치상으로 보면 우리나라는 GDP에서 정부가 차지하는 비중은, 적어도 다른 선진국들과 비교하면, 가장 낮은 편에 속한다. 마치 정부가 역할을 많이 하지 않는 것처럼 보이는 것이다. 하지만 현실은 정부가 수치로는 나타나지 않는 상당한 영향력을 행사하고 있다. 또한 민간과 정부간 관계에서도 수평적인 관계보다는 정부가 압력을 행사하거나 지도하려는 수직적인 관계가 많다. 이러한 정부의 과잉 기능은 이중의 손실을 일으킨다. 필요 없는 정부 조직의 확대라는 손실과 함께 규제 순응에 따른 민간의 위축을 수반하는 것이다.

이러한 이중적 손실을 막기 위하여 정부 스스로 억제해야 할 기능은 각종 진흥기능과 암묵적 개입이라고 할 수 있다. 우리나라에서는 상당히 오랜 기간 동안 정부지출 중 산업진흥이나 경제개발 관련 지출이 높은 비중을 차지해왔다. 최근 들어 복지 지출이 늘면서 상대적인 비중이 줄기는 했지만 여전히 상당한 액수가 중소기업 지원 등 산업 개발과 관련으로 지출된다. 지출액이 큰 것보다 심각한 문제는 진흥이라고 하는 지원방식이다. 정부가 심사를 통해 지원할 대상과 그렇지 않은 대상을 가르고 지원할 대상에게 여러 형태의 지원을 해 주는 진흥기능은 적지 않은 문제점들을 가지고 있다. 진흥의 문제점은 다음과 같은 정부실패의 개념 속에 두루 포함되어 있다.[17]

"시장의 실패를 교정하기 위한 정부개입이 오히려 효율적인 자원배분을 더 저해하는 상황을 가리킨다. 정부의 실패가 일어나는 원인으로는 규제자의 불완전한 지식, 정보, 규제수단의 불완전성, 규제의 경직성, 근시안적인 규제, 규제자의 개인적 편견이나 권한확보욕구, 정치적 제약을 들 수 있다"

위에는 정부의 진흥책들이 실패할 수 있는 많은 원인들이 열거되어 있다. 한마디로 정부는 전지전능하고 선량한 신적 존재가 아니다. 우리나라 정부의 공적 신뢰가 낮은 사실로부터 유추할 수 있듯이 정부 역시 불완전한 사람들로 이루어진 불완전한 조직이다. 무엇보다 정부 개입이 성공적

---

17) 네이버 백과사전 http://terms.naver.com/entry.nhn?docId=9253&cid=43659&categoryId=43659.

이려면 선한 의도를 가지고 있으면서도 유능해야 한다. 21세기에 정부가 유망한 산업을 뽑아내서 키워준다는 발상 자체가 너무도 시대에 뒤떨어진 것이다. 요컨대 정부가 산업 진흥의 기능을 맡고 선도하는 방식이 통하던 시대는 지나갔다.

암묵적 개입은 여러 형태가 있다. 여러 기관의 장 또는 임원의 임명 및 해임이나 민과 관의 중간 형태를 지닌 여러 단체들에 대한 개입 등은 이러한 단체들을 대 국민 서비스가 아니라 대 정부 서비스를 하는 단체로 만든다는 점에서 유의해야 할 대상이다. 특히 정부와 민간의 관계가 수평적이지 않고 수직적이 될 때 시장은 상대적으로 위축되고 성장동력의 창출에서 수동적이 될 가능성이 높다. 앞으로 정부가 군림하거나 지령을 내리는 형태로는 도약이 불가능하다는 사실은 민·관이 공히 인식해야 할 것이다.

우리나라에서 역대 모든 정부들이 정부 개혁을 시도하였고 실제로 개선이 이루어져 오기도 했다. 하지만 정부 개혁이 아직도 만족할 만한 수준은 아니다. 또한 지금까지 시도된 정부 개혁 중 정부 자신이 그 역할을 제한한다는 분명한 지향점을 갖고 이루어진 적은 없었다.

물론 정부의 역할이 아직도 과도한 이유를 정부 책임만으로 보기가 어렵다. 자신이 수혜자가 될 때는 국민들도 정부의 역할 확대를 동조하고 있기 때문이다. 우리 국민들 역시 정부의 지도 하에 움직이는 타율에 익숙해 있고 정부가 무엇인가 민간에 앞서 방향을 제시해야 한다는 생각에 익숙해 있다. 요컨대 여전히 많은 국민들과 기관들은 타율에 익숙한 모습을 보이고 있는 것이다. 결국 정부의 과도한 역할을 제어하기 위한 노력은 민간과 정부가 함께 해 나갈 수밖에 없다.

상식적으로 정부의 역할을 줄여나가는 방향의 정부 개혁이 순전히 정부의 주도로 이루어질 수는 없다. 누구도 자신의 권력을 쉽게 놓지는 않기 때문이다. 현 정부를 포함해 그 동안 모든 정부에서 추진해 왔던 규제 개혁이 간절히 필요하면서도 어려운 이유는 규제개혁은 정부의 권력과 권한을 놓는 일련의 조치를 포함하기 때문이다. 어떤 과정을 통해 정부의 권한을 내려놓는 정부 개혁을 이루어갈지에 대해서는 아래의 소절에서도 논의하겠지만 여전히 많은 고민이 필요하다.

그렇다면 이제부터 정부가 애써야 할 일들은 무엇일까? 무엇보다도 공공 부문 신뢰를 높이는 자체 개혁을 계속해야 한다. 이와 함께 정부가 해야 할 일로는 공정한 규칙을 정하고 집행하며 장기적인 조망을 가지고 민간이 역량을 높일 수 있도록 잘 눈에 띄지 않는 노력을 해야 한다.

장기적인 조망에 대해서는 추가적인 언급이 좀 더 필요하다. 장기목표와 단기목표의 상충은 경제학에서 고전적인 주제라 할 수 있다. 예컨대 현재와 같이 경기침체가 오래가고 있는 상황을 탈피하기 위해 정부가 어떤 조치를 취해야 할지를 결정하는 것은 정말 어려운 일이다. 현 상황을 어디까지를 경기침체로 보고 어디까지를 성장 잠재력 저하에 의한 결과로 보아야 하는지에 대해 명쾌한 진단조차 어렵기 때문이다. 하지만 일단 지금의 상황은 장기적인 성장률 저하를 더 많이 반영하는 걸로 보고 당장의 성과보다는 장기적으로 경제의 체질을 개선해나가는 노력이 필요할 것이다. 지금의 현상을 단순한 불황으로 보고 경기 확장정책으로 풀어가려는 것은 성장잠재력을 너무 과대평가하는 진단일 것이다. 정부로서는 단기적으로 경기 진작의 유혹이 많겠지만, 그리고 경기진작이 필요한 측면도 있겠지만, 그 효과는 말 그대로 오래가지 않을 가능성이 높다. 장기적인 성장을 위한 출발점은 어떻게 정부를 개혁할 것인가 하는 고민이라고 할 수 있다.

개혁의 전략

구체적으로 정부개혁은 어떻게 추진되어야 할까? 먼저 자율개혁이 필요한 과제와 타율개혁 과제를 분리해야 한다. 일반적으로 자율개혁은 성공 가능성이 높은 반면 근본적인 변화나 해당 조직에 불리한 변화는 추진하지 못하는 한계를 가진다. 반면 타율개혁은 근본적인 변화가 가능한 반면 해당 기관의 반발을 뚫어야 하는 어려움이 있다. 더구나 외부의 개혁추진 주체가 가진 정보가 해당 기관에 비해 적은 상황에서 그러한 반발을 헤쳐 나가는 것은 쉬운 일이 아니다. 공공기관 개혁의 핵심전략은 사안별로 타율개혁과 자율개혁을 적절하게 적용해야 한다는 것이다.

결론부터 말하면 정부가 줄여야 할 기능은 타율개혁으로, 정부가 향후 더 해야 할 기능은 자율개혁으로 추진하는 것이 맞다. 자율개혁의 전략으로는 청와대 등이 방향을 설정하고 이를 총리실의 정부업무평가에 반영하는 방법을 생각해 볼 수 있다. 이미 신뢰구축이 전제가 되는 갈등조정 분야는 평가에 반영되고 있다.

정부의 과잉기능 해소는 당연 타율개혁으로 추진되어야 한다. 자신의 기능을 축소하고 싶은 조직은 없기 때문이다. 현재 정부 전체의 기능을 점검하는 역할은 정부내에 없다고 해도 과언이 아니다. 그나마 공공기관에 대해서는 기능점검이 이루어지고 있다. 그러나 현재의 추진체계로는 공공기관의 과잉기능 해소에 성공할 수 없다. 현재는 공공기관의 기능에 대해 기획재정부 공공정책국이 입안하여 공운위에서 심의하여 재정전략회의에서 확정되는 체계이다. 기획재정부 공공정책국이 추진체계의 핵심인데 정책대상이 공공기관으로 한정되어 있다 보니 부처의 기능을 건드리는 개혁을 추진하기는 어렵게 되어 있다. 공공기관에 국한하여 개혁을 추진하다 보면 부처를 건드리지 않는 소소한 변화만 가능하게 된다. 이런 점에서 공공정책국, 공공기관운영위원회가 주도하는 아래 그림의 기능조정 추진체계는 근본적으로 한계를 가진다고 판단된다.

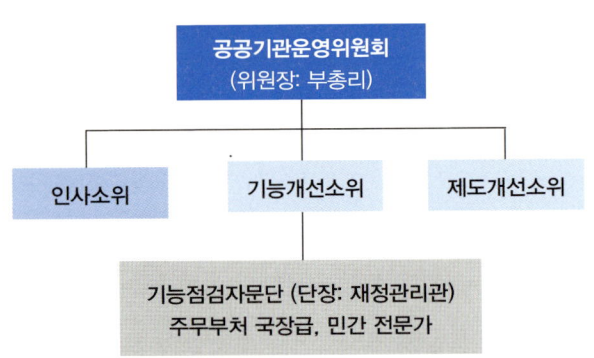

[그림4] 공공기관 기능 조정 추진체계

출처: 기획재정부, 2단계 공공기관 정상화 추진방향 공운위 의결, 보도자료 2015. 1. 16

정부기능을 개혁할 새로운 개혁전담 조직이 필요하다. 공공기관 개혁은 결국 정부 전체의 기능을 겨냥해야 하므로 정부개혁을 추진하는 조직이 공공기관에 대한 개혁도 담당해야 한다. 현재 공공기관 개혁은 기획재정부, 정부기능에 대한 개혁은 행정자치부로 나뉘어 있다. 공공기관의 기능과 정부기능을 연계하여 개혁하기 어려운 구조이다. 더구나 행정자치부는 미세한 기능조정만 할 수 있을 뿐 시대변화에 부합하는 정부기능의 근본적인 변화를 시도하기는 어려운 조직이다. 과거의 기획예산처 정부개혁실과 같이 타 부처 소관사항을 전면적으로 개혁할 수 있는 조직이 필요하다.

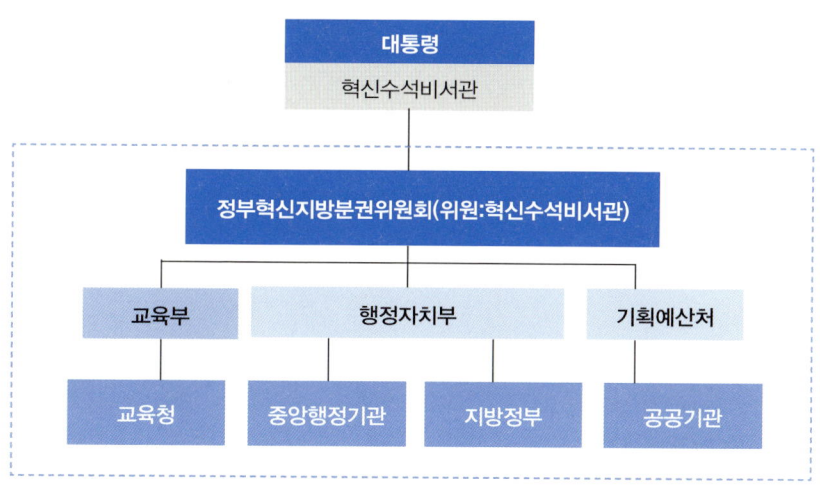

〈그림5〉 정부혁신지방분권위원회 (2003~2008)

그리고 이러한 개혁 조직은 일반 관리업무 없이 오직 개혁에 몰입할 수 있어야 한다. 정부기능을 축소하고자 할 때 그 대상이 되는 기관은 개혁이 부당하다며 결사적인 공세에 나서기 마련이다. 개혁주체가 이를 방어하려면 개혁에 전념해야 한다. 다른 업무가 많으면 공세에 밀리면서 쉽게 타협하고 싶어진다. 외부자문은 전문성을 도와 줄 수는 있으나 공세를 막아낼 책임성까지 주지는 못한다. 이런 점에서 현재의 기재부나 행정자치부는 개혁추진체로서 부적절하다. 기존의 관리업무만으로도 늘 바쁘기 때문이다.

많은 사람들은 이러한 공공기관 및 정부기능의 변화가 지속적으로 추진할 사안이 아니라 주기적으로 추진할 사안이므로 별도의 개혁전담 조직이 필요한지 의문을 표시한다. 주기적으로 추진할 사안인 점은 맞다. 그러나 정부 부처가 많고 기능이 매우 다양하므로 5년에 1회 주기적으로 기능조정을 한다고 해도 정부개혁 기능은 5년 내내 가동되어야 한다.

정부기능을 조정하기 위해서는 대통령의 신임이 뒷받침되는 강력하고 범부처적인 추진체계가 만들어져야 한다. 김대중 정부와 같이 정부혁신추진위원회를 두고 기획예산처 정부개혁실이 사무국 역할을 하는 모델도 가능하다. 또한 노무현 정부 시절과 같이 정부혁신지방분권위원회 아래 별도의 사무국을 두는 모델도 가능할 것이다. 어떤 형태로든 공공기관, 부처를 모두 대상으로 하는 개혁추진체계가 구축되어야 정부개혁도 성공할 수 있다.

| 참고문헌 |

- 강석훈(2010), 한국산업의 나아갈 방향과 새로운 산업정책 과제 모색, 성신여자대학교 산학협력단
- 관계부처 합동, 4대 부문 구조개혁 추진계획, 경제장관회의 자료, 2015. 8.12
- 기획재정부, 2단계 공공기관 정상화 추진방향 공운위 의결, 2015. 1. 16
- 김우진(2014), 벤처금융 활성화 방안, 한국금융연구원
- 박진, 공기업 부채의 유형별 해결방안, 우리나라 재정건전성의 평가와 정책과제 (김성태, 박진 공편), KDI연구보고서 2014.
- ___ 허경선 조성봉, 공공기관 시장참여 기능분석, 한국조세재정연구원 연구보고서 13-18, 2013
- ___, 기고문 한국일보 (2015. 7.14, 8.11, 9.8, 10.13), 경향신문(2014.12.26), 나라경제(2014. 7월호), 한경비즈니스 (2014. 12월)
- 손상호, 김동환, 중소기업 금융의 발전과제, 한국금융연구원, 2013.
- 새누리당 경제혁신특위 공기업개혁분과, 공공기관혁신 7대과제, 2015.
- 신관호 · 신동균(2014). 소득불평등이 경제성장에 미치는 효과, 한국경제의 분석, 제 20권 제 1호, pp. 107-164.
- 신석하 외, 한국의 잠재성장률 전망 및 하락요인 분석, KDI, 2012
- 이인호(2015), 한국의 기술혁신 지원 금융정책과 벤처금융산업, 한국금융연구원
- 이주호, 박진, 문명재, 정지은, 최중희, 한국 공공부문 인력의 역량, 무엇이 문제인가, KDI Focus, forthcoming.
- 이태규(2015), 성장동력정책의 현황과 정책적 시사점, 한국경제연구원
- 장인성(2013), 총요소생산성의 추이와 성장률 변화요인 분석, 국회예산정책처
- 최한수(2015), 왜 법원은 재벌(범죄)에 관대한가?, 재정포럼 2015년 9월호
- 홍승현 · 류덕현 · 정병목 · 윤성주(2014), 경제성장과 재정정책, 한국조세연구원

- Alesina, A. and D. Rodrik(1994), "Distributive Politics and Economic Growth," Quaterly Journal of Economics, Vol 109 No.2, pp. 465-490
- Banergee, Abhijit V. and Esther Duflo(2003), "Ineqaulity and Grwoth: what Can the Data Say?" Journal of Economic Growth Vol. 8 No. 3, pp. 267-299
- Berg, andrew G. and J. D. Ostry, and J. Zetterlmeyer(2008), "What Makes Growth Sustained?" IMF Working Paper 08/59, Washington DC, IMF
- Berg, andrew G. and Jonathan D. Ostry(2011), "Inequality and Unsustainable Growth: Two Sides of the Same Coin?" IMF Staff Discussion Note 11-08
- International Monetary Fund(2014), Fiscal Policy an Income Inequality, IMF Staff Report
- Lucas, Robert Jr.(1988), On the Mechanics of Economic Development, Journal of Monetary Economics Vol. 22 (1988) 3-42.
- Moretti, Enrico(2013), The New Geography of Jobs, Houghton Mifflin Harcourt
- Ostry, J., A. Berg, C., Tsangarides, "Redistribution, inequality, and growth", IMF Staff Discussion Note, 2014

공동체자유주의 세미나 요약

창조경제와 창업활성화 전략
이민화　KAIST 교수

핀테크 생태계 조성을 위한 전략
배재광　한국핀테크연구회 회장

혁신과 경제민주화
이상승　서울대학교 교수

경제와 창업활성화 전략

발제자 : 이민화 KAIST 교수

일 시 : 2015년 4월 30일 오전 7시30분

장 소 : 국회의원회관 제3세미나실

■ "창조경제 = 혁신과 융합이 쉬워지는 것"

: '메타 기술 – 혁신생태계 – 개방플랫폼'이 창조경제의 근간
: 창조경제 패러독스 푸는 게 창조경제 기업경영 전략

- 대한민국은 가난에서 벗어나 현재 선진국 클럽에 들어갈 만큼 성공했다. 그러나 성공이 지속가능하지 않다는 것이 현재 입증되고 있다. 성공은 대기업 중심으로 이뤄졌다. 과거 대한민국에서 실패는 나쁘다는 인식이 많았다. 성공한 기업을 쫓아가지 못하는 기업은 무능하거나 실력이 없기 때문이라고 봤다. 하지만, 이제는 남들이 하지 않는 새로운 시장을 개척해야 하고, 대기업 혼자가 아니라 작은 벤처기업들이 먼저 나서서 새로운 가능성을 모색해야 하며, 다른 기업들과 상생 생태계를 구축해야 한다. 여기

서 중소기업은 '중간에 있는 소중한 기업'을 의미한다. 이제 실패가 혁신의 바탕이 되는 것이 이 시대의 새로운 패러다임이 돼야 한다.

- 우리는 효율과 위험회피라는 패러다임에서 벗어나 혁신과 창조성, 과감한 창의성 경쟁의 길로 나가야 한다. 창의성 경쟁 속에는 수많은 실패의 경험이 존재하며, 실패 없이는 창의성 경쟁을 할 수 없다. 대한민국은 그동안 갖고 있던 실패에 대한 부정적인 인식을 버려야 한다.

- 영국은 1997년 창조경제를 시작하였다. 한국에서 창조경제 시작은 2013년 박근혜 정부 때부터다. 영국은 영상, 광고, 설계, 문학 등 소프트 산업을 중심으로 창조산업 전략을 구축하였다. 이 산업들은 영국 전체 GDP의 7%를 차지한다. 영국보다 늦게 시작한 한국은 창조산업을 정하지 않았다. 모든 산업을 창조산업화하기 위해서다. 창조경제라는 이름만 같을 뿐, 한국의 창조경제는 다른 국가들과 구조가 달랐다. 창조경제의 근간은 ▲메타기술 ▲혁신 생태계 ▲개방 플랫폼이다. 과거에는 혁신이 쉬워지는 산업으로 창조산업화를 하였으나, 이제는 창조경제의 근간인 세 가지를 통해 할 수 있게 되었기 때문에 모든 것이 쉬워졌다. 과거 혁신경제에서는 제품을 시장에 내보내기 매우 힘들었다. 창조경제에서는 창조적 아이디어가 쉽게 현실화되고, 혁신이 바로 성공으로 이어진다. 메타기술과 혁신생태계가 창조적 아이디어를 혁신으로 이어주는 창조경제의 다리 역할을 하며, 제품이 시장에 쉽게 나갈 수 있도록 시장 플랫폼이 창조경제의 배의 역할을 한다.

- 창조경제란 다름 아닌 혁신이 쉬워지는 것이다. 미국 실리콘밸리에서

창업 평균비용은 2000년에 5백만불에서 2013년에는 5천불로 급락했다. 소프트웨어 산업에서는 메타 소프트웨어의 발전으로 툴을 만들기 쉬워졌고, Open Source로 이미 만들어져 있는 필요한 자원은 언제나 사용할 수 있다. 또 개방 시장 플랫폼을 통해 전 세계에 기술 보급이 가능해졌다. 하드웨어 산업도 소프트웨어화되었다. 메타 하드웨어가 발달하고, Open Source 하드웨어가 등장하였다. 여기에 O2O Online to Offline 융합 플랫폼이 형성되면서 창조경제 실천이 더욱 쉬워졌다. 창조적 아이디어가 제품화되는데 시간이 크게 단축되었다. 소셜 아이디어 플랫폼인 'Quirky'가 개방 시장 플랫폼의 대표적인 예다. 아이디어들을 모아서 직접 만들 필요가 없으며, 제품과 서비스를 적은 비용으로 생산할 수 있다. 필요한 자금은 크라우드펀딩 플랫폼인 'Kick-Starter'에서 모금이 가능하다. 이처럼 필요한 플랫폼을 이용해서 쉽고 효율적으로 창업할 수 있는 일이 가능해졌다.

- 플랫폼과 혁신이 결합하면서 모든 것이 쉬워지기 시작했다. 창조경제는 융합이 아니라 융합이 쉬워지는 것이다. 우리가 꿈꾸는 창조사회는 ICT가 과학기술을 쉽게 문화예술과 결합시켜 생각하는 대로 이뤄지는 사회다. 창조경제에서는 모든 가치의 중심이 이동하고 있다. 기업의 차별화가 수익의 원천이다. 과거에는 생산요소로 시장에서 우위를 점하는 기업들의 생산 기술이 발달됐다. 하지만 이제는 생산기술 발달로 누구나 생산을 잘 할 수 있게 됐다. 기업들은 생산 아웃소싱을 시작했고, 연구개발에 힘을 기울였다. R&D 투자액을 증가시켰지만, S&P500 기업들은 R&D 투자를 줄이고 있다. 모든 기업이 R&D에 노력을 기울여 모든 기업들의 R&D능력이 높아졌다. 오늘날에는 R&D까지 아웃소싱을 한다. 이제 기업은 지식재산과 고객관계 증진을 위해 노력한다. 지식재산은 창조성을, 고객관계는 플랫폼으로, 창

조성과 플랫폼이 결합하는 것이 바로 창조경제다.

　- 산업경제는 효율이고, 창조경제는 혁신이다. 우리 경제는 이 두 가지가 결합해야 한다. 효율만 가지고는 기업이 영속할 수 없다. 혁신이 필요하다. 과거 생산 위주의 산업사회에서는 기업 간 제조원가로 경쟁했다. 이제는 혁신역량과 시장역량이 많은 것을 좌우한다. 혁신과 시장의 결합이 경쟁력의 근간이다. 효율(산업경제)은 조직이 클수록 효율적이지만, 혁신(창조경제)은 조직이 커질수록 비효율적이다. 창조경제의 경쟁력을 가진 기업은 크면서 작아야하는 모순이 발생한다. 이러한 창조경제 패러독스(역설)를 해결하는 것이 창조경제의 기업전략이다.

　- 창조경제 패러독스를 푸는 가장 좋은 방법이 트리즈TRIZ기법이다. 트리즈TRIZ란 모순되는 문제를 풀기 위한 생각의 도구다. ▲시간의 분리 ▲공간의 분리 ▲인간의 분리는 창조경제 패러독스를 풀 수 있는 좋은 방법이다. 우선 시간의 분리를 살피면, 기업은 스핀아웃Spin-Out 혹은 스핀오프(Spin-Off)를 통해 기술 벤처가 대기업에서 분리되어 나와 새로운 기술을 개발하고, 그 기술을 전 세계에 보급하기 위해 대기업과 M&A를 한다. 이러한 순환과정을 일반적으로 'Open Innovation'이라고 한다. 기업의 수익 관점에서는 이를 이해할 수 없다. 그럼에도 'Open Innovation'이 창조경제 패러독스를 푸는 데에 효과적이다. 혁신적 기업의 대표인 'Google'을 보면, 검색기술을 제외하고는 모든 기술들을 외부에서 가져왔다. 2014년 기준 총 174개 기업을 인수했다. 혁신을 내부가 아닌 외부에서 가져오는 것이 효과적임을 보여주는 단적인 예다. 두 번째는 공간의 분리다. 구글이 시간을 통해 분리하였다면, 애플은 공간을 통해 분리하였다. 효율의

공간이 'App Store'이고, 혁신의 공간은 수많은 개발자들이다. 모든 것을 한꺼번에 볼 수 있는 큰 규모의 공간이 효율의 공간이고, 각기 다른 모양, 품질을 가지는 공간이 혁신의 공간이다. 이것이 'Open Platform'이다. 창조경제 패러독스를 극복하기 위해선 모든 것을 혼자 해서는 안 된다. 복합생태계를 구축해야 한다.

– 세 번째는 인간의 분리다. 대기업은 기존 조직 내에서 혁신이 어려우므로 사내 벤처를 만들어서 혁신을 유도하는 것이다. 이를 '양손잡이 조직'이라고 부른다. 실제로 '양손잡이 조직'을 도입한 기업의 90% 이상이 높은 성과를 이루고 있다. 앞으로 기업 내에서 혁신할 수 있는 방법은 내부에 사내벤처를 만드는 것이 바람직하다. 시간을 분리한 Open Innovation, 공간을 분리한 Open Platform, 인간을 분리하여 등장한 사내기업가가 창조경제 기업경영의 3대 전략이다. 새로운 조직과 기존의 조직을 한 군데 몰아넣으면 무극의 형태다. 혁신을 하지 못하는 대부분의 기업이 이러하다. 그 다음 단계는 양극인 대립의 관계다. 혁신 조직과 효율 조직이 분리되어있다. 혁신과 효율이 순환하지 못하여 시장에 제품이 나가지 못한다. 선순환을 하게 되면, 생명을 가지게 되어 상극의 기운이 상생하게 된다.

– 한강의 기적은 효율이었다. 이제는 효율만 가지고서는 안 된다. 혁신이 있어야 한다. 혁신을 만드는 주체는 벤처기업이다. 대기업의 효율과 결합하는 것이 'Open Innovation'과 'Open Platform'이다. 시간을 분리하거나 공간을 분리해야 한다. 이렇게 정부가 혁신과 효율의 순환과정을 촉진하는 것이 정부의 공정이다. 혁신이 순환될 수 있는 시장을 만들고, 여

기에 공정한 룰을 제정하는 것이 경제민주화다. 이에 사회가 지속적으로 문화혁신과 교육혁신으로 에너지를 공급해주어야 한다. 문화혁신의 핵심은 실패에 대한 지원 즉, 혁신의 안전망이다. 교육혁신은 문제를 통한 교육이다.

■ 고성장 벤처기업이 지속가능한 성장과 고용창출의 효과적 대안

: 20년 동안 약 170억 원의 사회적 평균가치 창출
: 코스닥, 벤처인증제, 주식옵션, 기술거래소 등 벤처 생태계 복원 필요

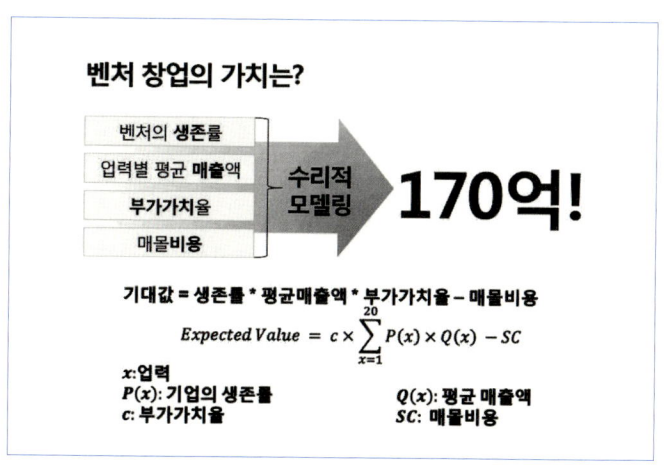

- 대한민국 경제 목표는 성장과 고용 창출이다. 대기업은 성장에 기여하지만, 고용창출에는 크게 기여하지 못한다. 지속가능한 성장과 고용창출의 가장 바람직한 대안은 고성장 벤처기업이다. 벤처 창업의 생존율, 업력별 평균 매출액, 부가가치율, 매몰비용으로 사회적 평균가치를 평가해

보니 사회적 평균 가치를 20년 동안 무려 170억 원을 창출해낸다는 결과를 도출했다.(위 그림 참조) 청년 100명이 각각 하나씩 100개 기업을 창업하면, 1조 7000억 원의 사회적 가치를 발생시킨다는 의미다. 창업기업에 1억을 보조할만한 가치가 있음을 입증한다. 현재 정부는 늪에 빠진 한국 경제의 재도약 대안으로 제 2의 벤처붐을 제시하고 있다.

- 창업활성화를 위해서는 우선 2000년대 벤처붐 당시의 생태계로 복원해야 한다. 그리고 1차 벤처 붐에서 부족했던 것을 채워야 한다. 이를 위해 1차 벤처붐의 역사적 평가가 제대로 이뤄져야 한다. 평가를 통해 1차 벤처붐이 희망적이었다는 결론이 도출되면 국가적 차원에서 2차 벤처붐을 위해 강력한 지원을 해야 한다.

- 1995년에 벤처기업협회가 설립되고, 1996년에 (주)코스닥이 설립, 1997년에 벤처기업특별법이 제정되었다. 실험실 창업운동, INKE(한민족 글로벌 벤처 네트워크)와 기술거래소가 설립되고 2002년에 벤처 건전화 정책 이후 10년의 벤처 빙하기가 왔다. 2013년부터 제 2벤처붐이 시작되었다. 2000년에는 미국 다음으로 한국이 세계 최고 수준의 벤처 생태계를 가지고 있었다. 벤체기업의 수가 압도적인 수준이었다. 코스닥 거래금액도 최고 수치였고, 탄생 5년 만에 코스피지수를 추월하였다. 이러한 수준의 벤처 생태계는 전 세계 어디에서도 찾아볼 수 없었다. 한국의 벤처기업 수는 1995년 약 500개에서 2001년 1만1,000개에 도달했다. 1년에 약 2배 이상으로 벤처기업 수가 급증하였고, 이스라엘을 능가하였다. 스톡옵션을 발행하여 인재를 유치하고, 대기업 가치를 능가하였다. 최고의 신랑감이 벤처기업인이었다.

- 그러나 2000년에 나스닥이 붕괴하면서 같은 패턴으로 코스닥도 붕괴했다. 이는 세계적인 신新경제 붕괴였다. 우리나라는 이를 해결하기 위해 벤처기업 건전화 정책을 만들었다. 코스닥을 코스피와 통합하였고, 벤처 인증 기준을 투자기준에서 융자기준으로 바꾸었다. 주식옵션은 불안정성이 높으므로 강력한 규제를 가했다. 기술거래소도 통폐합되어 사라졌다. 벤처기업 건전화 정책으로 4대 벤처생태계가 붕괴되었다. 고수익 고위험의 벤처 생태계를 안정적이고 보수적인 생태계로 바꾸었다. 이로 인해 벤처기업 수는 약 7000개까지 줄면서 벤처 빙하기가 형성되었다. 현재 자산 1000억 이상의 벤처기업들은 모두 2000년 이전에 설립된 것이고, 2012년이 돼서야 새로운 벤처기업들이 눈에 띄기 시작했다. 10년의 벤처 빙하기가 가져온 국가적 손실은 약 100조원 이상이다.

- 현재 벤처기업들의 총 매출액은 350조 원으로, 삼성전자보다 약 50% 정도 많으며 경제성장에 약 0.8%를 기여하고 있다. 2013년도에 매출액

1000억 원 벤처기업의 수는 454개로 이들은 1년 동안 100조 원의 매출을 달성한다. 대기업은 경제성장을 견인하지만, 양극화의 문제를 야기한다. 반면 벤처기업은 성장과 고용을 모두 가져다주며, 양극화를 해소한다. 벤처기업은 B2B^{Business to Business}기업이므로 B2C^{Business to Consumer}인 대기업만큼 유명하지 못하다.

- 1997년 경제위기 때 금융기관과 대기업에 투입된 공적자금은 168조 원이고, 회수된 자금은 106조 원이다. 약 62.9%가 회수된 셈이다. 2000년 IT 버블 때, 벤처기업에 투입된 공적자금은 2.2조 원이고 1.6조 원이 회수되었다. 약 72.7%가 회수되었다. 공적자금의 미회수를 비교해보면, 약 100:1로 대기업이 훨씬 높다. 이는 모럴헤저드(도덕적 해이)가 어디서 일어날 것인지를 명확히 입증한다.

- 전반적인 1차 벤처붐의 역사적 평가는 4대 벤처 생태계 복원 즉, 원래의 코스닥 형태로 되돌려야 벤처 생태계의 선순환이 다시 진행된다. 벤처인증제와 주식옵션도 복원시켜야 하며, 활발한 M&A를 위해 기술거래소도 다시 정상적으로 돌아와야 한다. 이와 함께 창업 활성화를 위해 기업가정신 교육을 의무화하고, 실패를 지원하며 엔젤 투자를 활성화시켜야 한다.

■ '미치광이 챔피언' 사내기업가 육성 시스템 필요

: 대한민국 젊은층 창업 저조…혁신형 창업은 확산, 생계형 창업은 감소 필요

: 상생형 M&A가 '대기업-벤처기업-엔젤 투자자' 상생발전 가능케 해

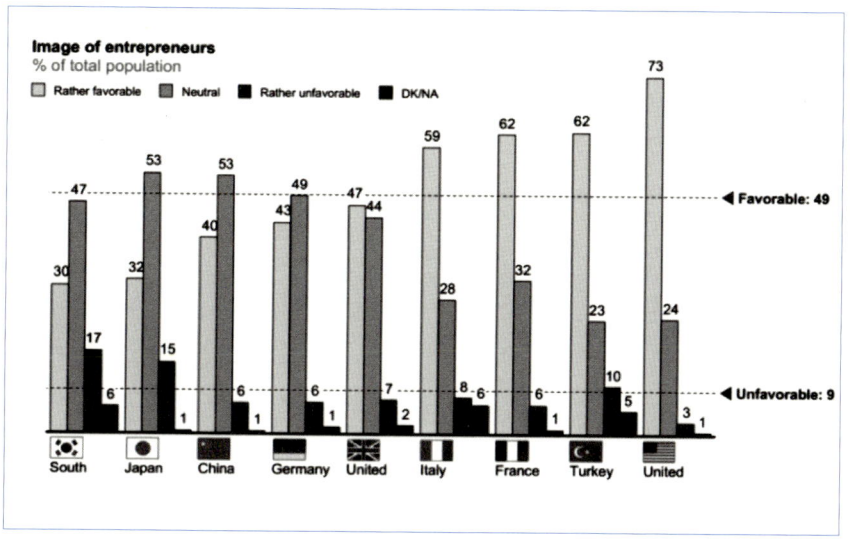

- 대한민국의 기업가정신은 추락한 상태다. OECD국가 중 희망직업 1위가 공무원인 나라는 대한민국뿐이다. 창업 희망자가 과거 50%에서 현재 3%로 급감하였고, 기업가에 대한 비호감도는 세계 1위다(위 그래프 참조). 실패의 무관용으로 인해 안정을 선호하면서 이공계를 기피하게 됐고, 기업가정신은 소멸되었다. 추격 경제에서 실패를 부정적으로 보는 것은 매우 당연한 일이다. 그러나 혁신과 창조성을 따라가는 경제에서는 실패가 혁신으로 가는 지름길이다. 다른 경제와 마찬가지로 실패의 무관용을 지키다 보니 청년들이 창업을 하지 않는 것이다. 또 창업자 연대보증 개선 없이는 창업정책이 무의미하다고 할 수 있다. 정부가 창업활성화 지원금으로 1000억 원 손실을 보전해 연대보증을 개선시키면, 청년창업은 약 6배 증가한다. 청년창업이 2배만 증가해도 사회적으로 70조 원의 가치를

스마트 성장 263

창출한다. 연대보증으로 모럴헤저드가 발생하면 형법을 통해 징벌적 배상을 하면 된다. 사업이 실패하면 원칙에 입각해 재도전을 해야 한다.

- 혁신에서 실패를 인정하지 않으면, 혁신을 하지 않게 된다. 실패를 지원하면 혁신이 살아나고, 실패를 지원하지 않으면 혁신은 사라진다. 필승을 위해서는 사전 규제는 줄이고 사후 평가를 확대해야 한다. 일류국가는 제도를 단순화하고 인간중심 즉, 나쁜 실패인지 좋은 실패인지 그리고 모럴헤저드가 있는지 없는지 구별할 수 있는 운영을 해야 한다.

- 투자 활성화를 위해서는 크라우드펀딩과 혁신거래소가 필요하다. 기업은 악마의 강(연구개발 단계)을 건너 죽음의 계곡(사업화 단계)을 넘어 다원의 바다(글로벌 산업화 단계)를 지난다. 창업자 연대보증 문제 해소는 단기적인 목표다. 엔젤 투자가 활성화되어 있지 않은 상황에서 창업과 창업자 연대보증은 쉽지 않다. 엔젤 투자 활성화는 장기 목표로 회수시장과 크라우드펀딩을 통해 활성화시켜야 한다.

- 한국은 전 세계에서 젊은 층의 창업이 가장 저조하다. 반면에 퇴직자 창업은 과다한 수준이다. 전체 창업의 수는 적지 않지만, 청년층 창업이 적은 것이 문제다. 혁신형 창업은 미래가치가 약 170억 원이나 생계형 창업의 미래가치는 약 마이너스(-) 1,000만 원이다. 실제 창업 10년 후 생존율을 보면 혁신형은 64.1%이고, 생계형은 24.6%다. 생계형 창업이 더 위험하고 미래가치가 낮다는 것을 보여준다. 혁신형 창업은 확산시키고, 생계행 창업은 감소시켜야 한다. 이를 해결하기 위해 한국형 크라우드펀딩이 필요하다.

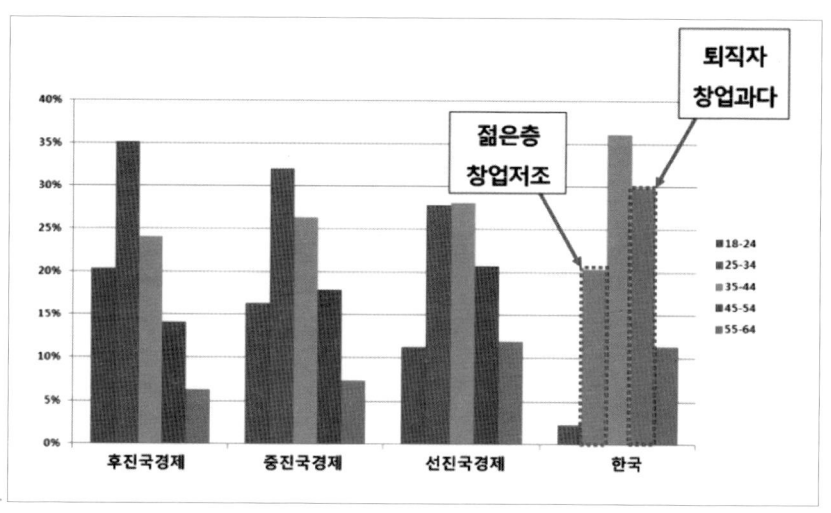

- 벤처 활성화에 이어 M&A가 필요하다. 창업기업이 실제 시장으로 나아가긴 힘들다. 대기업의 시장역량을 활용해 시장에 나갈 수 있도록 도와야 창업기업의 성장을 촉진할 수 있다. 선도기업도 외부(벤처기업)로부터 기술을 조달받아 혁신역량을 보완할 수 있다. 또 엔젤 투자를 통해 회수시장을 키워 초기 창업의 투자를 활성화시킬 수 있다. 이처럼 상생형 M&A가 대기업과 벤처기업, 엔젤 투자자 간의 상생발전을 가능케 한다. 상생형 M&A란 효율과 혁신의 결합으로, 상생을 통해 고용을 증가시킨다.

- 전 세계 상생형 M&A의 99%가 미국에서 이뤄지는데, 실리콘밸리에서만 84%가 발생하고 있다. 미국의 상생형 M&A는 휴렛팩커드를 시초로 50년 동안 자연발생적으로 성장해 온 만큼 한국이 미국을 벤치마킹할 수 없다. 우리는 혁신거래소를 만들어 정책 및 제도를 통해 압축 성장하는 것이 유일한 길이다. 개별적으로 제도를 낮춰 진입을 쉽게 한다고 M&A가 활성화 되지 않는다. M&A가 활성화되지 않으면 엔젤 투자도 불가능

하고, 대기업의 효율과 중소기업의 혁신의 결합이 이뤄지지 못한다. M&A가 없는 창조경제는 존재할 수 없고, M&A를 대체할 수 있는 것은 없다. 결국 혁신거래소를 만드는 것 이외에 답은 없다.

- 대기업의 시장 효율과 중소기업의 기술 혁신이 선순환 돼야 하는데, 대기업의 단기적 이익이 전체 생태계를 파괴시킨다. 공정거래는 대기업의 혁신 동력이다. 대부분의 플랫폼을 대기업이 가지고 있으며, 개방하고 있지 않다. 플랫폼을 개방해야 한다. 관련 전문 공무원도 채용해야 한다.

- 새로운 인재 육성을 위해서는 문제를 통한 교육이 필요하다. 현재 양성되는 인력은 안정 지향적 사고, 정답 신봉, 실패 공포증을 가지고 있다. 이제는 기업가정신 교육을 통해 도전적 사고, 긍정, 기업가정신을 가진 청년을 키워야 한다. 아리조나 대학의 13년 연구결과(1985~1998)에 따르면 기업가정신 교육을 받은 학생의 창업 수가 받지 않은 학생보다 3배 더 많았다. 기업가정신 교육을 받은 학생 중 창업을 하지 않았어도 연수입이 받지 않은 학생보다 27% 더 많았다. 유럽 통계에서도 기업가정신 교육 받은 학생의 취업자 수가 2배가량 많았다. 미국 유수의 대학은 물론 유럽 등 전 세계에서는 기업가정신 교육을 진행하고 있다.

- 이제 기업가정신주의Entrepreneurism 시대다. 자본주의는 성장을 통해 가치를 창출했으나 양극화를 양산했다. 사회주의는 복지를 통해 가치를 분배하였으나 황폐화를 야기했다. 양극화와 황폐화를 해결하기 위해 자본주의의 혁신과 사회주의의 선순환이 필요하다. 가치창출과 가치분배가 선순환 되는 기업가정신이 필요하다.

- 무엇보다 사내 혁신이 필요하다. 성공한 기업과 실패한 기업의 차이에서 예산과 인력은 영향을 미치지 못한다. 가장 중요한 요소는 '미치광이 챔피언' 즉, 혼을 불어넣는 자인 사내기업가다. 대학발 창업은 미미하다. 90%이상이 기업발 창업이다. 중심이 기업발 창업으로 옮겨가야 한다. 이것이 사내기업가를 육성시켜야 하는 중요한 원인이다. 그러나 대한민국은 조직의 보수화로 사내기업가를 양성하는 것에 한계가 있다. 누구나 사내기업가가 될 수 있는 육성 시스템이 필요하다.

- 기술사업화가 원활히 진행되어야 한다. 현재 기술사업화는 성공 위주로 평가되며, 지배구조가 파편화되어 있다. 지원 위주의 정책과 기업가정신 부재로 기술과 시장이 단절되어 있으며, 기술거래소가 통폐합되어 있는 등 기술시장이 분산되어있다. 이제 추격형 정책에서 창조형 정책으로 바뀌어야 하며, 부처 간 협력하고 체계가 통합돼야 한다. 기업가정신을 가지고 시장을 지향하고, 시장 플랫폼을 통합해야 한다.

한국	중국	일본	미국
공급중심형	시장지향형	기술중심형	밸런스형
• 인구수 대비 최대 특허출원 • 우수 특허 부족	• 특허 출원량 급증 • 경제 성장을 따라잡지 못함	• 연간 34만개 특허 출원 • 증가하는 IP 로열티	• 연간 50만개 이상 특허 출원 • 특허의 질 우수
• 엔젤 캐피탈, M&A 최하위	• 대학기술지주회사가 엔젤 캐피탈 역할 중 • 200억 달러 규모 M&A 시장	• 한국과 유사	• 압도적 규모의 엔젤 캐피탈 • 400억 달러 규모 M&A 시장
• 12억 달러 규모 벤처 캐피탈	• 90억 달러 규모 벤처 캐피탈 • GDP 대비 세계 최대 IPO 시장	• 12억 달러 규모 벤처 캐피탈	• 290억 달러 규모 벤처 캐피탈 • 세계 최대 IPO 시장

- 각국의 벤처 생태계를 비교하면, 중국은 시장지향형, 일본은 기술중심형, 미국은 밸런스형이다. 반면 한국은 정부중심형이다. 공급 중심의 사고에서 벗어나 특허를 활용하고, M&A 활성화와 코스닥을 재건하여 재도전하는 순환중심의 사고를 가져야 한다.

핀테크 생태계 조성을 위한 전략

발제자 : 배재광 한국핀테크연구회 회장

일 시 : 2015년 5월 28일 오전 7시30분

장 소 : 국회의원회관 제3세미나실

■ **거래비용 Zero화, 핀테크(Fin-tech) 금융혁명의 동인**

: 빅데이터와 모바일로 거래비용↓ 효율성↑ 금융의 스마트화
: 제2의 금융 혁신 물결…전 세계적으로 금융기관 모습의 변화를 유발

- 인터넷에서의 지급 결제(인터넷뱅킹)만을 다루다가 2006년경부터 금융 서비스의 혁신으로 나아간 것이 핀테크Fin-tech다. 이제까지 우리가 생각하는 벤처가 실물경제에서의 벤처였다면, 핀테크는 금융에서의 벤처다. 전문성을 가진 금융기관의 비효율성을 혁신하겠다는 것이다.

- 핀테크는 결제, 대출, 송금, P2P Peer to Peer 플랫폼, 개인자산관리, 금융 기관 필요 소프트웨어 등으로 분류할 수 있다. 결제Payment가 중요한 이유

는 모바일을 이용한 O2O(온라인 투 오프라인)로, 모든 것이 자동화되기 때문이다. 과거에는 인터넷과 현실 세계가 분리되었으나 지금은 모바일을 통해 이 두 세상이 통합되었다. 모바일서비스는 금융서비스와 IT서비스와의 접점으로 핀테크가 핵심적인 기술이다. 이 점에서 IT기업들이 충분한 기회를 가지고 있으나 금융서비스의 경험이 없는 게 큰 약점이다. 대출Lending, 소매투자Retail investments, 지분금융Equity Financing은 크라우드 펀딩 Crowd Funding에 속한다. 빌려 줄 것인지, 투자할 것인지는 그 성격에 따라 다르지만, 언제나 상호 변할 수 있기 때문이다. 그러므로 크라우드 펀딩과 펀딩은 베이스 모델의 차이일 뿐 P2P인 것은 같다.

- 전 세계적으로 PG사(결재대행서비스사)의 최초 기업은 우리나라 데이콤이다. 데이콤이 쇼핑몰 '인터파크'를 구축하고, 여기에 결제만을 따로 할 수 있는 플랫폼을 만들었다. 이 플랫폼에서 독립한 회사가 '이니시스'인데, 데이콤의 PG사로 유지되다가 'LGU+'와 합병하였다. 핀테크 기술의 글로벌화는 우리나라가 먼저 한 것이다. 미국의 'Paypal'은 1998년도에 시작되었다. 이 시기에 우리나라는 이미 '다날' 등 모바일 소액결제 플랫폼을 생성하였다. 그러나 이후 규제 때문에 성장하지 못하면서 전통적인 핀테크 기술에 머물렀고, 미국의 'Paypal'은 끊임없이 진화하였다.

- 은행 예금 이자는 0.5~1%로 매우 낮지만 같은 은행의 대출 이자는 4~9%로 매우 높다. 예대금리차가 이렇게 큰 것은 바로 금융기관의 비효율성에 기인한다. 그동안 자금을 금융기관에 맡기고 빌려오는 만큼의 효율성을 담보해줄 수단을 찾지 못해 비효율성이 지속돼 왔다. 이제 IT기술 발전이 금융기관보다 더 편리하고 정확하게 신용을 분석하고 평가할 수

있다. 기존 신용평가 방법을 뛰어 넘어 다양한 수단을 사용해 효율성을 높이고 거래비용을 낮춘다. 이것이 핀테크의 혁명이다. 앞으로 현 상태를 고수하는 전통 금융기관은 찾아보기 힘들 것이다. 강한 힘을 가진 금융기관들이 핀테크 기술로 혁신한다면 시대의 주인공이 될 것이다. 10년 내외에 많은 결과가 있을 것이며, 핀테크가 그 기업의 성장 가능성을 보여줄 것이다. 결코 핀테크의 발전은 멈추지 않는다.

- 은행은 여수신기관으로 계좌 기반의 강력한 플랫폼을 갖고 있다. P2P플랫폼이 그것을 돕는 핵심적인 비즈니스모델이다. P2P플랫폼은 여수신 기능을 하나로 통합한 것이다. 은행과 P2P플랫폼은 어떤 때는 경쟁을 하고, 협력을 하고 혁신을 한다.

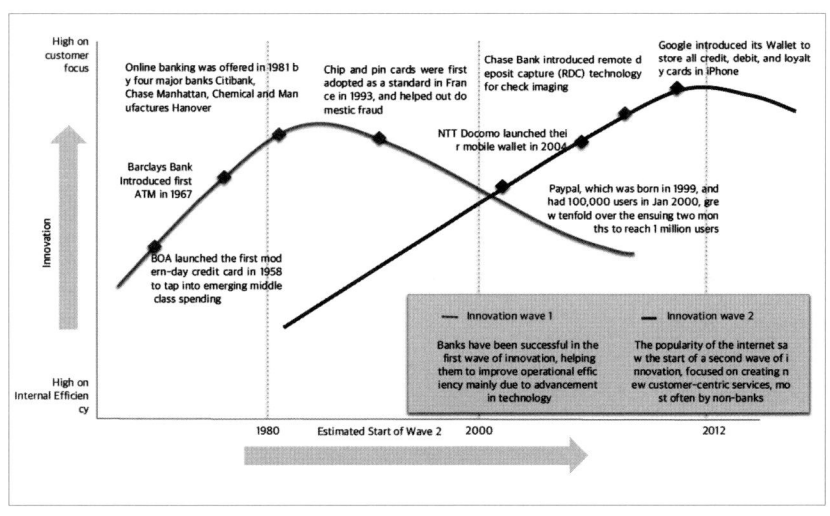

- 현재 우리나라는 인터넷뱅킹 시스템이 잘 구축되어 있고, 핀테크를 잘 접목시키고 있다는 착각을 하고 있다. 인터넷뱅킹은 인터넷 기반의 뱅

킹서비스로, 은행 내부의 제1차 금융 혁신일 뿐이다. 핀테크는 은행 내부의 혁신이 가진 한계에서 벗어난 외부 혁신이다. 인터넷뱅킹과는 완전히 다른 제2의 물결이다. 인터넷뱅킹을 사용하더라도 금리가 낮아지거나 금융기관의 비효율성이 바로 잡히는 것이 아니다. 이는 핀테크를 통해서만 가능하다. 연결 플랫폼이 등장하면서 금융이 스마트해졌다. 전문 금융기관이 하던 영역을 스마트 플랫폼이 대신하면서 훨씬 더 정확해졌다. 그동안 금융기관의 평가는 평가요소가 경직되어 있어 비효율성이 컸다. 앞으로 많은 실험을 거쳐 머지않아 핀테크가 신용평가의 수단이 될 것이다. 모바일 금융은 O2O(Online to Offline)이고 실시간이자 현실이며, 디지털과 아날로그 등 모든 것이 융합돼 있어 스마트하다. 데이터를 통해 실시간으로 수요자와 공급자를 분석하고, 모바일로 실시간 연결이 가능해져 거래비용을 제로화한다. 현재 금융업의 디지털화는 피할 수 없는 흐름이다.

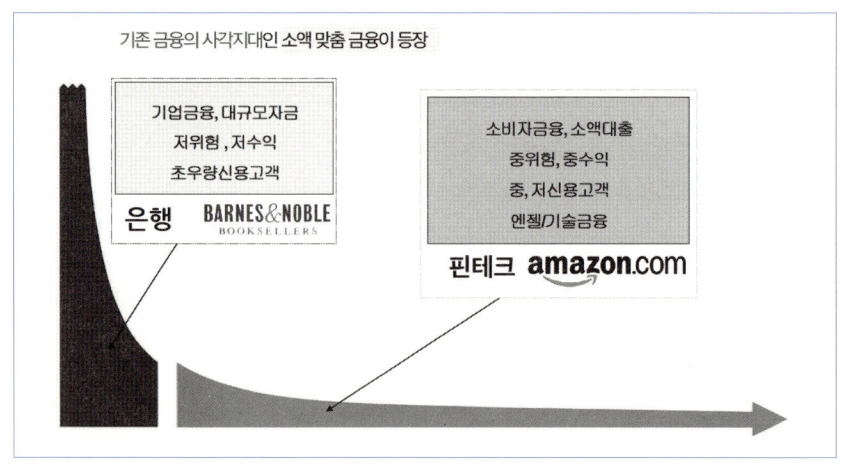

- 은행은 기업금융, 대규모자금을 운용하는 도매 금융으로 이동할 것이

며, 소비자금융, 소액대출 등은 핀테크로 넘겨져 기존 금융의 사각지대인 소액 맞춤 금융이 등장할 것이다. 2020년까지 소매 금융의 30~70%가 핀테크로 이동할 것으로 예측되고 있다. 핀테크가 은행의 영역에 포함되어 Long Tail 경제를 확산시킬 것이다.

- 글로벌 핀테크 혁명의 중심은 미국, 영국, 중국이다. 미국은 실리콘밸리를 중심으로 세계 최대 핀테크 시장을 이루고 있다. 세계 최대 금융가인 뉴욕에서 핀테크는 매우 활성화 되어 있으며, 애플, 구글 등을 포함하여 글로벌 시장을 주도 하고 있다. 영국은 정부 주도로 적극적인 핀테크 육성에 노력을 하고 있다. 제도적으로 합리적이고 이성적인 접근방법을 채택한 셈이다. 빠르게 핀테크가 성장하고 있고, 글로벌 금융시티의 위상을 유지하고 있다. 그러나 핀테크의 실질적 승리자는 바로 중국이다. 중국은 금융시장이 낙후되었고, 신용카드 사용률도 8%밖에 되지 않은 것이 오히려 핀테크 금융을 발전시켰다. 정부 주도의 온라인 소비정책으로 모바일 소비가 급속하게 확대되고 있다. P2P Lending도 자유로워 앞으로 성장이 기대된다. 현재 중국에서 수 만개의 핀테크 기업들이 활동하고 있다. '티엔마오', '리차이퉁', '타오바오' 등 중국 핀테크 기업이 급부상하고 있다.

■ 진입장벽 제거와 접근성 보장이 한국 핀테크의 성공전략

: 핀테크 규제 완화 · 개혁 추진 필요…핀테크 특별법 제정해야

- 일반적으로 기존 금융은 안전하지만 불편한 영역, 또는 위험하지만

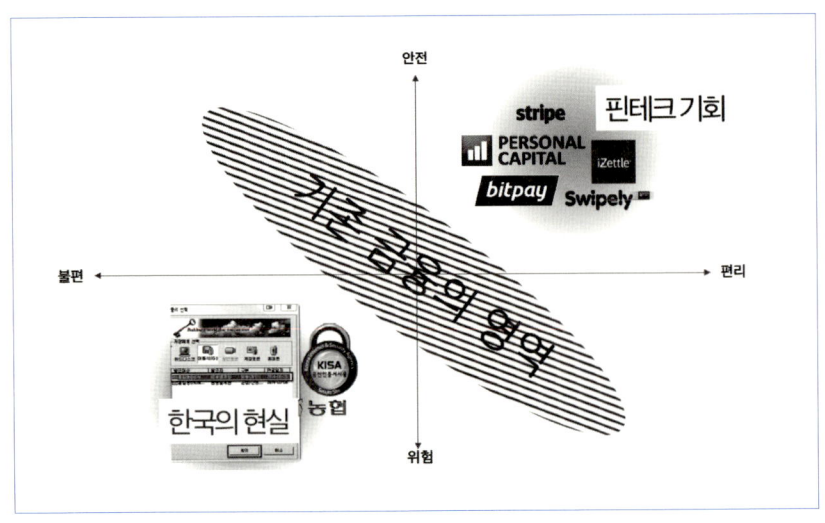

편리한 영역에 존재했다. 그러나 우리나라의 금융은 불편하면서 위험한 부분에 있게 했다. 사용자에게 공인인증서를 다운받게 하지만, 서버 인증을 하지 않아 보안에 허점이 많다. 반면 핀테크는 안전하면서 편리하다. 보안은 서비스에 묻혀서 따라가는 것이며, 보안이 독자적이거나 완전할 수는 없다. 인증과 보안은 창과 방패의 논리와 같다. 보안은 어느 누구도 알 수 없어야 하며 그 보안 기술은 계속 변화해 나가야 한다. 보안 기술을 다른 사람들이 알지 못할 때가 가장 안전한 상태인데, 최고의 기술을 남들에게 자랑하는 우리나라는 문제가 있다.

- 핀테크는 결제Payment와 새로운 통화New Currency, 송금Remittances과 개인뱅킹, P2P플랫폼, 자산관리 등 일반적 기능에 따라 분리된다. 새로운 통화 중 비트코인은 현재 뉴욕연방은행에서 받아들여서 실험 중이다. 문제는 외화, 재무, 범죄 등 3가지 사안에 대해 계속해 검토를 해야 한다. 하지만 우리나라는 아무런 대책을 내놓고 있지 않은 상태다.

- 한국의 핀테크가 성공하기 위해선 우선, 진입장벽Barrier을 획기적으로 낮춰야 한다. 혁신 기업이 등장하면 기존 기업들은 장벽을 쌓아 진입하지 못하도록 막는다. 핀테크의 사업 자본금을 5~50억 원으로 규정하고 있는 전자금융거래법 등 관련법을 전향적으로 개정해야 한다. 아이디어가 있는 사람이라면 누구라도 실험하고 사업을 시작할 수 있도록 해야 한다. 현재 조건에서는 젊은 사람들이 도전하기 힘들다. 자본금 부담이 크기 때문이다. 둘째, 테스트베드를 설치해야 한다. 은행·카드사가 테스트베드에 참여하여 초기 기업들의 진입 및 보안, 연결 등을 실행해야 한다. 스타트업들의 사업모델과 보안을 점검하고 금융사와의 실제 서비스를 실행할 수 있는 기회를 줘야 한다. 셋째, 빠른 결제서비스를 위해 열려 있고 공정한 접근성Access이 보장되어야 한다. 마지막으로 정부가 수요를 창출하는 역할Purchase을 해야 한다. 세금 및 각종 공과금 등 정부제도에서 핀테크를 도입해야 한다. 핀테크 기업들이 경쟁을 하여 승리자가 될 수 있도록 도와야 한다. 우리나라는 경쟁하기 전에 승리자를 먼저 만들려고 한다. 과거 고도성장 시기에는 '될 성 싶은 나무 떡잎부터 알아 본다'는 식으로 미리 인재를 찾아놓고 기업을 운영했으나, 디지털 시대에는 모두가 시장에 나와 경쟁하여 살아남도록 해야 한다.

- 이것을 종합한 것이 한국의 핀테크의 성공 전략인 eBAP Barrier, Access, Purchase Rule이다. 여기서 e는 실행Execution을 의미한다. 정부는 실행의 역할을 맡아 개혁 청사진을 제시해야 한다. 실용이 담보되지 않은 청사진은 사상누각에 불과하다. 법과 기술의 영역은 실행의 영역이다. 정부의 역할이 바로 법의 집행과 실행이다. 하지만 우리나라는 여기에 약하다. 다 골라보고 모든 것을 두드려 보고 위험성이 없다고 판단하면 내보내는 게 우

리나라의 문화였다.

- 핀테크 관련 규제 개혁이 필요하다. 첫째, 전자금융거래법을 별도로 제정해야 한다. 모든 회사법과 세무와 관련해 우선하는 '벤처기업육성에 관한 특별조치법(벤특법)'을 만들었던 것처럼 전자금융거래법을 핀테크에 관련된 특별법으로 만들어야 한다. 핀테크를 도입한 기업에 우선 적용될 수 있는 특별법 제정이 필요하다. P2P플랫폼 중에서 크라우드 펀딩Crowd Funding은 규제가 풀리기 매우 어려울 것으로 예측된다. 자본시장법 및 벤처기업에 한정한 '벤특법'을 개정하여 규제 대상을 차별화시켜야 한다. 대부업법, 불법 수신법 때문에 P2P Lending도 규제가 완화되기는 힘들다. 개인의 회수행위를 금지하고, 이자율을 20% 이내로 낮춰서 대부업이 전자금융업에 적용되지 못하도록 해야 한다. 대부업이 일반금융업으로 전환될 수 있는 기회는 주되 대부업법 규정의 적용을 배제할 수 있는 전자여신 대행업 등을 규정해야 한다.

- 둘째, '여신전문금융업법(여전법)'을 개정해야 한다. 전자금융거래법상 가맹점 규정에 '신용카드 등' 여전법상 카드 사용 규정이 필요하다. 셋째, 본인인증 등 표준 도입과 부당거래 거절행위 규제를 강화해야 한다. 현재는 핀테크 기업들이 금융회사와 함께 일할 수 없는 환경이다. 인증 기술을 시급히 도입해야 하며, PCI-DSS 등과 같이 보안에 대한 국제표준을 적용하고, 별도의 인증 체계를 마련해야 한다. 인증 기준을 충족할 경우 은행, 카드사 등 금융회사의 거래 거절행위를 규제해야 한다. 공인인증서 사용 의무화를 폐지하였지만, 금융기관들은 여전히 공인인증서 보안 체계를 유지하고 있다. 공인인증서 보안이 안전하지 않은 시스템이라는 것은 인지하고 있으나 공인인증서 보안 체계를 유지하고 있을 경우 보안사고가 발

생하더라도 금융기관은 책임을 회피 할 수 있기 때문이다.

　민사·형사에서 면책되므로 새로운 보안 체계를 도입하려 하지 않는다. 새로운 인증 시스템을 사용하여 보안상 문제가 발생하면 금융기관이 징계를 받는다. 금융기관이 이러한 부담을 갖지 않도록 책임 분담 혹은 면책과 같은 대책이 필요하다. 금융당국, 한국인터넷진흥원 등이 나서서 새로운 보안 인증 기술을 만들어야 한다.

　- KDB산업은행과 IBK기업은행, BC카드가 스폰서 하는 금융기관이 되어 핀테크를 실험하는 모습을 직접 보여줘야 한다. 핀테크 도입 이후 성장한 모델을 제시하며 사금융기관의 핀테크 도입을 유도해야 한다. 위험을 기피하는 사금융기관에게 스폰서 금융기관이 직접 리스크를 떠안고 핀테크 도입을 실행할 수 있도록 도와주는 것이 필요하다. 한국인터넷진흥원과 증권전산KOSCOM, 금융결제원 등은 테스트베드를 해야 한다. 정부는 핀테크 비전을 설계하고 수요를 창출해야 한다. 새로운 핀테크 기업들은 비즈니스 모델을 만들어 국내에서 운용하고 나서 빨리 중국, 동남아, 그리고 인도로 나가 글로벌한 경쟁력을 키워야 한다.

　- 금융당국이 규제를 개선하니 대신 은행, 카드사 등 금융기관이 규제를 하고 있다. 이는 핀테크 혁신을 위축시킨다. 공정한 거래가 이뤄져야 하며, 금융기관은 금융 원리·원칙으로 돌아가 재정리하고 경쟁해야 한다. 이것이 핀테크와 금융의 혁신이다. 이것이 금융을 강하게 만드는 방법이 될 것이다.

혁신과 경제민주화

발제자 : 이상승 서울대학교 경제학부 교수
일 시 : 2015년 3월 5일 오전 7시30분
장 소 : 국회의원회관 제3세미나실

■ **경제민주화의 등장 배경과 원칙**

: 기업들에 대한 징벌적 제재, 장기 성장 능력까지 위축시킬 수 있어
: 경제민주화 정책 논의 과정에서 명심해야 할 원칙

- 통상적으로 '재벌'이라는 대규모 기업집단이 우리나라 경제발전에 기여한 바는 아주 크다. 재벌은 우리나라 경제에서 혁신주체가 되어 글로벌 경제를 선도해 나가는 긍정적인 역할을 하고 있지만 다른 한편에서는 여러 잘못된 행태를 보이고 있다. 과거 부의 승계과정에서 그 당시 법을 위배하는 일들이 많았으며 시장지배력을 남용하여 경쟁을 제한했다. 또 막강한 협상력을 남용하여 하도급업체와의 거래에서 발생할 수 있는 이익을 독차지하곤 했다.
- 이러한 이유 때문에 2012년 총선·대선 과정에서 '경제민주화'가 우

리사회의 주요 논제가 되었다. 이는 재벌들의 잘못에 대한 우려가 심각하다는 반증이고 시장실패를 예견하고 제도적으로 보완하려는 노력이며, 기업집단에 대한 저항이 낳은 결과다.

- 박근혜 대통령이 '경제혁신 3개년 계획'을 발표하면서 경제민주화 정책은 흐지부지된듯 하다. 하지만 2016년 총선이나 2017년 대선 때 다시 '경제민주화'가 주요 논제로 다시 등장할 가능성이 높다.

- 경제민주화에 대한 시대적인 요구가 분명히 존재한다. 하지만 성공한 기업들을 사후적·징벌적 제재에 포커스가 맞춰 진행된다면 기업들의 의욕과 활력을 떨어뜨리고 장기 성장 능력까지 위축시킬 수 있다. 이러한 우를 범하지 않기 위해서는 논의 과정에서 확고한 원칙이 있어야 한다.

- 첫째, 시장경제체제에서는 기업들의 자유로운 경영활동이 보장돼야 한다. 재벌들은 여러 잘못을 했지만 혁신의 주체이기도하다. 삼성과 같은 우리나라의 재벌들은 소비자 선호의 변화와 기술 혁신에 따른 경제상황의 변화에 발 빠르게 대처한다. 그 과정에서 출자를 통한 새로운 사업 기회 확보, 신규 회사 설립과 기존 회사 인수는 꼭 필요하다. 정부의 출자액 규제 움직임은 바람직하지 않다.

- 둘째, 우리나라 재벌의 문어발식 확장에 대해 많은 사람들이 우려의 목소리를 내고 있지만 오히려 문어발식 확장이 기업의 본질이라고 볼 수 있다. 물론 이것이 절대적으로 좋은 방식은 아니다. 하지만 기업운영을 전문화할지, 다각화할지의 여부는 기업이 시장원리에 따라서 자율적으로 선

택할 사항이지 정부가 인위적으로 유도해서는 안된다.

구글 또한 인터넷 검색으로 시작해 지금은 무인자동차를 만들고 있다. 시장 변화를 선도하거나 대응하기 위해 기업이 새로운 사업 영업으로 진출하는 것을 규제한다는 건 잘못된 것이다. 또한 기업집단 계열사 간의 '내부거래' 그 자체를 문제 삼아서도 안 된다. 특히 수직계열화의 장점은 원자재-부품-최종 생산-유통까지 하나의 기업이 담당하는 것이다. 이를 계열사 형태로 바꾸는 것은 효율성 향상을 위한 것이다.

- 셋째, 시장실패는 분명히 발생할 수 있다. 순환출자를 통해서 자신의 지분보다 많은 의결권을 행사하면 의결권 초과 행사에 따른 문제가 발생할 수 있다. 소액주주의 이익을 침탈하여 자신의 이익을 챙기는 것이다. 또한 시장지배력이 생기면 이를 남용하여 신참기업이나 소규모 기업들을 배제하려고 한다. 이는 주총이나 이사회를 통한 사전 규율장치나 대표소송 활성화 등의 사후 피해구제 강화로 해결해야 한다.

■ 1주 1표의 시각에서 바라본 경제민주화

: 한국의 소수지배주주, 소유 지분보다 더 많은 의결권 행사

- 정치민주화의 핵심에는 1인 1표가 있다. 교육, 소득 수준에 상관없이 시민 누구든 1표를 행사할 수 있다. 자유민주주의는 '언론의 자유'나 '법치' 등이 보장되는 것이라고 말할 수 있다. 유신체제는 1인 1표가 지켜지

지 않아 비판받는 대표적인 사례다.

　- 우리나라 상법 제369조는 1주마다 1표의 의결권을 갖는다고 명시하고 있다. 하지만 소수지배주주는 (소유 지분보다) 더 많은 의결권을 행사하면서 실질적으로는 법을 어기고 있다. 이러한 이유로 '재벌'이 비판받는다.

　- 상호 출자, 순환 출자, 피라미드 식 출자 등 다양한 형태의 출자를 통해 소수지배주주가 자기의 지분보다 더 많은 의결권을 행사한다. 예를 들어, 지배주주가 지주회사의 50% 지분을 갖고 있다. 그리고 지주회사가 60%를 출자해 자회사를 만들었다고 하면 지주회사의 지배주주가 자회사에서 60%의 의결권을 행사할 수 있다. 실질적으로 직접 지분은 없지만 간접 지분은 있다. 지배주주가 지주회사의 지분 50%를 갖고 있고, 자회사의 지분을 60% 갖고 있기 때문에 실질 지분은 30%이다. 실질 지분 2배의 의결권을 행사하니 잘못됐다는 비판이 제기된다.

■ '우월 의결권' 적대적 M&A 방어와 장래성 있는 투자 보장

　: 구글 10년 전보다 주가 10배 상승, 주주들 의결권 대신 큰 이익
　: 한국도 미국처럼 '우월 의결권' 정보 공개해야

　- 우월 의결권 행사는 미국이나 유럽에서도 있다. 예를 들어, 구글은 2004년에 상장시 일반 투자자들에게는 1주 1표의 보통주를 발행했지만 기존의 경영진과 내부인들은 1주 10표의 보통주를 보유했다. 따라서 창업

주 3인의 지분은 19%에 불과하지만 실제 행사 의결권은 66%에 육박한다. 이는 상법상 특별의결도 가능한 수준이며 구글의 미래를 3인이 전권을 행사하겠다고 시장에 천명한 것이다.

- 우월 의결권은 적대적 M&A의 강력한 차단 수단이 될 수 있다. 구글은 시장에서 창업주 3인의 의사에 반하는 적대적 M&A가 불가능하다. 우리나라 재벌 역시 비슷하다.

- 경영진이 무능하거나 사익을 추구하면 주가가 회사의 '본질가치'에 비해 떨어진다. 이때, 적대적 M&A는 무능한 경영진을 쫓아내고 새로운 경영진으로 교체하는 역할을 수행하기 때문에 시장에서의 순기능을 수반한다. 반면, 적대적 M&A의 위협에서 해방되면 장기적으로 회사 가치와 수익성을 높이는 경영을 할 수 있다. 현재 구글은 무인자동차에 투자하고 있다. 이를 시장에 맡겨두면 수익성이 확실하지 않기 때문에 투자가 이루어지지 않을 수도 있다. 하지만 구글의 대표 3인은 장기적인 시각에서 판단하여 무인자동차에 투자를 결정했다. 이것이 바로 우월 의결권이고 우리나라 순환출자의 본질이다.

- 따라서 우월 의결권과 같은 적대적 M&A 차단 장치가 바람직한가에 대해서는 섣부르게 판단할 수 없다. 구글은 2004년 상장 때보다 주가가 10배 이상 올랐다. 의결권의 제한을 받던 주주들은 투자자 3인의 경영으로 큰 이익을 본 것이다. 때문에 우월 의결권 행사가 나쁘다고만 볼 수는 없다.

- 외국과 우리나라의 우월 의결권 제도에는 차이가 있다. 미국은 상장

시 우월 의결권에 대한 모든 정보를 투명하게 공개해 투자자들이 쉽게 판단할 수 있지만 우리나라의 경우는 불투명하다. 겉으로는 1주 1표의 원칙을 지키는 듯하지만 실질적으로는 우월 의결권을 행사한다. 본질에는 큰 차이가 없지만 정보 공개가 꼭 필요하다고 본다. 과거에도 이러한 논의가 있었지만 대규모 기업집단들은 반대했다.

■ 순환출자 자체를 부정하기보다는 피해자 구제 방안 마련해야

: 순환출자로 인한 소액주주들 부의 침탈 해결 방안 2단계

- 과거 공정거래법에서는 기업집단에 대해 상호출자는 금지하였지만 순환출자는 허용했다. 하지만 사실상 순환출자는 간접적인 상호출자와 같아서 문제가 되었고 결국 2013년에 신규 순환출자도 금지되었다.

- 이 논리로 출자를 규제하면 모든 계열사의 출자를 규제해야 한다. '내부 지분' 축소 방지나 '지배주주로의 부의 이전'을 위한 출자는 과거에도 있었지만 사실 모든 계열사의 출자에서 비슷하게 발생할 수 있다.

- 이러한 상황에서 지배주주의 사익추구가 문제라면 출자 자체를 부정하는 것이 아니라 손해 보는 당사자들이 피해구제를 받을 수 있는 제도를 마련해야 한다. 순환출자 규제, 의결권 제한, 출자총액제한 등 사전적 지분규제는 실효성도 떨어지고 부작용이 더 많다.

- 순환출자와 관련된 기업집단의 문제점은 크게 두 가지다. 첫째는 소액주주의 부의침탈 현상이고, 둘째는 담합을 통한 소비자 피해를 유발하는 점이다. 19세기 미국에서도 재벌에 대한 비판여론이 드셌지만 여러 부작용에 대한 법제도를 만들어 그 문제를 해결했다.

- 구체적으로 소액주주의 부의 침탈 문제를 해결하기 위한 방안으로 2단계 접근법이 있다. 지주회사의 소액주주들은 지주회사가 출자한 자회사의 지분을 실질적으로 가지고 있다. 자회사의 실질적인 소액주주지만 우리나라 상법에선 주주로서의 권리를 인정하지 않아 이를 해결하기 위해 법의 개정이 필요하다. 이는 단순히 지주회사 자회사만의 문제가 아니라 재벌 계열사에서도 발생한다. 영미권에서는 이러한 현상이 큰 문제가 되지 않지만 우리나라는 재벌구조를 갖고 있어서 영미에서 발달한 개별회사를 대상으로 한 회사법 체제가 부족하고 우리나라 현실에 비추어 기업집단으로 확장할 필요가 있다. 특히 여전히 남아있는 재벌의 경영권 승계 과정에서 소액주주들의 부의 침탈현상에 대한 근본적 해결이 필요하다.

- 기업집단에 관한 회사법을 마련하는 것이 필요하다. 이는 우리나라에서는 개별회사가 아니고 기업집단이 사실상 하나의 사업주체로서 운용된다는 점과 기업집단체제의 효율성을 인정하면서 발생 가능한 문제에 대해 제도적 장치를 마련하자는 주장이다.

- 2단계 접근법에서 1단계는 개별회사에 적용되는 회사법 조항들을 강화하는 것이다. 주총과 이사회를 통해서 '사전적' 규율 장치를 강화하고 만약 문제가 발생하면 대표소송 활성화와 같은 민사적 분쟁 해결 수단을

마련하는 것이 필요하다. 2013년 대통령직 인수위원회의 경우 감사위원을 맡을 사외이사는 최소 1명 이상 지배주주로부터 독립된 사람으로 선택해야 한다는 의견이었다.

- 외환위기 이후 시장의 감시기능이 많이 강화되었다. 특히 내부 거래 또는 출자 등의 사안에 대해서는 과거와 다르게 주총에서 승인을 받아야 한다. 증거개시절차(Discovery, 법원이 해당 소송에 근거가 있다고 판단할 경우, 소송 상대방에게 관련 자료를 제출할 것을 명령하는 제도)의 경우 우리나라에서는 아주 부족하다. 중소기업들의 경우 개발 중인 기술에 대해 공개 요청을 받으면 외국과는 다르게 대기업의 탈취가 빈번이 일어난다. 우리나라 법 체계와는 맞지 않다는 반박도 있지만 회사법과 경쟁법에 우선적으로 이를 방지하는 제도를 도입할 필요가 있다.

- 2단계는 소액주주의 이익보호를 위한 제도적 장치를 기업집단에 확대 적용하는 것이다. 현재 공정거래법 안에 이 같은 내용이 포함되어 있지만 이를 분리시킬 필요가 있다. 구체적으로 기업집단에 속하는 비상장 계열사에 출자하는 계열회사의 주주들이 실질적인 주주임을 인정하고 권리를 부여할 필요가 있다.

■ 담합에 의한 경쟁 제한, 집단 소송제와 부권소송제 도입으로 막아야

- 경쟁법의 경우 기존 담합문제와 관련된 소비자 집단 소송제나 부권소송제를 반드시 도입해야 한다. 시장주의의 관점에서 시장실패가 발생할

수 있는 대표적인 부분이기 때문이다. 담합을 규제하기 위해서는 공정거래의 도입뿐만 아니라 민사소송을 통한 담합 이익의 환수가 이뤄져야 한다. 하지만 담합의 피해자가 다수고 그들이 소액의 손해를 보았다면 개별적으로 소송을 제기하기 어렵다. 이를 위해 집단 소송제가 도입되어야 한다. 우리나라에 도입은 되었지만 실효성이 없는 상황이다. 미국과는 달리 법무법인이 3년간 3건 이상을 대리할 수 없게 해, 사실상 집단 소송을 전문으로 하는 법무법인의 출현을 막아 놨기 때문이다. 집단 소송이 도입되었지만 실제적으로 4건 정도만 이루어졌다.

- 물론 남소濫訴의 가능성이 있다. 이를 해결하기 위해서는 법원의 심사를 통한 소송 진행, 패소한 측이 승소한 측의 소송 실제비용을 부담하는 실손해 보상을 하는 등의 방안을 들 수 있다.

- 우리나라는 공정거래위원회가 경쟁법의 집행을 독점하고 있다. 미국의 경우 법무성 등이 중요한 연방법 집행 기관이지만 대기업이 담합을 했다면 피해를 입은 기업이나 사람들이 직접적으로 소송을 제기할 수 있다. 우리나라는 이러한 길이 차단되어 공정거래위원회에 신고만 할 수 있다. 공정거래위원회에서 아무런 조치를 취하지 않으면 피해를 보상받을 수 있는 방법이 없다.

- 공정거래위원회의 역량이 강화되어야 한다. 현재 공정위는 행위 시정 조치만 할 수 있다. 미국의 경우처럼 회사 분리 명령을 내릴 수는 없다. 이러한 제도를 도입할 필요가 있으며 대규모 기업집단이 우리나라에서 중요한 역할을 하고 있어서 계열분리 청구제를 연구할 필요가 있다. 또한 공정

위의 권한을 격상시키고 연구기관을 만드는 것이 필요하다고 본다. 연구 조직을 만들어서 역량을 키워야한다.

■ 회사내 사업부와 100% 자회사, 차등 규제 없애야

- 현행 공정거래법은 특정 사업을 회사 내 특정 사업부를 만들어 수행할 때와 계열회사나 자회사를 통해 수행할 때 형식논리에 따라서 차등 규제한다. 그런데 두 경우 모두 시장 경쟁에 미치는 영향은 같아 차등 규제할 필요가 없다. 만약 다르게 해야 한다면 그것은 주주 구성이 다를 때이다. 100% 자회사의 경우 기업경영의 부담을 덜어주기 위해서 자회사와 회사 내 사업부를 동일하게 규제해야 한다.

- 자사주는 의결권이 없다. 그런데 현행 공정거래법 상 지주회사 체제로 전환할 때, 그 회사가 보유하고 있던 자사주에 대한 규제는 없는 상황이다. 삼성전자는 현재 자사주 12%를 가지고 있다. 삼성이 지주회사로 전환할 경우 삼성전자 사업자가 생긴다. 이에 따라 기존 삼성전자 주주는 지주회사와 자회사 지분 모두를 갖게 된다. 이를 인적분할이라고 한다. 이러한 규제 공백 때문에 지금까지 기업집단이 자사주를 지주회사가 소유한 자회사의 지분으로 전환하여 지주회사가 의결권을 행사하고 있다. 지주회사 체제로 전환 시 자사주를 소각하든지, 아니면 지주회사와 자회사의 자사주로 전환하도록 해야 한다.

國家再創造

포용적 사회발전

3

포용적 사회발전을 위한
새로운 복지패러다임

김원식

한반도선진화재단 조화사회연구회장
건국대학교 교수

요약

우리 사회는 70년대부터 90년대까지의 고도성장기 끝에 맞은 1998년도 외환위기 이후 줄곧 분배 중심의 복지 정책을 지속적으로 추구해 왔다. 그리고 지금은 무상복지를 중심으로 보편적 복지를 추구하면서 성장과 복지 논쟁으로 많은 사회적 몸살을 앓고 있다. 그럼에도 불구하고 저성장과 함께 양극화 문제가 심각해지고 더 이상 현재의 성장과 복지의 패러다임을 유지할 수 없는 상태에 있다고 본다. 따라서 성장정책에 수익배분 시스템의 개선이나 지배구조 개선을 체화시켜서 직접적으로 소득분배를 개선하는 있는 것이 필요하다고 본다. 그리고 복지정책도 단순히 나누어 주는 개념에서 기회를 보장하는 박애주의적 방향으로 전환되어야 한다. 따라서 한국의 지속발전을 위해서는 포용적 성장 및 복지 전략이 필요하다. 그리고 정태적 한국형 복지에서 동태적 글로벌형 복지로, 복지 서비스 공급체계를 정부에서 민간중심으로, 치료 중심의 의료보장에서 예방중심의 건강보장으로, 소득 중심의 노후소득보장에서 서비스 중심의 노후보장으로, 100세시대의 복지개혁에서 노동시장 개혁으로, 세대간 Generation to Generation 복지정책에서 세내대 Pay-go 복지정책으로, 빈곤층 중심의 복지정책에서 선진화 사회발전정책으로 전환되어야 한다.

서론

    정부 정책의 목표는 성장과 소득분배로 집약된다. 성장은 투자정책를 통하여 이루어지고 소득분배는 복지정책으로 이루어진다. 그러나 일반적으로 성장과 복지는 서로 상충관계에 있는 것으로 인식하고 있고 이에 따라 성장론과 복지론의 서로 첨예하게 대립해 온 것이 지금까지 우리 사회의 현실이다.

    특히 경제 규모가 커짐에 따라 지속적인 성장을 유지하면 동시에 증대되는 국민들의 복지욕구를 만족시키기 위하여 정부는 재원을 충분히 배분해야 한다. 그러나 이러한 재원을 안정적으로 충당하는데 한계가 있다. 글로벌화에 따라 국가간 경쟁이 치열해 지면서 기업부문은 감세와 규제완화를 지속적으로 요구하고 있고, 이에 따라 복지지출에 필요한 재원의 확보는 점점 더 힘들어지고 적자재정이 불가피해지고 있다. 대표적으로 남미의 PIGS(포르투갈, 아일랜드, 그리스, 스페인)국가들은 이러한 정책적 갈등을 해소하지 못한 채 세계적 불경기로 국가부도사태를 맞이하게 된 것이다.

분배문제를 해결하는데 있어서 정부는 복지정책 뿐 아니라 조세나 성장정책을 활용할 수 있다. 복지지출은 직접적으로 국민들에게 다양한 혜택이 부여되지만 조세는 누진세나 세제혜택 등을 통하여 소득재분배를 한다. 또한, 성장정책도 성장과정에서 수익배분 시스템이나 지배구조 개선를 통하여 직접적으로 소득분배를 개선할 수 있다. 이러한 점에서 자본과 노동간의 원천적 소득분배시스템을 개혁하고 조세나 복지제도를 통하여 2차적인 소득재분배를 하는 등 다양한 분배정책을 추진해야 한다. 그리고 프로세스에 있어서 성장의 수익배분 시스템의 개선이나 조세정책은 복지정책에 우선되어 추진되어야 하고 이에 따라 복지정책이 조정되어야 한다. 그렇지 않으면 복지정책의 도덕적 해이나 분배 자체를 목적으로 한 복지지출로 자원과 정부 재원의 낭비가 걷잡을 수 없이 늘어나면서 경제가 정체되게 된다. 복지는 일단 도입되면 수혜자들이 권리로 인식하고 오히려 더 큰 몫을 요구하거나 개혁에 저항하기 때문이다.

현재 우리나라의 복지지출이 급증하고 있고 또한 복지와 성장에 관련되어 사회적으로 큰 갈등이 유발되는 것은 분배구조면에서 지나치게 어설프고 효과없는 복지정책에 의존하기 때문이다. 게다가 최근 자주 발생되고 있는 불경기는 빈곤층의 생활기반을 더욱 취약하게 해서 복지수요를 더 크게 하고 있다. 따라서 소득분배적 성장시스템 구축, 분배적 조세시스템, 그리고 취약계층 대상의 복지정책을 조화롭게 구축하고, 경제를 안정적으로 이끌어서 중산층을 육성하는 정책 방향을 구축해야 한다.

본 연구는 이러한 관점에서 성장을 통한 복지와 취약계층의 기회를 보장하고 사회적으로 포용하는 복지를 동시에 추구하는 정책을 제안하고자 한다.

현황

우리나라의 사회복지비는 지속적으로 증가해서 1990년 GDP의 3.13%에서 2011년 10.3%로 급증해 왔다. 그리고 2016년의 복지비 예산은 123조원으로 정부예산의 30%가 넘을 것으로 예상된다. 최근 들어 가장 높은 증가율을 보인 부문은 보건의료부문이고, 다음으로 노령부문이다. 그리고 고령화에 따라 복지지출은 앞으로도 지속적으로 증가할 것이다.

[그림 1] GDP대비 사회복지지출 추이

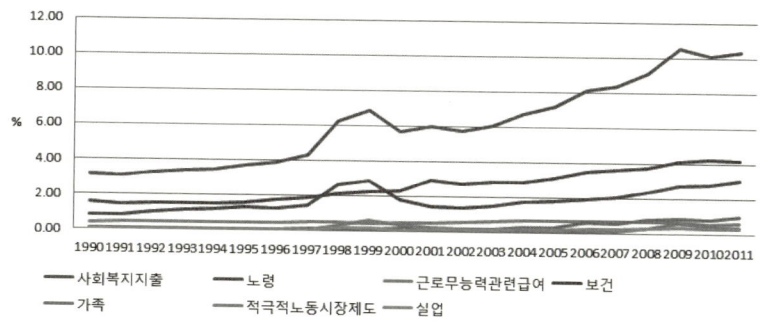

출처: http://stats.oecd.org

우리나라의 공적 사회지출 증가율 추이의 국제비교는 〈표 1〉과 같다. 이에 따르면 최근 우리나라의 사회지출 증가율은 이미 고령화된 북유럽에 비하여 매우 급속히 증가했음을 보인다. 2000년부터 2011년까지 약 3배 가까이 증가해 왔다. 글로벌 경제환경 하에서 복지비의 증가는 다른 나라들과 경쟁하며 지속적 경제성장을 하는데 큰 부담이 될 수 있다. 따라서 복지지출을 증대시키는데 있어서 성장부문이 위축되지 않도록 자원을 효율적으로 배분하지 않으면 안 된다.

[표 1] 주요국 공적 사회지출 증가율 추이

단위: %, 실질증가율

	2000	2005	2006	2007	2009	2011	2011/2000
스웨덴	0.16	1.59	2.06	−0.72	2.85	0.56	122.9
노르웨이	−7.14	−4.71	−3.79	3.64	15.73	−1.1	123.3
덴마크	0.34	0.97	1.01	−0.81	6.16	1.77	124.1
스페인	3.73	4.95	4.15	4.66	9.41	0.46	164.2
이탈리아	3.46	2.1	2.62	0.78	1.86	−0.39	123.2
그리스	4.48	7.85	6.53	4.12	3.88	−1.52	151.9
영국	4.18	2.76	1.55	2.73	7.27	0.4	146.4
미국	3.99	2.4	3.62	3.18	9.88	0.53	161.3
한국	−14.73	11.51	20.69	8.14	14.94	3.95	294.0
한국제외평균	1.65	2.24	2.22	2.2	7.13	0.09	139.7

출처: OECD.

문제는 앞에서 보인 바와 같은 정부의 복지지출 증가에도 불구하고 우리나라의 소득분배는 상대적으로 거의 개선되지 않았다는 것이다. 〈표 2〉에 따르면 빈곤율에 있어서 스웨덴은 2010년도에 소득재분배 전에 28%였던 것이 소득재분배 후에 9%로 감소한다. 그러나 우리나라는 17%에서 15%로 소폭 감소하는데 그치고 있다. 소득불평등을 나타내는 지니계수에 있어서도 2010년도에 0.44였던 것이 2010년에는 0.34로 감소한다. 반면 우리나라는 0.34에서 0.32로 소폭 감소하는데 그친다. 이는 우리나라의 복지지출이 급증함에도 불구하고 그 효과가 크게 나타나지 않음을 보인다.

[표 2] 주요국 소득재분배 정책효과 (2000 vs 2010)

	빈곤율				지니계수			
	소득재분배전		소득재분배후		소득재분배전		소득재분배후	
	2000	2010	2000	2010	2000	2010	2000	2010
스웨덴	0.27	0.28	0.05	0.09	0.45	0.44	..	0.34
노르웨이	0.24	0.26	0.06	0.08	0.43	0.42	..	0.31
덴마크	0.23	0.24	0.05	0.06	0.42	0.43	0.23	0.25
스페인	..	0.35	..	0.15	..	0.51	0.26	0.25
이탈리아	0.28	0.32	0.12	0.13	0.47	0.5	..	0.34
그리스	..	0.32	..	0.14	..	0.52	0.36	0.38
영국	0.31	0.32	0.11	0.1	0.51	0.52	0.24	0.27
미국	0.26	0.28	0.17	0.17	0.48	0.5	0.35	0.34
한국	..	0.17	..	0.15	..	0.34	0.32	0.32

출처: OECD.

이는 한편으로 정부의 복지정책이 구조적으로 빈곤층이 아닌 비빈곤층으로 흘러들어 갈 수 있게 운영되고 있음을 보인다. 이러한 현상은 소득분위별로 나누어 보면 더욱 두드러진다. 〈그림 2〉에서 소득이 낮은 1분위와 2분위에서 전체소득에 대한 이전소득비율이 2010년 이후 오히려 하락하고 있다. 이는 비빈곤층들이 복지수혜를 상대적으로 더 받고 있음을 의미한다.

[그림 2] 소득분위별 이전소득 비율 추이

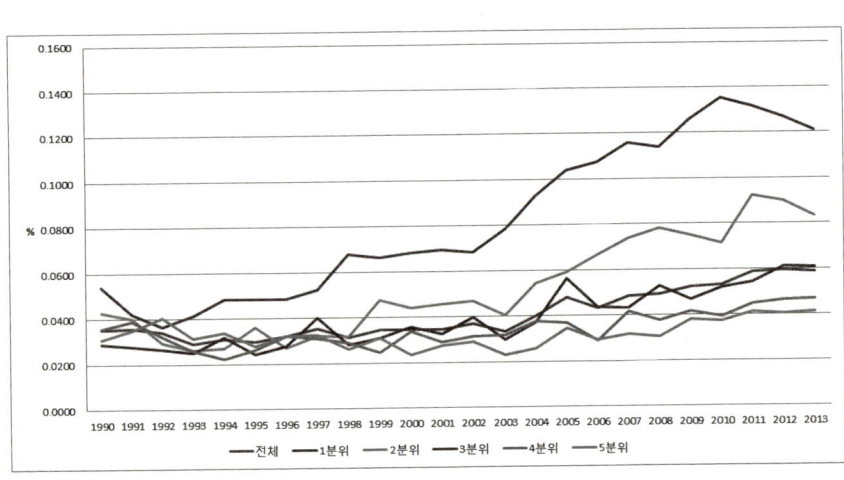

출처: 통계청.

이외에 사회 안정을 위한 복지부문에 관련된 현상을 요약하면 다음과 같다.

우선, 근로자 소득분배율이 개선되지 않고 있다. 부가가치 대비 근로자임금비율은 1999년 47.9%에서 2008년 51.6%까지 상승했다가 2012년

50.2%로 하락했다. 그리고 우리나라의 근로자임금비율 수준은 선진국에 비하여 낮다.

[그림 3] 부가가치대비 근로자임금 비율 추이

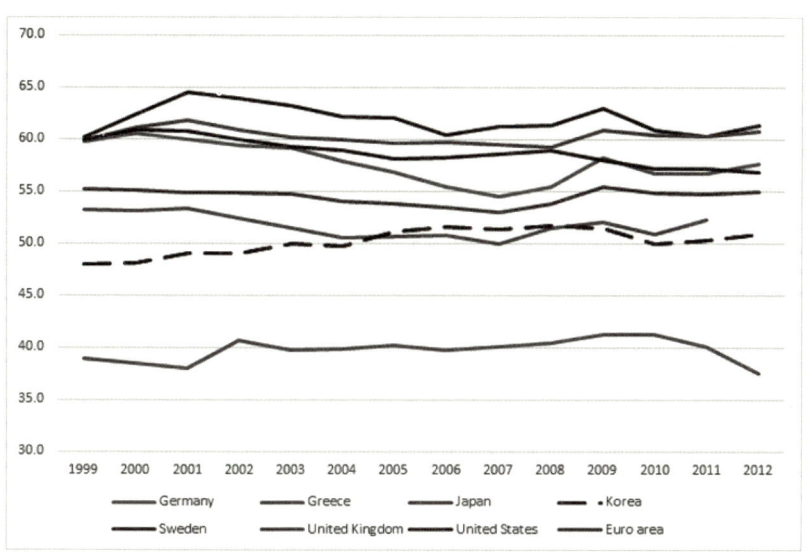

출처: OECD.

둘째, 순가계저축율은 1999년 16.1%에서 2012년 현재 3.8%로 유럽 평균인 7.0% 보다 낮다. 이는 상대적으로 지출이 소득을 초과하고 있으며 적자가계가 증가하고 있음을 의미한다. 또한 성장을 위한 투자재원도 고갈되고 있음을 의미한다. 이는 사실상 가계부채의 증가와도 관련된다. 우리나라의 가계부채는 최근 들어 급속히 증가해서 2015년 현재 1,000조원이 넘는다.

[그림 4] 가계순저축율 추이 비교

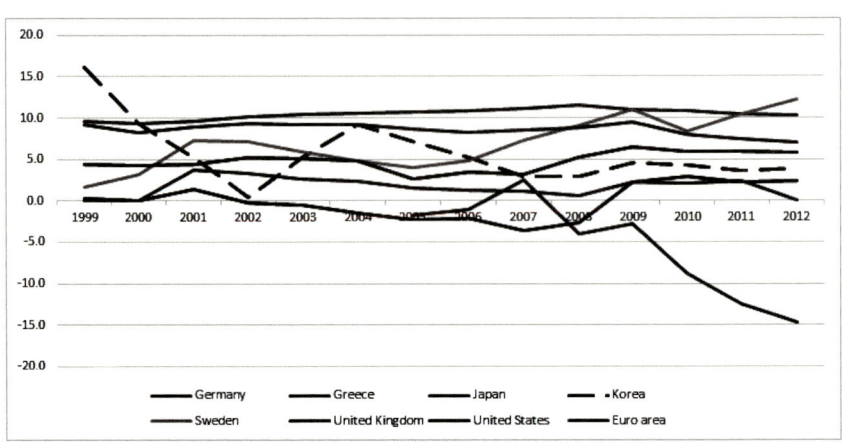

출처: http://stats.oecd.org

셋째, 복지비가 급속히 증가함에도 세수는 늘리지 않아서 복지비의 증액이 부채화하는 현상이 발생하고 있다. 국민들도 복지비에 대한 부담을 기피하면서 한편으로 복지에 대한 낭비도 늘고 있다.

넷째, 국민들의 복지에 대한 기대는 높아지는데 만족도가 크게 높아지지 않고 있다. 생활수준의 향상으로 노인요양, 보육, 교육, 주택 등 복지욕구가 크게 확대되고 있다. 그러나 이러한 복지 서비스에 대한 만족도가 낮아서 개인적 지출도 함께 늘어나고 있다. 이는 가계에 적지 않은 부담이 되고 있다.

우리나라 복지정책의 문제

우리나라의 복지정책은 건국 이후 1970년대까지 기초적 의식주의 해결을 통한 빈곤해소기, 1980년대부터 2000년대까지 사회보험 확장기, 2010년대 이후 무상복지 변환기를 맞고 있다.

첫째, 6.25등의 전쟁으로 피폐된 상태에서 1961년 비로소 생활보호법이 도입된 이후 1970년대까지 우리나라의 복지제도는 국민들의 기본생활을 보호 유지하는데 중점이 주어졌다. 정부는 절대적 빈곤을 해소하기 위한 수단으로 적극적 성장정책을 추진했고 이것이 곧 국민들에게는 사실상의 복지였다. 예를 들면, 농어촌을 발전시키기 위한 새마을운동이나, 산업발전을 위한 경제개발 5개년 계획 등을 들 수 있다. 그리고 복지제도는 기본적인 생계유지를 위한 보조적 수단이었다. 결과적으로 이 시기의 성장을 통한 복지정책은 성공했다고 본다.

둘째, 1980년대부터 2000년대까지의 기간에는 빈곤문제가 어느 정도 해소되면서 사회적 안정을 위한 사회보험제도들이 도입되기 시작하였다. 1963

년도에 산재보험이 도입되기 시작했으나 본격적으로 전국민을 대상으로 1977년 국민의료보험(국민건강보험의 이전 명칭), 1988년 국민연금제도, 1995년 고용보험제도, 2007년 장기노인요양보험 등이 도입 확대 적용되기 시작하였다. 이 제도들은 초기 대기업, 정규직근로자 등을 대상으로 확대된 것으로서 사실상 중산층을 위한 사회안정망 구축이라고 할 수 있다.

그러나 지금까지의 복지제도들은 사실상 복지사회로서의 면모를 갖추지 못했다. 예를 들면, 복지비의 증가에도 불구하고 빈곤층이 정체상태에 있고, 세모녀 사건 등을 보면 빈곤층을 대상으로 한 취약계층 보호가 제대로 이루어지지 않고 있다. 또한 계층간 사회적 갈등이 점차 확대되고 있다. 그리고 집단 이기주의를 낳는 사회적 계층화와 취약계층에 대한 사회적 배제가 심화되고 있다.

이러한 현상을 낳게 된 근본적 원인은 우리나라 복지제도가 지나치게 과거의 선진국 모델을 따르고 있기 때문으로 보인다.

우선, 여성은 가사만 담당하는 것으로 가정해 왔다. 이에 따라 가족 혹은 가구 중심의 복지체계를 유지하고 있다. 그러나 여성들의 사회참여율이 상승하고 있고 미혼여성이 증가하고 있으며 경제적으로 독립하고 있는 여성의 비율도 상승하고 있다. 저성장과 저출산 고령화사회에 있어서 여성은 새로운 노동력이고 성장 동력이 된다. 노동시장에서의 여성 차별을 의도적으로 방치하고 있다.

둘째, 개인들의 소득은 근로소득으로만 구성된다고 가정하고 있다. 그러나 자본시장의 성장에 따라 개인들의 자본소득 비중도 상승하고 있고 노후를 위해서는 자본시장의 활용을 극대화하여 소득을 늘려나가야 한다. 게다가 개인들이 형성할 수 있는 지적재산권 등의 범위도 확대 해석되는 추세여서 이를 활용한 소득 증대도 가능하다. 취약계층이 자본소득을 얻을 수 있는 정보나 기회가 원천적으로 봉쇄되어 있다.

셋째, 복지제도의 개념을 단순히 저소득층의 부족한 부분을 메꾸어주는 것으로 인식하고 이들이 빈곤의 함정에서 빠져나오는데 유인을 제공하지 못하고 있다. 이는 사회적 계층간 이동을 오히려 억제하는 결과로 이어지고 있다. 따라서 저소득층이 자립할 수 있는 여건을 마련해 주는 것도 복지제도의 개념에 포함되어야 한다. 예를 들면 양질의 체계적 육아와 교육, 의료보장, 차별금지 등이 이에 포함된다.

넷째, 지속적으로 인구가 증가한다고 가정하여 많은 복지제도가 재원의 확보 없이 서둘러 도입되고 재정을 불안하게 하고 있다. 그러나 인구는 사실상 정체 상태에 있고 현재와 같은 출산율 추이 하에서는 오히려 인구가 감소할 것으로 예상되고 있다. 이는 결과적으로 제도의 지속가능성을 낮추어서 후세대들에게 혜택을 줄이면서 부담만 가중시킨다.

다섯째, 평균수명이 늘지 않을 것으로 가정하고 있다. 그러나 과거 40여년간 평균수명이 매년 5개월 이상씩 연장되고 있고 앞으로도 이러한 추세는 지속될 것이다. 이에 따라 종신연금의 성격을 갖고 있는 공적연금의 수급대상자는 지속적으로 늘어나면서 연금재정의 적자가 심화되고 있다. 또한, 평균수명의 증가는 개인적으로 노후생활을 유지하기 위한 저축을 더 하게 해야하는 요인임에도 개인들의 저축여력은 소득감소 추세로 더욱 감퇴되고 있다.

여섯째, 앞으로 발생될지도 모를 복지붕괴의 원인으로서 현재의 분단 상태가 어떤 형태로든 통일이 될 것임을 복지제도 내에도 상정하고 있어야 함에도 이에 대한 대비를 전혀하지 않고 있다. 현재와 같은 우리의 복지제도가 북한에 도입될 경우 막대한 예산이 들어갈 것이다. 이는 남한 복지예산을 축소해야 하게 할지 모른다. 게다가 북한에 제도를 도입하는데 있어서 남한의 복지제도가 북한 사회나 주민들의 사회경제적 특성을 반영할 수 없어서 적용에도 한계가 있다. 이는 또한 우리가 도저히 부담할 수 없는 더 많은 복지 비용을 치루게 할 것이다.

따라서 이러한 특성을 반영한 총제적인 신개념의 복지제도가 마련되어야 한다. 특히 복지규모가 증대됨으로써 이를 예산의 한 분야로 끌어들여야 한다. 또한 사회적으로 기회를 보장하고 계층간 포용하는 복지정책이 필요하다. 이는 자본주의의 근본적인 문제인 양극화를 직접적으로 해결하는 것이 된다. 그리고 더 이상의 양극화를 방지하기 위하여 다양한 기회보장 및 법률적 보호[1]와 사회적 질서를 확립해야 한다.

---

1) 법률적 보호의 기본은 지적재산권을 포함한 사유재산권의 보호이고, 특히 취약계층, 중소기업 등의 권리를 보호하는 것이 우선되어야 한다.

성장형 복지정책

　복지 증세없는 범위와 대상의 확대로 정부재정에서 차지하는 복지비 비중이 높아지면서 복지부문이 과거와 같이 단순히 빈곤층을 집중적으로 지원하는데 그칠 수 밖에 없게 된다. 따라서 복지정책을 정부 사업의 핵심부문으로 이전시킬 필요가 있고 이를 통하여 복지부문이 성장에 기여하도록 해야 한다. 즉, 이제는 복지를 단순히 소비성 소모성정책으로 간주해서는 안 된다. 오히려 복지를 통하여 성장 유인을 만들고 경제적 동력을 확보해야 한다. 이를 통하여 국민들의 생활이 안정되고 지속가능한 성장 체계를 유지해야 한다.

　복지부분은 과거 빈곤층 중심의 복지에서 차상위 및 보편적 복지로 확대 전환되고 있다. 그리고 이는 결과적으로 빈곤층의 욕구가 아니라 모든 계층의 욕구를 충족시킬 수 밖에 없다. 이는 정치권의 포률리즘에 기인한 바 크나 경제성장에 따라 양극화가 심화되고 있는 것이 현실이어서 복지부분의 영역과 대상이 늘어나는 것은 피할 수 없는 추세이다. 그러나 이에 필요한 정부재원을 충당하는데 있어서 한계가 있으므로 결과적으로 우선순위와 범위를 제한할 수 밖에 없다. 한편으로는 제한된 재원으로 복지혜택을 늘이고 대상을 확대하는 혁신적 노력도 병행되어야 한다. 그리고 이러한 노력은 성장에 기여하고 개인들의 복지만족도도 높일 것이다.

경제성장은 빈곤층을 감소하게 하여 복지수요를 줄이는 효과를 내야 하는데 오히려 복지수요를 증대시킨다. 이는 성장이 국민들에 대한 복지욕구와 수준을 높이기 때문이다. 따라서 경제성장과 복지는 서로 보완적인 관계라고 볼 수 밖에 없다. 그러나 경제가 성장한다고 해도 사회경제적 위험으로 항상 경제적으로 어려운 계층은 새로 나타날 수 밖에 없어서 빈곤층에 대한 복지지출은 일정 수준을 유지해야 한다. 따라서 이러한 계층의 복지수요를 충당하는 데는 재정적으로나 정책적으로 큰 문제가 없다.

문제는 비빈곤층의 복지수요를 어떻게 통제하고 조달할 것인가이다. 이들의 복지수요은 절대적 빈곤을 해소하기 위한 것이 아니고 오히려 비빈곤층간의 상대적 빈곤(감)을 해소해 주기를 원하는 것이다. 게다가 이들의 복지수요는 본인들의 의지에 따라 개인적으로 충족하고 있는 것이 사실이다. 따라서 이들의 요구는 빈곤 해소를 위한 복지정책이 아니라 전체 계층들을 위한 보편적 사회정책에 속한다. 이러한 사회정책은 단순히 이들에게 필요한 서비스를 제공하는데 머무는 것이 아니라 이들의 만족도를 높이는 수준이 되어야 한다. 결과적으로 이는 우리 사회를 안정적으로 발전시키는 선진화의 과제 혹은 포용적 성장의 과제라고 할 수 있다.

빈곤층을 포함한 비빈곤층들의 욕구를 충족시키기 위해서는 이들에 대한 소득보장과 함께 이를 위한 관련 산업이 형성되어야 한다. 복지욕구가 단순히 생계의 유지를 위한 것이라면 복지문제는 충분한 식품 공급으로 해결될 수 있다. 그러나 복지수요는 내용 면에서 매우 다양해지고 있고 계층간 욕구도 다르다. 따라서 이에 따른 안정적 맞춤형 공급체계가 형성되지 않으면 안된다. 그리고 공급에 있어서도 공급단가나 원가가 높으면 제한된 예산으로 필요한 양을 충당할 수 없어서 충분한 복지가 실현되지 않는다.

즉, 과거와 달리 소득을 보전하는 현금중심의 복지가 아니라 서비스중심의 복지로 복지체계가 전환되고 있으며 양질의 서비스를 저가로 공급하기 위한 끊임없는 혁신이 일어나야 한다. 이를 위하여 이제는 공공부분이 서둘러서 관련 분야에 대한 기술 개발이나 인력 양성에 대한 투자를 해야 하고 민간부문의 투자를 적극 유도해야 한다.

문제는 이러한 복지정책을 추진하는데 우리나라의 산업현황이 매우 열악하다는 것이다. 우선 복지정책의 특성이 기본적으로 노동집약적이어서 보다 유연한 노동시장이 형성되어야 한다. 그러나 노동시장은 공공부분이 더 경직적인 것이 현실이고 변화를 받아들이려하지 않는다.

연금제도의 경우에 있어서도 제도가 사회 전체적으로 정착 발전하기 위해서는 성숙된 금융시장이 필수적이다. 왜냐하면 연금은 보험료를 적립하는 근로기간과 연금급여를 수급받는 퇴직기간에 걸친 사회생활 전체가 적용 대상이 된다. 이를 위해서는 공적연금을 운영하는 국가에 대한 신뢰가 필요하고 사적연금을 위해서는 가장 전통과 신뢰가 있고 경쟁력있는 금융기관이 있어야 한다. 게다가 퇴직해서 사망시까지 안정적으로 장기간 수익을 보장해 줄 수 있는 금융상품이 필요하다. 이러한 점에서 연금상품은 금융상품 중 가장 운영이 어렵고 정착되기 힘든, 따라서 가장 부가가치가 높은 상품의 하나라고 할 수 있다. 그러나 우리나라의 금융산업은 선진국에 비하여 매우 낙후되어 있고 세계적으로도 성숙도에서 80위권에 불과하여 투자기법에 있어서도 향후 크게 형성될 연금기금을 운용하는데 부족하다고 본다.

건강보험의 발전을 위해서는 높은 수준의 의료시장과 누구나 언제든지 접근할 수 있는 효율적 의료전달체계가 형성되면 될수록 좋다. 그러나 우리나라 의료시장은 높은 기술수준에도 불구하고 의료 공공성이라는 이념 논쟁, 의료인들의 집단적 이기주의, 건강보험의 수가통제 하에 있다. 우리나라와 같이 전국민 건강보험이 적용되는 나라에서는 의료산업의 발전과 건강보험의 보장성 강화가 함께 진행되어야 하나 현실은 양자가 서로 갈등관계에 있을 뿐 아니라 건강보험 중심의 의료산업체계를 형성하고 있다. 이에 따라 의료기관들은 보험급여의 손실을 보전하기 위하여 본인이 전액부담하는 값비싼 비급여만 늘여서 건강보험에만 의지하는 국민들이 충분한 의료보장을 받지 못하고 있다.

국민들의 생명이 관련되는 산업안전을 위해서는 모든 산업에 있어서 안전이 우선되어야 하고 안전이 개선될 수 있는 다양한 기술개발이 있어야 한다. 그리고 안전을 위한 다양한 규제가 적절히 병행되어야 한다. 그러나 세월호 사태나 메르스 사태 등에서 보이듯이 우리나라의 국민 안전과 건강은 거의 무시되어 왔던 것이 사실이다. 안전불감증으로 인하여 사회적으로 물적 피해도 크지만 미래를 책임질지 모를 인적자원을 한 번에 잃어버리는 국가적 손실을 입게 되는 것이다. 더욱이 경제규모가 커질수록 사고나 재해의 피해는 더 커지게 되어 안전산업에 대한 발전이 복지정책과 함께 이루어져야 한다.

지금까지 언급된 바와 같이 복지서비스에 관련된 효율적이고 경쟁적인 시장이 형성되지 않으면 양질의 복지서비스가 공급되지 않아서 복지정책의 성과를 달성하기가 거의 불가능해진다. 그리고 경우에 따라서는 불량서비스를 고가로 정부가 국민들에게 제공하게 됨으로써 정부재정만 축내는 결과를 낳을 수 있다.

따라서 앞으로의 복지서비스는 노동집약적이 아니라 정보기술이 집약된 자본집약적 산업이고, 소득지원사업으로서 단순근로자에게 고용 창출하는 부분이 아니라 고도의 훈련된 전문가에 의하여 관리 운영되는 부문이 되어야 한다. 지금까지 언급된 산업과 복지제도와의 관계를 그림으로 보이면 다음과 같다.[2]

[그림 5] 우리나라 복지체계도

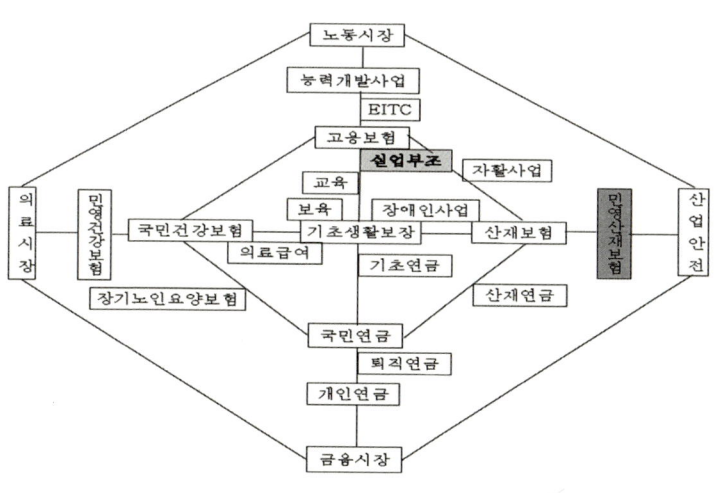

출처: 김원식(2008)에서 보완함.

---

2) 김원식(2008) 참조.

〈그림 5〉에서 우리나라의 복지체계는 노후 소득보장을 위한 소득보장축(종축)과 건강 및 의료를 중심으로 한 의료보장축(횡축)으로 구성된다. 소득보장축은 교육, 취업 및 고용의 안정을 통한 소득 확보와 이를 노후기간에까지 연계시키는 소득보장제도로 일관되게 확보되어야 함을 보인다. 그리고, 의료보장축은 일상 생활과 작업장에서의 건강관리와 산재 억제 및 의료산업이 일관되게 연계되어 있어야 함을 보인다.

첫째, 소득보장축에 있어서는 안정적인 고용이 보장되지 않고는 노후소득의 원천인 저축 및 자산의 증식이 불가능하게 되어 아무리 정부가 합리적인 연금정책을 편다고 해도 한계가 있을 수밖에 없다. 따라서 고용과 연금이 연계된 정책방향이 설정되어야 한다.

특히 근로자들의 고용증대는 연금자산의 축적을 촉진한다. 다가오는 고령사회에서 기업부문의 고령근로자에 대한 고용안정은 이들에 대한 노후안정을 지원하는 것이 된다. 예를 들면, 퇴직연령을 늦추거나 임금피크제 등으로 고령자의 고용을 지원하는 것이 필요하다. 특히 고령자들은 이미 자녀교육이나 주택마련 등의 부담이 적어서 적극적인 노후저축이 가능하다. 따라서 고령근로자들의 고용을 안정시킬 수 있는 유연한 노동시장의 형성은 노후소득 보장을 위하여 바람직하다. 아울러 정부의 노인정책 비용의 부담을 덜음으로써 재정안정에도 크게 기여 할 수 있다.

둘째, 의료보장축은 일상적인 의료산업의 경쟁력 강화, 건강관리의 개선, 산업안전의 제고가 서로 연계되어야 함을 보인다. 고령화는 근로기간 동안 무시되었던 질병 혹은 잠재적 건강 부실이 질병으로 현시화되는 시기가 길어지게 됨을 의미한다. 소득증가에 따라 건강에 대한 관심이 증가하면 개인은 일상적 건강관리를 강화하게 되며 의료부분에 소요되는 지출을 늘리게 된다. 또한 건강수명을 연장시키면서 질병 예방적 조치를 늘린다. 그리고 이는 바로 고령자의 고용가능성까지 높이는 상승작용으로까지 이어지게 된다. 이러한 점에서 그림에서의 건강보장축과 소득보장축의 상호관계는 점차 강화될 것이다. 이러한 경향은 고령화에 따라 더 심화될 것이다.

〈그림 5〉에서 외곽 마름모는 복지분야에 대하여 재화와 서비스를 제공해야 할 산업부문들을 보인다. 연금과 건강보험은 모두 각각 안정적이고 효율적인 금융시장과 의료시장에서의 서비스가 전제되어야 정착될 수 있다. 그리고 연금자산의 축적을 증대시키기 위해서는 연금증식의 원본으로서 소득을 극대화할 수 있는 효율적인 노동시장이 전제되지 않으면 안 된다. 또한, 일반 생산 활동에서의 안전 및 관련 산업을 발전시켜서 사회적 위험에 당면할 근본적인 요인을 제거하는 것이 필요하다. 따라서 외곽 마름모에 연결된 산업들은 사회보장, 특히 고령사회의 사회보장에 가장 핵심이 되는 부분이다.

한편, 내부 마름모는 사회보험을 중심으로 한 복지시스템의 네트워크를 보인 것이다. 산재보험(1963), 건강보험(1977), 국민연금(1988), 고용보험(1994)이 네개의 모서리를 구성한다. 이들은 각각 산업안전, 의료산업, 금융산업, 노동시장을 기반으로 하여 형성된 제도이다. 그리고 장기노인요양보험은 노인의 건강관리 및 요양과 노후기간 전체에 걸친 생활안정 서비스가 제공되어야 한다는 점에서 건강보험과 국민연금의 복합적 성격이 강하다.

소득보장축과 의료보장축이 교차하는 핵심에는 정부가 조세로 조달하는 기초생활보장제도를 중심으로 한 사회복지제도welfare program들이 위치한다. 2000년부터 현금중심으로 운영되었던 기초생활보장제도는 2015년도부터 생계비, 주거, 의료, 교육 등의 서비스가 소득수준에 따라 다르게 제공된다. 현재의 무상의료 등도 조세로 조달된다는 측면에서 중심부에 위치하게 된다. 국민들의 복지욕구가 증대하게 되면 더 많은 제도들이 중심부에 위치하게 되면서 국민들의 조세부담은 증대하게 된다.

마름모의 핵심과 내부마름모의 반대편, 즉 내부 마름모와 외부 마름모의 사이에는 민간사회보험제도가 위치하게 된다. 민간사회보험은 공적연금의 보완적 혹은 보충적 성격이 강하고 관련 산업에서의 참여가 전제되어야 한다. 이러한 점에서 공적연금에 대하여는 개인연금과 퇴직연금, 건강보험에 대하여는 민영건강보험, 고용보험에 대하여는 다양한 민간 고용정보서비스나 민간 직업교육기관 등이 사회보험의 보완적 역할을 하게 된다. 그리고 산재보험에 있어서는 민영산재보험 등이 민간에서 운영되게 된다. 민간사회보험은 공적사회보험과 달리 다양화되는 우리사회의 다양한 사회 안정 수요를 만족시키는데 목적이 있다.

현재의 사회보장체계가 보완되기 위해서는 실업부조와 민영산재보험의 도입도 함께 고려되어야 한다. 실업부조는 실업자들의 실업기간이 길어지게 되면 고용보험에서의 실업급여가 중단되게 된다. 이 경우 소득 수준에 따라 다양한 취업노력을 전제로 실업부조를 제공한다. 혹은 실업급여의 수급요건을 만족시키지 못해서 실업급여를 받을 수 없게 된 경우도 실업급여가 제공된다. 이는 사실상 빈곤층, 단기 및 비정규 근로자, 그리고 영세

자영자를 대상으로 노동시장의 적극적 참여를 유도하기 위하여 조세로 조달되는 제도이다.

민영산재보험은 정부가 운영하는 산재보험을 보완하거나 대체하는 제도로 기업들이 자발적으로 가입하게 된다. 산재보험은 근로자들의 작업장에서 발생하는 다양한 사망, 부상, 그리고 스트레스 등에 대한 보상을 담보하는 것이다. 이 과정에서 산재가 발생하게 된 책임과 배상은 고용주와 피용자간에 결정될 수 밖에 없다. 따라서 산재보상은 정부가 1차적으로 이루어지지만 상해근로자들의 실질적 피해에 못 미치는 보상은 고용관계에서 별도로 결정될 수 밖에 없다. 더욱이 산재 책임을 단순히 산재보험에 떠넘기게 되면 고용주는 반복적으로 산재를 발생시킨 요인들을 생산비용의 상승을 핑계로 방치하게 된다. 따라서 민간산재보험도 제도화되지 않으면 안 된다.

공적사회보험이든 혹은 민간사회보험이든 모두 국민들의 사회안정 욕구를 충족시키기 위한 수단으로 이에 대한 서비스를 제공받는데 어떤 형태로든 비용이 발생하게 된다. 이에 따라 정부나 관련 민간보험기관들은 비용절감을 위한 노력을 함께 기울여야 한다. 그렇지 않으면 다양한 도덕적 해이, 역선택 그리고 풍선효과 등으로 인한 손실을 감수해야 한다. 이는 결과적으로 보험료 부담을 높이게 되고 가입자들은 사회보험의 가입을 기피한 채 사회적 위험에 노출된다. 따라서 정부나 관련 보험기관들은 비용절감이나 새로운 서비스를 제공할 수 있는 신기술을 사회보험에 적극 도입해야 한다. 이는 관련 산업에 새로운 수요를 창출하고 또한 성장에도 기여하게 된다.

아울러 공공 부문과 민간부문이 사회보험 서비스의 제공에 서로 보완적 혹은 대체적 관계를 유지하는 것이 필요하다. 공공사회보험은 국민들의 보험료 인상에 대한 저항과 서비스의 욕구 증대로 수지 적자 가능성이 높다. 경우에 따라서는 연금과 같이 적자를 다음세대로 전가시키는 경우도 발생한다. 따라서 민간부문이 참여 가능한 부문에 대하여는 공공부문의 비중을 줄이고 민간부문의 영역을 확대하는 것도 필요하다.

공공사회보험 부문은 운영에 있어서 획일적인 제도 운영, 기초보장, 그리고 적지 않은 부정수급과 관료화로 사실상 가입자들의 충분한 신뢰를 얻기가 힘들다. 그리고 보수적인 운영체계로 생산성이 낮다. 그러나 민간부문은 수익을 창출하기 위하여 자기 사업에 새로운 개념이나 기법들을 끊임없이 도입한다. 이러한 특성을 사회보험 부문에 반영하기 위하여 민간사회보험을 활성화시켜야 한다.

그리고 복지공급을 위한 주체의 다중화가 필요하다. 일반적으로 서비스 공급의 주체는 정부를 중심으로 한 비영리 공공부문, 이익을 창출하는 영리 민간부문, 서비스 공급에 자발적으로 참여하는 국민들이 있다.

첫째, 공공부문은 조세로 서비스를 공급하지만 수혜자 입장에서는 무상의 공급자이다. 그러나 이들은 서비스를 제공하는데 있어서 관료적이고 경직적 관리로 민간부분보다 생산성이 떨어질 수도 있다. 즉, 정부의 실패 government failure를 낳는다. 그리고 일단 제공되는 서비스에 대하여 조정하거나 축소하는 것이 정치적으로 사실상 불가능하다. 기득권을 가진 주민들의 반대에 부딪칠 수 밖에 없기 때문이다.

둘째, 민간부문은 적어도 생산비용 만큼의 가격이 설정되는 복지서비스를 공급하면서 이익을 추구해야 생존이 가능하다. 따라서 이들에게 어떤 형태로든 손실을 강요할 수 없다. 반면 이들은 이익을 극대화하기 위하여 다양한 창의적인 생산방법이나 프로세스를 개발하고 적극적으로 정보 및 자동화 기술 등을 채용하려 한다. 그리고 이러한 과정에서 개선된 서비스들은 범사회적으로 확산되고 또한 투자를 유인함에 따라 공공부문도 성과를 높이기 위하여 채용할 수 밖에 없게 된다. 따라서 서비스 공급에 민간도 참여하게 하여 공공부문과 경쟁하도록 하는 것은 적극 장려되어야 한다. 그리고 예산으로 다양한 바우처voucher를 발행하여 수혜자들이 공공과 민간을 가리지 않고 구매할 수 있도록 한다.

셋째, 종교 및 사회단체를 중심으로 자발적으로 복지 서비스를 제공할 수 있도록 한다. 이들은 보상을 크게 원하지 않고 또한 헌신적이다. 그리고 여가를 활용하던가 혹은 본인의 비용으로 스스로 서비스에 참여한다. 이는 양극화가 심화되면서 사회적 불안정에 대한 비빈곤층의 건설적 우려의 결과일 수 있다. 그러나 인간의 본성에서 발로되는 애타심에 따른 것이고 부와 능력이 있는 계층이 사회적 책임을 가지고 스스로 참여한 결과이다. 우리나라에 있어서도 이러한 자발적 참여가 많이 늘어나고 있지만 아직 큰 성과를 내지 못하고 있다. 이는 사회적으로 효율적인 나눔문화나 나눔시스템이 정착되지 않은 결과라고 본다.

이상의 복지 생산주체들이 서로 자신들의 이점을 살려서 안정적이고 효율적인 다층 및 다중의 공급체계를 구축하는 것이 필요하다. 그리고 이러한 과정에서 새로운 정보와 자동화 기술들이 적극적으로 도입되어야 한다.

이상의 요소들로 성장적 복지를 이루기 위하여 무엇을 어떻게 할 것인가?

우선, 그 동안 미루어 왔던 복지인프라에 대한 적극적 투자를 해야 한다. 이를 통하여 새로운 고용이 창출될 수 있고 이는 중산층을 육성하는 효과를 얻을 수 있다. 그리고 기업 부문들은 사회에 대하여 비교적 안정적 복지서비스를 공급하는 계기가 되고 또한 내부적으로도 안정적 고용을 추구할 수 있을 것이다. 그리고 장기적 고용이 가능해 지면서 근로자들을 가족과 같이 생각하고 노후까지 보장하도록 최선을 다하는 사회적 분위기를 이끄는데 기여할 수 있다.

둘째, 국민들의 복지 수준을 개선시키기 위하여 복지 관련 산업의 활성화로 생산성 증대와 가격 하락에 따른 복지서비스의 양적 확대를 꾀해야 한다. 특히 산업 측면에서 연금수요의 증대를 예상하여 금융산업을 혁신적으로 구조 조정해야 한다. 의료산업에 있어서도 국민소득의 증대와 고령화에 다른 의료수요의 증대를 예상하여 적극적으로 의료기술을 개발하고 건강보험에서 채택해야 한다. 이를 계기로 의료시장의 해외 진출도 지원할 수 있다.

셋째, 민간부문에서 복지 서비스 공급이 가능해 진다면 복지스비스를 민간도 공급할 수 있는 공공과 민간의 복합적 운영 체제로 전환시켜야 한다. 비록 이들이 영리적 지배구조를 가지고 있다고 해도 같은 비용으로 정부 보다 더 낮은 서비스를 제공받을 수 있다면 차선으로서 적극적인 민간의 참여를 유도해야 한다.

넷째, 고령화사회 혹은 초고령화사회를 위한 성장형 고령사회 전략을 구축해야 한다. 우리 사회의 가장 큰 문제는 고령화다. 현재의 모든 사회 경제 인프라들은 거의 고령화 이전의 기준에 의하여 설계되고 만들어진 것이다. 즉, 노인들이 작업장에서 더 오래 일할 수 있도록 투자를 해야 한다. 작업장 환경을 보다 청결하고 밝게 개선하고 간판 글씨 등도 크게 해야 한다. 또한 이들이 늦게까지 능력을 유지할 수 있도록 사내 기술 재교육의 강화, 파트타임의 활성화 등을 비롯한 다양한 근로 환경이 제공되어야 한다.

다섯째, 마지막으로 통일이 되면 복지부문에 대한 대규모 투자가 불가피하다. 그러나 현재와 같은 시스템을 그대로 북한에 접목시키게 되면 매우 심각한 재정위기가 올 수 있다. 따라서 통일 후 규모의 경제가 가능하도록 복지서비스나 낭비적 복지제도 등을 개혁하는 것이 필요하다. 그러나 이를 극복하는 순간, 이상의 요소들이 체화된 남한 복지서비스의 확대는 통일국가의 번영으로 이어질 수 있다.

포용적 복지정책

경제성장이 이루어지고 선진국의 문턱에서 실물성장은 상당 수준 달성했으나 사회적 갈등은 증폭되고 있는 것이 현실이다. 빈부격차의 문제를 형평성의 관점에서 절대적으로 부정적으로 보거나 1915년도 노벨 경제학상을 수상한 앵거스 디턴과 같이 자본주의 경쟁사회에서 필연적으로 발생할 수 있는 것으로 보면서 경우에 따라 일정 수준의 격차는 유인을 낳아서 사회적인 성장 동력이 될 수 있다는 견해도 있다. 그러나 지나친 격차는 사실상 빈부격차를 고착화시키고 빈곤의 대물림으로 이어짐으로써 사회를 양분화시킬 수 있다. 따라서 개인의 능력이나 행운 등에 따른 빈부격차는 일정 부분 인정할 수 있으나 지나친 격차는 억제되어야 하고 이를 위한 적극적 복지정책을 추진해야 한다.

특히 사회계층간 이해를 극대화하기 위한 집단화 및 타집단에 대한 배제 현상은 빈부격차의 고착화와 사회적 갈등의 가장 큰 요인이 될 수 있다. 또한 경제 규모가 확대되면서 사회적 갈등에 따른 보이지 않는 경제적 손실이 적지 않다. 따라서 안정적 성장을 위하여도 사회적 갈등과 차별을 억제하고 서로 포용하는 사회적 분위기가 형성되어야 한다.

우리 사회에서 발생하는 갈등은 노사갈등부터 성장론자와 복지론자간의 갈등, 청년세대와 노인세대간의 갈등, 계약상에서의 갑과을, 정규직과 비정규직 등 매우 다양하다. 미국에서도 1:99의 빈부격차에 대한 갈등이 진행되고 있다. 그러나 이러한 갈등이 단순히 일방적인 우위로 끝나는 것이 아니라 우위를 차지하더라도 결국은 모두 패자가 되는 '승자의 저주' 성향이 강하다.

우리나라는 복지를 중심으로 한 재분배정책에 있어서 명분만을 강조하고 실효성을 크게 따지지 않는 측면이 강하다. 정부나 사회적으로 실효성 문제를 해소하기 위하여 다양한 정책이나 사회활동이 있음에도 결과는 오히려 양극화나 갈등이 더 커지거나 경제적 왜곡을 낳을 수 있다는 것이다. 예를 들면 최저임금법은 생산성이 낮은 취약계층 근로자들의 실직을 낳는 문제가 있다. 사회보험제도는 구조적으로 중산층에 대한 혜택이 커서 오히려 빈곤층이 불이익을 받는다. 일감나누기 등은 기존 근로자들의 소득 감소라는 불만을 낳고, 종합소득부동산세는 개인들의 임대사업을 억제하는 것이 되어 오히려 전세나 월세공급을 줄인다. 중소기업업종 선정 작업은 대기업의 진출은 막을 수 있을지 모르나 오히려 외국 대기업들의 진출을 보장하는 것이 되어 중소기업에 더 큰 부담이 된다. 이러한 상황이 지속되면 우리나라는 더 이상 세계적 프랜차이즈나 식품산업이 나오기 힘들다.

결과적으로 고소득층으로부터 저소득층의 소득이전이 서로 제로썸게임이 되지 않도록 해야 한다. 지나친 고소득층에 대한 부담은 고소득층의 소득창출 욕구를 떨어뜨려서 전체적인 생산을 낮춘다. 이는 결과적으로 저소득층에 돌아갈 소득 파급효과를 줄이고 이로 인하여 낮아진 세수 감소는 빈곤층에게도 전가될 수 있다. 고소득자의 소득을 직접적으로 저소득층에게 이전시키는 재분배 정책은 전체적인 생산도 키우지 못한 채 각자의 부담만 늘이게 된다.

따라서 이제는 현재의 포용정책도 재평가 하여 사회적 선순환이 이루어 지도록 하고 기술과 프로세스면에서 효율적인 포용적 복지 및 사회 정책을 도입해야 한다. 이를 위하여는 우선 차별없는 분배 구조의 개혁이 필요하다. 정규직과 비정규직에 대한 구분이 없어야 한다. 학력차별이나 연령차별도 없어야 한다. 그리고 배분에 있어서 능력에 따라 배분되는 성과급제가 전제되어야 한다. 그래야 능력 개발에 모든 근로자들이 공을 들인다. 차별하는 사회는 반드시 망한다. 차별이 없어야 사회적 생산 증대와 함께 서로 인정하면서 포용이 가능한 사회가 된다.

둘째, 기회의 형평성제고가 필요하다. 교육과 의료는 기회의 형평성을 높이는 가장 기본적인 요인이다. 공교육에 대한 집중적 투자에도 불구하고 공교육에 대한 만족도가 점차 떨어지고 대학서열화 및 학벌중심의 사회 분위기로 인하여 사교육이 증가하고 있다. 게다가 재수나 삼수 등에 대한 비용을 댈 수 없는 저소득층 자녀들은 사실상 계층 상승의 기회를 놓치는 것이 된다. 따라서 사교육을 억제하는 것이 아니라 공교육의 질적 활성화를 통하여 사교육이 자연스럽게 자취를 감출 수 있도록 하는 조치가 필요하다.

셋째, 의료형평성을 개선하기 위해서는 빈곤층의 의료 보장을 강화해야 한다. 일반적으로 가구원의 건강이 나빠지게 되어 의료비 부담이 커지면 빈곤층으로 추락하는 경우가 많다. 이에 따라 빈곤의 주요 원인 중의 하나가 질병, 폐질, 그리고 장애 등이 된다. 따라서 의료보장을 이용한 영리적 과잉 진료가 아니라면 의료보장을 통한 기회 보장성의 강화가 필요하다. 아울러 건강악화에 따른 소득손실에 대한 보상을 통하여 질병이 빈곤의 함정이 되지 않게 질병급여를 도입해야 한다.

넷째, 무상복지는 선택적 복지로 전환하고 빈곤층에 대한 예산을 우선적으로 배정해야 한다. 무상복지도 앞서 현황에서 보이듯이 빈곤층에게 거의 도움이 되지 못하고 있다. 이는 무상복지가 사실상 차상위계층 이상의 가구에 대한 지원이기 때문이다. 특히 무상보육의 수혜자들은 선거에 적극 참여하는 계층으로 정치적 힘을 갖고 있다. 이에 따라 오히려 정치력이 없는 빈곤층에 대한 예산이 삭감되는 현실이다. 즉, 기존의 개인적 복지비 부담을 공적부담으로 전가시키는 것이다. 차상위계층에 대한 복지는 자격을 보다 강화하여 사중적 효과를 축소시키는 것이 바람직하다.

다섯째, 기업 노사관계의 화합이 필요하다. 근로복지를 활성화시켜서 공적사회보험이 충당하지 못하는 개별적 욕구를 근로복지로 해소하도록 해야 한다. 이는 사실상 장기노인요양보험을 잇는 제6의 사회보험이 되게 해야 한다. 정부보다 기업은 더 근로자들에게 밀접히 개인적 복지욕구를 해소해 줄 수 있다. 이는 근로자들의 생산성에 기여하게되고 한편으로는 기업들은 근로자들을 기업의 가족이나 자산으로 인식해게 함으로써 포용적 사회의 기본이 될 것이다.

여섯째, 민간의 자발적 복지 참여가 필요하다. 그러나 현실은 명분 중심의 기여가 많다. 대학 기부가 일부 대학에 집중되거나 기부의 형태가 대학생에게 집중되는 경우보다 건물이나 시설에 집중되는 경우 등이다. 또한,

기부 방식에 있어서도 기부 결과에 대한 평가 없이 일방적으로 수혜자들에게 제공하고 세제혜택으로 만족하는 경우가 많다. 그러다 보니 많은 기부에도 불구하고 수혜자들의 체감도는 높지 않을 수 밖에 없다. 기부자들도 기부결과에 대한 모니터링을 하고 그 효과에 따라 지속적인 기부를 할 수 있는 분위기가 형성되어야 한다.

일곱째, 복지제도에 있어서 수혜자들이 경제적으로 독립할 수 있는 유인이 제공되어야 한다. 일반적으로 복지제도에 의존적이 되어 오히려 빈곤에서 탈출하지 못하는 경우도 많다. 예를 들면 기초생활보장수급자의 인정을 받기 위하여 일을 기피하여 전체 소득 수준이 하락하거나 혹은 몰래 일하기 등으로 오히려 생활 자체가 피곤해 지는 경우가 많다. 최근에 도입된 기초연금은 수급조건이 까다로운 기초생활보장급여를 받는 것보다 조건이 좋아서 노인들의 근로유인을 오히혀 줄이는 결과를 낳는다.

나눔을 중심으로 한 포용적 복지정책은 아무리 주어도 고마워하지 않고 아무리 받아도 모자라하는 현재 상태에서 주는 자나 받는 자 모두 만족하고 고마워하는 메커니즘을 구축해야 한다. 그리고 이를 통하여 모든 국민들에게 공평한 기회를 보장하여 서로 간의 계층 이동이 원활히 하면서 기본적 생활이 보장받도록 해야 한다. 포용적 정책은 단순히 정부가 추진한다고 되지 않는다. 지방자치단체와 지역공동체가 함께 해야 하며 이 외에 기업, 개인, 종교 및 시민단체에서 역할 분담이 필연적이다. 이를 위하여는 각 주체들의 이해관계를 떠나서 사회적 책임을 공유해야 한다. 그렇지 않으면 정부는 예산은 예산대로 쓰면서 효과는 거의 없는 공유지의 비극 tragedy of commons이 발생할 수 있다.

결론: 복지, 성장, 그리고 포용

21세기 대한민국 복지정책의 기본목표는 취약계층의 보호, 기회형평성 중심의 복지, 중산층의 회복, 그리고 글로벌화에 따른 국내 사회 환경의 개방에 따라 복지제도의 국제적 기준과 추이를 따르는 것이 되어야 한다.

첫째, 취약계층의 보호는 단순히 획일적인 관리에서 벗어나 취약계층 개인별로 사례관리가 보편화되어야 한다. 이들의 환경을 정확히 파악하고 이에 따른 니즈를 정부가 제공해야 한다. 이는 결과적으로 복지제도의 낭비를 되풀이 되지 않게 함으로써 지원 성공확률을 높인다.

둘째, 기회평평성의 중심의 복지개혁이 필요하다. 지금까지 우리나라는 2000년대까지 사회보험 중심으로 소득재분배적인 복지정책을 수행해 왔다. 그러나 2000년대 후반기부터 기초연금을 중심으로 한 무상복지가 복지정책의 핵심이 되면서 복지지출이 크게 확대되어 왔다. 그러나 이 과정에서 빈곤층이 증대하는 문제가 발생하고 소득격차가 더 증대되는 결과가 나타나게 되었다. 특히 불경기와 정보통신 및 자동화가 노동력을 급속히 대체하면서 실업이 늘어나고 중산층이 붕괴되는 현상이 지속되고 있다. 따라서 이제는 어려서부터 보육 및 교육 기회의 형평성을 기하고 양질의 교육을 통하여 개인들의 다양한 사회적 능력을 키우는 것이 복지정책으로서 더 필요하게 되었다. 그리고 사회적 위험에 가장 노출되기 쉬운 질병이나 폐질 등에 대비하여 건강을 회복할 수 있는 건강보장을 강화해야 한다. 부모의 건강은 결과적으로 건강하고 건전한 자녀 양육이 가능하게 함으로써 안정된 사회가 되게 한다.

셋째, 중산층 회복도 복지에 기여한다. 복지정책 뿐 아니라 중산층들의 생산력 향상을 기하는 정책들은 이들이 복지대상이 될 가능성을 낮추는 근본적인 복지정책이다. 중산층은 항상 신분 상승에 대한 욕구가 강하고, 따라서 미래에 대한 기대가 크다. 그리고 본인이 이루지 못한 성공을 자녀가 이루어지기를 희망하고 자녀교육열이 강하다. 그리고 자신들의 기회를 보장받기 위하여 적극적으로 활동한다. 이러한 중산층의 육성은 바로 성장의 기반이 되고 우리 사회의 지속가능성을 유지하게 하는 동력이다.

넷째, 우리나라는 5천만인구로서 1인당 국민소득이 2만달러이상인 세계 7개 국가 중의 하나이다. 그리고 수출의존도가 100%가 넘는 수출국가이다. 우리 경제 사회는 항상 대외적으로 개방되어 있어야 하고 사회는 궁극적으로 글로벌 스탠다드를 따를 수 밖에 없다. 따라서 복지제도도 결국은 국제 수준에 맞는 제도로 발전할 수 밖에 없다.

이러한 기본 목표를 달성하기 위하여 복지정책방향은 보다 구체적인 실행력을 가져야 한다.

첫째, 빈곤의 원인을 보다 구체적으로 파악하고 적극 대응해야 한다. 빈곤층도 다양하게 형성되기 때문에 단순한 복지서비스가 아니라 이제는 질적으로 양적으로 충분한 서비스가 제공될 수 있어야 한다.

둘째, 복지와 고용의 통합화가 필요하다. 정부가 국민들의 복지욕구를 모두 충족시켜질 수 없다. 따라서 고용을 극대화하여 소득을 창출하게 함으로써 본인이 원하는 복지를 스스로 추구하게 해야 한다. 따라서 '고용없이 복지 없다'는 논의를 보다 강화해야 한다. 이를 위하여 관련 부처간 통폐합도 이제는 결론내야 한다. 더 나아가 교육을 포함한 인력양성부터 활용까지 총괄하는 대통령직속위원회를 통한 통합적 노동시장 정책이 필요하다.

셋째, 저렴하고 철저한 사회안전망이 형성되어야 한다. 사회보장제도가 단순히 노동집약적이어서 기술개발이 불가능하다는 관념을 버려야 한다. 이를 위해서는 사회보장제도가 운영이나 서비스면에서 혁신되어야 한다. 제도 운영에서 대상자들의 니즈 변화를 파악해서 적극적으로 제도를 개선해야 한다. 아울러 제도의 운영에 있어서 로봇, 정보기술, 바이오, 나노 기술 등을 적극적으로 채용해야 한다.

넷째, 복지정책에 있어서 목표는 항상 빈곤을 해소하는 것이 전제되어야 한다. 많은 복지정책이 오히려 빈곤층을 더 빈곤하게 만드는 경우가 많다. 예방 및 결과 중심의 섬세한 접근이 필요하고 반드시 정책평가를 통하여 지원방법을 개선해야 한다.

지금까지 논의된 결론으로서 '포용적 복지'가 가능하기 위한 사회 경제적 장기 전략은 복지철학의 근본적 '변화'가 있어야 한다.

첫째, 사회적 포용이 가능하도록 효율적 나눔에 기초한 복지제도로 전환해야 한다. 복지제도의 필요성이 어느 때 보다 중요해지는 이유는 시장주의가 단순히 분배적인 문제에만 집착함으로써 사실상 양극화를 극복하지 못했다는 것이다. 또한 양극화는 사회적 갈등으로 이어지고 안정적 성장에 장애가 되면서 저성장의 요인이 되었다. 따라서 시장경제의 지속적 성장이 가능하려면 사회전체적인 갈등요인을 제거하고 상생하면서 성장하는 박애주의적 사회구조가 필요하다. 따라서 이제는 복지를 단순히 수동적 분배의 수단이 아니라 기회를 보장하는 지속 성장의 능동적 수단으로 발전시켜야 한다.

둘째, 한국 전형의 모델에서 국제적 흐름과 기준을 전제로 한 복지정책이 되어야 한다. 현재의 우리나라 복지 모델은 과거 70년대의 선진국 모델을 고집하고 있다. 그러나 1인당 2만달러 이상의 5천만 국민을 가진 7개 국가의 하나에 속하고 수출을 중심으로 성장한 나라에서 더 이상 한국적 복지 모델로 사회 경제적 발전을 이룰 수 없다. 따라서 선진국 수준의 개혁적 복지모델을 구축할 필요가 있다.

셋째, 정부 혹은 공공 중심의 서비스 공급에서 민간 중심의 공급으로 전환해야 한다. 우리나라의 복지 모델은 성장모델에서와 같이 거의 정부 주도로 이루어져 왔다. 복지제도의 확대과정에서 정부 중심의 단일화된 모델은 비용을 절감할 수 있고 빠른시일내에 정착시킬 수 있으나 한편으로는 다양한 국민들의 복지 욕구를 충족시킬 수 없다. 따라서 이제는 정부의 지원과 민간 주도의 복지시스템을 서로 보완적 관점에서 혹은 대체적 관점에서 공급해야 한다.

넷째, 복지의 기본인 의료는 의료보장에서 건강보장으로 전환되어야 한다. 우리나라는 1980년대 국민건강보험제도를 확대하면서 실질적인 본인부담이 60%수준에 이르러 사실상 충분한 의료보장을 하고 있는 것은 아니다. 그러나 국민건강보험의 전달체계나 수가제도 등으로 낭비적 의료수요가 발생하고 있다. 이러한 상태에서 완전한 의료보장을 추구하는 것은 결과적으로 의료자원의 낭비와 국민들의 부담만 높이는 것이 된다. 게다가 국민들의 건강은 건강관리에 대한 노력이 병행되어야 한다는 점에서 의료보장은 완전한 사회적 가치라고 볼 수 없다. 오히려 개인들의 건강관리 노력을 전제로 한 의료시스템의 구축이 필요하고 이를 통하여 건강보장이 가능하게 해야 한다.

다섯째, 노후소득의 보장에서 노후보장으로 전환되어야 한다. 노후소득보장은 소득의 보장이 전제가 되어 정부는 고령자들에 대하여 급여만 지급하고 그 용도나 구매량에 대한 관리를 하지 않게 되어 결과적으로 노후보장으로 이어지지 않을 수 있다. 따라서 정부가 현물 서비스를 제공하는 데 집중하도록 함으로써 실질적인 노후보장이 이루어지도록 해야 한다.

여섯째, 100세 시대는 단순히 노후기간만 늘어나는 시대가 아니다. 근로기간도 늘어나야 한다. 문제는 우리 사회에서 이들이 노동시장에 참여할 수 있는 여건이 조성되어 있지 않다는 것이다. 따라서 100세 시대에 맞는 노동개혁이 이루어져야 하고 고령자들의 고용이 일반화되는 사회가 되어야 한다.

일곱째, 정부의 복지부문예산에서 세대간 연결고리를 끊어야 한다. 복지지출을 위하여 부채를 늘이는 것은 후세대에 부담이 된다. 이는 저출산·고령화 사회에서는 결코 지속 가능하지 않다. 따라서 세대내 문제는 세대 내에서 풀 수 있는 pay-as-you-go복지재정시스템을 구축해야 한다.

마지막으로, 복지제도는 현재와 같이 대상이 늘어나면서 사실상 사회정책화하고 있다. 사회정책은 사회발전을 위한 정책이다. 따라서 복지정책은 저소득층의 보호와 기회보장의 범위로 국한하고 사회발전정책으로서 선진화와 경제발전을 위한 질적 복지서비스가 제공될 수 있도록 해야 한다.

| 참고문헌 |

- 김원식, 『지속가능한 평생복지사회의 구축』, 한반도선진화재단, 2008.
- ____, "광복 70년 대한민국, 틀을 바꾸자", 한반도선진화재단 좋은정책포럼, 미래전략자문위원회, 2015.10.6
- ____, "복지지출, 왜 문제인가?", 『한국경제포럼』, 제7권 제3호, 2014, pp. 53-65.
- ____, "100세 시대, 노인기준연령 상향의 필요성과 실현방향", 국회퓨처라이프포럼, 2015.6.18.
- 유길상, 최균, 최영기, "신복지모델 모색: 공생적 발전 – 성장과 분배간의 조화", 한반도선진화재단(편), 『서울컨센서스: 21세기 신발전패러다임』, 2011.
- 변양규 외, 『양극화 논쟁, 그 오해와 진실』, 한국경제연구원, 2012.2.
- Kaletxky, Anatole, Capitalism 4.0, 2009.
- Peketty, Thomas, Capital in the Twenty-First Century, translated by A. Goldhammer, 2014.

國家再創造

국가 재창조를 위한 정당개혁

박세일

한반도선진화재단 상임고문
서울대학교 명예교수

요약

시대는 선진과 통일의 시대를 열기 위하여, 국가시스템의 대대적 개혁 즉 〈국가 재창조國家 再創造〉를 요구하고 있다. 그러나 현실은 이와 반대로 가고 있다. 〈정당개혁〉과 〈선거개혁〉이 시급한 이유이다.

정당개혁은 당의 이념, 목표, 가치 그리고 이를 뒷받침할 당의 철학 즉 세계관과 국가관 그리고 역사관을 확실히 해야 한다. 이념은 자유를 바탕으로 하는 〈공동체자유주의〉이어야 한다. 국가목표는 선진통일과 세계국가를 이루고 지구촌 모두가 존경하는 [상등국가 평화중심 정신대국]이어야 한다. 이를 위해 전략목표를 통일한국, 창조국가, 조화사회, 양심대국에 두는 것이 바람직하다.

정당개혁은 정당이 {국민과 역사 속으로} 들어가도록 거버넌스를 개혁해야 한다. 정당구조를 정무대표와 당무대표로 이원화하고 [원내중심]에서 [원외중심]으로 그 중심이 이동되어야 한다. 또한 현재의 [강한 국회의원- 약한 정당구조]에서 [강한 국회의원-강한 정당구조]로 전환시켜야 한다. 나아가 진성당원제와 지지자 네트워크 확대로 당내 민주주의와 함께 정책정당화와 차세대 지도자를 육성해 나가야 한다. 당의 운영구조는 지금까지의 1인단치-人單治구조를 벗어나 5-7인수준의 공치共治 내지 집단협치集團協治로 바꾸고 구성원들 간의 분업과 협업의 원칙하에 각자의 권한과 책임을 확실히 함으로서 전문성을 중시하는 집단지도의 장점을 살려나가야 한다.

〈선거개혁〉은 공천제도 개혁에서부터 시작된다. 공천개혁은 4가지 기본원칙을 가지고 추진되어야 한다.

첫째, 상설적인 당 조직이 공천과정을 관리하여야 한다.
둘째, 당 공천의 기준을 합리화·객관화·과학화하여야 한다.
셋째, 당 공천은 반드시 〈선先교육훈련, 후後공천확정〉의 과정을 거친다.
넷째, 원칙적으로 [당원에 의한 공천]이어야 한다.
선거개혁을 포함한 정당개혁은 단순한 정당개혁이아니라 [정당개벽]이 되어야 한다. 이러한 [정당개벽]이 가능하려면,
첫째: 우선 정치지도자들이 기득권을 깨는 아픔을 감수해야 한다.
둘째: 이러한 정당개벽의 노력은 당헌, 당규 등 [제도화]로 연결되어야 한다.
셋째: 정치적 기득권구조의 기반이 되고 있는 소선거구제를 근본적으로 개혁하고, 이와 함께 정책전문성을 높이는 비례대표제를 크게 확대 강화하여야 한다.

이의 실현을 위해서는 [당개혁위원회]의 상설화와 [국가 재창조위원회]를 만들어서 개혁을 쉼 없이 적극적으로 추진해 나가야 한다.

왜 정당개혁인가?

왜 정치인가?

정치란 무엇인가? 정치란 나랏일國事를 풀어 나가는 일이다. 개인의 일을 풀어 나가는 것은 정치가 아니고, 나랏일을 해결하여 나가는 것이 정치이다. 표현을 바꾸면 국가적 과제 national agenda 의 해결을 위한 집단적 의사결정 collective decision 을 하는 것이 정치이다. 그런데 많은 국가적 과제 중에서 어떤 문제부터 풀어야 하는지(정책 우선수위의 문제)? 혹은 문제를 풀어나갈 때, 어떠한 가치를 더 소중히 하면서 풀어야 하는지(자유의 가치인가, 평등의 가치인가) 그리고 어떤 식으로 풀어야 하는지(밑으로 부터의 의견수렴인가, 위에서의 결단인가) 등등에 대하여 견해가 크게 다를 수 있다.

여기서 〈정당의 필요성〉이 등장하게 된다. 지향하는 정치적 가치가 같고 비슷한 정치적 의견을 가진 사람들이 모여 정당을 조직한다. 〈자유와 공동체〉를 소중히 하는 사람들은 보수정당을 만들고 〈평등과 연대〉를 특히 약자와의 연대를 소중히 하는 사람들은 진보정당을 만든다. 그리고 구체적으로 자신들이 어떠한 나라를 만들 것인지, 어떻게 만들 것인지 즉, 국가비전과 국가전략을 제시하면서, 또한 그 과정에서 어떠한 가치를 소중히 할 것인지, 문제해결의 우선순위는 어떻게 하고 문제해결의 방식은 어떻게 할 것인지 등등을 정리하여 당의 비전, 당의 정강정책, 그리고 당의 선거공약을 만들어 낸다. 그리고 나서 선거에 나가 국민의 표를 구한다.

국민의 지지를 얻어 그 정당이 정권을 잡으면 본격적으로 나랏일을 풀어가는 과정이 시작된다. 정당을 만들어 정권을 잡는 과정까지를 〈정치과정〉이라고 하면, 이제는 나랏일을 풀어가는 〈정책과정〉이 시작된다. 정책과정이란 국가과제를 풀어 나가기 위하여 그 나라의 최고의 인재들을 모으고 최고의 경륜과 지혜와 경험을 모아내어 답을 찾아가는 과정이다. 그래서 국가과제에 대한 해결의 답이 보이면 이제는 국민들에게 보고하고 정부공무원들에게 그 일을 집행하게 한다. 그리고 그 집행과정을 잘 관리하면서 현장의 변화를 점검한다.

이상을 요약하면 정치란 한마디로 나랏일을 풀어 가는 큰 사업이다. 권력을 잡는 〈정치과정〉과 나랏일을 풀어나가는 〈정책과정〉으로 구성되어 있는 큰 사업이다. 그런데 문제는 지금 대한민국의 정치에서 그 비중이 정치과정은 과도한데, 정책과정은 과소하다. 한마디로 과잉정치 과소정책이다. 정말 정책과정이 지극히 부실한 경우가 많다. 한마디로 정책경시의 정치가 진행되고 있다. 이것은 민생과제나 국가과제를 제대로 풀 생각을 하지 않는 정치가 지배적이란 이야기가 된다.

시대는 선진과 통일의 시대를 열기 위하여, 국가시스템의 대대적 개혁 즉 〈국가 재창조國家 再創造〉- 모든 국가제도와 의식의 재창조 -를 요구하고 있다. 그런데 우리의 정치는 전혀 그러한 변화와 개혁의 방향으로 나갈 생각을 하지 않는 〈불모不毛와 무능無能의 정치〉가 되고 있다. 그러면 정치가 본연의 목적을 상실하게 된다. 정치가 국가과제에 대한 올바른 집단적 의사결정을 내리지 못한다면, 그리고 일부 결정된 정책도 제대로 추진하지 못한다면, 도대체 정치는 무엇을 위하여 존재하는가 하는 문제가 된다. 도대체 왜 이렇게 되었을까?

두 가지 병(病)

지금 대한민국의 정치는 두 가지 병에 걸려 있기 때문이다.

첫째는 〈포퓰리즘이라는 병〉이다. 정치가 나랏일을 바르게 풀기 위하여 많은 전문가들의 지혜를 모으고 국민들의 의견을 수렴하여 올바른 국가정책을 세우고 이를 성실하게 집행할 생각을 별로 하지 않는다. 입에 단 음식이 몸에 나쁘듯이 국리민복에는 유해한, 그러나 우선은 듣기 좋은 인기 영합적인 정책을 양산하며, 선거에서 득표의 극대화에만 집중하는 정치가 되어 가고 있다.

그러니 정말 시급한 나랏일이 제대로 풀릴 수 없다. 어떤 우선순위로 어떤 가치를 소중히 하면서 어떤 방식으로 국가과제를 풀 것인가에 대한 고민이 부족하기 때문이다. 최고의 전문가들을 모으고 국민들의 의견을 진지하게 수렴하는 과정이 부족하다. 국민의 일시적 정서와 일시적 이해관계에 호소하는 이미지 정책, 구호성 정책, 심하면 선동성 정책만을 제시하며 표를 구하고 있기 때문이다.

둘째는 〈약체국가화弱體國家化라는 병〉이다. 국가가 나랏일을 제대로 풀어갈 힘이 없어지고 있다. 우리 사회의 민주화가 군사독재를 넘어뜨린 후에도 지속적인 권력의 분산과 분권화의 방향을 추구하여 왔다. 일정정도까지는 바람직한 민주화의 과정이라고 보아야 한다. 그러나 그 정도를 넘어 과잉민주화가 되면 즉 권력의 과잉분산과 과잉분권화가 일어나면, 그 나라 그 정부는 나랏일을 풀어갈 충분한 권력을 가지지 못하게 된다. 그러면 약체국가가 되고 국가과제는 제대로 해결되지 못한 채로 국정이 표류한다.

예컨대 우리나라는 민주화과정에서 국회의 힘이 커졌다. 시민운동의 힘도 커졌다. 그러나 국회나 시민운동단체들은 국가과제를 풀어 낼 〈정책능력〉, 그리고 또 책임지고 이를 추진할 〈책임능력〉은 정부와 비교할 때 대단히 부족하다. 결국 과잉민주화로 능력이 없는 세력이 권력을 너무 많이 가지게 되면 나랏일이 제대로 풀리지 않게 된다. 그래서 오늘날 대한민국 전체로 보면 나라가 풀어야 할 나랏일은 폭증하고 있는데 풀 능력은 즉 국가능력state capacity은 떨어지고 있다.

지금 대한민국 정치의 문제는 나랏일을 제대로 풀지 못하는 불모不毛의 정치, 무능無能의 정치가 되어가고 있다는 데 있다. 대한민국이 풀어야 할 과제는 산처럼 밀려온다. 대한민국은 과연 통일할 수 있는가? 점증하는 동아시아의 신新 냉전구도 하에서 과연 우리는 통일의 길을 성공적으로 헤쳐 나 갈 수 있는가? 대한민국 경제의 새로운 비교우위와 성장동력은 어디서 찾을 수 있는가? 점점 구조화되는 실업과 양극화의 문제는 어떻게 할 것인가? 인구절벽의 문제에 대한 대책은 있는가? 가족해체, 교실붕괴, 국가공동체성의 약화 문제에 대한 대응책은 있는가? 등등 수많은 문제가 밀려오고 있다. 어떻게 할 것인가? 우리는 각각에 대하여 정답을 가지고 있는가?

새로운 역사적 정치적 주체

인류의 역사를 보면 역사는 반드시 인류가 풀 수 있는 문제만을 제기한다. 그래서 모든 나랏일을 풀 올바른 국가정책, 올바른 국가전략은 반드시 있고 찾을 수 있다고 본다. 우리나라의 학자 등 이론 전문가들과 공무원 등 실무 전문가들이 머리를 맞대고 논의하면 3~6개월 안에 모든 국가적 과제와 문제에 대한 정답을 다 만들 수 있다. 답을 찾는 전문가들이 사심을 없이 오직 공익을 생각하며 – 오로지 국가이익과 국민행복만을 만을 생각하며 – 답을 찾으려 노력한다면, 그리고 정치지도자들이 나서서 국가정책연구와 토론과정에 즉흥적인 여론과 단기적 당리당략의 개입만 막아준다면, 우리는 모든 국가과제를 풀 올바른 국가정책, 즉 정답을 찾을 수 있다.

이것이 바로 이율곡 선생께서 주장한 공론公論, public judgement이다. 이 공론公論은 여론輿論이나 중론衆論과는 다르다. 최고의 전문가 – 선비전문가 – 들이 오로지 국리민복을 위한 한마음으로, 사심 없이 진지하게 고민하며, 객관적 과학적으로 분석, 토론 연구한 결과가 공론이다. 그래서 이러한 공론을 바로 세우는 것이 나라 발전에 기본이 되기 때문에 율곡은 이 공론이 바로 나라의 원기元氣라고 하셨다. 바로 이 공론이 서도록 만드는 것이, 즉 공론형성과정을 조직화하는 것, 그리고 나아가 그 공론에 따라 나랏일을 풀어가는 것이 바로 정치의 본연의 역할이다.

지금 대한민국의 고민은 여러 국가과제를 풀 올바른 정답이 없어서가 아니다. 선비전문가들이 올바른 공론이 세우도록 그 과정을 조직화할 정치세력, 그리고 이들이 만든 공론을 확실하게 추진할 정치세력이 없다는 데 가장 큰 고민이 있다. 국가과제에 대한 답을 찾아내고 그 답을 실천할 역사적 정치적 세력이 너무 약한 것이 지금의 우리 정치의 문제이다. 과거에는 달랐다.

1960~70년대 산업화시대에는 경제발전을 위하여 몸을 던지는 산업화의 주체들이 있었다. 정치지도자들은 물론이고 군부, 고급 공무원, 대기업 임원, 노동자, 새마을 운동가 등등 산업화를 위하여 혼신의 노력을 다 하였다. 1980~90년대 민주화 시대에도 역사의 주체가 있었다. 찬바람 맞으며 민주화를 위하여 뛰는 야당지도자, 학생운동가, 재야인사들이 있었다. 이들이 몸을 던져 우리나라의 민주화를 이루어 냈다. 그런데 지금은 선진화와 통일의 시대인데 이 선진통일을 위하여 몸을 던지는 〈역사의 주체〉가 보이지 않는다. 선진통일과 국가 재창조를 위해 혼신의 노력을 하는 새로운 〈정치적 주체〉가 보이지 않는다.

그런데 새로운 역사주체- 새로운 정치주체 없이, 새로운 정치가 등장할 수 없고 새로운 역사가 창조될 수 없다. 우리나라의 정치를 정상화시킬-포퓰리즘과 약체국가화를 극복하고 국가과제를 제대로 풀어 갈-공론을 세우고 이를 추진할-새로운 역사적 정치적 주체를 어떻게 만들 것인가? 이것이 문제이다. 이것이 문제의 핵심이다. 이것이 오늘날 대한민국의 역사와 정치에서의 가장 중요한 핵심과제이다.

새로운 역사적 정치적 주체를 만들기 위해선 결국은 〈정당개혁〉과 〈선거개혁〉이 그 출발점이 될 수밖에 없다.[1] 주지하듯이 역사적 정치적 주체들이 모이는 곳이 바로 정당이다. 따라서 정치개혁의 핵심은 정당을 근본적 재창조reinvention하여 새로운 역사주체-새로운 정치주체를 만들어 내는 데 있다. 그래서 이 새로운 정치주체들이 오늘의 우리나라 정치의 포퓰리즘화와 약체국가화를 막고 대한민국의 정치를 정상화시켜 한반도의 선진통일을 이룩하도록 만들어야 한다. 이 정치대개혁의 절체절명의 첫 과제가 바로 새로운 역사적 정치주체를 만들어 내는 정당개혁이라 할 수 있다. 여기에 우리나라 [정당개혁의 필연성]이 등장하는 것이다.

---

1) 정당개혁의 목표도 선거개혁의 목표도 모두 새로운 역사적 정치세력의 등장을 용이하게 하는 방향이 되어야 한다. 그러한 내용과 방향의 정당개혁이고 선거개혁이 되어야 한다.

정당 개혁의 기본방향

선진통일과 국가 재창조를 위한 새로운 역사적 정치주체의 창출은 결국은 두 가지 길이 있을 수 있다. 하나는 기존 정당들의 자기혁신이다. 철저한 환골탈퇴 수준의 자기개혁이다. 다른 하나는 전혀 새로운 정당의 등장이다. 소위 제 3당의 등장이다. 이 두 번째의 길은 사실은 선거제도 개혁과 깊이 관련되어 있다. 그리고 첫 번째 길은 정당개혁의 문제와 관련된다.

여기서는 기존정당을 어떻게 재창조수준의 개혁을 하여 새로운 역사적 정치주체를 창출할 것인가 하는 정당개혁의 문제를 중심으로 논의하도록 한다. 즉 정당개혁의 문제를 중심으로 논의한다. 그리고 편의상 우리나라의 기존의 보수 와 진보 양당이 철저한 자기개혁을 통하여 등장할 〈개혁신당〉을, 편의상 〈신보수당〉, 〈신진보당〉이고 부르도록 한다.

우선 정당개혁을 통하여 새로 등장할 개혁신당들은 첫째 [한반도 통일정당] 둘째는 [국가 재창조정당] 그리고 셋째는 새로운 [역사주체 창조정당]이 되어야 한다고 생각한다.

우선 첫째는 신보수당 신진보당 모두 〔통일의 시대를 열수 있는 정당〕, 즉 한반도 통일정당이 되어야 한다. 통일은 우리의 예상보다 빨리 올 수 있다. 따라서 정당개혁을 통하여 등장하여야 할 정당들은 가능한 빨리 〔한반도 통일정당〕으로 당의 구조개혁과 통일정책준비를 서둘러야 한다.

둘째는 신보수당 신진보당 모두 〔국가 재창조를 할 수 있는 정당〕이 되어야 한다. 국가 시스템의 총체적 개혁을 위한 구체적 국가전략을 세우고 이를 강력하고 일관성 있게 추진할 수 있는 〔국가 재창조정당〕이 되어야 한다. 주지하듯이 지금의 대한민국의 정당구조와 행태로서는 보수 진보 누가 집권을 하던 일관성 있는 국가전략의 체계적 추진이 불가능하다.

셋째로는 신보수당 신진보당 모두 〔선진통일의 시대를 열 새로운 역사주체세력을 만들어 내는 정당〕이어야 한다. 앞에서도 지적하였지만 과거 산업화 시대와 민주화시대에는 각각 그 시대를 열 역사적 주체세력이 있었으나, 선진통일의 시대에는 그러한 역사적 주체가 아직 충분히 형성되어 있지 않다. 따라서 이 선진통일의 새로운 역사주체를 창조해 내는 것이 시급하다. 기존의 보수의 쇄신 작업과 기존의 진보의 혁신작업이 시급하다. 특히 차세대 속에 미래 개혁적 정치세력도 찾아 교육하고 양성하고 확장시켜 나가야 한다. 그래서 모든 정당들이 – 모든 개혁신당들은 – 선진통일의 시대를 열 새로운 역사주체는 〔역사주체창조정당〕이 되어야 한다.

한반도 통일정당

개혁신당들(신보수당과 신진보당)이 통일의 시대를 열려면 당의 이념과 가치 면에서는 물론 조직과 교육면에서도 남한 주도의 통일과정에서 북한을 안정화시키고 발전시키고 통합할 준비를 하여야 한다. 북한동포를 가치적으로 이념적으로 포용하고 그들을 민주적으로 재교육하고 조직화할 수 있어야 한다. 북한동포 속에서 민주적 대표를 찾아 그들의 육성을 지원해야 하고, 그들과 함께 북한부흥과 남북 통합계획을 세우고 함께 추진할 수 있어야 한다. 그래서 새로운 통일한반도를 만들어 나갈 수 있어야 한다. 그러한 일을 할 수 있도록 통일개혁신당의 내용과 조직으로의 개편이 시급하다.

국가재창조정당

개혁신당들이 국가 재창조를 선도하려면 우선 당이 국가전략을 가진 정당이 되어야 한다. 그리고 국가전략을 가진 정당이 되려면 당이 가치집단과 이념집단으로, 세계관과 역사관을 가진 정책집단으로 거듭나야 한다. 본래 올바른 국가정책과 국가전략은 사실은 가치와 철학에서 - 세계관과 역사관에서 - 나오는 법이다. 단기적 인기영합이나 민중주의民衆主義에서는 올바른 국가전략이 나오지 않는다.

선진통일의 시대에 국가 재창조의 의지와 국가전략이 없으면 그것은 국민을 위한 정치가 아니다. 진정한 민주주의 즉 〈민본民本정치〉가 아니다. 그런데 지금 같은 이미지 정치, 포퓰리즘 정치를 이대로 두고는, 지금과 같은 지역주의에 안주하는 카르텔 정당구조, 소수 정치 보스에 과도하게 의존하는 붕당적 내지 사당적 구조, 정책보다는 정략, 그리고 가치보다는 이익에 올인하는 정당문화를 이래로 두고는 국가전략이 가능하지 않다. 그리고 국가전략이 없으면 진정한 [민본적 민주주의]도 통일과 선진화의 대업도 이루어 낼 수 없다.

역사주체창조정당

[통일시대를 열 수 있는 정당] 그리고 [국가 재창조를 할 수 있는 정당]을 만드는 개혁신당들(신보수당, 신진보당)이 되려면 무엇보다 작은 이익을 위해 분열된 [계파갈등정당]이나 당이 단기 이익만을 추구하는 [당리당략정당]이 아니라 국가비전과 꿈을 가진 [국가전략정당]이 되어야 한다. 당이 단순히 정치적 야심가들의 모임이 아니라 [비전과 가치의 결사체],[이념과 정책의 공동체]가 되어야 한다. 이와 동시에 우리나라의 신보수(개혁적 헌신적 보수)세력과 와 신진보(합리적 정책적 진보)세력을 끊임없이 생산해 내는 개혁신당들이 되어야 한다.

기존의 우파세력 내지 기존의 좌파세력을 조직화하는 데 그치지 않고 중도세력, 특히 개혁적 중도세력의 등장을 도와야 하고, 이들과 연대하여야 한다. 더 나아가 앞으로 등장할 차세대 속에 미래 개혁세력을 만들어내야 하고 확산시켜 나가야 한다. 그래서 대학 캠퍼스 안으로 당의 홍보, 교육, 조직, 활동을 보다 적극적으로 확산시켜 나가야 한다. 이렇게 개혁신당들이 앞장서서 자신들의 이념·노선·목표의 정당성·타당성·합리성에 대한 국민적 지지를 조직화하고 확대하여 새로운 역사주체, 새로운 정치주체를 만들어 내야 한다. 그래야 한반도 통일도 국가 재창조도 성공할 수 있다.

정당의 이념과 목표와 가치

우선 개혁신당들(신보수당 신진보당)은 선명한 당의 이념과 목표와 가치의 깃발을 들어야 한다. 무엇보다 먼저 당의 이념과 목표와 가치 그리고 이를 뒷받침할 당의 철학 즉 세계관과 국가관과 역사관을 확실히 하여야 한다. 선진통일의 새로운 시대에 맞는 신보수당 신진보당으로서의 자기 이념과 목표와 가치의 깃발을 뚜렷하게 들어야 한다.

개혁신당의 이념: 〈우파 공동체자유주의〉와 〈좌파 공동체자유주의〉

선진통일시대에 개혁신당의 이념으로는 [공동체자유주의]가 가장 바람직하다고 생각한다. 신보수당은 〈우파 공동체자유주의〉의 깃발을 들고 신진보당은 〈좌파 공동체자유주의〉의 깃발을 드는 것이 바람직 할 것이다. 우파공동체자유주의는 공동체자유주의에서 자유를 좀 더 강조하는 입장이라면 좌파공동체자유주의는 공동체자유주의에서 공동체를 좀 더 강조하는 입장이라고 보면 될 것이다 우리는 〔공동체자유주의〕 즉 〔공동체를 소중히 하는 자유주의〕야 말로 선진과 통일의 이 시대가 요구하는 국가발전과 국민통합/민족통합이라는 두 가지 목표를 동시에 이루어 낼 수 있는 이념이라고 생각한다. 그 점에서는 보수와 진보 사이에 이론異論이 없을 것으로 본다.

공동체자유주의 즉, 공동체를 소중히 하는 자유주의란 무엇인가? 여기서 자유주의는 무엇이고 여기서 이야기하는 공동체주의는 무엇을 의미하는가의 문제를 간단히 정리해 두자. 자유주의는 한마디로 인간은 〔귀한 존재〕라는 주장이다. 인간의 존엄성을 믿는 주장이다. 그리고 공동체주의란 인간은 〔함께 사는 존재〕라는 주장이다. 혼자 살 수 없는 존재라는 주장이다. 그래서 인간은 귀한 존재라고 보고 그렇게 귀한 존재인 인간이 자기의 귀함을 실현하면서 함께 사는 세상을 만드는 것 – 자기완성과 세계성취를 동시에 이루는 것 – 이 공동체자유주의의 꿈이고 국가비전이다.

왜 자유주의인가?

좀 더 구체적으로 들어가면 여기서 자유주의는 〈개인적 자유주의〉를 의미한다. 개개인의 인간이 존엄하기 때문에 이들 개개인의 선택과 자유를 최대한 존중해야 한다. 그래야 개개인의 창조성이 나오고 자기완성/자기실현의 길이 열린다. 그리고 개개인의 행복도 가능해 진다.

지난 인류의 역사를 보면 – 특히 지난 250년의 인류의 역사를 보면 – 모든 발전은 바로 이 자유에서 나왔다. 정신적 자유, 사상적 자유에서 과학문명의 도약이 시작되었고, 경제적 자유에서 시장자본주의의 발전이 있었다. 그리고 정치적 자유에서 자유민주주의가 성장하여 왔다. 그래서 인류가 약 250년전 일인당 평균소득 약 180불이던 지구촌을 2000년 현재 평균소득 약 6,600불의 풍요의 지구촌으로 만들어 냈다.

자유주의가 주장하는 자유는 모든 국가와 사회 발전 그리고 개인 완성의 기본동력이라고 할 수 있다. 1948년 이후 오늘날까지의 우리 대한민국의 발전도 바로 이 자유주의 때문이다. 남한이 친(親)자유주의의 길을 선택하였기 때문에 지난 기간의 산업화와 민주화의 성공이 있었고, 북한은 반(反)자유주의, 전체주의의 길을 걸었기 때문에 산업화와 민주화도 모두 실패하고 있는 셈이다. 따라서 우리는 앞으로도 – 진보, 보수 모두 – 분명 자유주의의 깃발을 더욱 선명히 세우고 나가야 한다.

자유주의는 대단히 중요하다. 그러나 아무리 좋은 이념이라고 하여도 자유주의가 개개인의 [이기적 자유주의]로 그리고 자기책임을 지지 않는 [방종적 자유주의]로 폭주하면, 소위 [자유만능주의]로 후퇴하면 그가 속한 국가공동체/사회공동체는 분열되고 해체되고 결국은 붕괴된다. 자유주의 자체가 지속가능하지 못하게 된다. 반(反)자유의 계곡으로 추락하게 된다. 왜냐하면 인간은 본래가 개체적 존재이면서도 관계적 존재이다. 인간은 혼자 존재할 수 없고 혼자서 행복할 수 없기 때문이다. 그래서 우리는 자유주의이면서도 [공동체를 소중히 하는 자유주의] 즉 [공동체자유주의]를 주장하는 것이다. [이기적 자유주의], [방종적 자유주의]가 아니라 [공동체자유주의]가 우리가 지향할 이념이라고 생각한다. 사회구성원 모두가 개인적 이기적 충동을 스스로 자제하면서 공동체적 가치를 소중히 하는 노력을 함께 하는 자유주의가 바로 성숙한 자유주의 즉 공동체자유주의이다. 이 공동체자유주의는 대한민국의 보수, 진보 모두가 수용하여야 할 노선이라고 본다. 아니 21세기 세계의 보편사상 내지는 시대정신이라고 본다.

3가지 공동체 – 국가, 역사, 자연

그러면 여기서 자유주의가 소중히 하여야 할 공동체에는 어떠한 것들이 있는가?

첫째는 국가/사회공동체이다.

개인의 자유는 국가가 없으면 보장될 수 없다. [건강하고 강한 국가]가 개인적 자유주의의 제도적 기초가 된다. 국가가 약하면 그래서 공정한 법치를 세우지 못하고 국가가 병에 들어 부정과 부패가 만연하면 그러한 사회 속에서 개인의 자유와 창의와 존엄의 가치는 마음껏 개화될 수 없다. 따라서 [건강한 국가], [반듯한 국가]를 만들어야 하고 이를 소중히 하여야 한다.

특히 대한민국에서 이 국가공동체의식이 약한 편이다. 일반적으로 내 가족과 내 민족에 대하여 공격하면 화를 내지만 내 국가에 대하여 공격하면 이를 방어하려는 노력을 하지 않는 경향이 있다. 가족사랑과 민족정신은 있지만 국가사랑, 국가정신은 약한 편이다. 이것은 잘못이다. 개인도 가족도 사회도 국가 없이는 존재할 수 없다. 그런데 우리사회 일각에서는 – 분단의 비극이지만 – 대한민국이라는 국가를 부정하고 폄하하는 움직임이 있어 왔다. 또한 대한민국을 주도하여 온 세력들도 국가정신 – 호국

정신과 애국정신 – 을 바로 세우는 일을 소홀이 하여 왔다.

국가란 본래가 〈가치집단〉이다. 대한민국의 가치는 무엇인가? 대한민국의 가치는 어디서 찾을 수 있을까? 대한민국의 가치는 대한민국의 헌법 속에서 찾아야 한다. 헌법이 제시하는 가치 – 존엄 · 자유 · 민주 · 평등 · 인권 · 법치 · 시장 · 복지 · 환경 · 평화 · 세계 등등 – 들이 바로 대한민국이 소중히 하는 가치들이다. 주지하듯이 이 대한민국이 소중히 하는 헌법적 가치 속에는 보수적 가치와 진보적 가치가 다 들어 있다. 국민모두가 – 특히 젊은 세대들이 – 이들 가치를 소중히 하고 자랑스럽게 생각하도록 하였어야 했다.

다음은 사회공동체가 중요하다. 이웃은 어떻게 되던 나만 편하고 나만 잘 살면 된다는 식의 이기적 자유는 천민적 사회를 만들고 결국은 사회공동체를 파괴한다. 자유는 무한정 주장하면서 책임은 외면하는 방종적 자유도 사회공동체를 파괴한다. 내 자유가 중요하듯이 이웃의 자유를 소중히 하여야 한다. 그리고 자기의 자유행동에 대하여 책임을 저야 한다. 그래서 준법과 공공질서, 공서양속公序良俗이 중요하다. 이웃에 대한 배려 · 관심 · 연대가 필요하다. 특히 사회적 경제적 약자에 대한 배려와 연대 없이는 건강한 사회가 될 수 없다. 소수의 사회구성원이라도 배제되지 않고 모두가 포용되는 경제사회적 정책노력이 있어야 그 사회공동체가 건강성을 유지하고 그 속에서 개개인의 자유와 창의도 만개할 수 있다.

둘째는 역사/문화공동체이다.

인간은 공간적으로 이웃과 국가와 관계하고 있을 뿐 아니라 시간적으로도 조상과 후손 그리고 과거와 미래의 역사와 문화와 관계되어 있다. 공간적 관계뿐만 아니라 시간적 관계 속에서 존재하고 발전하는 것이 인간의 생존과 발전양식이다. 역사와 전통 그리고 문화란 단순히 과거의 이야기가 아니다. 역사란 우리 선조들의 꿈과 투쟁, 성공과 좌절의 기록이다. 전통은 선조들의 삶의 지혜의 유산이다. 그리고 문화란 우리에게 그 분들의 삶의 폭과 깊이를 보여주는 선물이다.

　이 역사·전통·문화는 사실 우리 한 사람 한 사람의 삶 속에 – 정신과 육체 속에 – 깊이 뿌리 박혀 있다. 아름다운 역사·전통·문화를 계승 발전하여 우리의 후손들에게 전달하는 것이 이 시대를 사는 우리들의 사명이다. 존재가치의 일부이다. 어느 나라 역사나 문화 속에는 밝은 면과 어두운 면이 있다. 자랑스러운 면과 부끄러운 면이 있다. 우리의 사명은 밝은 면을 더욱 발전시켜 후손들에게 전달하는 것이고 – 더 나아가 인류보편성을 가진 역사와 문화는 한류와 같이 세계로 발신해야하고 – 어두운 면을 반성하고 고쳐 나가야 하는 것이다.

　그런데 여기에도 우리 사회일각에 대한민국의 역사의 정당성과 정통성을 부정하고 공격하는 움직임이 있다. 크게 잘못된 움직임이다. 앞으로는 극좌적極左的 민중民衆사관, 계급사관이 아니라, 동시에 극우적極右的 편향偏向 사관이 아니라, 〈국민통합적 균형사관均衡史觀〉을 가지고 〈역사를 바로 세우는 노력〉이 반드시 일어나야 한다. 그래서 국민은 물론 특히 차세대들이 올바른 역사관을 가질 수 있도록 하여야 한다. 올바른 역사관을 가질 때 그래서 자기의 역사에 대하여 자부심과 자긍심을 느낄 때 자기의 역사뿐만 아니라 그러한 자랑스러운 역사를 만들어 온 자기의 국가를 사랑하게 된다. 그래서 역사사랑과 나라사랑은 함께 가는 법이다. 이렇게 역사공동체—더 나아가 국가공동체—를 소중히 하는 노력 없이 우리는 자유주의를 지키고 발전시켜 나갈 수 없다. 훌륭한 공동체에서 훌륭한 자유가 나오기 때문이다.

셋째는 자연/생명공동체이다.

인간은 사회와 역사뿐 아니라 자연과의 관계적 존재이다. 사회나 역사 없이 개인이 존재할 수 없듯이 자연 없이 인간은 존재하지 못한다. 따라서 개인의 자유와 그 발전을 주장하는 자유주의는 반드시 자연공동체를 소중히 하여야 한다. 따라서 근대화시대의 자연파괴는 더 이상 있어서는 아니 된다. 이제는 생태계 복원이 중요하다. 단순히 생산자원으로서의 자연의 파괴를 걱정해서가 아니다. 본래 인간은 자연 속에서 정서적 안정과 균형뿐만 아니라 우주적 생명력과 우주적 영감을 얻는다. 자연을 거대한 하나의 생명체로 보는 견해가 동양적 사고의 기반이 되고 있다. 〈생명론적 우주관〉이다. 서구의 기계론적 우주관과는 다르다. 그래서 우리는 자연/생명공동체를 더 중요시 해 왔다.

그러한 의미에서 앞으로 개혁신당들이 주장하고 나갈 공동체자유주의에서의 공동체주의는 사실 서구적 공동체주의가 아니라 동양적 공동체주의가 되어야 한다고 생각한다. 조상에 대한 종교적 숭배, 가족관의 확대로서의 국가, 가족사/가문사家門史를 통한 역사의식, 그리고 생명론적 우주관등이 동양적 공동체주의의 핵심이라고 본다. 그러한 의미에서 공동체자유주의에서 주장하는 자유주의는 기본적으로 서구적 자유주의, 즉 개인주의적 자유주의이고 공동체주의는 동양적 공동체주의, 즉 종교적 생명론적 공동체주의라고 보아 무방할 것이다.

자연/생명공동체를 소중히 하여야 하는 것은 인류의 생존을 위하여서도 시급한 과제이다. 주지하듯이 지구촌 위에 기본적 생명자원이 고갈되고 있다. 물 부족, 자원 및 에너지 고갈, 기후변화 등의 문제가 심각하다. 우리가 개개인간의 자유와 창의와 행복을 소중히 한다면 우선 지구촌의 자연/생명공동체의 지속가능성에 관심을 가져야 한다.

이상과 같이 자유주의자는 반드시 개개인의 자유와 더불어 [국가공동체] [역사공동체] [자연공동체]의 건강성에 대하여 깊은 관심을 가지고 그 건강성의 발전과 유지에 노력하여야 한다. 우리는 믿는다. 개인과 인류의 발전은 자유에서 오고 국민통합/민족통합/인류통합은 공동체의 건강성에서 온다고 본다. 이것이 우리 공동체자유주의자들이 지향하는 이념의 방향이고 앞으로 선진통일의 시대를 열 대한민국의 신보수당과 신진보당이 추구해야 할 공통의 이념이라고 생각한다.

왜 좌우 모두가 공동체자유주의여야 하는가?

왜 〈신보수당〉은 공동체자유주의를 이념으로 하여야 하는가? 본래 보수의 근본가치는 [자유와 공동체]이어야 하기 때문이다. 이를 잊어서는 아니 된다. 개개인의 자유와 국가/역사/자연공동체를 소중히 하는 것이 보수의 가치이다.

그러면 〈신진보당〉은 왜 공동체자유주의를 이념으로 하여야 하는가? 본래 진보의 가치는 평등과 약자보호 내지 약자연대이다. 그러나 진보는 〔평등과 연대〕를 소중히 하지만 자유를 전제로 한다. 자유가 없으면 진정한 평등도 연대도 할 수 없기 때문이다. 따라서 자유는 당연히 전제하되 다만 자유 속에서 평등이 보다 많이 보장되어야 한다고 주장하는 것이다.

반면에 보수는 〔자유와 공동체〕를 소중히 하지만 자유가 다수의 자유가 되어야지 소수의 자유가 되는 것, 즉 불평등한 자유가 되는 것은 반대한다. 불평등한 자유는 반反공동체적이기 때문이다. 요컨대 진보는 부자유의 평등을 추구하지 않고 보수는 불평등의 자유를 추구하지 않는다.

그래서 본래는 올바른 보수의 가치와 올바른 진보의 가치는 상호경쟁적이면서도 근본적으로 상호보완적이라고 할 수 있다. 자유주의자들의 자유가 나만의 자유가 아니라 모두의 자유가 되려면 자연히 평등이란 가치를 소중히 하지 않을 수 없다. 평등주의자들도 평등이 보장되려면 자유사회가 기본임을 알고 있다. 동시에 공동체를 소중히 하려면 공동체에서 가장 어려운 소수의 입장을 잘 배려하여야 한다. 왜냐하면 어려운 소수가 방치되거나 배제되어서는 공동체의 건강성이 유지·발전 될 수 없고 역으로 공동체의 건강성이 없으면 약자의 고통은 더 커지기 때문이다.

그래서 기본적으로 〔개혁적 보수〕와 〔합리적 진보〕, 환언하면 〔신보수〕와 〔신진보〕는 상호보완적인 면이 많다. 아마 구체적인 국가정책논쟁으로 들어가면 약 70%정도는 같은 결론에 즉 합의에 도달할 수 있다고 본다. 나머지 30%는 건강한 차이일 수 있다.

그런데 오늘날 대한민국에서는 보수와 진보의 대립이 필요 이상으로 적대적이고 일관성이 없고 혼란스럽다. 건전한 비전과 정책대결이 없고 선동적이고 인기영합적인 구호나 이미지 싸움이 많다. 이러한 이념혼란과 정책혼란의 시대를 끝내려면 보수혁신을 주장하는 〈신보수〉가 나와야 하고 동시에 진보혁신을 주장하는 〈신진보〉가 나와야 한다. 즉 개혁적 보수와 합리적 진보가 나와야 한다. 이것이 신보수당과 신진보당으로 나타나야 한다.

다시 강조하지만 선진통일과 국가 재창조의 시대를 열려면 국가전략이 올바로 서야 한다. 그런데 올바른 국가전략은 올바른 이념과 가치 위에서 서야 한다. 그리고 그 이념과 가치위에서 지속적으로 일관성 있게 추진될 때 성공한다. 이념과 가치가 혼란스러우면 정책이 춤을 추고 전략이 표류한다. 따라서 성공적 국가 재창조를 위해 노력하는 신보수당과 신진보당은 즉 개혁신당들은 반드시 올바른 당의 이념과 가치를 세우는 노력부터 하여야 한다.

개혁신당의 국가목표: 선진통일과 세계국가

개혁신당들이 제시하는 국가비전 내지 국가목표는 무엇이어야 하는가? 우리는 〔선진통일〕과 〔세계국가〕가 되어야 한다고 생각한다. 〔선진통일〕을 이루어 〔세계국가〕를 만드는 것이 우리 대한민국의 국가비전이 되어야 한다고 생각한다. 그리고 이러한 국가비전을 달성해 내는 것이 당의 목표가 되어야 한다고 본다. 아니 당의 존재이유가 되어야 한다고 본다. 그리고 여기에 보수와 진보사이에 차이가 있을 수 없다고 본다. 물론 어떠한 내용의 선진통일이고 어떠한 내용의 세계국가이며 어떠한 달성방법을 선택할 것인가 등에서는 보수와 진보 사이에 건강한 견해의 차이가 있을 수 있다고 본다. 그러나 그 목표에서는 다름이 있을 수 없다고 본다.

선진통일

선진통일은 한반도 전체를 선진화시키는 통일이다 이 선진통일의 달성이 개혁신당들(신보수당과 신진보당)이 추구하는 일차적 국가목표가 되어야 한다.

여기서 선진화란 20세기 말 산업화·민주화에 성공한 우리나라가 21세기에 맞는 성숙한 일등국가 수준으로 우리의 국가시스템을 업그레이드하는 작업이다. 이제는 성숙하고 품격있는 시장경제와 성숙하고 품격있는 민주주의를 이룩하여야 한다. 그래서 세계 1등국가 수준의 〔민본적 민주주의〕와 〔인본적 시장경제〕를 이루어 내는 것이 선진화이다. 그래서 이웃으로부터 존경을 받는 국가 인류발전에 공헌하는 국가가 되는 것이 선진화이다. 한마디로 부민덕국富民德國의 실현이다. 이러한 선진화를 남한에서만이 아니라 북한에서도 실현될 수 있도록 하는 것이 바로 선진통일이다.

그래서 우리가 주장하는 통일은 단순히 분단이전으로의 회귀가 아니라, 새로운 선진국가의 창조가 되어야 한다. 남과 북이 모두 선진일등국가가 되는 통일이어야 한다. 물론 북한의 경우는 통일과정에서 일정기간 산업화과 민주화라는 근대화의 기간을 거칠 것이다. 그리고 나서는 남과 함께 선진화의 단계로 들어가는 수순을 밟게 될 것이다.

세계국가

21세기 선진통일을 이루어 내는 대업大業은 자연히 통일한반도를 〔세계일등국가〕, 〔세계평화중심국가〕, 〔세계공헌국가〕로 만드는 과정으로 발전할 것이다. 즉 선진통일에 성공한 이후 통일한반도는 〔국민국가〕의 단계를 넘어 〔세계국가〕로 도약하는 과정에 들어가게 될 것이다.

세계국가가 되려면 우선 경제사회적으로 〔세계일등국가〕가 되어야 한다. 우선 일인당 국민소득이 세계최고의 수준이 되어야 한다. 다음은 국제적으로 새로운 글로벌 거버넌스 – 새로운 정치경제질서 – 를 구축하는데 핵심적 주도적 역할을 하여야 한다. 즉 〔세계중심국가〕가 되어야 한다. 특히 지구촌의 평화시대를 여는데 중심적 역할을 하여야 한다. 이상의 두 가지 역할을 통하여 통일한반도가 21세기 동아시아 전체 아니 더 나아가 아시아와 세계 전체에 평화와 번영시대를 여는 데 핵심적 선도적 역할을 할 수 있어야 한다. 그리고 끝으로 사상적·문화적으로 세계발전에 공헌하는 〔세계공헌국가〕가 되어야 한다. 인류의 보편적 발전에 기여하는 문화대국 정신대국이 되어야 한다. 이를 위해선 단군이래의 홍익인간의 정신, 그리고 삼국시대 이후의 선비정신 등이 다시 재조명되어야 한다. 그래서 동방예의지국의 도덕과 문화를 다시 살려내서 지구촌 모두가 존경하는 〔문화대국, 도덕대국, 사상대국〕을 만들어야 한다.

이와 같이 선진통일을 이룩하여 세계국가로 부상하는 것이 21세기 대한민국의 꿈이어야 하고 이를 이루어 내는 것이 개혁신당들의 목표가 되어야 한다.

개혁신당들의 가치노선: 신(新)보수와 신(新)진보

선진통일과 국가 재창조를 이루어 내기 위하여 개혁신당들은 가치노선을 어떻게 설정하여야 하는가?

지금의 보수당 – 새누리당 – 은 [개혁보수], [혁신보수]이면서도 기본적으로 [중도보수]노선이 바람직하다고 본다. 그러면 개혁보수, 혁신보수란 무엇인가? 기본적으로 [자유와 공동체]를 모두 소중히 하는 보수나 기득권에 안주하지 않고, 자유의 발전과 공동체 – 국가공동체와 역사공동체 – 의 발전을 위해 자기를 헌신할 수 있는 보수이다.

그 동안의 구舊보수는 자기의 자유만 소중히 하였고 타인의 자유는 소홀이 하였다. 이웃에 대한 배려와 공동체에 대한 책임 등이 많이 부족하였다. 특히 가치를 위한 자기희생이 많이 부족하였다[2]. 그래서 이를 철저히 반성하고 선공후사와 금욕의 선비정신을 가지고 [선비민주주의]와 [선비자본주의]를 이 땅에 실현하는 데 앞장서 모범을 보이는 보수가, 공동체와 약자의 자유를 위하여 자기헌신과 자기희생을 할 수 있는 보수가 개혁보수이고 혁신보수이다.

그러면 [중도보수]란 무엇인가? 중도보수란 자유와 공동체를 기본가치로 하지만 평등과 약자보호라는 합리적·진보적 가치도 함께 소중히 하는 보수이다. 왜냐하면 자유도 소수의 자유로 끝나지 않고, 다수의 자유가 되려면

---

2) 그 동안 대한민국에는 정치적 보수는 많았지만 철학적 보수는 적었다.

당연히 평등의 가치를 소중히 하지 않을 수 없고, 또한 공동체가 건강하려면 당연히 그 속의 약자나 소수자에 대한 각별한 보호가 함께 가야 하기 때문이다. 그래서 이 시대가 요구하는 올바른 보수는 [개혁적 · 혁신적 보수]이어야 하면서도 반드시 [중도적 보수]를 기본으로 하여야 한다.

그러면 지금의 진보당 – 새정치연합 – 은 어떠한 노선이 옳은가? 무엇보다 먼저 〈합리진보〉, 〈정책진보〉이면서 기본적으로 〈중도진보〉여야 한다. 진보의 가치는 평등이고 연대이다. 그런데 합리적 진보가 중시하는 평등은 획일적 평등, 절대적 평등이 아니다. 공정한 불평등을 수용하는 공정한 평등을 원한다. 그러면 문제는 어떻게 공정한 평등 – 공정한 불평등 사회를 만들 것이냐이다. 이것은 대단히 수준 높은 분석과 연구가 필요하다.

그런데 그 동안 구舊진보는 인기영합적 주장 – 표만을 얻기 위한 구호성 정책 – 만이 많았고 책임있는 정책연구와 정책대안의 제시는 크게 부족했다. 그러면서 국가운영문제, 국가전략문제를 너무 이념화, 정치화 때로는 구호화 하여왔다. 그래서 국민들의 눈에는 집권능력이 없어 보였고 무책임하게 보였다. 이래선 안 된다. 이제 철지난 이념논쟁이 아니라 합리적 정책대안을 제시하는 합리진보 · 정책진보로 바꾸어져야 한다. 이것이 신新진보노선이다.

그러면 〈중도진보〉란 무엇인가? 이것은 중도노선과 진보노선의 결합을 의미한다. 중도노선이란 자유와 공동체를 소중히 하는 보수적 가치와 평등과 연대를 소중히 하는 진보적 가치를 모두 존중하여야 한다는 주장이다. 진보가 이 중도노선을 포용하면 그 입장이 바로 중도진보가 된다. 진정으로 합리적 진보라면 평등을 주장하지만 그 평등이 자유를 전제로 한 평등이라는 사실을 잘 알아야 한다. 우리는 역사 속에서 자유를 부정하는 평등이 쉽게 평등자체를 실패시킨다는 것을 많이 배웠다. 또한 진보가 약자와의 연대를 강조하지만 공동체전체의 이익을 외면하는 것이 진보일 수 없다는 점도 알아야 한다. 공동체전체가 약화되면 약자들이 상대적으로 더 어려워지기 때문이다.

요약하면 합리진보는 합리노선과 진보노선의 결합이고 중도진보는 중도노선과 진보노선의 결합이다. 〈합리노선〉이란 합리적 정책대안 – 즉, 실효성있는 정책대안 – 을 제시하는 정책능력을 높여야 한다는 주장이다. 그리고 중도진보는 평등과 연대를 강조하지만 자유와 공동체의 가치도 상당부분 인정하고 수용하여야 한다는 입장이다. 그래야 진정으로 평등과 연대의 가치가 더 잘 실현된다는 입장이다.

4대 핵심 국가전략목표

이렇게 개혁신당들이 국가 재창조와 선진통일에 나설 때 4가지 핵심적 국가전략목표가 있다. 첫째는 통일한국統一韓國이다. 둘째는 창조국가創造國家이다. 셋째는 조화사회調和社會이다. 넷째는 양심대국良心大國이다.

통일한국

통일한국은 한반도에 선진통일을 이루어 내야 한다는 것이다. 한반도

전체를 선진화 시키는 통일이 제 1의 국가전략목표이다.

창조국가

창조국가란 대한민국 – 통일 후에는 한반도 전체 – 의 인적·물적·정신적 자원의 창조성이 최대한 발현되고 실현되는 국가를 건설함을 의미한다. 사람의 창조성 – 지식, 과학, 기술 등 – 뿐만 아니라 땅의 창조성, 구체적으로는 도시와 지방의 창조성도 극대화되어야 한다. 동시에 대한민국의 문화와 전통의 창조성 그리고 한반도의 종교와 도덕의 창조성도 극대화되어야 창조국가라고 할 수 있다. 국가가 가지고 있는 모든 국가자원의 창조성이 극대화되는 국가를 만들어야 한다.

조화사회

다음은 조화사회이다. 사실은 우리가 바람직하다고 생각하는 사회는 균형과 조화의 사회를 의미함으로 [균화사회均化社會]라는 말이 더 정확할지 모른다. 여하튼 사회란 수직적임과 동시에 수평적 질서가 있어야 한다. 수직적 질서는 [정당한 권위]에 의해. 그리고 수평적 질서는 [자발적 동의]에 의하여 지지되어야 한다.

또한 사회는 힘의 분산과 집중이 조화되어야 한다. 힘이 과도히 분산되면 공동체는 정당한 권위를 유지하기 어렵고 그래서 표류하거나 해체되기 쉽다. 반면에 힘이 과도히 집중되면 자발적 동의가 존재하기 어렵다. 그러면 공동체가 집단주의로 추락한다. 과도분산은 공동체의 운영을 산으로 올라가게 만들 수 있고 과도집중은 독재내지 권위주의로의 회귀를 가져올 수 있다. 그래서 공동체내의 힘의 분산과 집중은 항상 균형과 조화를 유지해야 한다. 국가공동체는 물론이고 가족공동체, 기업공동체, 시민사회도 이러한 의미의 조화사회가 되어야 한다.

더 나아가 공동체 내만 아니라 공동체간의 균형과 조화도 중요하다. 예컨대 정부와 시장과 시민사회가 서로 각자의 독자성을 유지하면서도 서로 균형과 조화를 이루어야 한다. 이러한 의미의 조화사회의 구축, 균형사회의 구축이 중요한 국가전략목표가 되어야 한다.

양심대국

끝으로 양심대국이다. 이제 21세기는 정신문화의 시대이다. 물질적 풍요만으로는 인간의 행복 달성이 도저히 불가능하다는 사실이 확인되고 있다. 정신을 개벽하지 않고는 양심을 개발하지 않고는 물질의 개벽은 지속가능하지 않다. 물질개벽만으로는 삶의 질을 피폐하게 하고 사회와 자연공동체를 붕괴시킬 뿐이다. 따라서 이제 [정신개벽의 시대], [양심개발의 시대]를 열어야 한다. 이 정신개벽과 양심개발의 중심에는 [생명공동체사상]이 있을 것이다. 개인도 사회도 더 나아가 자연도 하나의 큰 생명공동체 속에 있음을 전제로 하는 새로운 정신문화가 나와야 한다.

아니 사실은 이러한 생명공동체 사상은 동양에서는 오래된 사상이고 우리의 선조들이 수천 년 가꾸어 온 사상이다. 다만 우리가 지난 해방 후 70여 년 동안 압축적이고 급격한 근대화 과정 속에서 잠깐 잃고 살아왔을 뿐이다. 그러한 의미에서 사실은 우리의 본래의 것으로의 회귀이고 재발견일 수 있다. 오래 전에 사라진 〔홍익인간의 사상〕, 〔동방예의지국의 자존〕이 21세기 한반도에서 다시 환생하는 것일 수 있다. 아마 그것이 통일대한의 시대에 가장 중요한 문화 예술 그리고 사상과 종교의 과제가 될 것이다.

개혁신당의 거버넌스 governance 개혁: 국민과 역사 속으로

정당구조의 이원화(二元化)-정무(政務)대표와 당무(黨務)대표

개혁신당들(신보수당과 신진보당)이 선진통일의 시대를 열기 위한 국가재창조에 앞장서려면 당을 먼저 지금의 이익정당/지역정당/ 보스정당구조에서 가치정당/전국정당/당원정당구조로 바꾸어야 한다. 이를 위해선 당의 중심을 국회 내에서 국회 밖으로 끌어내야 한다. 그리고 [국민 속으로, 역사 속으로] 들어가야 한다. 즉 국민과 소통하고 역사와 대화하여야 한다는 이야기이다. 국민과 소통하여야 올바른 가치와 정책이 나오고 역사와 대화하여야 올바른 국가비전과 국가전략이 나온다. 본래 정치란 국민의 소리를 듣고 국민의 마음을 헤아려 정책을 세우는 것이고 역사의 변화와 시대의 명령을 들으며 국가의 미래를 설계하는 것이 아닌가?

당이 국민 속으로 역사 속으로 들어가기 위해선 우선 가장 시급한 것이 지금의 [국회의원중심/원내院內중심]의 당 조직과 운영체계를 [당원중심/원외院外중심]의 당 조직과 운영체계로 바꾸는 것이다. 당을 원내와 원외로 나누고 당의 원외를 크게 강화하여 당을 원외 중심으로 다시 재창조하여야 한다.

우선 당이 일상의 여의도 정치, 국회활동 중심의 원내정치와 어느 정도 거리를 두어야 한다. 당 자체가 - 당의 조직과 운영체계가 - 국회중심의 정치에서 벗어나 상당정도의 자기독자성을 가져야 한다. 지금과 같이 모든 당의 활동이 오로지 원내활동, 즉 여의도 정치에만 매몰되어있는 한, 대한민국의 정당이 [국민과 역사 속으로] 들어가는 새로운 정당정치의 시대를 열기 어렵다.

지금은 국회의원들의 원내 활동만 보이고 있고, 국민과 역사 속에서의 당의 활동은 전혀 보이지 않는다. 심하게 이야기 하면 당은 평상시에는 국회의원의 국회활동만 지원하고 선거 시에는 후보들의 선거지원활동만 하고 있는 셈이다. 그래서 국민은 당에 대해서 선거 때만 잠깐 나타나는 [떴다방] 같다고 조롱한다. 당이 상시적常時的으로 국민 속으로 들어가 그들과 대화하면서 정책을 개발하고, 역사와 대화하면서 미래를 설계하는 기능은 거의 없다. 그래서 다시 강조하지만 여의도 정치를 벗어나 국민과 역사 속으로 들어가려면 당구조가 [원내중심]에서 [원외중심]으로 그 중심이 이동되어야 한다.

이를 위해선 지금의 당 구조를 정무政務 대표와 당무黨務 대표로 이원화하고 당의 사실상의 조직운영은 당무黨務대표가 중심이 되어 맡아야 한다. 국회 내 '의원의 모든 활동', 즉 입법활동과 재정활동은 정무대표(지금의 원내대표)가 관장하고 지원하지만, 본래 당이 하여야 할 '당의 모든 활동'은 즉

포용적 사회발전 363

국민소통, 정책개발, 당원조직과 관리, 교육과 훈련, 차세대육성, 당의 자금모금, 장기국가비전과 전략개발, 각종 후보자 공천관리, 의원평가 등등은 모두 당무대표가 맡도록 이원화二元化해야 한다.

[당무대표] 아래 당의 이념과 철학, 국가비전과 국가전략을 개발하는 [당 이념정책연구원장]과 [사무총장]을 두고 사무총장이 당의 조직 교육, 공천 자금 등을 맡아야 한다. 그리고 당 3역인 당무대표, 사무총장 그리고 이념정책연구원장은 모두 국회의원이 아닌 것이 바람직하다. 오로지 당무에만 전념하여 온 전문당료나 당원 중 원외전문가 – 전직공직자 기업CEO 학자 등 – 중에서 엄선하여 초빙하는 것이 좋다.

그래서 당이 정책 조직 교육 자금 등을 맡아야 하고, 개별 국회의원들은 이들 문제로부터 자유롭게 만들어 – 직접 지구당 관리 등을 하지 않고도 – 오로지 국회 내에서의 입법과 재정활동에 전념할 수 있도록 해야 한다. 그래서 국회 내에서의 본인의 활동성과와 노력에 따라 객관적 과학적 평가를 통하여 공천이 확보될 수 있도록 해야 한다.

국회의원은 벼슬이 아니다. 헌신과 희생의 직책이고 당이 개발한 이념과 정책을 입법과 재정활동을 통하여 국정에 반영하는 것이 주된 사명이다. 그리고 그 일을 훌륭히 하는 의원들은 당연히 공천이 보장될 수 있어야 하고 선거에서 승리할 수 있어야 한다. 그것을 당이 보장해 주어야 한다.

요약하면, 당을 이원화하고 [공직公職 – 당직黨職 분리제] 즉 [선출직選出職 – 당직黨職 분리제]를 도입하여야 한다. 그래야 당이 클 수 있고 독자적 중장기 목표와 계획을 가지고 국민과 역사 속으로 들어갈 수 있다. 지금처럼 당의 운영을 단기적 이해관계 - 공천과 재선 - 에 연연할 수밖에 없는 선출직/ 국회의원들에게 맡겨서는 당이 장기적 안목에서 이념과 가치, 국가비전과 전략을 개발하기 어렵고, 국민과 당원들과의 쌍방향 소통과 교류의 관계를 지속적으로 발전시키기도 어렵다.

그래서 공직과 당직을 분리해야 한다. 그러면 당이 책임지고 장기적 관점에서 당의 이념과 가치, 국가전략과 정책을 개발할 수 있을 뿐만 아니라 당이 국민 속으로 들어가 뿌리를 내릴 수 있다. 새로운 당원의 체계적 확보와 교육이 가능할 뿐만 아니라, 이를 통하여 차세대 정치지도자를 발견하고 양성할 수 있다. 이러한 과정을 통하여 당이 새로운 시대를 개척할 정치적 역사적 주체를 만들어 나갈 수 있다.

다시 강조하지만 국민 속으로 역사 속으로 들어가려면, 우리나라 개혁신당들을 적어도 50-100년 가는 [강한 정당]으로 바꾸어야 한다. 사실 우리가 고민해야 하는 것의 하나는 한반도 통일이후 우리의 정당들은 - 신보수당과 신진보당은 - 중국의 공산당과 경쟁하여야 한다는 사실이다. 국가경영을 놓고 경쟁하여야 한다. 국가비전과 전략을 놓고 경쟁하여야 한다. 지금의 우리의 정당구조·체질·운영체계·관행 등을 돌이켜 볼 때 과연 중국의 [강한 정당]인 중국공산당과 우리가 제대로 경쟁할 수 있을까?

지금 우리나라는 [강(强)한 국회의원 - 약(弱)한 정당구조]이다. 이를 가능한 빨리 바꾸어 [강(强)한 국회의원 - 강(强)한 정당구조]로 만들어야 한다. 그러한 방향으로 [당의 거버넌스]를 환골 탈퇴할 때, 개혁신당들이 선진통일과 국가 재창조를 해 낼 정치적 역사적 주체로 우뚝 설 수 있을 것이다. 그리고 더 나아가 통일이후에는, 이웃나라 정당들과 세계경영과 국가경영을 경쟁할 수 있을 것이다.

위에서 보았듯이 앞으로 당의 구조를 이원화 할 뿐 아니라 물리적으로 당은 원내대표의 사무실만 여의도에 두고 당무대표가 운영하는 당사는 여의도를 떠나 국민 속으로 들어가는 것도 생각해야 할 것이다. 예컨대 전국적으로 국민들과의 접촉과 소통이 편한 어떤 지방대도시를 생각할 수 있을 것이다.

당내 민주주의의 강화–진성(眞性)당원제와 지지자(支持者)–네트워크

개혁신당들이 국민 속에 뿌리를 내리려면 지금의 파벌중심-보스중심의 정당구조를 바꾸어야 한다. 지금은 당 안에 보스와 파벌은 있으나 당원과 국민이 없다. 당이 소수의 보스와 파벌에 의하여 독과점되어 있고, 당원과 국민은, 그리고 차세대 정치신인들은 설 자리가 없다. 대단히 비非민주적인 구조이다. 물론 어느 조직에도 파벌이나 계파가 있을 수 있다. 그러나 파벌이나 계파가 가치와 정책의 차이에서 생기는 경우라면 당 전체를 위하여 생산적일 수 있다. 반면 단순한 정치적 이해관계의 차이에서 생기는 경우라면 비생산적이고 정치발전에 역행한다.

그러면 어떻게 파벌구조 계파구조를 혁파하면서 당내 민주화를 이루어 나갈 것인가? 세 가지 방향을 생각할 수 있지 않을까? 첫째는 진성당원과 지지자 네트워크 제도를 확대하는 방향이다. 둘째 진성당원과 지지자들의 교육과 훈련을 강화하는 방향이다. 셋째 진성당원과 지지자들의 당내 의사결정意思決定에의 참여를 확대하는 방향이다. 각각 나누어 살펴보자.

첫째, 당원제도를 〔진성眞性당원〕과 〔지지자〕로 나누어 조직하여 가되, 우선 진성당원의 확대에 총력을 기울여야 한다. 여기서 진성당원이란 (1) 소정의 당비를 낼 뿐 아니라 (2) 당의 교육에 반드시 참여하여 당의 이념과 가치를 숙지하고 국민들에게 적극 설명 홍보할 수 있어야 하고, 그리고 (3) 당의 주요의사결정에 참여할 권리와 의무를 함께 가진 당원을 의미한다. 지금도 일부 당비를 내는 진성당원들은 있으나 실은 국회의원이나 지구당협위원장과의 개인적 관계에 기초한 사적 인연의 수준에 머물고 있다. 소위 후원자와 수혜자관계로 엮어진 경우가 일반적이다.

개별 국회의원이 아니라 중앙당이 직접 조직하고 교육하고 관리하는 진성당원을 획기적으로 확대하여야 한다. 년 도별 계획을 세워 당이 앞장서 직접 조직 확대에 나서야 한다. 그리고 이 조직 확대 과정에서 특히 대학 캠버스 등을 찾아 젊은 차세대 당원들을 조직하는 것이 중요하다. 또한 각종 지역집단 직종집단, 시민단체, 문화단체 등등과의 네트워크network 형 소통과 협력구도를 만들어 나가는 것도 중요하다. 풀뿌리 민주주의의 시대를 위한 당 조직의 저변을 크게 확대하여야 한다. 그래야 국민 속에 뿌리를 박는 〔강한 정당〕이 될 수 있다. 이 모든 조직 확대 과정에 온라인on-line을 통한 첨단 정보기술의 활용은 필수적이다. 온라인on-line과 오프라인off-line 두 트랙으로 당 조직확대에 노력하여야 할 것이다.

둘째, 모든 진성당원들은 반드시 소정의 당교육과 훈련을 받아야 하고 이를 통하여 모든 진성당원을 [이념적 가치 동조자]로 만들어야 한다. 왜 개혁신당(신보수당과 신진보당)이어야 하는가? 왜 이 시대가 개혁신당이 요구하는가? 개혁신당의 당의 이념, 가치, 철학은 무엇이고 국가비전과 전략은 무엇인가? 개혁신당이 내세우는 주요정책은 무엇인가? 왜 우리 개혁신당만이 선진통일과 국가 재창조의 대업을 이루어 낼 수 있는가? 등등에 대하여 이론적·철학적 그리고 현장적·경험적 확신을 가져야 한다. 그렇게 하려면 당연히 당원교육과 훈련이 필수적이다. 그래서 모든 진성당원을 당의 이념과 가치의 확신자로 만들어 이들이 당의 이념과 정책에 대하여 국민설명과 홍보에 앞장설 수 있게 만들어야 한다.

지금은 비상非常의 시기이다. 선진통일을 위한 국가 재창조의 정치적 주체세력을 만들어 내야 하는 비상의 시기이다. 그래서 이제는 당의 이념과 가치를 사상적으로 철저히 무장한 개혁투사들이 즉 보수혁신과 진보혁신의 투사들이 각각의 개혁신당의 중심에 모여 들어야 한다. 그래서 이들 투사들 – 공동체자유주의 투사들 – 즉 진성당원들이 새로운 물결이 되어 당의 역동성과 투쟁성을 높여 나가야 한다. 확고한 역사적 사명감을 가지고 국가 재창조의 앞장서야 한다. 그래야 새로운 시대를 여는 정당이 될 수 있다.

셋째, 모든 진성당원들은 당의 내부의사결정에 참여할 권리와 의무를 가져야 한다. 각종 의사결정에 평등한 투표권을 가지고 실질적으로 – 형식적이 아니라 – 참여할 수 있어야 한다. 당의 예산과 결산, 당의 주요사업의 결정과정, 그리고 당의 정책의 생산과 유통과정에 효과적으로 참여할 수 있어야 한다. 참여는 권리일 뿐만 아니라 의무여야 한다. 이러한 당내민주주의가 확보되지 않으면 지금과 같은 보스와 계파에 의한 당의 독과점구조 - 의사결정과 운영의 독과점구조 - 는 개혁될 수 없다.

물론 지금까지 우리나라의 정당역사에서 볼 때 관행상 진정한 진성당원의 확보는 쉽지 않은 일이다. 그리고 당원 교육과 당내 민주화도 결코 쉬운 일은 아니다. 그래서 현실적으로는 단계적 접근 - 예컨대 당개혁 3개년 계획 혹은 5개년 계획 - 이 불가피 할 것이다. 지금까지는 개인적 이해관계로 시작된 현재의 진성당원도 집중적 당원교육을 통하여 종국적으로는 [이념적 진성당원]으로 만들어야 나가야 할 것이다. 그리고 이 이념적 진성당원의 확보, 그 진전의 정도를 보아 가면서 단계적으로 당의 중요 의사 결정에 진성당원의 참여를 확대하여 나가야 할 것이다. 여하튼 우리는 반드시 이 산을 넘어야 한다. 이 과제를 해결하여야 한다. 그래야 우리나라에서도 정치개혁, 새로운 정치주체의 형성 그리고 선진통일과 국가 재창조의 개막이 가능해진다.

넷째, [당내 민주화]의 강화와 더불어 반드시 [당의 개방화]를 진행시켜야 한다. 주지하듯이 현대정당은 진성당원에만 의존하여서는 성공하기 어렵다. 반드시 지지자 조직을 확대하여 당을 개방화하여 나가야 한다. 보스와 당원간의 수직적 정당구조의 효율화와 더불어 반드시 수평적 네트워크형 정당구조로의 개편이 함께 진행되어야 한다. 이 때 핵심적인 노력을 집중할 곳이 바로 지지자조직의 확대이다.

이미 많은 나라에서 보이듯이 20세기에는 〈수직적 대중정당모델〉-유럽식 정당구조-만으로는 더 이상 성공하기 어렵다. 그래서 유럽에서도 당원은 아니지만 자신의 정당을 지지하는 사람들과의 소통강화와 참여유도노력이 강화되고 있고, 동시에 정당조직의 하부구조는 아니지만 네트워킹을 통하여 지지자들 조직과의 연계·확대에 노력하고 있다.

아직 근대적 정당구조가 아닌 우리나라에서는 유럽식의 당원 중심의 대중정당적 측면도 크게 부족하고 미국식의 〈지지자중심의 네트워크형〉 정당적 측면-그 안정성에서 보면-도 크게 부족하다. 두 가지가 다 부족하다. 아직 정당에 붕당적·사당적·전근대적 성격이 많이 남아 있기 때문이다. 따라서 우리나라의 경우에는 진성당원제도를 강화하여 유럽식 대중 정당의 성격도 강화하여야 하고, 지지자 조직을 중시하고 확산시켜 미국식 네트워크 형 정당의 성격도 강화하여야 한다. 우리는 두 가지 방향으로의 노력이 함께 진행되어야 한다. 그리고 지지자 조직의 확대를 당의 개방화의 주요 정책수단으로 사용하여야 한다.

다섯째, 지지자의 조직화에 끝내지 않고 반드시 지지자들이 당의 의사결정에 제한적으로라도 참여할 수 있는 지지자 참여제도를 발전시켜 나가야 한다. 예컨대 당의 각종 후보경선과정에 참여시키는 방법도 하나이다. 지지자들에게 일정금액의 납부(예컨대 1000원 내지 3000원 정도의 등록비)와 인터넷 등록을 요구하고 등록된 지지자들에게 후보경선과정에 참여를 독려하는 방법도 있다. 일정금액의 납부가 부담이 된다면 그 대신에 당의 이념, 가치, 주요 정책 설명회에 참가를-예컨대 1회 혹은 3회 이상-요구 할 수도 있다. 혹은 당의 목표와 철학 그리고 주요 정책에 대한 〔지지서약〕도 하나의 방법일 수 있다. 그리고 지지자들의 참여 영역은 공직후보경선뿐만 아니라 당내 조직의 장 – 예컨대 당무대표 – 을 선발할 때도 제한적 참여를 허용하는 방법도 있을 수 있다. 이와 더불어 당의 주요정책결정 과정에도 일정부분 참여를 개방하는 방법도 바람직할 것이다.

다만 한 가지 강조해 둘 것은 참여의 범위와 역할 등에서 진성당원과의 차별화는 반드시 필요하다. 무조건 개방에만 노력하면 당의 정체성을 훼손할 위험이 있다. 따라서 단계적·전략적으로 하여야 한다. 무조건 전면적 개방화는 당의 정체성뿐 아니라 진성당원의 정체성 위기를 가져와 진성당원들의 무력감·허탈감으로 조직기반이 크게 약화될 수 있고 당의 이념·가치·철학이 크게 흐려질 수 있다. 도대체 당이 왜 존재하여야 하는가 하는 문제까지 갈 수 있다. 당의 외연을 확대하고 개방화하는 것은 올바른 방향이다. 그러나 당원과 지지자는 그 책임과 권한에 있어 차등화를 하여야 하고 지속적으로 지지자들을 당원으로 전환시켜 나가는 노력을 강화하여야 한다.

정책정당화와 차세대 지도자 육성

셋째는 [당의 이념정책연구원]이 앞장서서 당의 이념과 가치, 당이 내세우는 국가비전과 목표를 제시하여야 하고, 주요 국가 재창조사업의 과제와 정책을 연구·제시하여야 한다. 이러한 당의 이념, 국가비전, 국가재창조정책 등은 전국적인 당 조직을 통하여 당원들에게 교육하고 홍보하여야 한다. 그리고 당이 가지고 있는 각종 민간의 지역조직, 직종조직, 시민단체, 문화단체들과의 네트워크 조직을 통하여 국민들과의 정책소통과

설득, 그리고 비판과 현장 의견 수렴의 장이 만들어져야 한다.

이와 함께 각종 정책연구과정에서 중요한 것은 기존의 정책연구 전문가 집단들과 정책 네트워크를 조직하는 일이다. 대학의 연구소는 물론이고 각종 정부와 민간의 정책연구소들과 횡적인 정책 네트워크를 강화하여, 광범위하게 전국적 정책 전문인력의 지식과 경륜을 최대한 활용하여야 한다. 또한 전직 장차관, 전직 국회의원 등 국정운영의 경험이 있는 정책전문 인력의 지혜와 경험도 모두 네트워크할 수 있어야 한다.

이는 결국 당의 이념정책연구원이 사실은 대한민국에 있는 다양한 [정책세력], [정책 브레인]들을 네트워크화하는 사실상의 국가중심national center이 되어야 함을 의미한다. 그런데 이 일을 효과적으로 하려면 이념정책연구원이 당으로 부터 조직적으로 그리고 경제적으로 독립되는 것이 바람직하다. 그래서 독자의 기금을 가지고 자율적으로 운영되는 것이 바람직하다. 물론 지금 당장은 어렵겠지만 중장기적으로 연구원의 독립을 목표로 하는 것이 옳다. 그래야 전국의 다양한 정책세력과 정책브레인들을 네트워크화하기 훨씬 용이할 것이다. 그래야 당에 대하여도 비판적 연구를 할 수 있다. 물론 비록 독립하였다고 하여도 당의 이념과 연구원의 이념은 같아야 하고, 공동의 국가비전을 가지고 긴밀한 협력관계를 유지해야 한다. 독일의 각 정당의 연구소과 각 정당과의 관계가 이러한 [상대적 독립의 관계]이다. 우리가 배워야 할 것이다.

개혁신당의 운영구조 개혁

단일성(單一性) 집단협치체제(集團協治體制) - 단일성 공치(共治)제도

　기본적으로 당의 운영구조를 공치共治 내지 집단협치集團協治로 바꾸어 나가야 한다. 1인一人 통치統治의 시대, 즉 단치單治의 시대는 끝났다. 과거처럼 예컨대 산업화나 민주화 시대처럼 당의 목표가 비교적 단일할 때는 단치체제單治體制 즉 〈단일성 1인지도체제〉가 나름대로 효과적이었다. 그러나 이제는 선진화와 통일의 시대이다. 국정운영이 대단히 복잡하고 전문성도 많고 이제는 세계적 안목도 요구되고 있다. 국민들의 요구도 다양하고 유동적이다.

　따라서 이제는 1인지도一人指導가 바람직하지 않다. 당도 국가도 마찬가지이다. 따라서 당의 운용부터 단일성은 유지하되 집단지도체제로 바꾸어 나가야 한다. 당에서 그러한 집단지도의 경험, 공치共治와 협치協治의 경험을 쌓으면 뒤에 정권을 획득하여 국가운영을 책임지게 될 때에도 공치와 협치라는 집단지도의 관행과 지혜를 유지시켜 나갈 수 있을 것이다. 이것은 대단히 바람직 일이다.

좀 더 구체적으로는 보면 당의 상부기관은 5~7인 위원회 혹은 9인 위원회의 〔합의제合議制 공치共治구조〕로 바꾸고 – 예컨대 과거의 조선조 시대의 재상합의제宰相合議制나 신라시대의 화백和白제도 등과 유사한 – 필요하면 외부 인사 중 진성당원인 경세가를 모셔 와야 한다. 예컨대 당대표 중심으로 단일성을 유지하되 정무(원내)대표, 정책위의장, 당무대표, 당이념정책원장, 사무총장 등의 5인의 집단협치체제를 두는 것도 생각해 볼 수 있다. 여기에 2~4인 정도의 외부인사를 추가하는 것도 가능할 것이다. 중요한 것은 구성원들 간의 분업과 협업의 원칙과 각자의 권한과 책임의 원칙이 확실히 정해져야 한다. 그래야 전문성을 중시하는 집단지도의 장점을 살릴 수 있다.

그리고 앞에서도 주장하였듯이 당의 중심조직은 국민 속으로 들어가야 한다. 당 밖의 전문가 집단, 시민사회, 문화단체 등과 일상소통이 가능한 〔개방형 네트워크형 정당구조〕로 만들어 나가야 한다. 이제 21세기는 국가경영의 시대이고 국가전략의 시대이다. 당부터 운영원리가 상층지도부에서든 국민과의 만남의 장에서든 집단지혜와 집단지성을 모으는 방향이 되어야 한다.

공천제도의 개혁 – 4가지 기본원칙

공천제도의 개혁은 4가지 기본원칙에 기초하여 진행되는 것이 바람직하다.

첫째는 상설적인 당 조직이 공천과정을 관리하여야 한다.

공천시점의 당 대표나 당 지도부가 아니라, 상설적인 당 조직이 장기적 안목과 계획과 일정한 기준을 가지고 평시에 잠재적 후보자들을 조사·검증·평가해야 하고, 차세대 후보자들을 발굴하고 교육하고 훈련하여야 한다. 따라서 당 공천조직은 당의 조직국, 교육국 등과 긴밀한 협력·협조 관계가 되어 있어야 한다. 여기서 생명은 비非계파성과 공정성이다

둘째는 당 공천의 기준을 합리화·객관화·과학화하여야 한다.

그리고 그 운영이 공정해야 한다. 우선 당의 이념·가치·목표의 실천의지와 능력을 가장 중요한 기준으로 하여야 한다. 그동안의 당내외의 활동을 분석 검토하여 과연 신보수정당의 대표가, 과연 신진보정당의 대표가 될 수 있는가? 그러한 능력과 덕성과 실적을 가지고 있는가? – 선진통일과 국가 재창조 나아가 세계국가 건설에 몸을 던질 수 있는 열정과 능력과 인격을 핵심적 판단기준으로 삼아야 한다. 〈올바른 객관적 공천기준〉을 확고히 세우는 것이 사실은 올바른 공천제도의 시작이 될 것이다.

그리고 정당보스들의 개인적 이해관계를 벗어나, 그 기준과 원칙을 철저하게 관철시키는 것이 올바른 공천제도의 완성이 될 것이다. 우리 사회 일각에서는 그 동안 공천과정에 소수 보스들의 개인적·정치적 이해관계가 많이 작용하여 폐해가 많았다. 차제에 국민들의 인기투표로 공천을 결정하자는 주장도 있고 어느 정도 설득력을 가지고 있는 것은 사실이다. 그러나 그것은 뒤에서 주장하듯이 과도기적이고 예외적 선택이지 중장기적

으로 가치와 철학을 가진 공당이 택할 길은 아니다.

셋째는 당 공천은 반드시 〈선先교육훈련, 후後공천확정〉의 과정을 거쳐야 한다.

당의 이념·가치·목표가 자신의 모든 정치활동의 이념·가치·목표가 되어야 한다. 그리고 그 이념과 목표를 위하여 자신을 던질 수 있어야 한다. 환언하면 우파 공동체자유주의와 좌파 공동체자유주의를 위하여 — 즉 자유와 공동체, 평등과 연대의 가치를 지키기 위하여 — 몸을 던질 수 있는 그러한 전투적 자유주의자들이 공천을 받아야 한다. 당의 이념, 당의 국가목표 당의 정책을 위하여 싸울 수 없는 사람들을 공천하면 안 된다.

넷째는 공천제도는 원칙적으로는 [당원에 의한 공천]이어야 한다.

그것이 〈당내 민주주의의 원칙〉에 맞는다. 그러나 당의 민주화와 더불어 당의 개방화가 필요하기 때문에 우리는 당원들의 적극적 참여는 물론 지지자조직도 적극적으로 확대하여 각종 공천에 참여하도록 하는 것이 바람직하다고 본다. 그래서 공천제도는 [당원과 지지자에 의한 공천]이 원칙이어야 한다. 또한 공직후보자는 원칙적으로 당에서 상당기간 당의 이념과 가치, 정책과 노선에 공감하고 현장에서 활동하여 온 그리고 당의 활동 속에서 성장하여 온 진성당원자격을 가진 인사들 중에서 선출하는 것이 원칙이어야 한다. 이렇게 하려면 당이 — 당무業務대표가 — 앞장서서 평소에 다음의 두 가지 일을 해야 한다.

하나는 진성당원을 더 키우고 조직화하여야 한다. 동시에 온라인on-line 과 오프라인off-line 모두를 동원하여 지지자조직의 확대에 노력하여야 한다. 당내 민주화와 당의 개방화에도 노력해야 한다. 다른 하나는 당이 전국을 돌면서 – 대학에서부터 – 차세대 지도자를 찾아내어 유덕하고 유능한 미래 지도자로 키우기 위해 체계적으로 교육 훈련을 시켜야 한다. 지금처럼 차세대지도자를 전혀 기르지 않고 있다가 선거 때가 오면 급하게 외부의 인기 탤런트를 차출하는 식이 반복되어서는 안 된다. 이것은 이념과 가치를 가진 공당이 할 바가 아니다.

이 진성당원의 조직화와 관련하여 핵심적으로 중요한 사상은 이 진성당원의 교육 · 양성 · 조직 · 관리 등은 반드시 당이 – 당무대표가 앞장서서 – 직접 하여야 한다는 사실이다. 지금까지는 당원조직이 현실적으로 국회의원이나 지역구 원외위원장들에게 맡겨져서 사私조직화하는 경향이 컸다. 이들을 모두 공公조직화하지 않고는 당원에 의한 공천이라는 것이 허구화될 수 있다. 기득권의 재생산만 하게 될 수 있다. 크게 경계하여야 한다.

물론 진성당원제도와 지지자제도가 성공적으로 안착하기 까지는 시간이 걸릴 것이다. 그래서 일정기간 당의 지도부에 의한 외부에서의 〈전략적 영입〉이 불가피할 수도 있다. 또한 그것이 바람직한 면도 있다. 그래서 과도기적으로는 지도부의 전략공천과 당원과 지지자에 의한 투표 그리고 일부 여론조사를 감안한 〈복합형 공천제〉가 불가피 할 수 있다. 그러나 앞으로 진성당원제도가 보강 · 정착되어 나감에 따라 중장기 방향은 원칙적으로 진성당원 중에서의 후보자가 나오고 다른 진성당원들과 지지자 네트워크 조직들이 함께 뽑는 공천이 당의 공천제도의 중심이 되어 나가야 한다. 진성당원과 지지자조직의 확산과 더불어 단계적으로 그들이 중심이 되어 공천하는 방향으로 바꾸어 나가야 한다.

다시 강조하지만 공천과정이 형식적으로 위에서 부터인가 – 지도부의 전략적 영입인가 – 혹은 아래로 부터인가 – 당원과 지지자의 투표인가 – 보다 더 중요한 것이 있다. 그것은 위로부터의 전략적 영입이든 내부에서의 아래로 부터의 선출이든, 그 당이 공천과정에서 바람직한 [공천의 기준과 원칙]을 바로 세우고 이를 철저하고 확실하게 지켜가는 것이 더 중요할 수 있다. 어떠한 기준과 원칙을 가지고 공천을 해야 당의 가치와 이념 그리고 당의 비전과 전략을 몸을 던져 국정에 실천할 수 있는 인재를 찾아낼 것인가? 그리고 실제의 공천과정에 그 원칙과 기준을 얼마나 철저히 지키고 관철시키는가? 이것이 공천의 형식보다 실제는 더 중요한 문제일 수 있다.

맺는 말 – 정당개벽을 향하여

여기서 주장하는 이러한 방향으로의 정당개혁은 사실 단순한 정당개혁이 아니라 〔정당개벽〕이다. 지금까지의 보스정당·지역정당·이익정당의 틀을 깨고 당원정당·이념정당·가치정당으로, 그리고 국회의원 중심의 정당구조를 당원중심/국민중심의 정당구조로 완전히 혁신하는 방향이다. 이러한 〔정당개벽〕이 가능하려면,

첫째, 우선 정치지도자들이 기득권을 깨는 아픔을 감수해야 한다. 큰 정치적 리더십을 보여야 한다. 특히 지금의 국회의원들이 자신들이 가지고 있는 기득권을 깨는 아픔 없이는 진정한 정치개혁은 안 된다. 시대가 요구하는 기득권의 파괴는 반드시 자기희생적·정치리더십이 나와야 가능할 것이다. 그리고 당원과 지지자들도 그러한 개혁적이고 자기희생적인 정치리더십을 존중하고 지지하며 따라야 한다.

둘째, 이러한 정당개벽의 노력은 반드시 〔제도화〕로 연결되어야 한다. 모든 변화는 당헌 당규로 제도화되어야 한다. 그리고 그 제도와 절차는 반

드시 존중되어야 한다. 지금까지는 당의 규칙과 시스템이 무시되거나 무력화되는 인치人治의 경우가 적지 아니했다. 새로운 위원회를 만들어 기존의 제도가 무시되거나 부칙을 통하여 무력화시키는 경우가 적지 아니했다. 아직 당의 제도화의 수준이 낮기 때문이다.

앞으로의 정당개혁은 반드시 제도화되어야 한다. 그래야 정당시스템이 안정성과 예측가능성을 가지고 또한 당지도자의 책임성이 담보될 수 있다. 그것이 근대적 공당이다. 이를 위해선 정당개혁의 제도화와 더불어 반드시 중립적이고 강력한 [당 윤리위원회]를 두어야 한다. 그래서 당 시스템을 안정적으로 정착시키고 정당 구성원 모두의 책임성을 크게 높여 나가야 한다.

셋째, 정당개벽은 지금의 정치적 기득권구조의 기반이 되고 있는 [거대양당제]를 깨는 노력이 반드시 함께 해야 한다. 외부로 부터의 경쟁압력을 크게 높여야 정당개혁이 넓게 빠르게 진행될 수 있다. 특히 현재 기득권양당제의 기반이 되는 [소선거구제]를 근본적으로 바꾸어야 한다. 주지하듯이 지금의 소선거구제가 바로 지역구도, 이념구도의 정치 – 양극화의 정치 – 승자독식과 무한투쟁의 정치 – 분열과 무능의 정치 – 의 제도적 기반이 되고 있다.

그래서 선거제도의 개혁이 필요하다. 최소한 독일제도에 가까운 단순다수의 소선거구 지역대표(50%)와 정당명부식 비례대표(50%)를 결합한 혼합형으로 하든가, 아니면 한발 더 나아가 보다 바람직한 단기이양식 중대선거구제(50%)와 권역별 정당명부식 비례대표제(50%)를 결합한 혼합형으로 하든지, 여하튼 지금의 소선거구제를 근본적으로 개혁하여야 한다. 그리고 비례대표제를 크게 확대 강화하여야 한다.

비례대표제는 본래 지역정치를 뛰어 넘어 정책전문성과 직종대표성을 높여 〈국가경영형 정치〉를 할 인재들을 확보하는 것이 목표였다. 그런데 그동안 정당지도부가 사적 인맥으로 혹은 이념으로 원칙 없이 비례대표를 공천하여 놓고 그 폐해가 많이 발생하니 이제 없애겠다는 이야기가 나오는데 이것은 잘못이다. 앞으로 지역정치에 매이지 않는 〈국가경영형 인재〉는 어떻게 구하겠다는 말인가? 지역정치를 넘어 〈세계정치〉를 해야 할 시대인데, 앞으로 그러한 인재는 어떻게 구하겠다는 말인가? 오히려 비례대표제를 늘리고 그 공천과정을 보다 객관적 합리적 기준으로 투명하게 할 생각을 하는 것이 개혁보수와 합리진보의 정치권진출에도 보다 큰 도움이 되는 것이 아니겠는가? 환언하면 구舊보수와 구舊진보를 신新보수와 신新진보로 대체하는데 기여가 크지 않겠는가?

중요한 것은 이러한 선거제도 개혁을 통하여 지역주의를 극복하고 [온건다당제]가 가능하여야 당내와 당대당黨對黨 간에 정책능력경쟁과 정치능력경쟁이 좀 더 치열하고 공정하게 일어날 수 있을 것이다. 그래야 우리나라 정치도 비로소 정책경쟁 국가전략경쟁의 시대로 들어갈 수 있다. 또한 그래야 단순한 [권력투쟁의 정치] - 승자의 승자독식과 패자의 무한투쟁 - 가 아니라 민본을 중시하는 [국가경영형 정치]가 시작될 수 있다.

특히 지역주의의 극복문제는 선진통일 시대를 맞이하기 위하여서도 대단히 시급한 과제이다. 지금의 지역정당구조를 가능한 빨리 혁파하지 않으면 통일 후 우리는 북한에도 새로운 지역정당 - 예컨대 평안도당, 함경도당 등 - 의 지역당의 등장을 맞이하게 될지 모른다. 지금의 지역당구조를 이대로 두면, 아마 필연적으로 북에도 지역당들이 등장할 강력한 유인이 될 것이다. 이것은 민족통합의 과정이 되어야 할 한반도의 통일에는 큰 재앙이 될 것이다. 이를 막기 위해서는 남쪽이 스스로 먼저 지역정당구조를 해체하여 이념과 가치 중심으로, 정책과 국가전략중심으로 전국정당화해 나가야 할 것이다.

앞으로 개혁신당들은 다음의 두 가지를 하는 것이 바람직하지 않을까? 생각한다.

첫째, 상설의 [당개혁위원회]를 만들어야 할 것이다.

새로운 당 개혁의 구체적 청사진을 그리도록 하는 것이 어떨까? 당내외의 의견수렴과 논쟁을 압축적으로 진행시켜 광범위하게 당내외의 합의를 도출해야 할 것이다. 구체적으로는 합의도출이 반드시 필요한 과제 - 예컨대 당의 이념과 가치 제시, 공천제도 개혁 등 - 와 지도부의 결단으로 추진할 수 있는 과제 - 진성당원제도의 강화, 당 구조의 2원화, 정책연구기능의 제고 등 - 를 나누어 진행하면 될 것이다. 그리고 그 결과를 가지고 앞으로 실제적 당의 개혁에 착수하여 당의 환골탈퇴에 진력하는 것이 어떨까 생각한다.

둘째, 당 안에 [국가재창조위원회]를 만드는 것이 바람직하다고 본다. 그래서 선진과 통일의 시대를 열기 위한 국가 재창조과제를 선별하여 각각의 개혁의 로드맵을 만들어야 한다. 당의 이념 정책연구원이 중심이 되어 이 작업을 선도하되 여러 대학과 정부출연연구소와 민간정책연구소의 전문 인력과의 광범위한 협력적 network 체제를 구축하여 이 작업을 추진하여야 한다. 그래서 국가 재창조 청사진의 그 밑그림을 그려야 한다. 그래서 정부와 신진보당과 신보수당이 서로 협의하면서 각 부문별 국가 재창조 경쟁에 착수할 수 있어야 한다.

결국 앞으로 개혁신당들은 〔당개혁위원회〕와 〔국가재창조위원회〕를 양두마차로 하여 선진통일의 산을 넘어야 한다. 한편에서는 선진통일의 시대를 이끌고 나갈 새로운 정치세력, 새로운 역사주체를 만들어야 하고, 즉 신보수와 신진보를 만들어야 한다. 다른 한 편에서는 이들 새로운 세력이 추진하여야 할 국가 재창조의 청사진과 국가전략의 청사진을 제시하여야 한다. 그래서 결국은 당개혁의 실적과 국가 재창조 개혁의 청사진을 가지고 – 그 일부는 이미 실적이 나오겠지만 – 2017년의 대선을 각각 준비하게 되면 대한민국의 정치는 국민과 역사가 원하는 방향으로 큰 도약적 발전을 이룩할 것이다.

대한민국의 역사는 지금 큰 기로에 서 있다. 하나는 〔선진통일강국〕이 되는 길이다. 세계일등국민이 되고 세계중심국가가 되는 길이다. 다른 하나는 통일과 선진에 실패하고 〔3류 분단국가〕로 추락하는 길이다. 전자前者로 가면 우리뿐만 아니라 이웃나라들에게도 모두 축복이 될 것이다. 동아시아에 번영과 평화의 시대가 열리기 때문이다. 그러나 후자後者로 가면 동아시아는 제2의 냉전, 갈등과 대립, 전쟁과 퇴행의 역사가 본격화될 것이다. 우리를 위해서나 이웃나라들을 위해서 – 더 나아가 동아시아를 위하여-우리는 반드시 통일을 하고 선진을 이루어 내야 한다.

그런데 과연 우리나라가 통일을 제대로 해 낼 수 있을까? 과연 우리 정치가 국가 재창조에 앞장설 수 있을까? 국민들의 걱정이 많다. 위기의식이 확산되고 있다. 나는 위기의식까지는 좋으나 비관론은 안 된다고 생각한다. 나는 선진과 통일은 우리에게는 필수이고 필연이지, 선택이나 우연偶然이 될 수 없다고 생각한다. 따라서 우리는 반드시 선진통일을 이루어 내야 한다. 나도 적지 않은 위기의식은 가지고 있지만 그러나 결과는 낙관한다. 한반도의 '역사歷史의 신神'은 우리에게 우리 한민족은 100% 통일할 것이고 100% 선진일등국민이 될 것이라고 이야기하고 있다고 믿는다. 그리고 이 믿음은 우리나라 국민들과 지도자들의 선진통일과 국가 재창조를 향한 개혁의지에 대한 신뢰에서 온다.

우리 민족은 본래 성품에 역동성과 성취욕이 남다르게 많다. 과거 1907년 국채보상운동 때의 선언문을 보면 "우리나라도 언제 가는 [세계상등국가]가 될 것을 희망하노라"하는 글로 끝을 맺고 있다. 3년 후 일본의 식민지가 될 정도로 대한제국의 국운이 쇄잔 한 시기에서도 우리 선조들은 언젠가 우리나라는 세계상등국가-요즈음으로 말하면 세계선진국가-세계일등국가가 될 것 이라는 꿈을, 그러한 희망을 버리지 아니했다. 이러한 민족의 저력이 우리에게 있다.

또한 지금까지 우리는-내 자신도 포함하여-우리나라 정치권을 기득권 집단이라고 이익집단이라고 비판하여 왔다. 그러나 나는 이러한 기득권집단이라고 매도를 당하는 우리나라의 정치권 속에서 분명 [새로운 개혁적 리더십)이 나올 것을 기대한다. 시대적 국민적 요구가 반드시 선진통일과 국가 재창조를 위한 개혁적 리더십을, 새로운 [보수혁신의 리더십] 새로운 [진보혁신의 리더십]을 만들어 내리라고 믿는다. 그래서 대한민국의 역사에 크나 큰 승리의 시대를 만들어 낼 것을 믿는다. 그래서 감히 대한민국의 국가 재창조와 정치개혁을 꿈꾸는 정치지도자들에게 조언하고자 한다. 더욱 대담하시라! 더욱 분발하고 대담하시라! 그러면 역사는 당신들의 편이 될 것이라고!

공동체자유주의 세미나 요약

노동개혁의 효과적 추진 방안
이인재   인천대학교 교수

한국 정치의 변화와 개혁 과제
강원택   서울대학교 교수

노동개혁의 효과적 추진 방안

발제자 : 이인재 인천대학교 교수

일   시 : 2015년 9월 24일 오전 7시30분

장   소 : 국회의원회관 제3세미나실

■ **한국 노동시장 기업규모 · 고용형태 · 노조유무에 따른 이중구조 고착화**

: 단층구조 이동 잘 안돼…대기업 유노조 정규직 신규채용률 6.2%에 불과

- 우리나라의 거시경제 지표를 보면 상황이 좋지 않다. 경제성장률은 하락하고 있고, 잠재성장률은 2%대로 떨어지고 있다. 경제 부진으로 인해 올해 실질 경제성장률은 2%대로 하락할 위기에 있으며, 민간소비와 기업의 설비투자는 글로벌 금융위기 이후 증가율이 둔화되었다. 민간소비는 2014년 현재 전년대비 1.8% 증가에 그쳤다. 지금도 민간소비는 활성화 되고 있지 않다. 설비투자는 글로벌 금융위기 이후 증가율이 둔화되고 있다. 2010년 많은 설비투자액으로 기저효과가 컸지만, 전반적으로 보면

기업의 설비투자도 활발해지지 못한 형편이다. 성장률 하락, 민간소비와 설비투자 부실은 노동시장의 측면에서 보면 노동수요가 활발하지 못하다는 것을 의미한다. 이는 일자리 창출이 부진할 수밖에 없는 여건이라는 것으로 이해해야 한다.

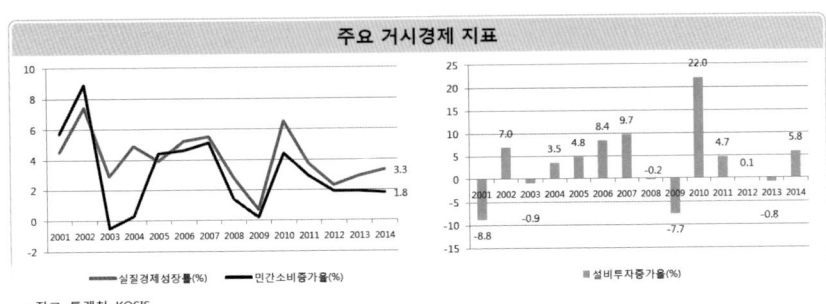

※ 자료: 통계청, KOSIS

- 15~64세의 고용률은 계속 상승하고 있다. 2008년 글로벌 금융 위기 이후 고용률은 계속 상승해 2014년 고용률(15~64세)은 65.3%다. 이것은 정부정책의 영향도 있고, 다른 이유로는 베이비붐 세대가 은퇴하면서 고령자들의 노동공급이 증가했기 때문이다. 노동시장에서 은퇴했던 사람이 다시 진입을 하거나 아니면 일자리에 더 오래 머무는 등 노동공급이 증가해 고용률이 증가하고 있는 것이다. 2015년 하반기에 들어서 고용률 증가 추세가 둔화되고 있다. 취업자 수 증가율을 보면, 2012년 상반기에는 44만9천명이 증가했다. 2012년 하반기에는 42만4천명, 그리고 취업자 수가 가장 많았던 2014년 상반기에는 59만7천명이 증가를 했다. 올해 상반기는 33만1천명 정도 수준이었다. 고용률 증가 추세는 둔화되고 있는 것이 아니냐는 예측을 가능케 한다.

- 실질임금 증가추세도 2008년 글로벌 금융 위기 이후에 크게 증가하지

않았다. 2008년과 2009년, 2011년에는 실질임금 증가율이 마이너스(-)였다. 2008년 5인 이상 상용직 월평균 실질임금은 296만5천원이고, 2014년에 309만8천원으로 약 6년간 4.5%가 증가했다. 실질임금 증가율이 높게 증가했다고 볼 수 없다.

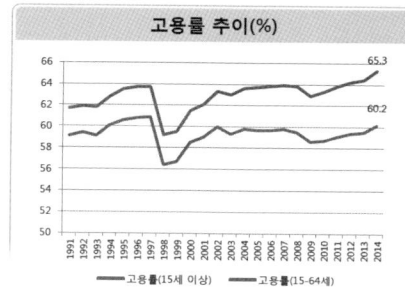
※ 자료: 통계청, KOSIS

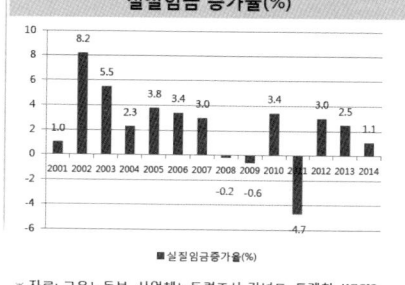
※ 자료: 고용노동부, 사업체노동력조사 각년도, 통계청, KOSIS

- 한국 노동시장은 기업규모, 고용형태, 노조유무에 따라서 격차가 상당히 두드러지는 이중구조이다. 먼저 임금격차를 보면 대기업 대비 중소기업 상대임금은 2003년 58.7%에서 2014년 54.4%로 떨어졌다. 대기업 근로자가 100을 받는다면 중소기업 근로자는 54.4를 받는다는 것이다. 다음으로 정규직과 비정규직이라는 고용형태에 따른 임금격차 문제가 있다. 정규직 대비 비정규직 상대임금은 2003년 71.6%에서 2014년에는 65.5%로 격차가 커졌다. 이러한 이중구조가 지난 10년간 완화되지 않았고, 오히려 고착화되는 양상을 보이고 있다는 점은 우려스럽다. 그리고 이러한 기업규모와 고용형태에 따라 고용안정성도 격차를 보인다. 2년 동안 한 직장에서 근로자가 계속 있을 확률인 2년 직장유지율을 기업규모, 고용형태별로 보면 중소기업과 대기업 사이, 정규직과 비정규직 사이에 차이가 있다. 2010~2012년 한국노동연구원과 한국노동패널 조사에 따르면 대기업 종사 근로자의 경우 2년간 직장유지율이 80.8%인 것에 비해 중소기업의

경우는 67.4%에 그쳤다. 정규직은 2년간 직장유지율이 75.8%인 것에 비해 비정규직은 59.0%에 불과했다.

기업규모/고용형태별 임금격차 추이(%)		
구분	2003.8	2014.3
대기업 대비 중소기업 상대임금	58.7	54.4
정규직 대비 비정규직 상대임금	71.6	65.5

※ 자료: 통계청, 경제활동인구조사 부가조사 각년도에서 계산

기업규모/고용형태별 2년 직장유지율(%)				
연도	기업규모		고용형태	
	대기업	중소기업	정규	비정규
2005~2007	75.6	60.7	70.0	52.1
2010~2012	80.8	67.4	75.8	59.0

※ 자료: 한국노동연구원, 한국노동패널(KLIPS) 각년도에서 계산

- 우리나라 전체 근로자 중 정규직은 2014년 3월기준 67.9%다. 300인 이상 대기업 근로자는 12.1%이고, 유노조 기업근로자는 25.4%다. 전체 근로자 중에서 이 세 부분이 모두 포함되는 정규직-대기업-유노조인 근로자는 우리나라 전체 근로자들 중 7.4%다. 반대로 이러한 세 가지 부분에 포함되지 못하는 중소기업 무노조 비정규직(아래 그림 E부분)은 보호 규제가 상대적으로 취약하다. 이러한 부분이 어떠한 차이를 나타내는지 근로조건이나 임금수준을 따져보면 명확히 알 수 있다. 2014년 3월 기준으로 월 평균 임금을 보면 대기업 유노조 정규직은 392만원이고, 반면 중소기업 무노조 비정규직 부분은 134만5천원 수준으로 약 3배 정도 차이다. 월 평균 임금뿐만 아니라 사회보험 가입률도 대기업 유노조 정규직 부분은 99%가 넘어 100% 수준에 접근한 반면 중소기업 무노조 비정규직은 30~40% 수준에 머물고 있다. 부가급여, 퇴직금, 상여금 역시 마찬가지다.

- 이러한 단층구조에서 부분 간 이동이 자유로우면 크게 문제되지 않을 수 있지만, 현재 이 부분 간 이동이 잘 이뤄지지 않고 있다. 이는 근속 기간이 1년 미만인 사람의 비율인 신규채용률을 보면 알 수 있다. 대기업 유

노조 정규직 부분은 신규채용률은 6.2%이고, 중소기업 무노조 비정규직은 54.4%다. 신규채용률이 높다는 것은 진입장벽이 낮고, 고용상태가 불안한 부분으로 사람들이 이동을 자주하게 되어 신규채용률이 높게 나오게 된 것이다. 이는 부분 간 이동이 제한적이고, 전반적으로 부분 내 이동이 이루어지기 때문에 과도한 경직성과 불안정성이 공존하는 모습으로 우리나라 노동시장 구조의 문제점이라고 볼 수 있다.

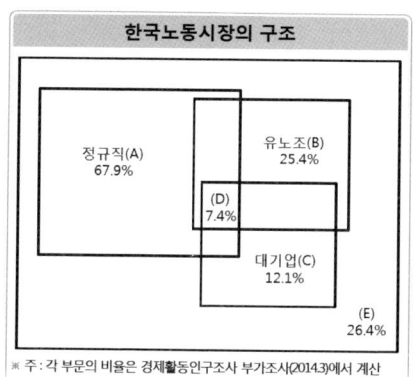

	대기업∩ 유노조∩ 정규직(D)	중소기업∩ 무노조∩ 비정규직(E)	전체 평균
월평균임금(만원)	392.0 (100.0)	134.5 (34.3)	223.4 (57.0)
근속년수(년) 신규채용률(%)	13.4 6.2	2.3 54.4	5.6 31.3
국민연금 가입(%) 건강보험 가입(%)	99.5 99.8	34.2 40.9	68.4 71.8
퇴직금 적용(%) 상여금 적용(%)	99.6 99.1	36.4 36.6	68.9 70.4
근로자수(천명)	1,363 (7.4)	4,852 (26.4)	18,397 (100.0)

- 노동시장 구조를 원 하청으로 수직적 형태로도 구분할 수 있다. 원청과 협력사 사내하도급 근로자의 임금수준 차이는 매우 크다. 한 회사의 예를 들어보면 원청이 있고, 사내하도급 회사들이 있다면 원청의 평균임금은 9,700만원, 사내하도급 평균임금은 5,000만원이다. 그 다음 원청에서 물건을 만들어내면 1차 협력사에 하청을 줄 것이며, 하청을 받은 회사를 1차 협력사라고 표현한다. 1차 협력사의 평균임금은 4,700만원이다. 여기에 1차 협력사에 사내하도급이 있으며 이곳은 평균임금이 3,000만원 정도다. 다시 2차 협력사와 사내하도급은 평균임금이 2,800만원과 2,200만원이 된다. 이를 통해 알 수 있듯이 원청과 협력사 사내하도급 근로자의 임금차가 크다.

- 우리나라 노동시장 이중구조화의 또 다른 문제는 중간 일자리 감소다. 중간 부분의 일자리는 감소하고 있지만, high-skill job과 low-skill job이 늘어나고 있다. 이는 기술변화에 의한 것이다. 그리고 자영업자 비율이 계속해 감소하고 있다. 이런 요인들로 인해 소득 분배가 크게 개선되지 못하고 있고, 소득분배를 나타내는 지니계수와 상대적 빈곤율, 5분위 배율이 1990년 이후부터 지속적으로 상승하는 추세를 보이고 있다. 다만 2010년 이후에는 증가추세가 다소 완화되는 모습이다.

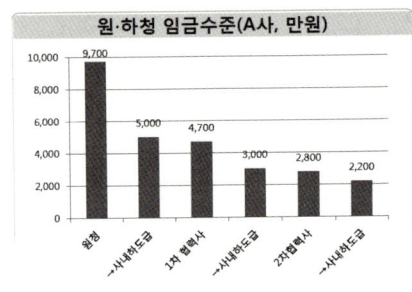

※ 자료: 한국노동연구원(2015).

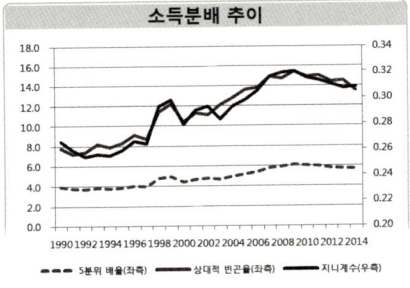

※ 자료: 통계청, KOSIS. 도시 2인 이상 가구

■ 한국경제, 저성장 기조에 맞는 고용구조로 틀 바꿔야

: 20년 이상 근속 임금 초임의 3배 이상…영국 2배, 독일 1.6배, 일본 1.3배

- 우리나라 노동시장의 문제점은 지속가능성의 위기라는데 있다. 한국경제의 변화된 환경에 맞지 않는 고용구조와 노동시장 제도 및 관행들이

문제가 되고 있다. 현재 저성장 기조에 민간소비 활성화가 더디고 투자 또한 활성화되지 못하고 있다. 양질의 일자리 창출능력이 떨어지고 있는 상황에서 노동 공급구조는 고학력 구조로 바뀌고 있다. 경제활동 인구 중에 대졸이상 비율이 2000년 24.6%였지만 2013년 42.2%로 올라갔다. 즉, 노동공급은 고학력화 되었지만 일자리 구조는 그런 고학력자와 청년의 요구에 부흥하는 일자리 창출은 미흡하다. 균형이 맞지 않아 미스매치가 벌어지고 있다.

- 또 다른 문제는 급속한 고령화이다. 급속한 고령화에도 퇴직 관행은 여전히 남아있다. 연금제도가 미성숙한 상태에서 25년 교육을 받고 25년 취업을 하고, 그 다음 30년 은퇴생활을 한다. 우리나라 평균 수명은 81세지만, 실제 퇴직 연령은 53세다(통계청). 퇴직 후 30년 동안 은퇴생활을 해야 한다. 하지만 문제는 우리나라는 연금제도가 미성숙하며, 이러한 관행이 변화하고 있는 인구 구조와는 맞지 않다는 점이다.

- 장시간 근로문제도 있다. 현재 우리나라 핵심 노동력 계층은 장년층 남성이다. 이들은 집중적으로 장시간 근로하고, 상대적으로 여성이나 청년 고용률은 저조하다. 이러한 원인이 장시간 근로라고 볼 수 있다. 우리나라 실제근로시간은 2008년 2,120시간에서 2013년 2,071시간으로 감소하고 있는 추세지만, OECD 국가 중 세 번째로 여전히 높다.

- 근로시간 문제와 함께 문제가 되는 것은 임금체계다. 임금체계는 기업에 따라서 여러 가지 형태로 구성을 할 수가 있다. 하지만 우리나라 임금체계의 대부분 연공적 성격이 강하다. 근속연수에 따라 임금이 올라가

는 구조다. 이는 고성장 시대에 합리적인 임금체계였다. 기업이 성장하기 때문에 근로자들에게 오랜 기간 동안 고용을 보장하고 임금을 올려주면 근로자들은 기업에 맞는 숙련 형성을 하게 되는 인센티브를 가지고 있다. 이는 서로 윈-윈 하는 임금체계형태였지만 성장률 저하와 노동력 고령화에 따라 이제는 부담으로 작용하고 있다. 왜냐하면 기업의 노동력 전체가 고령화되어 임금이 지속적으로 올라가기 때문이다. 그렇게 된다면 기업은 근로자를 조기 퇴직시킬 원인이 된다. 임금의 연공적 성격이 과거 우리나라 경제와 정합성이 있었지만 이제는 맞지 않는다. 우리나라 임금 연공성을 비교해보면 다른 나라보다 높다는 것을 알 수 있다. 처음 입사한 사람의 임금을 100으로 보면 20년, 30년 근무한 임금이 약 3배 이상이 된다.

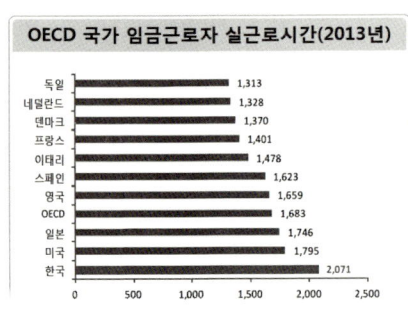
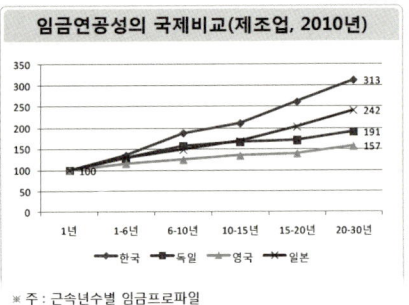

이는 영국의 약 2배, 독일의 1.6배, 일본의 1.3배 보다 높다.

■ **정년연장과 구직자 적체로 향후 3~4년 간 청년실업 심화될 것**

: 정년연장과 에코세대의 노동시장 진출에 기인

- 그리고 다른 문제로는 제도 변화가 있다. 제도 변화의 가장 대표적인 것이 60세 정년연장이다. 정년연장에 따른 여러 가지 제도 개편이 있었고, 정년연장이 청년 신규채용 감소로 이어지지 않도록 방안을 강구해야하는 문제들이 있다. 우선 최근 사회적으로 관심이 많은 것은 청년실업이다. 청년실업 문제는 과거도 많은 논의가 있었지만 뚜렷한 방안이 없다. 그래서 정부는 여러 가지 정책을 폈지만 그 중 문제가 되고 있는 것이 고령자 고용촉진법이다. 정년 60세와 관련해서 기업이 신규채용을 감소시키는 고용전략을 쓸 우려가 제기되고 있기 때문에 이를 단기적으로 해소해야 한다. 청년실업은 2015년 6월 기준 10.2%다. 하지만, 실업률 안에 포함이 되지 않고 있는 것이 있다. 현재 청년실업자가 44만9천명이고, 시간 관련 추가 취업 희망자가 6만5천명, 잠재구직자도 64만3천명이다. 이들이 실업률에 포함되지 않는 이유는 구직활동을 하고 있지 않기 때문이다. 그렇지만, 이들은 일자리가 주어지면 언제든지 일하려는 사람들이다. 통계청에서는 이 세 그룹을 모두 합쳐 청년취업애로계층으로 보고 있다. 이들이 115만7천명이다. 이 문제가 중요한 이유는 청년취업을 못하고 있는 사람들이 쌓이기 시작해 시간이 지날수록 더 악화될 수 있기 때문이다. 올해 졸업자만 일자리를 구하는 것이 아니라 작년 졸업자들도 일자리를 구하고 있으며 매년 취업하지 못하는 사람이 생기면서 점점 쌓인다. 그리고 3~4년 간 청년실업문제가 심화될 가능성이 있는 이유는 정년연장으로 인해서 약 30만 명 정도가 2016~2018년까지 잔류할 예정이기 때문이다.

- 그 다음으로는 베이비붐 세대의 자녀인 에코세대가 있다. 청년층 인구가 감소하고 있다고는 하지만 2018년까지는 20대 인구가 약 10만 명 정도 증가한다. 그리고 우리나라 대학진학률이 높은데, 대학진학률이 정점

을 찍었던 때가 2009년이다. 대학등록자 기준으로 이 때 77.8%가 대학을 진학했다. 대학 진학이 정점에 이르러 입학했던 세대가 이제 본격적으로 노동시장에 나오게 된다. 정년연장과 에코세대의 노동시장 진출에 의한 청년실업이 당분간 심화될 가능성이 높다. 정부는 청년실업 문제를 해소하기 위해서 임금체계 개편을 통해 신규채용을 늘리려 하고 있고, 단기적인 방안으로 임금피크제를 확산시키려는 노력을 하고 있다. 공공부문에서 임금피크제를 통한 신규채용을 하도록 하고 있으며, 갈등 양산도 있지만 민간기업에서도 임금피크제가 점차적으로 확산되는 추세다. 임금피크제는 임금의 연공성을 완화시키고, 직무 성과에 따라 임금을 주는 임금체계로의 개편에 기여하지만 단기적인 문제해결 방식에 불과한 것이고, 장기적으로는 기업의 임금체계 전반을 개편해야한다.

■ 9.13 노사정 합의, '노동시장 구조개선' 일관된 목표 잘 나타나

: 문제가 어떻게 해결되느냐에 따라 평가 달라질 수 있어

- 노동시장 구조개혁 해외사례로는 네덜란드와 독일을 꼽을 수 있다. 네덜란드는 노동시장 구조개혁이 필요할 때마다 사회적 협약을 했다. 경제성장이 낮아질 때마다 노사가 합의를 통해 위기를 극복했다. 대표적인 협의로는 1982년 바세나르 협약이다. 임금 안정과 근로시간 단축, 임금을 동결했다. 임금을 동결하고 고용이 줄어들어 근로시간을 단축해서 잠시 운영을 할 때 정부가 사회안전망에 투자를 더 늘려 극복했다. 이를 통해 1980년 15~64세의 고용률이 54.5%에서 2000년대 들어 72%로 올라가게 된다.

■ 네덜란드

● 노사 파트너쉽을 통한 사회적 합의
- 노사가 경제위기 때마다 사회적 합의 도출
- 1982년 바세나르 협약(Wassenaar Agreement)
  : 임금안정과 근로시간 단축
- 1993년 신노선 협약(New Course/New Direction),
  1995년 유연안정성(flexicurity) 노사합의
  1999년 유연안정성 관련법 제정을 위한 사회적 합의
- 2000년대 초반 세 차례의 사회적 합의
- 2013년 경제위기 극복을 위한 사회적 협약

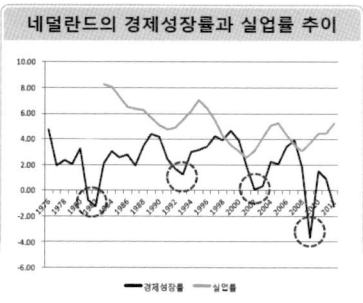

※ 자료 : OECD Statistics(2014), http://stats.oecd.org

- 독일의 경우에는 하르츠 개혁을 통해 해결했다. 하르츠 개혁은 재계, 노동계, 학계, 정계 등 다양한 사회 분야, 총 15인의 전문가로 구성되어 하르츠 보고서를 만들고, 보고서에 따라서 하르츠 법안을 만들었다. 법안을 만들어 2003~2005년 네 차례에 걸쳐 입법화를 시도했다. 주요 내용은 고용서비스 전달체계 개편과 실업 감소를 위한 적극적 노동시장 정책이었고, 노동시장 규제를 완화하는 것이었다.

- 이제 노동시장 구조가 더 이상 지속가능하지 않다는 것에 대해 국민적 공감대가 있고 노사도 문제를 충분히 인식하고 있다. 그래서 거기에 맞춰 노사정 위원회에서 대타협을 추진했다. 이번 노사정 합의는 긍정적인 측면들이 있다. 첫 번째는 통상임금제도와 근로시간 문제가 불확실성이 많았는데, 만약 입법이 된다면 해결될 것이다. 임금피크제 도입도 확산되고 청년 실업 해소에 대한 국민적 공감대가 형성된 것도 성과라고 판단한다. 전반적으로 노동시장 구조개선이라는 일관적인 목표가 잘 나타나 있다. 사실 노사정 합의 내용은 국회에 발의된 법안 5개보다 훨씬 범위가 넓고 해야 할 것이 많다. 특히 단기과제와 장기과제가 구분이 되어 있다. 전반적으로 긍정적인 측면이 있고, 기존에 논의되지 않았던 문제들이 본격

적으로 노사대화에서 논의가 되기 시작했다는 측면에서도 상당히 큰 의의가 있다.

- 다만, 전반적으로 잘된 것이냐, 안된 것이냐 평가를 내리려면 이 문제들이 어떻게 정리되는지 봐야한다. 아직 평가를 내리기에는 이른 시점이다. 노사정 논의가 문제들이 어떻게 해결되느냐에 따라 평가가 달라질 것이다. 물론 합의에 대한 평가는 개인의 철학이나 노동시장을 보는 시각에 따라서 달라질 수는 있다. 전반적으로 저는, 이번 노사정 합의가 과거와 달리 의미 있는 진전이라고 평가한다.

한국 정치의 변화와 개혁 과제

발제자 : 강원택 서울대학교 교수

일 시 : 2015년 2월 26일 오전 7시30분

장 소 : 국회의원회관 2층 제3세미나실

■ **제왕적 대통령, 전지전능한 국가라는 두 가지 신화에서 벗어나야**

: 87년 민주화 이래로 제도적으로 발전해온 한국 민주주의
: 한국의 정치 시스템, 성과 바탕으로 새로운 형태로 발전해야

- 87년 민주화 이래로 한국의 민주주의는 공고화됐다. 2012년 영국 이코노미스트가 167개국을 대상으로 조사한 민주화 지수 조사에서 아시아 국가 중 한국(20위)과 일본(23위)이 가장 좋은 평가를 받았다. 2014년 Election Integrity Project 평가(선거관련 조사)에서는 127개국 대상국 중 한국이 12위를 차지했다. 아시아에서 1위였다. 선거의 공정성이나 정치 참여에서는 우리 스스로 자부심을 느껴도 될 만큼 발전을 이뤘다. 그런데 한국의 민주화는 내용적·형식적으로 매우 불안정하다고 생각한다. 한국 민주

화의 내용은 혁명적인 변화를 수반하지 않았다. 엄격하게 보자면 대통령 직선제를 받아들이면서 민주화가 시작됐다. 동유럽 국가처럼 저항세력이 권위주의 세력과 대결하다 민주화의 과정을 거쳐 권력이 대체되고, 대체된 권력이 새로운 질서를 이끌고 나가는 형태가 아니었다. 과거의 권위주의 체제와 세력이 남아 있고 민주화를 요구하는 세력도 거기에 참여하면서 불안정한 균형 형태로 민주주의가 시작됐다. 그럼에도 불구하고 한국의 민주주의가 꾸준히 발전해 온 것은 자부심을 가질 만하다.

- 한국 정치 시스템이 바뀌어야 하는 이유는 실패했기 때문이 아니라 그 동안의 성과를 토대로 새롭게 발전하는 형태가 필요하기 때문이다. 공정하고 자유로운 선거, 선거에 의한 권력 교체 시스템, 장기집권 방지, 독재 방지 등 87년 체제에서 얻고자 했던 목표를 완수했다. 국가가 발전하면서 권력을 모두 독점한 '제왕적 대통령', 모든 것을 다 이루어낼 수 있는 '전지전능한 국가'라는 두 가지 신화가 생겨났다. 이 두 신화는 국가의 발전을 이룩하는 데에 큰 도움을 주었으나 이제는 이로부터 벗어나 새로운 형태의 정치시스템을 갖춰야 한다.

■ 제왕적 대통령에 대한 우려보다 안정적인 리더십 확보 방안 고민해야

: 대통령 실제 임기는 3~3.5년…여당 효과적으로 관리 못하면 정책 수행 어려워져
: 전임·후임 대통령 간 관계 단절…10년 이상의 정책 지속성 기대 어려워

– 대통령의 권한이 너무 강하다. 국회가 행정부에 비해 권한이 약해 효과적인 통제가 이뤄지지 않고 있다. 여당은 자율성이 없고 대통령이 하는 대로 따라가면서 거수기처럼 행동한다는 이야기가 나온다. 강력한 대통령제가 국회 파행과 정치 불신의 원인이 되며 이를 근거로 사람들은 개헌을 통해 국가 시스템을 변화시켜야 한다고 주장한다.

– 그러나 정말 우리나라 대통령이 제왕적일까? 요즘은 그러한 이미지가 매우 취약하다. 임기 초반에 제왕적 대통령이더라도 임기 중후반이 되면 레임덕 대통령이 된다. 임기 후반에 선거, 다양한 스캔들, 대형사고, 정책 실패 등 권력 자원이 급격히 상실하게 된다. 이명박 대통령 시절 총선, 지방 선거 등 한나라당이 호남을 제외한 전 지역의 민심을 석권하였고, 종편 사업자 선정 등 언론 환경도 대통령에게 우호적이었다. 이렇게 유리한 환경에서 대통령직을 맡았지만 인사권도 제동이 걸렸고, 대운하 사업을 4대강 사업으로 변경해야 했다. 세종시도 결국 막지 못했다. 오히려 지금 우리의 문제는 제왕적 대통령에 대한 폐해보다 안정적인 리더십을 확보하는 것이다. 박근혜 대통령이 취임한 지 2년밖에 지나지 않았지만 이미 레임덕을 우려하는 분들이 많다.

– 임기 초반 우리나라의 대통령을 제왕적 대통령으로 보는 사람들이 많지만 임기 후반에는 레임덕 대통령에 대한 우려가 커진다. 이는 개인의 문제가 아니라 구조적인 문제다. 우리나라 대통령제가 5년 단임제지만 마지막 한 해는 무조건 차기 대선에 집중하게 되면서 사실상 4년 임기라고 할 수 있다. 미국이든 중남미이든 임기 초반 아마추어 대통령으로 시행착오를 짧으면 6개월 길게는 1년을 보낸다. 이후 제대로 순항한다면 3.5년 정

도 소요된다. 국가 시스템 상 임기 중반에 선거를 맞이하기 때문에 여당의 민심을 잃게 된다면 대통령의 업무 수행은 어려워진다. 임기가 중후반대로 점차 접어들면 집권당 내부로부터의 도전을 받게 된다. 차기를 도모하는 정치인들은 현행 대통령과 일정 거리를 유지하는 것이 유리해 보인다. 이들은 대통령의 정책에 반기를 들어 혁명성과 독자성을 보이고 새로운 이미지로 대통령이 되기를 원한다. 더 큰 문제는 같은 정당의 정치인도 대통령과 멀어지려는 점이다. 같은 뿌리를 가진 사람들이 모인 정당임에도 대통령을 따르려 하지 않는다. 여당을 효과적으로 관리하지 못하면 대통령 임무 수행이 점점 어려워진다.

- 전임과 후임 대통령 간 관계도 단절적이다. 후임자가 전임자 정책을 인정하지 않는다.

박근혜 정부에서 이명박 정부의 정책이었던 '녹색성장'이 전부 사라졌다. 후임자가 전임자를 받아주지 않으면 정책의 연속성이 사라지고, 변혁 또한 쉽지 않다. 10년 이상의 정책 지속성을 기대하기 어려워진다. 중국 공산당의 장점 중 하나는 10년 동안 지속적으로 같은 메시지를 전달하고 있다는 것이다. 일본도 매년 총리가 바뀌고 있으나 안정적인 리더십이 기반을 잡고 있다. 영국 또한 보수당 집권 18년 동안 지속적으로 정치와 민주적 질서를 만들어 왔다. 모든 대통령이 제한된 임기 동안 '나'를 기억해 줄 수 있는 정치 관념에만 골몰할 수밖에 없다. 이제는 일정한 정도로 우리의 민주주의가 자리를 잡았다고 평가할 수 있기 때문에, 미래에 대한 장기투자가 가능한가를 고려하여 지속가능하고 장기적인 변혁 정치에 관심을 갖는 것이 필요하다. 장기적 국가 과제 설정이 어려운 실정이다. 미래에 대한 장기투자가 어렵고 5년이라는 제한된 임기 동안 '역사에 남는 업적'을 위한 무리한 정책을 추진하여 큰 손실만 얻게 된다.

　- 정치적 책임성 문제도 발생한다. 현직 대통령의 정책 결과에 대한 책임을 묻기 어렵다. 전직 대통령은 퇴임 후 명예로운 삶을 누리기보다 임기 중의 과오나 지나친 권력남용 때문에 오히려 큰 어려움을 겪게 되는 경향이 있다.

　- 정치 지도자를 만들어내는 데도 한계가 있다. 더 이상 나라를 구원해줄 슈퍼맨은 없다. 김영삼, 김대중, 박정희 전 대통령 등은 모두 정치 거인들이다. 국민들은 거인의 정치에 익숙해져 있다. 그러나 요즘은 그러한 인물을 찾기 쉽지 않다. 또한 거인들이 정치하는 시대는 이제 넘어섰다. 앞으로 정치 지도자를 만들어 내고 있느냐에 대한 고민이 필요하다. 해방 이후에는 독립 운동가, 군부 정치 시절에는 군인, 80년대 민주화 운동 지도자 등이 존재하였으나 민주화 이후에는 아직까지 효과적인 형태로 리더를 만들어 내지 못했다. 의회 정치에서 꾸준히 성장한 검증된 인물보다 정치와 무관한 사람을 선호하는 추세다. 가장 대표적인 게 안철수 현상이다. 현재 반기문 총장이 대통령 후보로 떠오르고 있는데, 정치는 경험이라는 입장에서 현재 포퓰리즘의 유혹에 쉽게 빠질 수 있는 사회가 된 것이 아닌가 생각된다.

■ 정권 교체의 가능성 존재하는 장기집권 체제 필요

: 초인적 리더의 한계, 복잡다기한 사회구조…여러 사람이 이끄는 구조가 적합
: 장기지배 허용하고 권력 소재 분명해야

- 첫째, 여러 사람이 역할을 분담하여 함께 끌고 가야 한다. 우리 사회를 변화시키기 위해서는, 개인의 힘으로 불가능하다. 초인적 리더에 의한 사회 전반의 포괄적, 급격한 변화는 더 이상 가능하지 않다. 대통령이 모든 것을 맡기에는 규모가 너무 커져 한계에 도달하였고, 구조와 내용 모두 복잡해졌다. 한 사람이 끌고 가기보다 많은 이들이 역할을 분담하면서 나라를 이끌어 가는 시스템으로 바뀌어야 한다. 이것이 오늘날 말하는 거버넌스 구조다. 그래야 전체적인 대통령의 부담을 줄이고, 효율성을 높일 수 있다.

- 둘째, 장기지배(집권)를 허용해야 한다. 지난 독재와 장기지배의 아픔으로 정서적으로 받아들이기 어렵다. 현실적으로 봤을 때 짧은 기간 동안 급속한 개혁을 추진해 우리 사회를 바꾸기는 어렵다. 오랜 시간을 거쳐 안정적이고 장기적으로 변화해야 한다. 개인의 지배가 장기화 되면 문제가 발생하므로 집단 지배 형태로 바뀌어야 한다. 그러한 권력에 대한 효과적인 견제 장치가 마련될 필요가 있다. 공정하고 자유로운 선거에서 정치적인 책임성에 대한 평가를 받으면서 권력이 연장될 수 있는 시스템이 필요하다. 정권 교체의 가능성이 존재하는 가운데 장기집권이 이뤄져야 한다.

- 셋째, 권력의 소재가 명확해야 한다. 이것이 가장 중요하다. 이런 점에서 현재 정치권에서 얘기되는 분권형 대통령제에 반대한다. 권력의 소재는 확연히 나누어질 수 없다. 제2공화국은 집권기간이 9개월이라 평가하기는 어렵지만, 윤보선 대통령의 역할이 중요했다. 대통령이 상징적·의례적인 역할을 했어야 했다. 그러나 경무대에서 구파 정치인들을 모아 정국과 관련된 회의를 하고, 장면을 견제하기 위해 활동하는 등 구파의 지도자처럼 행동했다. 제2공화국 헌법은 대통령이 국무총리를 지목할 수 있는 권한을 부여했다. (1차 내각 구성 당시) 신파에서는 구파가 대통령을 가져갔으니 (처음부터) 장면을 지목할 것이라고 생각했으나 그렇지 않았다. 대통령이 정파적으로 행동하면서 두 개의 권력이 생긴 것이다. 윤보선 대통령은 5.16 쿠데타가 발생했을 때 '올 것이 왔구나'라고 했다고 한다. 대통령의 역할은 체제를 지키고 헌정을 수호하는 것이다. 그러나 윤보선 대통령은 위기상황이 왔을 때 쿠데타를 허용했다. 어정쩡한 권력의 분산은 위험하다.

- 덧붙여, 개인적으로 내각중심제를 선호한다. 이제 우리나라는 대통령제가 더 이상 맞지 않다. 국민 정서 상 대통령제를 선호하기 때문에 그렇게 갈 수밖에 없다면, 결국 정당이 제 역할을 해야 한다. 그렇게 해야 정책의 연속성과 책임성이 발생한다. 어제(3월 4일)처음으로 당·정·청모임이 있었다. 그런데 청와대가 꼭 얼굴을 내밀어야 하나 싶다. 청(靑)은 정부에 영향을 주면 되고, 당정이 협의하면 된다. 박근혜정부도 2년의 시행착오를 겪은 후 정당의 역할을 깨닫기 시작한 것 같다. 이러한 과정이 계속 반복되는 것에서 속히 벗어나야 한다.

■ 정부 권력은 분권화하고 시민성은 강화시켜야

: 국가의 역할은 점차 축소하고 민간의 역할을 증대시켜야....시민성 강화 필요

- 과거 한국은 강한 국가였다. 왕조의 백성으로 살다가 식민지의 피지배자로 살았고, 그 다음에는 국민으로 살았다. 그런데 국가가 부르면 동원되는 국민이었다. 근대적인 의미에서 시민은 공동체자유주의에서 이야기하는 것처럼, 공동체를 위해 자신의 역할수행과 기여를 하는 그런 의미에서의 시민의 역할을 공유해 본 적이 없다. 그 이유 중 하나는 '국가는 효율적이다', '국가가 하라는 대로 따라가면 된다'는 기대가 컸기 때문이다. 점점 규제가 간섭으로 나타나는데, 이는 바로 국가의 강한 시스템에서 시작된 것이다.

- 국가의 역할이 점차 축소되고 세계화와 시민사회가 활성화 되고 있다. 작년에 검찰이 '카카오톡'을 압수수색할 때, 사람들은 공포심을 가졌으나 바로 외국 어플리케이션인 '텔레그램'을 찾아내 사용하였다. 국내에서 국민을 압박하면 외국 문화로 발 빠르게 움직인다. 이것이 바로 세계화 시대의 모습이다. 네이버와 다음의 지도서비스 규제 역시 마찬가지다. 정부는 국가안보를 목적으로 지도서비스에 군부대 및 주요 시설 표기를 금지하였다. 그러나 사람들은 쉽게 구글 지도를 이용할 수 있어 이러한 규제는 무용지물인 상태다. 세계화로 인해 국가의 역할이 과거보다 작아지고 민간역할이 증대하였다. 반드시 국가가 효율적이지는 않다. 민간의 협력과 지원을 통해 국가의 역할을 재설정하고 분권화해야 한다.

- 여전히 정부는 중앙집중적이다. 과거 권위주의 제체는 분권과 분산을 절대 용납하지 않는다. 민주화 이후 수평적인 분권은 진전이 있었으나 수직적 분권은 여전히 문제로 남아있다. 지방자치 도입에도 불구하고 아직 진정한 의미의 주민 참여와 자치에 대한 고민이 없다. 국가 역할의 한계를 인식하고 국가가 이끌겠다고 하기 보다는 함께 가겠다는 태도가 필요하다. 과감한 분권이 필요한 시점이다.

- 시민교육, 정치교육 등을 통해 시민성을 강화시켜야 한다. 국가에 모든 것을 의존해서는 더 이상 우리 사회의 발전을 기대하기 어렵다. 획기적인 성과를 거두기 어렵다. 시민 개인이 공동체의 유지와 발전을 위해서 기여하고 봉사하는 마음을 가져야 한다. 특권을 가진 사람의 예외 없이 모두가 공동체 존속과 발전을 위해 함께 고민하고 규제를 푸는 것이 중요하다. 시민교육, 정치교육, 민주주의 교육을 강화하여 더불어 사는 세상을 구현하는 모습이 바람직하다.

國家再創造

지속가능 한반도

4

지속가능발전을 위한 저탄소 경제전략

강성진
한반도선진화재단 국가전략연구회장
고려대학교 교수

정태용
한반도선진화재단 국가전략연구회 간사
연세대학교 교수

요약

과거 반세기 동안에 한국이 이룩한 고도성장을 달성하면서 우리의 삶의 질이 대폭 개선된 것을 부정할 수 없다. 그렇지만 한국을 포함한 세계 국가들의 경제성장은 환경오염 배출에 의한 기후변화라는 문제를 야기 시켰고 동시에 경제성장의 주 동력원인 화석연료의 고갈에 대한 우려로 인하여 후세대에 지속가능한 경제성장을 물려줄 수 있는가라는 전 세계의 우려가 현실화되고 있다. 한국도 지속가능한 경제성장을 후세대에 물려주기 위한 전 세계적인 노력에 동참하고 한국 자신의 지속가능발전을 달성하기 위하여 과거의 에너지 집약적인 경제발전 패러다임에서 친환경적인 녹색성장 발전 패러다임으로의 전환을 시도하고 있다.

경제발전 패러다임의 전환과정에서 기업들은 단기적으론 비용부담에 의한 경쟁력 약화가 우려되지만 이는 우리만이 문제가 아닌 세계 기업들이 직면한 문제이다. 그리고 최근 신재생에너지에 대한 투자 증가와 녹색무역 비중이 증가하는 추이를 보면 친환경분야에 대한 투자 증대가 반드시 비용으로만 되지는 않고 오히려 장기적인 성장의 지름길이 될 수 있다.

본 연구가 제시하는 저탄소사회로의 진전을 통한 지속가능발전을 달성하기 위하여 한국 정부가 추진해야 할 정책적 시사점들을 정리하면 다음과 같다. 녹색 거버넌스 구축, 화석연료 보조금의 단계적 철폐를 통한 에너지 믹스의 합리화, 기존산업을 친환경적으로 전환하는 녹색화 전략 추진, 장기적 지속가능발전 전략 수립, 장기적 지속가능발전 전담 기구 설립, 국제사회 지속가능발전에 장기적 기여 방안 수립 등이다.

서론

한국은 과거 50여 년간에 걸쳐서 세계적으로 유래 없는 고도·성장을 달성한 국가이다. 한국의 경제발전은 1960년대 초반 경제개발 초기부터 자동차, 조선 및 철강 산업 등 중화학 공업을 중심으로 한 발전전략을 실시하였다. 예를 들어 1973년 중화학공업을 경제성장의 주력산업으로 발전시키겠다는 정부 차원의 선언 이후 이 분야의 비중은 전체 산업의 20.5%(2013년)에 이르렀다([표 1] 참조).

에너지 집약적인 중화학공업을 중심으로 한 경제성장 전략은 기후변화 대응과 화석연료 고갈이라는 전 지구적 우려에 대응하는데 많은 도전에 직면하도록 하였다. 먼저 한국의 에너지 집약적 산업을 중심으로 한 경제성장에 따라 에너지 수요와 온실가스 배출이 동시에 증가하여 친환경적 경제성장이 달성해야 할 경제와 환경의 디커플링decoupling 현상이 나타나지 않았다. 이러한 현상은 전 지구적 기후변화 대응에 반하는 전략으로 국제사회로부터 기후변화 대응이라는 국제적 움직임에 동참하라는 상당한 압력에 직면하게 될 것으로 보인다. 특히 선진국들의 친환경적 전략이 본격적으로 실시되어 친환경제품에 대한 수입 규제 등 녹색보호주의가 강화되는 경우에는 환경 친화적이지 못한 제품의 생산이 이루어지더라도 경제성장의 원동력은 될 수 없게 될 것이다.

장기적으로는 친환경적 경제성장 전략에서 사회발전도 포함하는 지속가능발전을 달성하기 위한 전략적 접근이 필요하다. 한국의 녹색성장 전략을 포함한 친환경 경제성장 전략은 1987년 브룬트랜트 보고서가 정의한 지속가능발전을 달성하기에는 충분하지 않다. 추가적으로 소득분배, 빈곤, 양성평등 및 사회적 통합과 같은 사회발전이 친환경적 경제성장과 동시에 추구되어야 달성될 수 있다(Kang, 2015b).

본 연구는 친환경적 저탄소 전략을 통하여 지속가능발전을 달성하기 위한 다양한 정책적 시사점과 제안을 제시하고 있다. 먼저 환경 친화적 조치가 경제성장과 대치되는 것이 아니라 상호 시너지적 관계를 가질 수 있음을 보여 주었다. 이는 신재생 에너지에 대한 글로벌 투자의 확대, 녹색무역 비중의 지속적 확대 그리고 신재생에너지에 대한 투자가 주는 순 일자리가 증가를 통해서 이러한 시너지적 관계가 있을 수 있음을 보여 주었다.

정책적 제안으로도 저탄소 정책을 효율적, 일관성 있게 추진하기 위한 녹색 거버넌스 구축, 화석연료 사용을 비효율적으로 증대시키는 화석연료 보조금의 단계적 철폐를 통한 에너지 믹스의 합리화, 기존산업을 친환경적으로 전환하는 녹색화 전략 추진, 장기적 지속가능발전 전략 수립과 전담 기구 설립, 국제사회 지속가능발전에 장기적 기여 방안 수립 등이다.

경제발전과 환경

급속한 경제성장

한국의 경제발전 성과는 세계적으로 유래가 없다고 하겠다. 단순히 국민소득 수준을 비교한다면 1인당 경상국민소득이 1960년 156달러에서 2000년에 1만 달러를 넘어 섰고 최근 2013년에는 약 2만 6천 달러에 이르고 있다. 이는 약 50여년 기간 동안에 거의 150배가 증가한 것으로 1,2차 세계대전 이후 이렇게 빠르게 성장한 국가는 전 세계적으로 찾아보기 힘들다.

한국의 고도성장의 주요 특징은 대외무역 지향적이었고 제조업 특히 중화학공업을 중심으로 이루어져 왔다는 점이다.[1] 수출과 수입을 합한 무역의 GDP 대비 비중도 증가하여 1960년 15.8%에서 1990년과 2013년에 각각 52.8%에서 102.8%에 이르렀다. 그리고 산업구조면에서도 제조업 중심으로 급속하게 이동한 산업화과정을 거쳤음을 알 수 있다. 농림어업의

---

1) 한국의 경제성장의 역사와 원인에 대한 자세한 내용은 한국경제 60년사를 총체적으로 편집 정리한 SaKong and Koh(2010)을 참조.

비중을 보면 1960년 39.9%에서 급속히 하락하여 2000년 6.7%와 2013년 1.8%로 하락하였다. 반면에 제조업의 경우는 1960년 12.4%에서 2013년대에는 거의 23.7%에 이르고 있다.[2] 특히 중화학공업의 경우는 같은 기간 동안에 6.4%에서 20.5%로 증가하여 한국경제 성장의 주요 동력원이 되고 있음을 알 수 있다.[3]

[표 1] 주요 경제지표

	1960	1970	1980	1990	2000	2010	2013
1인당 GDP (실질 2005 미달러)	1,108	1,968	3,926	8,829	15,162	22,236	23,893
1인당 GDP(경상 미달러)	156	292	1,778	6,642	11,948	22,151	25,977
경제성장율(%)		12.9	-1.9	9.3	8.8	6.5	3.0
수출(10억 경상 미달러)	0.12	1.21	20.47	73.74	197.00	541.00	703.00
수입(10억 경상 미달러)	0.49	2.12	25.51	76.57	185.00	506.00	637.00
무역(% of GDP)	15.8	35.4	67.8	52.8	67.9	95.7	102.8

---

2) 이 자료는 명목 경제활동별 GDP를 통계청이 발표한 자료를 이용한 것이다. 여기서 서비스업과 농림어업을 제외한 전체 제조업의 비중은 2013년에 29.6%가 된다.

3) 1973년 박정희 대통령은 1980년까지 연도별 수출 100억 달러 달성을 목표로 제시하면서 이 중에서 중화학공업의 비중을 수출의 절반 이상이 될 것을 발표하였다. 여기서 전략적으로 지원하려는 중화학공업은 철강, 조선, 비철금속, 기계, 전자 그리고 화학공업이었다(SaKong and Koh, 2010). 국가통계포털 자료에서 경공업은 음식료품 및 담배제조업, 섬유 및 가죽제품 제조업, 목재종이인쇄 및 복제업, 중화학공업은 석탄 및 석유제품 제조업, 화학제품 제조업, 비금속광물제품 제조업, 1차 금속제품 제조업, 금속제품 제조업, 기계 및 장비 제조업, 전기 및 전자기기 제조업, 정밀기기 제조업, 운송장비 제조업을 의미하고 나머지는 기타 제조업이다.

산업 구조 (%)	농림어업	39.9	24.7	12.9	6.7	3.4	1.9	1.8
	제조업	12.4	16.1	19.8	21.5	22.5	23.5	23.7
	경공업		9.1	7.6	5.5	4.1	2.8	2.9
	중화학공업		6.4	11.6	15.5	18.0	20.4	20.5
	기타제조업		0.6	0.5	0.6	0.4	0.3	0.3
	전기, 가스 및 수도업	0.6	1.2	1.8	1.7	2.2	1.7	1.8
	건설업	3.4	4.3	6.2	7.5	4.7	3.9	3.8
	서비스업	43.7	37.8	39.6	41.0	44.7	45.4	45.3

출처: World Development Indicators (http://data.worldbank.org/data-catalog/world-development-indicators, 자료검색일: 2015.10.12); 국가통계포털(http://kosis.kr/statisticsList/statisticsList_01List.jsp?vwcd=MT_ZTITLE&parentId=L#SubCont, 자료검색일: 2015.10.12)

경제발전과 환경 및 에너지

앞에서 논의하였듯이 한국의 경제성장의 주요 동력원이 되었던 중화학공업은 지금까지도 한국경제를 이끌어가는 성장 동력이 되고 있는 것은 사실이다. 그러나 이러한 산업들에 대한 의존도가 높다는 것은 1960년대 말부터 국제적으로 논의가 지속되어온 기후변화와 지구온난화 그리고 화석연료의 고갈 등에 국제적 대처라는 차원에서 본다면 매우 우려할 만한 문제를 야기 시킨다고 할 수 있다. 이들은 화석연료 집약적인 산업으로 환경오염의 중요한 원인이 되고 있고 이는 바로 지구온난화 문제에 대한 국제적 논의의 중심이 될 수 있기 때문이다.

[표 2]는 1980년대 이후 최종에너지 소비 추이를 보여주는 것이다. 경제규모의 증대에 따라 전체 에너지 소비량을 증가하는 것을 보여 주고 있

다. 특히 1인당 소비량을 보면 규모의 증가와 더불어 비효율적으로 에너지가 사용되고 있음을 알 수 있다. 먼저 석탄소비량을 보면 1981년 약 2천 7백만 톤에서 거의 2배가 증가하여 2012년 4천 8백만 톤이 소비되었다. 석유소비는 그 이상으로 증가하여 1981년 약 1억 3천만 배럴에서 2012년에는 6배 이상 증가한 약 8억 배럴을 소비하였다.

[표 2] 최종에너지 소비 추이

분류	1981	1985	1990	1995	2000	2005	2010	2012
석탄(천톤)	26,970	33,615	35,699	27,702	30,370	34,616	43,516	48,419
석유(천배럴)	131,230	159,929	323,981	601,515	698,709	729,891	767,386	796,495
천연가스(천톤)	–	–	–	–	–	–	430	550
도시가스 (백만㎥)	21	77	963	5,327	11,963	16,963	19,982	23,776
전력(GWh)	35,424	50,733	94,384	163,270	239,535	332,413	434,160	466,593
열에너지 (천toe)	0	0	75	641	1,119	1,530	1,718	1,751
신재생에너지 (천toe)	2,492	2,031	797	1,051	2,130	3,896	5,346	7,124
1인당 전력소비량 (kWh/인)	915	1,243	2,202	3,621	5,096	6,905	8,787	9,331
1인당 석유소비량 (배럴/인)	3.39	3.92	7.56	13.34	14.86	15.16	15.53	15.93

자료: 강성진(2014), p.6

경제성장에 따라 전력소비량도 증가하여 1981년 3만 5,424GWh에서 1990년 9만 4,384GWh으로 증가하였고 2012년에는 46만 6,593GWh를 소비하였다. 또한 전력이 얼마나 효율적으로 사용되었는가를 알아보기 위하여 1인당 전력사용량을 보면 1981년과 1990년에 각각 915kWh와 2,202kWh에서 2012년에는 9,331kWh로 증가하여 1981년에 비해 10배 이상 증가하여 경제성장과정에서 얼마나 비효율적으로 사용되었는지 알 수 있다.

석유소비량도 비슷한 추이를 보여 주었다. 1981년과 1990년 각각 약 1억 3천만 배럴과 약 3억 2천만 배럴을 소비하였고 2012년 약 8억 배럴을 소비하여 1981년에 비하면 약 8배가 증가하였다. 마찬가지로 1인당 석유 소비량은 1981년 3.39배럴에서 2012년 15.93배럴로 거의 5배 정도 증가하였다.

이처럼 경제성장이 에너지 집약적인 중화학공업을 중심으로 이루어지면서 에너지 소비의 증가도 동시에 나타났다. 이는 곧 온실가스의 증가로 이어지고 지구온난화의 주범인 온실가스의 증가로 이어지고 한국도 이러한 책임에서 자유로울 수만은 없는 상황에 처하게 되었다는 것을 의미한다.

다음 [표 3]은 1971년에서 2012년까지 전 세계 국가 중 상위 15개국 (2012년 기준)의 온실가스의 대부분을 차지하는 이산화탄소의 배출 현황을 보여주는 것이다. 이를 보면 1990년까지는 미국이 최대 배출국가 이었으나 그 이후에는 중국의 배출량이 더 많아서 2012년에는 중국이 전 세계 배출량의 34.6%를 차지하여 최대 배출국이다. 구체적으로 보면 1990년에는 미국이 약 48.7억 톤CO_2eq 배출에서 2012년 약 50.7억 톤CO_2eq을 배출하였다. 비중 면에서 보면 전 세계 배출량의 약 23.2%에서 약 16.0%

로 감소하였다. 반면에 중국은 급속한 경제성장으로 인하여 1990년 배출량이 약 22.8억 톤CO_2eq에서 2012년 약 82.5억 톤CO_2eq으로 약 262%가 증가하였고 따라서 전 세계 비중도 같은 기간에 약 10.9%에서 약 26.0%로 증가하였다. 따라서 중국과 미국을 합하면 2012년 기준으로 전 세계 배출량의 약 42%를 차지하고 있다.

[표 3] 세계 이산화탄소 배출추이(2012년 기준 상위 15개국)

(단위: 백만톤)

	Country	1971	1980	1990	2000	2010	2012	71~12 성장률 (%)	90~12 성장률 (%)
1	중국 (홍콩포함)	824.7	1,440.0	2,277.7	3,350.3	7,294.9	8,250.8	900.4	262.2
2	미국	4,291.3	4,661.6	4,868.7	5,698.1	5,427.1	5,074.1	18.2	4.2
3	인도	200.8	283.6	580.5	978.1	1,749.3	1,954.0	873.2	236.6
4	러시아	–	–	2,178.8	1,496.7	1,580.2	1,659.0	–	−23.9
5	일본	758.8	880.7	1,056.7	1,170.6	1,134.0	1,223.3	61.2	15.8
6	독일	978.6	1,055.6	949.7	825.0	769.9	755.3	−22.8	−20.5
7	한국	52.1	124.4	229.3	437.7	564.5	592.9	1,038.8	158.6
8	캐나다	339.6	426.9	428.2	528.6	531.4	533.7	57.2	24.6
9	이란	41.7	90.2	178.7	315.1	508.5	532.2	1,177.3	197.8
10	사우디 아라비아	12.7	99.1	151.1	236.3	414.9	458.8	3,502.4	203.7
11	영국	623.5	571.1	549.3	524.3	473.6	457.5	−26.6	−16.7
12	브라질	90.2	177.6	192.4	303.6	388.5	440.2	387.8	128.8
13	멕시코	97.0	212.1	265.3	349.6	417.9	435.8	349.1	64.3
14	인도네시아	25.1	68.9	146.1	272.8	392.4	435.5	1,633.2	198.2
세계		14,084.8	18,062.4	20,973.9	23,755.6	30,482.1	31,734.3	125.3	51.3

Source: IEA, https://www.iea.org/publications/freepublications/publication/co2-emissions-from-fuel-combustion-highlights-2014.html, Accessed: 2015.10.15.

[그림 1] 1인당 소득과 CO_2 배출현황

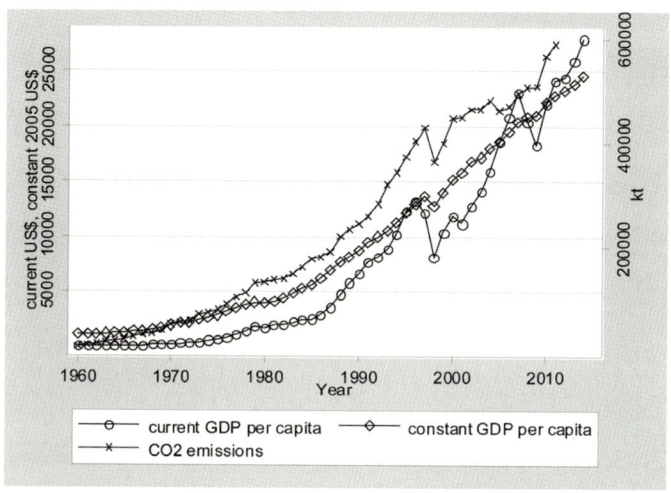

자료: 세계은행 자료를 이용하여 저자 작성

    한국을 보면 배출량이나 전 세계 배출량 비중 면에서 보면 높지 않은 편이다. 그렇지만 전 세계 국가들 중에서 7위에 위치하고 있다. 배출량을 보면 1990년 기준으로 약 2.3억 톤CO_2eq에서 2010년 약 5.9억 톤CO_2eq을 배출하여 158.6% 증가를 보여 주었다. 그렇지만 세계 배출량에 대한 비중으로 보면 같은 기간에 각각 1.1%와 1.9%에 불과한 것으로 볼 수 있다. 그렇지만 이 비중으로도 7위에 이르고 있어서 배출량이나 비중 면에서 현재의 기후변화 대응에 책임이 없다고만은 할 수 없는 실정이라고 하겠다.

경제성장과 온실가스 디커플링

전 세계가 논의 중에 있는 기후변화 대응의 가장 중요한 것은 경제성장을 지속하면서 어떻게 하면 온실가스 배출을 감소시킬 것인가라고 하겠다. 이를 친환경적 경제성장 혹은 경제성장과 온실가스 배출의 디커플링 decoupling이라고 하는데 한국의 경우를 그림으로 보면 [그림 1]과 같다.[4]

1960년 이후 1인당 소득과 이산화탄소 배출현황을 비교해보면 한국의 경제성장 모형이 온실가스 배출과 거의 비례해서 증가하는 전형적인 환경친화적이지 못한 경제성장 패턴을 보여 주고 있음을 알 수 있다.[5] 그림에서 왼쪽은 1인당 경상(실질)소득을 의미하고 오른쪽은 이산화탄소 배출량을 보여 준다.

녹색성장 정책

지금까지의 경제성장, 에너지 소비 및 이산화탄소 배출량을 비교 분석해 본 결과 한국의 지금까지 경제성장 패턴이 친환경적인 경제성장과는 다르게 에너지 집약적이고 온실가스 배출을 많이 하는 전통적인 경제성장 모형에서 벗어나지 못하고 있음을 알 수 있다. 따라서 전 세계적인 주요

---

4) [그림 1]의 자료는 세계은행 홈페이지의 세계 발전지표에서 추출한 것임. http://data.worldbank.org/data-catalog/world-development-indicators(자료검색일: 2015.10.13.)

5) 온실가스는 이산화탄소를 포함해서 6개의 기체로 정의한다. 이들은 이산화탄소(CO_2), 메탄(CH_4), 아산화질소(N_2O), 수소불화탄소(HFC), 과불화탄소(PFC), 육불화황(SF_6)이다. 이 중에서 이산화탄소가 전체 온실가스 배출량의 80%이상이 되는 것으로 알려져 있다.

논의 주제인 어떻게 하면 온실가스 배출량을 증가시키지 않으면서 경제성장을 지속할 수 있는가에 대하여 국제사회의 일원으로서 참여하기 위해서는 우리 스스로가 친환경적 경제성장 패러다임으로의 전환이 필요하다. 이러한 전략적 전환이 바로 지금까지의 경제성장 패턴을 지속하는 방안이기도 하다.

한국이 2008년 천명한 녹색성장 전략도 이러한 차원의 발전전략 패러다임의 전환이라고 하겠다.[6] 1차 전략의 주요 전략은 세 가지로 되어 있는데 기후변화 적응 및 자립, 신성장 동력 창출 그리고 삶의 질 개선과 국가 위상 강화로 되어 있다. 첫 번째와 세 번째는 다른 국가들의 기후변화 대응 및 국제적 논의에 참여한다는 측면에서 특별한 차이점은 없다. 다만 두 번째의 경우 기후변화에 대응하면서 경제성장도 하겠다는 구체적인 방안을 제시하고 있다. 예를 들어 신재생 에너지 등 기후변화에 대응하는 신산업을 창출한다는 측면을 포함하고 있다. 그렇지만 이 산업을 통한 경제성장 동력을 찾기는 어렵다. 따라서 한국의 경제성장에 주력산업들을 그대로 유지하되 기후변화에 대응하면서 경제성장을 지속하겠다는 방안을 제시하였다. 대책의 중심에는 기술혁신을 통한 온실가스 감축이 포함되어 있다. 즉, 기존산업의 녹색화를 통하여 같은 생산에 대해서도 온실가스 배출이 기존 생산방식을 통한 온실가스 배출보다 적게 배출하게 하는 것이다.[7]

---

6) 녹색성장의 정의 및 녹색성장 전략의 등장 배경 및 구체적인 정책 내용에 대해서는 강성진(2014) 참조.

7) 제1차 녹색성장 5개년 계획의 가장 중요한 특징으로 기후변화에 대응하면서 경제성장을 지속하는 매우 현실적인 방안이 제시된 것이다. 개발도상국들처럼 비효율적인 기술수준에 있고 제조업 중심으로 경제성장을 하려는 국가들 입장에서 기존 산업을 포기하는 것이 아니라 기존산업을 유지하지만 녹색화를 통하여 경제성장을 지속하는 것이 녹색성장 전략에 위배되는 것은 아님을 보여 주는 전략이다. 녹색성장 전략의 의미에 대한 자세한 논의는 강성진

녹색성장 위원회가 대통령 직속이 아닌 국무총리실 산하로 이관된 이후 작성된 제2차 녹색성장 전략은 이러한 기존 산업의 녹색화 부문은 감소되고 온실가스 감축, 에너지 정책 그리고 산업 생태계, 녹색사회 구축 그리고 글로벌 녹색협력 강화 등으로 구성되어 있다. 그렇지만 녹색성장 전략을 지속적으로 추진한다는 의지가 반영되어 있는 것이라는 차원에서는 의미를 찾을 수 있을 것이다.

[표 4] 1차 및 2차 녹색성장 5개년 계획

	비전	전략
1차 (2009~2013)	- 2020년까지 세계7대 녹색강국 진입 - 2050년까지 세계5대 녹색강국 진입	1. 기후변화 적응 및 에너지 자립 2. 신성장 동력 창출 3. 삶의 질 개선과 국가 위상 강화
2차 (2014~2018)	- 저탄소 사회 및 경제 구조 정책 - 녹색기술과 ICT의 융합을 통한 창조경제 구현 - 기후변화에 안전하고 쾌적한 생활 기반 구축	1. 효과적 온실가스 감축 2. 지속가능한 에너지 체계 구축 3. 녹색창조산업 생태계 조성 4. 지속가능 녹색사회 구축 5. 글로벌 녹색협력 강화

(2014) 참조

글로벌 환경문제에 관한 인식[8]

지속가능발전을 위해서는 기본적으로 경제성장에 관한 인식변화와 기존 경제시스템을 바꾸는 혁신적인 변화와 자연자본Natural Capital과 인적자본Human Capital에 관한 투자를 필요로 한다. 1987년 유엔총회 채택된 지속가능발전에 관한 보고서에서 알 수 있듯이, 일찍부터 지속가능발전에 관한 협의가 국제적으로 진행되어 왔다. 동 보고서 작성을 주도하였던 전 노르웨이 수상의 이름을 따라 명명된 브룬트란드 보고서에 따르면 지속가능발전을 "미래 세대의 요구를 충족시킬 수 있는 능력을 저하시키지 않으면서 현 세대의 요구를 충족시키는 발전"으로 정의하고 있다.[9] 즉, 현재 세대가 당면하고 있는 문제는 현 세대가 해결하라는 것이다. 즉, 다음 세대도 해결해야 할 미래의 문제도 많아서 현 세대의 문제는 현 세대가 해결해야 사회가 지속가능하게 발전할 수 있다는 의미로 해석된다.

---

8) 본 내용은 한반도선진화 재단 정책 세미나에서 발표된 정태용(2015)에서 발췌한 것임.

9) 영문으로는 다음과 같다. "The needs of the present without compromising the ability of future generations to meet their own needs."

현재 국제사회가 당면한 지속가능발전의 큰 이슈 중 하나는 기후변화 문제일 것이다. 그러나 이 기후변화를 어떻게 인식하고 그 대응책을 마련하느냐에 따라서 새로운 발전의 기회로 삼을 수가 있다. 2011년부터 전 세계 보험업계는 기후변화와 자연재해 위험관리에 뛰어들고 있다. 전 세계 보험 사업은 기후변화로 인하여 그 발생빈도와 규모가 커진 자연재해에 관하여 약 1,100억불의 보험료를 지급하였으며 위험 프리미엄은 계속 증가하고 있다. 그러나 국제적인 재해 관련 보험회사들은 위험관리를 어떻게 하느냐에 따라서 기후변화로 인하여 새로운 사업과 활동을 창출해내고 있다. 반면에 우리나라의 손해보험회사들은 자연재해 위험관리를 통한 사업 개발에 상대적으로 느리게 대응하고 있으며, 이 문제는 전형적인 공공재의 성격이라 정부의 지원과 개입 없이는 사업모델을 발전시키기 어렵다는 입장인 것 같다(정태용, 2015).

카트만두 지진사고(2015), 후쿠시마 원전 사고(2011)와 같은 자연 재난과 재해, 인재 등이 지속적으로 일어났을 때 정부가 관련 산업에 대해 미리 준비하지 않고 있다면 엄청난 사회적 비용을 지불해야 한다. 우리나라에 사무국을 유치한 녹색기후기금GCF의 목표가 2020년까지 매 년 1,000억 불로 예정돼 있는 것을 감안하면 2011년 기준으로 한 해 재해에 따른 피해액이 1,000억 달러 넘은 것은 엄청난 규모이다. 우리나라는 아직 제대로 시작도 못하고 있지만, 선진국은 기후변화와 자연재해를 기회로 삼아 수익창출과 경제 활동의 기회로 활용하고 있다.

기후변화 관련 정책 수립에 있어 매우 중요한 분야가 온실가스를 감축하는 것과 관련된 분야이다. 이러한 정책의 수립과 시행으로 에너지 효율 및 절약과 관련된 세계 시장은 한 해에 약 1,700억 달러이다. 전 세계 신재생에너지 시장은 한 해에 약 900억 불달러 정도의 규모이며 이는 계속 증가하는 추세를 나타내고 있다. 향후 전 세계에 설치될 태양광 절반 이상은 중국에서 이루어 질 전망이다. 이에 따라 중국의 새로운 산업이 생겨나서 커지고 이에 따른 고용창출의 규모도 커질 것으로 예상된다. 태양광 산업은 꾸준한 시장 증가와 기술혁신으로 가격이 과거 25년 동안 지속적으로 하락해 과거 대비 75%만큼 하락하였다. 기술혁신은 계속 진행 중이며 이와 관련된 글로벌 시장은 더욱 확대될 것이다. 이러한 상황에서에서 한국의 위치가 어느 수준이 될 것인가 심각하게 고려하여 장기적인 정책방향을 설정해야 한다(정태용, 2015).

OECD와 세계은행에 따르면 2011~2020년 OECD와 개도국의 인프라 투자액에 관한 전망은 전체적으로 10년 동안 25조 달러가 필요하다. 연 2조 달러의 인프라 투자가 필요하고, 이 중 1조 달러가 개도국에 대한 투자로 이루어질 전망이다. 우리나라 기업들이 일반적으로 선진국에 비해 상대적으로 기술 경쟁력은 조금 떨어지지만, 가격경쟁력은 높은 편이다. 반면, 개도국과 비교해서는 가격경쟁력은 낮지만 기술경쟁력은 상당히 높은 수준이다.

중간 성격을 띠는 우리나라가 민간, 학계, 정부 등 다 같이 협력하여 잘 구성된 전략으로 선진국과 개도국 시장조건에 적합한 맞춤형 전략을 수립하여 추진한다면, 한 해 2조 달러의 큰 시장을 선점할 수 있다. 선진국과 중국 등은 기후변화 문제를 해결하는 방안을 모색함에 있어 적극적인 역할과 노력으로 이러한 도전을 새로운 기회로 인식하여 새롭게 산업구조도

조정하고, 새로운 경제와 환경의 조화 정책도 수립하는 방향으로 나아가고 있다.

우리나라도 새로운 시장에 대비한 새로운 전략을 가지고 나가야 한다. 그러나 우리나라의 대부분의 의사결정자들은 과거의 경험에 비추어 경제와 환경을 대립 구도로 인식하는 경향이 있다. 이는 과거에 대한 상황인식이다. 우리가 언급하는 지속가능발전의 문제는 미래의 문제에 관한 인식을 어떻게 할 것인가 하는 문제이다. 기존의 인식을 바꾸면 경제와 환경의 대립이 아니라 상호 공존구도가 될 수 있다. 중장기적으로 볼 때, 경제와 환경을 통합하는 접근 방향을 설정하는 것이 필요하다.

경제성장과 환경

한국도 지난 6월 30일 2030년 온실가스 배출전망치BAU 대비 37%를 감축하겠다고 발표하면서 이 정책이 과연 달성가능한지 그리고 이러한 정책 전환이 경제에 얼마나 도전이 되고 기회를 가질 수 있는가에 대한 논쟁이 지속되고 있다. 일단 단기적으로는 기업에 대하여 추가 비용을 부담하게 함으로써 국제경쟁력을 약화시키는 방향으로 작용하게 될 것임은 당연하다. 반면에 친환경적 경제성장을 위하여 세계 모든 국가들이 비록 단기적으로는 비용을 부담하게 되겠지만 장기적으로는 국제시장의 선두를 차지하기 위하여 많은 투자를 하고 있는 것도 사실이다.

비록 현재 경제 불황이 지속되고 있는 상황에서 기업의 추가적인 투자를 요구하는 이러한 온실가스 감축과 친환경적 녹색성장 정책의 추진은 지속가능한 경제성장을 위해서 필연적인 것임을 다음 추이를 보면 알 수 있다.[10]

---

10) 이 부분은 강성진(2015)을 수정 보완한 내용임.

신재생에너지 산업에 대한 글로벌 투자 확대

UNEP 등 국제기구의 연구발표(2015)에 의하면 2004년에 신재생에너지에 대한 투자가 약 450억 달러에 불과하였으나 2014년에는 거의 7배가 증가하여 약 2,700억 달러에 이르렀다. 특히 개발도상국의 투자도 확대되어 같은 기간에 90억 달러에서 131억 달러로 증가하였다. 이러한 증가추이는 최근 경기불황으로 기업들의 전반적인 투자규모가 줄어드는 상황에서 이 분야에 대한 투자확대가 지속되는 것은 기업의 입장에서 보면 이 투자가 상대적으로 수익전망이 높다는 것을 반증한다고 하겠다.

녹색무역 비중의 확대

더욱 의미 있는 것은 세계 수요를 반영하는 무역이 녹색과 비녹색으로 나누어 볼 때 녹색무역 비중이 훨씬 더 빠른 속도로 증가하고 있다는 점이다.[11]

먼저 [그림 2]의 전 세계 무역 추이와 한국의 세계무역 추이를 1976-2013년 기간에 대하여 연도별로 약간의 변동이 있으나 녹색무역의 비중이 거의 70%수준에 이르고 있고 경제위기 시기만 제외하면 1976년 이후 지속적으로 증가하고 있음을 알 수 있다. 1997-1998년 경제위기 시점에서 녹색무역의 비중이 하락하였다가 다시 상승하는 추이를 보여 주고 있지만 아직 위기 이전 수준에는 도달하지 못하고 있으나 상승추이를 보여주고 있다.

---

11) 전체 산업의 녹색 및 비녹색 분야로의 정의 및 유사 정의에 대한 소개는 Kang(2011) 참조

[그림 2] 세계 녹색 및 비녹색 무역 추이

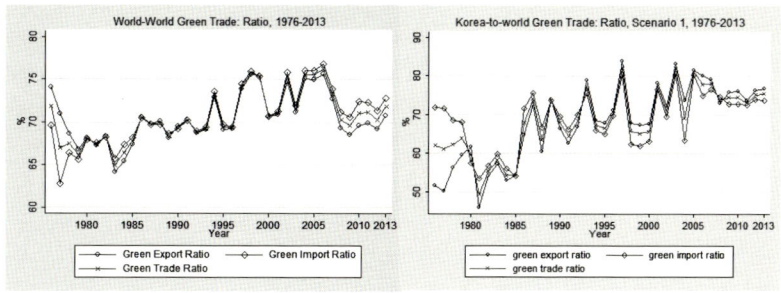

자료: Kang(2015a)

또한 한국의 무역도 녹색무역의 비중이 지속적으로 증가하는 추이라는 것을 알 수 있다. 비녹색 무역과의 비중격차가 지속적으로 벌어지고 있음을 의미하는 것으로 한국의 경우도 무역 비중이 녹색산업 중심으로 전환되어 가고 있는 것으로 이는 세계 수요의 추이를 반영하는 것으로 해석될 수 있다. 특히 기업들이 이러한 수요의 변화에 대응하여 이미 생산 활동을 하고 있는 것으로 판단할 수 있다.

신재생에너지 산업에 대한 투자가 높은 일자리 창출효과 유발

녹색산업 특히 신재생에너지 산업에 대한 투자는 상대적으로 비녹색산업에 대한 투자를 줄이는 역할을 한다. 요즘처럼 경기불황이 지속되는 경우 정부지출의 순증가가 어렵기 때문에 정부는 주어진 정부지출의 구조를 변화시켜서 경제성장을 촉진하고 일자리창출을 하려고 한다. 따라서 최근 동향처럼 신재생에너지에 대한 투자를 늘릴 때 상대적으로 투자가 감소하여 일자리창출이 적게 되는 효과를 고려하는 경우에서의 일자리창출의 순

효과를 계산해 볼 필요가 있다.

　최근 UNIDO and GGGI(2015)의 연구에 의하면 백만 달러를 신재생에너지에 투자를 하는 경우 화석연료에 대한 투자보다 더 많은 일자리를 창출할 수 있음을 보여 주었다. 예를 들어 한국의 경우에는 1.5명이 증가함을 보여 주었고 다른 국가들을 보면 분석대상 국가 중에서 인도네시아 81.3명, 남아프리카 33.1명이 더 증가하고 브라질의 경우 16.2명이 더 증가한다고 보여 주었다.

정책적 시사점

앞에서의 논의를 종합해 보면 이미 선진국에 진입하고 있는 한국의 입장에서 기후변화 대응이라는 글로벌 어젠더에 적극적으로 참여하는 것이 필연적임을 알 수 있다. 그러나 과거 50여 년 동안의 한국의 고도성장은 화석연료 집약적인 산업에 의존하여 왔고 또한 지속가능한 경제성장을 위해서는 현재의 주력산업인 중화학공업을 포기할 수 없다. 따라서 기존산업에 대한 성장의존을 피하지 않으면서 글로벌 어젠더에 적극적으로 참여하기 위해서는 기존 경제발전 패러다임을 친환경적 녹색성장 전략으로 전환해야 하는 당위성에 직면하여 있다. 이러한 정책적 전환을 위하여 다음과 같은 정책적 제안을 정리해 본다.

녹색 거버넌스의 구축

일반적으로 녹색성장 정책을 실행함에 있어서 국내외적으로 부처 간에 많은 갈등이 일어날 수 있다. 먼저 국내적으로 보면 경제성장에 우선적으로 정책과제를 갖고 있는 산업관련 부처는 환경을 최우선으로 하는 환경관련 부처와 정책 선택에 있어서 갈등을 일으키기 쉽다. 예를 들어 온실가스 감축목표를 설정함에 있어서 산업부는 최대한 낮은 수준의 목표를 설정하여 기업에 대한 부담을 최대한 줄이려는 유인이 강하다. 반면에 환경부는 설정목표를 높게 하여 환경개선의 효과를 극대화하기 위하여 노력한다. 이러한 정책적 차이는 장기적으로는 산업에 대한 부정적 영향이 있다는 사실을 서로 인지하지만 장기적인 지속가능한 성장경로로 가기 위해서 어떻게 하는 것이 바람직한 정책인가에 대한 의견이 상충되기 때문에 나타나는 현상이다.

이러한 부처 간 갈등을 최소화하고 녹색성장 정책을 강력하게 시행하기 위하여 대통령직속 녹색성장위원회를 출범시켰다.

2010년에 제정된 「저탄소 녹색성장 기본법」에 의하면 녹색성장위원회는 녹색성장 정책과 관련되는 주요 정책을 심의하는 기구라고 할 수 있다. 예를 들어 녹색성장 의제로는 정책의 기본 방향, 국가전략수립, 녹색성장 관련 법제도, 녹색성장을 위한 재원, 국제협력 등과 관련된 전반적인 사항이다. 위원회 구성원도 정부 공무원과 민간 전문가가 모두 참여하는 기구였다. 특히 사무국으로 녹색성장기획단을 두어서 녹색성장에 관한 기획, 녹색기술, 기후변화 대응, 에너지 정책 그리고 녹색생활 관련 주제를 관장하였다(강성진, 2014).[12]

---

12) 반면에 박근혜 정부에 들어와서는 이러한 녹색성장 위원회의 위상이 하락하여 대통령 직속에서 국무총리 직속으로 위상이 격하되었고 동시에 녹색성장 기획단 역시 대폭 축소되어 녹색성장 전략의 추진 동력이 대폭 감소하였다.

이러한 정책 추진은 국내외적으로 서로 상충될 것 같은 경제성장과 환경문제를 담당 부처 간에 상호 합의하도록 하는 기회를 부여하여 상호 갈등을 최소화하고 정책을 실시함에 있어서 일관성과 효과성을 극대화하기 위한 것으로 매우 성공적인 사례라고 할 수 있다.

　다른 국가들의 경우를 보아도 부서 간 상호 협의를 할 수 있는 거버넌스를 갖고 있는 국가들이 많다. 한국의 경우에는 위원회 중심으로 정책논의를 하고 대통령에 건의를 해서 정책을 집행하는 형태를 가지고 있었으나 다른 나라의 경우에는 정부 부처를 신설하거나 업무 조정을 하여 녹색성장 정책을 구현하고 있다. 프랑스의 경우 부처로 생태 지속가능 계획 및 발전 부 Ministry of Ecology and Sustainable Planning and Development를 두고 있다. 이 부서는 환경, 토지, 수송 등 기후변화와 지속가능 성장을 위한 거의 모든 주제를 담당하고 있다. 그리고 그리스의 경우도 2009년 기존의 환경 계획 공공부 Ministry of the Environment, Physical Planning and Public Works를 환경 에너지 기후변화부 Ministry for the Environment, Energy and Climate Change로 바꾸었다(Kang, 2012, p.29).

에너지 믹스와 화석연료보조금의 단계적 조정

　전통적인 경제성장 전략이 화석연료 중심으로 이루어지고 있어서 한국을 포함한 많은 국가들이 산업경쟁력 강화를 위하여 화석연료보조금을 지급하고 있다.[13] 화석연료의 사용을 줄이고 신재생에너지의 사용을 증가시

---

13) 화석연료보조금이란 소비자보조금(전기요금 보조, 수도요금 보조 등 요금 할인)과 생산자보조금(화석연료 생산 분야, 생산기업 그리고 특정제품에 대하여 보조금을 지급)으로 나눌 수 있다(정웅태 이수현, 2014, p.3).

키기 위해서는 화석연료보조금의 점진적인 철폐가 가장 바람직한 정책 방향이지만 이 정책이 최선이라고는 할 수 없다. 따라서 차선책으로 에너지 사용의 조합을 친환경적으로 전환하기 위하여 탄소세나 친환경적이지 않은 제품 수입에 대한 관세 부과 등 다양한 환경세를 부과하여 화석연료의 사용을 줄일 필요가 있다(Kang 2012, 2015b).

화석연료 보조금의 규모에 대한 통일된 계측치는 없으나 국제기구들이 자신들의 정의를 이용하여 발표하고 있다. 가장 많이 보고되는 국가로는 인도로 국제에너지기구가 1.9억 달러 그리고 국제통화기금이 약 340억 달러로 국제통화기금이 약 258억 달러로 계산하고 있다. 그리고 한국의 경우에는 국제에너지기구가 1.9억 달러 그리고 국제통화기금이 2억 달러로 계산하고 있다(정웅태, 이수현, 2014, p.7).

이러한 화석연료에 대한 논의는 2012년 서울에서 열린 G20 정상회의에서 본격적으로 논의되기 시작하여 최근까지 지속적으로 논의되고 있다. 이들의 정책 목표는 화석연료 보조금을 중기목표로 2020년까지 점진적으로 합리화하거나 폐지하자는데 의견을 같이 하고 있다. 그리고 이러한 화석연료 보조금에 의한 화석연료 수요를 증가시킴으로 인하여 나타나는 세계 화석연료시장에서의 가격 변동성을 더욱 증가시킬 수 있어 개발도상국의 입장에서 지속적인 경제성장 추진을 위하여 피해를 입게 된다(Kang 2012, 2015b).

기존산업의 녹색화

녹색성장 정책을 추진함에 있어서 가장 많은 오해를 하는 내용이 기존 화석연료 집약적인 산업을 포기해야 하는가라는 문제이다. 특히 개발도상국의 경우에는 현재의 경제성장을 의존하는 산업이 매우 비효율적이어서 온실가스 배출이 높고 동시에 제조업 중심인 경우에는 상대적으로 친환경 제품을 생산하지 못한다. 이러한 산업구조에 직면하고 있는 개발도상국들은 녹색성장 정책 추진이 선진국들의 새로운 녹색 보호주의green protectionism로 오해를 할 수도 있다.

그러나 녹색성장 정책이라 함은 단순히 기존에 온실가스 배출이 높은 기업이나 산업을 포기하는 것이 아니라 새로운 정책, 예를 들어 녹색기술의 혁신이나 혹은 이전을 통하여 기존 생산량에 대하여 온실가스 배출이 감소한다면 이는 곧 친환경산업으로 연계되는 녹색성장 전략이라고 할 수 있다.

한국의 경우도 기존 경제성장의 주력산업이었던 자동차, 반도체, 조선, 철강 등 산업이 온실가스 배출이 높다고 하여 이들 산업에 대한 투자를 중지할 수 없다. 이들 산업에 대한 투자 중지는 곧 경제성장을 멈추라는 것과 동일하기 때문이다. 따라서 녹색성장 정책의 추진을 통한 지속가능한 경제성장을 달성하기 위해서는 기술혁신을 적극적으로 지원하여 동일한 생산에 대해서도 온실가스 배출량이 감소하는 방향으로 산업발전이 이루어지도록 하는 기존산업의 녹색화greening of current industries 정책을 적극적으로 추진해야 한다.[14]

---

14) 물론 기존산업의 녹색화 전략과 더불어 신재생에너지 산업, 친환경산업 그리고 서비스산업 등에 대한 기업의 투자확대 및 적극적인 정부 지원정책으로 친환경적 산업구조로 전환하는 것도 매우 중요한 녹색성장 정책의 방향이다.

녹색성장과 지속가능발전

기후변화대응 정책을 실시함에 있어서 많은 오해를 하는 부분이 산업의 분류와 녹색성장정책과 지속가능발전과의 관계이다. 먼저 녹색산업을 정의함에 있어서 기존 분류인 신재생에너지 산업, 기후변화 산업과 환경산업과 혼동하는 경우이다. 일반적으로 환경산업이라 함은 신재생에너지 산업이나 기후변화 산업을 포함하는 산업개념으로 정의된다. 반면에 녹색산업이라 함은 녹색성장을 지속적으로 유지할 수 있도록 하는 산업으로 기존의 환경산업에 다른 친환경사업으로 분류될 수 있는 제조업 등이 포함되는 개념으로 좀 더 넓은 개념의 산업이라고 할 수 있다.[15]

또한 혼동하고 있는 개념이 녹색성장 정책과 지속가능발전간의 관계이다. 앞에서 설명하였지만 지속가능발전이란 1987년 우리 공통의 미래Our Common Future에서 제시한 정의가 가장 많이 사용되는 개념이다. 이를 구체적으로 실현하기 위하여 지속가능발전은 경제성장, 환경 및 사회발전이 상호 시너지적 관계를 갖고 발전하는 것으로 해석되었다.

반면에 녹색성장 정책은 경제성장과 환경이 상호 시너지적 관계로 발전해 가는 것을 의미하는 것으로 지속가능발전을 달성하기 위한 전략 혹은 과정pathway로 해석된다(World Bank, 2012; Kang, 2015b). 따라서 지속가능발전을 달성하기 위한 전략으로 녹색성장 정책은 충분하지 않다. 지속가능발전의 한 축인 사회적 발전을 동시에 달성하기 위한 사회발전 정책이

---

15) 이들 산업의 정의와 분류 방법에 대한 자세한 논의는 Kang(2011)과 정태용·강성진·정용운(2015) 참조

녹색성장 정책과 추가적으로 실시되어야 만 우리 인류가 달성하고자 하는 비전인 지속가능발전을 성공적으로 달성할 수 있다.

장기적 지속가능발전 전략 수립

한국 사회 또는 한반도 전체의 지속가능성을 염두에 둔 장기적인 관점에서의 정책 및 전략 수립의 방향을 설정하는 것이 필요하다. 예를 들어, 지속가능발전 이슈 중 환경의 지속성 문제에 관한 해결책을 모색함에 있어 문제의 특성상 여러 가지 요소를 고려해야 한다. 먼저 다루는 환경문제가 기후변화나 생물종다양성과 같은 지구차원의 문제거나, 각 국의 국내 대기오염문제이거나 전통적으로 환경문제는 공공재를 다루는 차원에서 그 해결책을 모색하여 왔고 앞으로도 기본적으로는 공공재적인 접근 방법에서 출발해야 한다. 그러나 공공재를 다루는 주체가 반드시 중앙정부를 포함하는 공공기관이어야만 하는가 하는 점을 잘 고려해야 한다.

유엔에서 이번 총회에서 채택한 새로운 글로벌 개발전략으로 발표한 지속가능발전목표Sustainable Development Goals:SDGs의 마지막 17번째 목표가 여러 문제를 다룸에 있어서 다양한 이해당사자들의 참여를 어떻게 활성화시키느냐 하는 것이다. 따라서 한국도 이 문제에 관한 중장기 전략 수립에 있어 가장 중요한 점은 어떻게 새롭게 각 이해관계자의 역할을 정립하고 이에 따라 한국적으로 해석한 지속가능발전 국가목표를 달성하는 시스템이나 체계를 만들어 나갈 것인가 하는 점이다. 즉, 지금까지와는 다른 거버넌스가 필요하다.

한국의 경제발전 경험은 정부주도의 다양한 정책의 수립과 효율적인 시행이 주된 성공 요인으로 파악된다. 한국은 경제를 먼저 성장시키고 환경문제를 나중에 많은 사회비용을 지불하고 해결한 사례로 되어 있다. 그러나 앞으로는 정부를 포함하여, 세계시장을 대상으로 전략을 수립하는 글로벌 경쟁력을 갖춘 민간 기업, 기존 전통적인 언론과 필요한 정보를 생산하고 발전시키는 새로운 형태의 매체, 각 자의 영역에서 자생적으로 활동을 하는 다양한 비정부기구 등이 제시하는 다양한 의견과 해결책을 국가가 효율적으로 담아낼 수 있는 시스템이 절대적으로 필요하다.

장기적 지속가능발전 기구 설립 필요

장기적인 문제를 전담하는 기구가 필요하다. 한국의 경제발전을 되돌아보면 매 5년마다 경제개발 5개년계획이 있었고 이를 통하여 장기적인 비전과 정책을 조정하고 발전시키는 과정이 있어 왔다. 그러나 언제부터인가 매 5년마다 정부가 바뀌면서 각 정부가 강조하는 정책만을 추구하다 장기적으로 추진해야 하는 정책과 전략, 사회적 합의 과정 등이 등한시 되어버린 상태에서 미래에 대한 장기적 비전의 제시와 시행이 어려운 정치, 경제, 사회 구조로 고착이 되어 버렸다.

현재 한국의 의사결정 구조를 보면 정부나 민간 기업의 의사결정자들이 장기적인 관점에서 의사결정을 하는 것이 어려운 구조로 변하였다. 정부와 민간의 각 기관의 유연성도 많이 부족한 상태가 되었다. 적어도 5년 단위의 정책방안이 아닌 보다 장기적인 관점에서 다루어야 할 지속가능발전과 관련된 많은 문제들을 집중적으로 다룰 전담기구가 필요하다. 이러한 장기적인 발전전략은 상황의 변화에 따라 수정과 조정이 가능하고, 탄력적이어야 하지만 적어도 장기적인 전략과 정책의 수립이 절대로 필요한 상황이다. 구체적으로는 중앙정부의 부처로 경제뿐만 아니라 사회, 환경 문제도 포괄적으로 정책을 수립할 수 있는 총괄부서로서 지속가능발전부 Ministry of Sustainable Development가 필요하다. 아니면 현재의 총리실의 정책조정 기능에 더하여 지속가능발전 측면에서 총괄적인 정책을 수립하는 것이 필요하다.

지금까지의 경험에 비추어 각 부처에서 수립한 부처별 정책을 추후에 조정하는 것이 현실적으로 더욱 어렵고, 정책 수립과 집행에 어려움이 있었다는 것을 알 수 있다. 따라서 선제적으로 포괄적인 접근을 통한 정책수립과 사전적인 정책조정을 전담하는 선임 부처를 신설하거나 이러한 기능을 담당할 부처나 조직이 기존 정부 조직 내에 필요하다. 정부 조직에서 장기적이고 복합적인 문제를 다루는 장기 국가전략 수립 및 집행 부처가 생긴다면 이를 뒷받침할 수 있는 미래전략 싱크탱크가 필요하다.

20세기 한국 경제발전에 큰 역할을 하였던 많은 국책연구기관들이 예전과 같이 장기적인 대안을 마련하거나 미래 한국의 장기적 정책 수립 과정에 효과적으로 참여하여 정책 수립에 기여하는 지 잘 알 수는 없다. 그러나 국책연구기관 뿐만 아니라 민간의 우수한 인력을 모두 활용하여 미래전략을 수립하고 주도하는 기능을 수행하는 기관을 설립하여 이를 담당하는 정부 부처를 적극 지원할 필요가 있다. 한국과 한반도의 지속가능성에 관한 장기적인 연구와 이러한 연구에 대한 실질적인 전략 수립이 필요한 시점이다.

국제사회의 지속가능발전에 장기적 기여 방안 마련

지금까지의 한국의 경제적 발전과 비추어 장기적인 관점에서 국제사회의 지속가능발전에 기여할 수 있는 방안을 모색하여야 한다. 지난 몇 년간 한국이 지속가능발전 분야에서 주도적 역할을 해 주기를 국제사회가 많이 기대하였다. 2차 세계대전 이후, 한국전쟁을 겪으면서 세계 최빈국에서 지금은 세계적으로 중요한 나라로 성장한 유일한 국가이기 때문에 우리의 경험과 지식에 대한 요구가 증대되어 왔다. 실제로 지난 정부와 이번 정부를 거치면서 지속가능발전 문제 해결을 위하여 한국은 국제사회에 실질적이고 구체적인 경험적 사례를 많이 제시하였고, 국제사회와 적극 공유하여 왔다. 그러나 앞으로는 이러한 지식과 경험을 공유하는 방법과 전략이 한 단계 올라서야 한다. 예를 들어, 지난 정부는 지속가능발전의 구체적인 추진 전략으로 녹색성장 정책의 수립과 집행과정에 관하여 세계적으로 그 논의를 주도하였고 많은 국제적인 노력을 기울였으며, 국제적으로 많은 관심을 받기도 하였다. 그러나 녹색성장의 방향성은 맞았지만 다루는 문제 자체가 글로벌한 지속가능발전의 틀 속에서 각 국의 상황에 따라 전략을 수립하는 문제였다. 그리고 그 성격상 장기적인 관점에서의 접근과 전략이 필요하였지만 앞서 지적한대로 장기적인 전략 방향의 설정이나 구체적인 정책 수립의 부재로 그 연속성을 유지하기 힘들었다. 즉, 선진국 대열에 진입한 한국이 국제사회에 기여할 수 있는 방안과 전략에 관하여서도 새로운 접근 방안이 모색되어야 한다.

그 중 하나의 중요한 국제적 의제가 지속가능발전의 문제이다. 한국이 원조공여국으로 지속가능발전 분야에서 행한 다양한 양자 또는 다자 형태의 지원과 프로그램에 관하여 면밀히 평가해야 할 시점이다. 2009년 한국이 공식적으로 OECD의 원조공여국이 되었다. 원조공여국으로서의 역사가 짧은 한국이지만, 국제적 상황이 빠르게 변하고 있고 지속가능발전목표와 같은 국제적인 새로운 공동의 목표가 설정되었기 때문에 기존의 서구 중심의 원조공여국의 모습이 아니라 앞으로 새롭게 참여하게 될 미래의 원조공여국들의 롤 모델이 될 수 있는 새로운 원조공여국의 위상을 정립하여야한다. 이를 위하여 국제적인 지속가능발전 문제를 다루는 기존의 한국 원조 관련 기관들의 기능과 역할에 관하여 재검토하고 이 문제를 효과적으로 다룰 수 있는 방향으로의 조정이 필요하다.

결론

본 연구는 온실가스 배출에 의한 기후변화와 화석연료 고갈에 대하여 지속가능한 경제성장을 위하여 우리가 대응해 나아가야 할 정책적 시사점을 도출하고자 하는데 목적이 있다.

먼저 한국의 고도성장 경험은 현재 많은 선진국들이 추진하고 있는 친환경적 경제성장 즉, 경제성장과 환경오염이 상호 디커플링 하는 발전 패턴을 따라가지 못하고 있다. 이러한 발전전략을 가지고는 앞으로 기후변화 대응을 위한 국제적 노력에 한국은 부응할 수도 없고 동시에 지속가능한 경제성장을 유지하기도 어려운 실정임을 인식하였다. 그리고 선진국 문턱에 진입하고 있는 한국의 현재 발전단계에서 보더라도 국제사회의 기후변화 대응에 능동적인 참여와 협력이 필요하다.

본 연구는 이러한 국제적 기후변화 대응에 능동적으로 대응하면서 한국이 지속가능한 경제성장을 달성하기 위한 몇 개의 정책적 제안을 제시하고 있다.

첫째, 친환경 경제성장 즉, 저탄소 사회로 진입하기 위하여 정부는 정책을 일관성 있고 효율적으로 실시할 수 있도록 하는 녹색 거버넌스를 구축하야 한다.

둘째, 화석연료 보조금으로 인하여 비정상적인 에너지 믹스 즉, 신재생 에너지 등 친환경적 에너지에 대한 투자가 상대적으로 작아져서 친환경적 경제성장 전략으로의 이전을 느리게 하는 문제를 제거해야 한다. 따라서 G20 등 국제사회에서 논의되고 있는 중기에 걸쳐 화석연료 보조금을 폐지하거나 합리화하자는 논의에 한국도 적극적으로 참여해야 한다.

셋째, 친환경적 경제성장이 에너지 집약적인 한국의 주력산업을 포기하라는 것은 아니다. 기술혁신과 산업구조 전환을 통하여 동일한 생산수준에서 온실가스 배출을 줄이려는 노력을 지속하여 기존산업의 녹색화를 추진한다면 이것이 바로 친환경적 경제성장이고 저탄소 사회로의 이전을 의미하는 것이다.

넷째, 친환경적 경제성장 즉, 녹색성장은 지속가능발전을 달성하는 전략임을 인식하여야 한다. 그러나 녹색성장 만으로는 지속가능발전을 달성할 수 없고 동시에 사회발전을 추진하는 전략이 동시에 실시되어야 한다.

다섯째, 지속가능발전을 달성하기 위한 장기 전략이 수립되어야 한다. 한국의 경우 정부 주도의 경제개발계획을 통한 경제성장을 달성하였다. 이제 더 나아가 경제성장과 환경 및 사회발전을 포함하는 지속가능발전을 달성하기 위한 장기 전략이 수립되어야 한다. 과거의 경제개발계획처럼 단기 정책으로는 지속가능발전을 달성할 수 없기 때문에 매우 장기적인 비전과 전략이 필요하다.

여섯째, 단기적인 경제개발계획 차원이 아닌 장기적인 지속가능발전 전략을 수립하기 위해서는 경제뿐만 아니라 사회 및 환경까지 책임지고 수행할 수 있는 지속가능발전부와 같은 중앙기구가 필요하다.

일곱째, 그 동안의 고도성장으로 이제 선진국 문턱에 진입하고 있는 한국은 이제 기후변화 등 글로벌 어젠더에 능동적인 참여가 필요하다. 특히 녹색성장 정책의 수립 및 이행 경험을 국제사회와 공유하려는 장기적인 기여방안을 충분히 논의해야 한다.

| 참고문헌 |

- 강성진, 2014, 『2014 경제발전경험모듈화사업: 녹색성장 경험과 교훈』, 기획재정부.
- 강성진, 2015, "저탄소 사회로 이전에 대한 도전과 기회," 기후변화 뉴스레터. Vol.312(2015.7.22.), 한국환경산업기술원.
- 관계부처합동, 2014, 『제2차 녹색성장 5개년 계획(요약본)』, 관계부처합동.
- 녹색성장위원회, 2009, 『녹색성장 5개년 계획』, 녹색성장위원회.
- 정웅태 이수현, 2014, "화석연료 보조금 감축 및 폐지에 대한 국제적 논의 동향 및 시사점," World Energy Market Insight Weekly, 제4-4호(2014.2.7.), 에너지경제연구원.
- 정태용, 2015, "지속가능발전을 위한 중·장기 환경정책방향," 한반도선진화재단, 세미나 발표자료.
- 정태용 강성진 정용운, 2015, "한국 기후변화산업의 국민 경제적 파급효과," 에너지경제연구, 제14권 제1호, pp.143-174.

- Frankfurt School-UNEP Collaborating Centre, 2015, Global Trends in Renewable Energy Investment 2015
- Granado J.A., D. Coady and R. Gillingham, 2010, "The Unequal Benefits of Fuel Subsidies: A Review of Evidence for Developing Countries", IMF Working Paper, WP/10/202.
- Kang, S.J., 2011, "Economic Spillover Effects of Green Industry," "Hypothetical Approach to Green Growth Policy's Spillover Effects," in Green Growth: Green Industry and Green Job, Seoul: NRCS and Daonad.
- Kang, S.J., 2012, "Further Steps to Achieve Sustainable Development through Green Economy," Proceeding of the AICESIS Side Event, AICESIS [International Association of Economic and Social Councils] and Similar Institutions Contribution to

the UN Conference RIO+20 on Sustainable Development, June 15, 2012, Rio de Janeiro, Brazil.
- Kang, S.J., 2015a, "Green Growth and Green Trade," mimeo.
- Kang, S.J., 2015b, "Green Growth and Sustainable Development in G20: Performance and Prospects," in The International Monetary System, Energy and Sustainable Development, New York: Routledge.
- Sakong, I., and Y.S. Koh (Eds.) 2010, The Korean Economy: Six Decades of Growth and Development, Seoul: Korea Development Institute.
- UNIDO and GGGI, 2015, Global Green Growth: Clean Energy Industrial Investments and Expanding Job Opportunities. Volume I: Overall Findings. Vienna and Seoul: UNIDO and GGGI.
- World Bank, 2012, Inclusive Green Growth: The Pathway to Sustainable Development, Washington, DC: World Bank.
- World Commission on Environment and Development, 1987, Our Common Future, New York: Oxford University Press.

지속가능 한반도를 위한 북한 핵무기의 효과적 억제 및 방어 전략

박휘락

한반도선진화재단 선진국방연구회장
국민대학교 교수

요약

군사력의 균형이 전제되지 않을 경우 군사력이 우세한 측은 무력으로 통일하고자하는 마음을 가질 것이고, 따라서 평화통일 논의에 응하지 않을 것이다. 한국의 경우 재래식 군사력에서는 질로서 북한에 대한 수적인 열세를 어느 정도 상쇄하였지만, 북한의 핵무기 개발로 군사력 균형이 붕괴되고 있다. 여건상 핵무기 개발이 쉽지 않다는 점에서 한국의 통일 논의를 위해서는 북한의 핵위협에 대한 효과적 억제와 방어가 필수적이다.

북한은 지금까지 3번의 핵무기 폭발 실험을 실시하였고, 그 결과 10개 정도의 핵무기를 개발하였으며, 2020년까지 100개를 보유할 수도 있다는 전망도 있다. 북한은 최근 잠수함발사 탄도미사일도 개발하고 있고, 대륙간탄도탄에 핵무기를 탑재하여 미국을 공격할 수 있는 능력을 과시하여 미국이 약속한대로 확장억제와 증원을 하지 못하도록 만든다는 구상이다.

이제 한국은 모든 국가적 과제 중에서 북한의 핵위협에 대한 대응을 가장 중요한 과제로 인식 및 해결하고자 노력하지 않을 수 없다. 6자회담을 비롯한 외교적 노력을 통하여 북한의 핵무기를 폐기시키는 노력을 계속하면서도 북한이 보유하고 있는 핵무기를 사용하지 못하도록 억제하거나 사용하더라도 방어할 수 있는 태세를 강구하는 데 중점을 두지 않을 수 없다.

한국의 바람직한 억제전략은 "연합 정밀억제전략"으로서, 미국의 대규모 핵전력을 최대한 활용하면서, 가용한 모든 노력과 자산을 정교하게 사용함으로써 한계를 극복하는 것이어야 한다. 북한이 핵무기로 공격할 경우 한국은 북한 지도부들을 '정밀공격'할 수 있는 능력을 구비하고, 북한이 핵무기를 발사하고자 할 경우 이를 사전에 발견하여 한국의 공군이나 미사일로 '정밀타격'하여 파괴시켜야 하며, 그래도 북한이 핵미사일을 발사했을 경우 요격미사일로 이를 정확하게 '직격파괴'해야 한다.

나아가 한국은 최악의 상황을 가정한 핵민방위와 북한의 핵무기를 사전에 타격하는 예방타격의 가능성도 검토할 필요가 있고, 이로써 어떤 위협에 대해서도 국민들의 생명과 재산은 보호한다는 국가의 사명을 보장해야 한다.

서론

한국이 남북한의 평화적 통일을 논의하고자 한다면 우선 남북한 군사력의 균형을 달성 또는 유지해야 한다. 군사력의 균형이 무너질 경우 우세한 쪽이 무력으로 통일하고자하는 마음을 가지면서 평화통일 논의에 응하지 않을 것이기 때문이다. 그 동안의 지속적인 노력을 통하여 한국은 재래식 전력에서는 북한과 어느 정도의 군사적 균형을 이룩하였다고 볼 수 있지만, 최근 북한이 핵무기를 개발한 상태라서 새로운 차원에서의 군사력 균형에 노력을 기울여야만 하는 상황이다.

핵무기에 대한 군사력 균형을 달성 또는 유지하기 위한 합리적인 방법은 한국이 핵무기를 개발하여 핵무기에서의 균형을 달성하는 것이다. 그러나 핵무기 확산을 금지하는 국제적 제도와 여론을 감안할 때 한국이 심각한 국제적 고립을 감수하지 않는 한 핵무기를 개발하는 것이 쉽지 않다. 결국 한국은 외교적 노력을 통하여 북한이 개발한 핵무기를 폐기하는 방향으로 노력하면서, 동맹국인 미국의 핵무기를 활용하여 한반도의 핵무기 균형을 유지하지 않을 수 없다. 동시에 어떤 예상치 못할 요소에 의하여 북한의 핵무기가 사용될 수도 있다는 점을 고려하여 나름대로의 방어책도 강구하지 않을 수 없다.

결국 북한의 핵무기에 대한 억제 및 방어책 마련은 어떤 상황에서라도 국민들의 생명과 재산을 보호해야 한다는 국가 본연의 사명도 완수하면서 조국의 평화적 통일에도 기여하는 핵심적인 과제라고 할 것이다.

북한 핵무기 위협의 수준 평가

북한은 지금까지 3번에 걸쳐 핵무기 폭발 실험을 실시하였다. 2006년 10월 9일의 제1차, 2009년 5월 25일의 제2차, 그리고 2013년 2월 12의 제3차 실험이 그것이다. 특히 제3차 핵실험을 통하여 북한은 핵무기 제조에 성공한 것은 물론이고, 이것을 탄도미사일에 탑재하여 공격할 수 있을 정도로 "소형화 경량화"하는 데도 성공하였다고 발표하였으며, 핵무기 사용에 관한 법률까지 제정하여 최종 명령권자와 공격의 대상까지도 명시한 상태이다.

북한이 지금까지 개발한 핵무기의 수와 질에 대한 정확한 정보는 확보하지 못하고 있는 상태이다. 다만, 북한이 그동안 추출한 플루토늄 양을 계산하여 추정하는데, 대체적으로 40-50kg을 확보한 것으로 평가하고 있고, 한국 국방부에서는 40여 kg을 추출하였을 것으로 추정하고 있다.[1] 그리고 한 개의 플루토늄 핵무기를 제조하는 데 최소한 6kg 정도의 플루토

---

1) 국방부, 『2014 국방백서』(서울: 국방부, 2014), p. 28.

늄이 소요된다는 지식에 근거하여 북한이 10개 이하의 핵무기를 만들었을 거라고 판단하는 것이다. 다만, 북한이 영변의 5MWe 원자로를 재가동한다는 정보도 존재하고, 100MW급(25-30MWe)의 경수로도 추가로 건설 중이라서 플루토늄을 추가로 추출하여 핵무기를 증대시킬 가능성도 배제할 수는 없다.

더욱 중요한 것은 북한이 우라늄을 농축하여, 즉 고농축 우라늄 HEU:Highly Enriched Uranium을 사용하여 핵무기를 제조하는 데 성공하였을 가능성이다. 북한은 2010년 11월 미국의 핵과학자들에게 2,000기 정도로 추정되는 원심분리기를 구비한 우라늄 농축 공장을 공개한 적도 있고, 다른 지역에 추가적인 공장을 보유하고 있을 수도 있다. 특히 북한은 다량의 천연 우라늄을 보유한 국가라서 우라늄 농축에만 성공할 경우 상당한 양의 핵무기를 제조할 수 있다. 고농축 우라늄만 있으면 핵무기 제조는 실험이 필요하지 않을 정도로 용이하다는 점에서 다수의 학자들은 북한이 이미 농축우라늄으로 핵무기를 제조하였을 것으로 판단하고 있다. 미국의 핵과학자이면서 북한의 핵무기 개발을 집중적으로 연구하고 있는 헤커 Sigefried Hecker 박사는 2015년 1월 북한이 플루토늄 핵무기 6개와 우라늄 핵무기 6개로 12개를 보유하고 있다고 주장하였다.[2] 또한 물리학자이면서 북한 핵무기에 대한 전문가인 올브라이트 David Albright 역시 현재 북한이 우라늄 핵폭탄을 포함하여 10-16개의 핵무기를 보유하고 있을 뿐만 아니라 하下, 중中, 상上의 세가지 시나리오에 근거하여 2020년에는 하 20개, 중 50개, 상 100개 까

---

2) Siegfried S. Hecker, "The real threat from North Korean is the nuclear arsenal built over the last decade," Bulletin of the Atomic Scientists (January 7, 2015).

지 증대시킬 수 있을 것으로 분석하고 있다.³ 중국의 북한 전문가들은 이보다 더욱 심각하게 판단하여 북한이 현재 20개의 핵무기를 보유하고 있고, 2016년에는 40개 까지 강화시킬 수 있다고 주장한 바도 있다.⁴ 북한은 남한이 판단하고 있는 것보다 훨씬 빠르게 핵무기를 증강하고 있다고 평가하지 않을 수 없다.

북한의 핵위협과 관련하여 주목해야할 사항은 탄도미사일에 탑재할 정도로 핵무기를 소형화하는 데 성공하였느냐 여부이다. 현대의 기술로는 공격해오는 핵미사일을 공중에서 완벽하게 요격邀擊,intercept하는 것이 어려워 북한이 이에 성공하였을 경우 한국은 무방비로 노출되는 상태가 되기 때문이다. 이 경우 북한이 대포동 2호와 같은 장거리 탄도미사일에 핵탄두를 장착하고자 한다면 중량을 500kg 이하로 줄여야 하지만, 300km 사거리 정도의 단거리 스커드-B 탄도미사일의 경우 미사일의 탑재중량이 1t 정도로 커서⁵ 조금만 소형화해도 미사일에 탑재하여 발사할 수 있다. 북한이 1차 핵실험 실시 후 지금까지 10년 정도가 경과된 상태이고, 제3차 핵실험 후 북한이 소형화와 경량화에 성공하였다고 발표한 점, 외국정보기관의 분석 결과, 그 외 수집된 다양한 정보를 기초로 판단할 때 북한은 상당할 정도로 핵무기의 "소형화 경량화"에 성공한 것으로 판단되고, 그렇

---

3) David, Albright, "Future Directions in the DPRK's Nuclear Weapons Program: Three Scenarios for 2020," North Korea's Nuclear Futures Series (U.S.-Korea Institute at SAIS, 2015), pp. 19-30.

4) Wall Street Journal, April 22, 2015.

5) 국방부, 『2014 국방백서』, p. 241.

다면 미사일에 탑재하여 공격할 수 있는 능력을 구비하였다고 봐야 한다.[6]

실제로 북한은 스커드 미사일 600기 이상, 노동 미사일 200기 이상 등 1,000기 정도의 다양한 미사일을 보유하고 있고,[7] 대부분의 경우 핵탄두를 장착할 수 있다. 탄두중량의 경우 스커드-B(사거리 300km)가 1t, 스커드-C(사거리 500km)가 0.7t, 노동(사거리 1,300km)이 0.7t, 무수단(사거리 3,000km 이상)이 0.65t이기 때문에,[8] 한국을 공격할 정도로 소형화하는 것은 북한에게 크게 어려운 과업이 아닐 수 있다. 또한 북한은 미사일의 이동식 발사대TEL:Transporter Erector Launcher도 200대 이상 보유하고 있어[9] 탐지되지 않은 상태에서 이동하면서 기습적으로 공격할 수도 있다. 나아가 북한은 최근 잠수함발사 탄도미사일SLBM:Submarine Launched Ballistic Missile의 개발에도 착수하였다고 발표하였는 바,[10] 이것에 성공한다면 북한은 잠수함에서 핵미사일을 발사할 수 있고, 그렇게 되면 일본이나 미국의 일부를 핵미사일로 공격할 능력도 보유하게 된다.

---

6) Ibid., p. 28.

7) 2012년과 2014년 국방백서에서는 숫자가 제시되어 있지 않고, 2010년과 2008년 국방백서에서는 스커드 600발, 노동 미사일 200발 등 800여기로 동일한 숫자를 제시하고 있다. 2008년 이후 북한이 어느 정도의 미사일을 생산하였다고 판단하여 1,000기 정도로 추산하였다. 국방부, 「2010 국방백서」(서울: 국방부, 2010), p. 282.

8) 국방부,「2014 국방백서」, p. 241.

9) Department of Defense, Military and Security Developments Involving the Democratic People's Republic of Korea (Washington D.C.: DoD, 2013), p. 15.

10) 「조선일보」(2015년 5월 11일), p. A3.

북한은 앞으로 영변 핵발전소를 재가동하여 추가적인 플루토늄을 추출하거나 우라늄 농축을 통하여 보유 핵무기의 숫자를 지속적으로 증대시킬 것으로 판단된다. 또한 '증폭핵분열탄 boosted fission bomb'을 제조할 가능성도 배제할 수 없다. 이것은 삼중수소를 사용한 소규모의 핵융합을 통해 다량의 중성자를 일시에 공급함으로써 핵분열 연쇄반응의 효과를 높여 위력을 2~5배 증대시키는 것으로서, 소형 및 경량의 핵무기를 유지하면서도 위력만 증대시킬 수 있다는 장점이 있다. 북한에는 리튬이 상당할 정도로 매장되어 있고, 이로써 증폭핵분열탄에 필요한 리튬6을 분리할 수 있을 것이며, 영변의 5MWe 흑연감속로를 활용하여 리튬6에 중성자를 조사하여 증폭핵분열탄 제조에 필수적인 삼중수소를 생산해낼 수 있다.[11]

북한은 미국 본토를 핵미사일로 위협할 수 있는 전략무기 수준의 핵무기를 보유하는 데 상당한 노력을 기울이고 있다. 그렇게 되어야 유사시 미국의 한반도 증원을 근본적으로 차단할 수 있다고 믿고 있기 때문이다. 2012년에 은하 3호를 통하여 10,000km 정도의 비행능력은 과시하였지만, 가장 어려운 단계일 수 있는 대기권 재돌입 능력은 보여주지 못하였다. 북한이 평안북도 동창리의 미사일 발사대 크기를 확대한 것에서 알 수 있듯이 북한은 대기권 재돌입을 비롯한 대륙간탄도미사일 능력을 확보하는 데 최우선적인 관심을 두고 있고, 지속적인 시험발사를 통하여 그 성능을 향상시킬 것이다. 또한 현재 노력하고 있듯이 잠수함발사 탄도미사일을 확보하여 역시 미국이 확장억제와 증원을 약속대로 이행하지 못하도록 협박하고자 하는 의도를 지니고 있다고 판단된다.

---

11) 정영태 외, 『북한의 핵전략과 한국의 대응전략』(서울: 통일연구원, 2014). pp. 27-36.

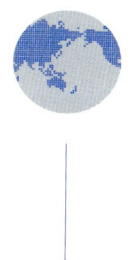

북한 핵무기 사용가능성과 예상 피해

상당수 국민들은 동일민족이라는 점으로 인하여 북한이 아무리 절박한 상황이라도 하더라도 핵무기를 사용하지 않을 거라고 생각한다. 또한 미국의 대규모 핵보복이 가해지면 북한의 체제는 물론 국가도 멸망할 수 있다는 것을 아는 북한의 지도자들이 핵무기 공격을 결심하는 것은 쉽지 않다고 생각한다. 당연히 북한의 지도자들에게도 핵무기 사용 결정은 손쉽게 내릴 수 있는 사안은 아니다.

그러나 북한은 이미 6·25전쟁을 통하여 동족에게 총부리를 겨눈 적도 있고, 그 동안 다양한 도발을 감행해왔다. 북한 정권이 합리적으로 판단할 것이라는 전제에 근거하여 미국의 보복을 두려워할 것으로 추정하지만, 지금까지 보여온 북한 지도부의 대외 및 대내 행태는 합리성과는 상당한 거리가 있다. 북한의 핵무기는 자체 방어나 협박을 위한 의도일 뿐 공격용은 아니라고 말할 수도 있지만, 의도는 금방 바뀔 수 있다. 한반도 적화통일이라는 북한 정권의 목표가 변하지 않았다고 한다면[12] 당연히 북한은 핵무기를 "당 규약에서 규정한 한반도에서의 공산혁명 과업의 달성 및 대남 위협 수단"의 하나로 인식할 것이다.[13]

2013년 3월 27일 북한은 인민군최고사령부 명의의 성명을 통하여 전략로켓트군과 야전포병군을 "1호 전투근무태세"로 진입시켰다고 발표하면서 "강력한 핵 선제 타격이 포함된 것"이라고 주장한 적이 있고,[14] 2014년 11월에도 유엔에서 대북인권 결의안이 통과되자 "핵전쟁 터지면 청와대 안전하겠나"라고 협박한 적이 있다.[15] 북한이 2013년 4월 1일 채택한 "자위적 핵보유국의 지위를 더욱 공고히 할 데 대한 법" 제 5조에서 "적대적인 핵보유국과 야합해 우리 공화국을 반대하는 침략이나 공격행위에 가담하지 않는 한 비핵국가들에 대하여 핵무기를 사용하거나 핵무기로 위협하지 않는다"라고 밝히고 있는데,[16] 이것을 역으로 해석하면 "적대적인 핵보유국"인 미국과 그에 "야합"하는 한국에 대해서는 핵무기를 사용할 수도 있다는 내용이 된다.

---

12) 북한은 무력에 의한 공산화통일을 전쟁의 목적으로 여긴다. 북한에게 전쟁은 노동당의 최종목표인 "한반도의 전국적 범위에서 공산주의 사회를 건설"하기 위한 하나의 수단이다. 북한정권은 한국을 미 제국주의의 식민지배에서 해방시킨다는 차원에서 정의의 전쟁이자 민족해방전쟁이라고 호도하여 왔다.

13) 함형필, "북한의 핵전략 구상과 전략적 딜레마 고찰," 「국방정책연구」, 제25권 2호(2009년 여름). pp. 98-99.

14) 유용원 · 전현석, "한국만으론 北核방어 못하는 '불편한 진실' 첫 공론화 벨 前사령관," 「조선일보」(2013년 4월 22일), p. A3.

15) 최재혁, "北 '핵전쟁 터지면 청와대 안전하겠나' 협박," 「조선일보」(2014년 11월 24일), p. A1.

16) 권태영 외, 「북한 핵 미사일 위협과 대응」(서울: 북코리아, 2014), p.196.

상상하기조차 싫은 일이지만, 핵무기는 사용될 수 있고, 폭발하면 대규모의 폭풍blast, 열heat, 방사선radiation이 발생하여 다수의 인명과 시설을 살상 및 파괴시킨다.[17] 199년대에 미 국방부에서 모의실험한 결과로 알려진 바에 의하면, 1945년 일본 히로시마나 나가사키에 투하된 동일한 위력의 핵폭탄이 동일한 형태(지상 500미터 공중폭발)로 폭발할 경우 서울은 인구밀도가 높아서 6배 정도 많은 사상자가 예상된다고 분석하고 있다. 지면에서 폭발할 경우에는 10배가 넘은 사상자가 발생하고 전 국토가 오염될 것으로 분석하고 있다. 즉 15kt의 핵무기가 서울 500미터 상공에서 발생하면 62만 명의 사상자, 100미터 상공이면 84만 명의 사상자, 지면폭발이면 125만 명의 사상자가 발생한다는 분석이다.[18]

한국 국방연구원에서도 독자적 시뮬레이션을 통하여 핵무기 폭발 시의 피해를 판단해본 적이 있다. "통상적인 기상조건 하에서 서울을 대상으로 20kt급 핵무기가 지면폭발 방식으로 사용된다면 24시간 이내 90만 명이 사망하고, 136만 명이 부상하며 시간이 경과할수록 낙진 등으로 사망자가 증가한다. 100kt의 경우 인구의 절반인 580만 명이 사망하거나 다친다. 용산 상공 300m에서 20kt급 핵무기가 폭발하는 경우 30일 이내에 49만 명이 사망하면서 48만 명이 부상당할 것이고, 100kt급 핵무기를 300m 상공

---

17) 이 외에 전자기파(EMP: Electromagnetic Pulse)가 발생하여 전기 및 전자기기들을 무력화시키기도 하고, 그 피해도 적지는 않지만, 인명살상과는 관련이 적다는 측면에서는 큰 비중을 부여하기는 곤란하다.

18) Matthew G. McKinzie & Thomas Cochran, " "Nuclear Use Scenarios on the Korean Peninsula," Natural Resources Defense Council, prepared for the Seminar on International Security Nanjing, China (October 12-15, 2004). at: http://docs.nrdc.org/nuclear/files/nuc_04101201a_239.pdf (검색일: 2015년 9월 10일).

에서 폭발시키는 경우 180만 명이 사망하고 110만명이 부상당할 것으로 예상된다"[19]라는 결과를 제시하고 있다.

이렇게 볼 때 핵무기가 사용될 경우 대량살상이 예상되는 것은 물론이고, 국토가 오염되어 민족의 생활터전 자체가 보장되지 않을 가능성이 높다. 이와 같이 치명적인 무기이기 때문에 북한이 쉽게 사용을 결심할 수는 없겠지만, 그 가능성을 전혀 배제할 수 없는 것도 사실이다. 국방은 최악의 상황에 대비하는 것이라고 한다면, 한국은 북한 핵무기의 사용 가능성까지도 염두에 두어 대비책을 강구해야 한다.

---

19) 김태우, "북한 핵실험과 확대억제 강화의 필요성," 백승주 외, 『한국의 안보와 국방』(서울: 한국국방연구원, 2010), p.319.

한국의 대응태세 평가

지금까지 한국은 어려운 여건 속에서도 나름대로 북한의 핵위협에 대응해왔다. 다만, 6자회담을 통한 외교적 비핵화에 치중함에 따라서 억제와 방어라는 국가전략적이거나 군사전략적인 노력은 소홀히해온 점이 있다. 한국의 현 대응태세를 간략하게 평가해보면 다음과 같다.

외교적 비핵화

북한의 핵무기 위협에 대한 대응에서 한국이 처음부터 가장 높은 비중을 두었고, 아직도 상당한 노력을 기울이고 있는 것은 외교적 노력을 통한 비핵화로서, 미국, 중국, 일본, 러시아, 한국, 북한으로 구성된 6자회담을 핵심적인 수단으로 삼고 있다. 6자회담은 2003년부터 베이징에서 개최되었고, 2005년 '9·19 합의'에서 북한의 비핵화 약속을 이끌어내기도 하였으나 현재는 개최 자체가 불투명할 정도로 기능을 상실하고 있다.

6자회담의 경우 북한의 핵무기에 대한 각자의 정책방향을 명확하게 정리하지 못한 6개 국가들이 다른 5개 국가와 타협해 나가야하는 중층적 네트워크라서 실질적인 성과를 달성하기는 쉽지 않은 구조인 것이 사실이다.[20] 6자회담을 통하여 해결하고자 하는 과제가 북한의 핵무기를 폐기하도록 하는 것인데, 6자회담의 회원국 중의 하나가 북한이라서 회담개최부터 북한의 동의가 있어야 하고, 따라서 6자회담은 개최 자체가 어렵다. 6자회담을 주도하고 있는 국가는 중국인데, 중국의 경우 비핵화에 대한 의지도 불분명하고, 북한에 대한 영향력도 기대만큼 높지 않은 것으로 드러난 상태이다. 한국의 입장에서도 6자회담은 미국과 중국이 주도하는 형국이어서 독자적인 입장을 반영하기가 어렵다는 한계가 있다.

따라서 한때 6자회담을 통하여 비핵화가 가능할 것으로 기대되기도 하였으나 결국 북한에게 핵무기 개발을 위한 시간을 제공하거나 관련국가들에게 북한의 핵무기 개발에 관하여 어떤 조치를 하고 있다는 구실만 제공한 채 북한의 핵무기 개발을 방치해온 셈이 되고 말았다. 한국은 북한의 핵무기 폐기라는 소망이 커서 6자회담에 지나치게 의존함으로써 다른 억제책과 방어책 마련에 필요한 노력을 분산시킨 결과가 되었다.

---

20) 전재성, "네트워크 이론의 관점에서 본 북핵 문제와 6자 회담," 「국제문제연구」, 제14권 2호(2014), p. 84-86.

억제태세

억제deterrence[21]는 상대방에게 시도해도 성공할 수 없거나deterrence by denial 성공하더라도 기대되는 이익보다 더욱 큰 피해를 입을 것deterrence by punishment 이라는 사실을 인식하도록 하여 상대방으로 하여금 공격을 자제하도록 하는 활동이다. 억제는 통상적인 방어나 공격과는 달리 힘이 사용되는 것이 아니라, 힘이나 힘의 사용으로 위협함으로서 상대방이 행동을 하지 못하도록 하는 "강압적 전략"coercive strategy이다.[22] 너무나 심각한 피해가 예상되는 핵전쟁에서는 승패 자체가 의미가 적기 때문에 핵무기는 사용되지 않도록 하는 것이 무엇보다 중요하고, 이러한 점에서 핵전략은 바로 억제전략으로 인식되어 왔다.

통상적인 핵전쟁의 억제는 상대방에게 얻는 것보다 더욱 큰 피해를 끼치겠다는 응징보복을 통한 억제이다. 다만, 핵무기를 보유하고 있지 않은 한국으로서는 북한이 핵무기로 공격할 경우 더욱 큰 손해를 끼친다는 것이 사실상 불가능하기 때문에 결국 동맹국인 미국의 응징보복력을 활용할 수밖에 없다. 첨단 재래식 무기로도 어느 정도의 피해는 끼칠 수 있지만, 북한의 핵무기에 의한 피해보다 더욱 큰 피해를 끼칠 수는 없기 때문이다.

---

21) 현재 한국 언론 및 학계에서는 deterrence를 "억지"(抑止)라고 번역하여 사용하지만, 이것은 일본에서 차용된 용어이고, '억지'를 부린다라고 이해할 수도 있으며, 핵과 관련한 경우 이외에는 사용하지 않는다는 점에서 보편성이 낮다. 실제로 deterrence는 핵전쟁과 관련하여 새롭게 만들어진 용어가 아니라 범죄억제에서 사용되던 용어를 사용한 것이다. deterrence by punishment, deterrence by punishment의 용어가 바로 그것이다. 국방부에서는 억제라는 용어를 사용하면서 적극성을 강조하고 있다. 따라서 본 연구에서도 국방부의 억제로 사용하고자 한다.

22) Lawrence Freedman, Deterrence (Cambridge, Polity Press, 2004), p. 26.

그래서 한국은 '핵우산nuclear umbrella' 또는 '확장억제extended deterrence'라는 용어를 통하여[23] 북한이 핵무기로 공격할 경우 미국의 대규모 핵응징보복이 있을 것이라는 점을 북한에게 인식시키고 있고, 이로써 북한이 핵무기 공격을 자제하고 있다고 믿고 있다.

다만, 미국에 의한 핵우산이나 확장억제는 그 신뢰성을 확신하기 어렵다는 단점이 있다. 자국의 능력이 아니라 동맹국의 능력에 의존하는 방식이기 때문이다. 그렇기 때문에 한국에서는 "찢어진 우산"이라는 표현을 통하여 미국의 확장억제에 대한 회의론이 계속 제기되었고, 따라서 자체적인 핵무장을 해야 한다는 논리로 연결되기도 하였다. 미국의 입장에서 볼 때 북한이 핵무기를 사용하였기 때문에 어쩔 수 없이 그 응징으로 핵무기를 사용하는 것이지만, 핵전쟁을 시작하는 것을 동일하다는 점에서 상당한 정치적 부담이 되지 않을 수 없고, 대규모 살상이 수반된다는 점에서 도덕적으로 정당하다고 평가하는 것이 어려울 수 있다. 현실적으로도 미국이 북한에 대하여 대규모 핵응징보복을 감행할 경우 인접하고 있는 중국이 좌시할 것이라고 확신하기 어렵고, 중국이 개입할 경우 중국과의 핵전쟁 가능성도 배제할 수 없다.

이러한 우려가 있기 때문에 한국은 미국에게 확장억제가 지켜지도록 하기 위한 다양한 조치를 계속 요구하고 있고, 한미 양국은 그러한 차원에

---

23) 확장억제는 동맹관계에 관한 일반적인 용어로서 내가 공격을 받을 경우 엄청난 보복을 가하겠다는 약속을 동맹국까지 확대하는 개념이다. 핵우산은 확장억제의 한 형태이면서 핵의 사용을 전제로 하는 용어이다. 전통적으로 미국이 한국에 대하여 핵우산이라는 용어를 사용하다가 최근에 확장억제로 용어를 교체하였는데, 이것은 비핵무기도 사용하겠다는 것이기는 하지만, 다른 한편으로는 핵무기를 통한 보복은 자제하겠다는 의도가 반영된 것이라서 억제효과가 떨어질 수 있다.

서 노력하고 있다. 이전에는 "한미확장억제 정책위원회"를 운영하여 확장억제를 위한 양국 군대 간에 필요한 조치들을 협력하였으나 2015년 4월 한미 양국은 이를 "한 · 미 억제전략위원회Deterrence Strategy Committee"로 격상시켰고, 방어Defend · 탐지Detect · 교란Disrupt · 파괴Destroy를 말하는 '4D'의 개념을 작전 계획 수준으로 구체화하기로 하였다.[24] 그럼에도 불구하고 6 · 25전쟁 때 북한이 미국이 개입하지 않을 것이라고 오판하여 전쟁을 발발하였을 때와 같은 경우는 여전히 발생할 수 있다.

방어태세

북한의 핵위협에 대한 한국의 방어에서 가장 안전한 방법은 공격해오는 핵미사일을 공중에서 요격하는 것, 즉 탄도미사일 방어(BMD: Ballistic Missile Defense)이다. 그러나 이것은 고도의 기술과 대규모 투자를 필요로 하는 쉽지 않은 과제이고, 한국의 경우 반미감정에 편승한 일부 인사들이 지속적으로 반대하여 제대로 추진하지 못해온 점이 있다. "한국의 미사일 방어=미국 MD 참여"라는 일부지식인들의 주장[25]에 휘둘려 하층방어lower-tier defense 위주로만 소위 "한국형 미사일방어체제"KAMD: Korea Air and Missile Defense 개념을 수립하게 되었다. 그러나 현 탄도미사일 요격기술의 미흡함으로 인하여 중층重層 방어multi-layered defense가 필수적인 상태라서 KAMD는 개념 자체로도 한계가 있고, 이마저도 공격해오는 상대의 핵미사일을 직접 타격하여 파괴시키는

---

24) 『조선일보』(2014. 4. 27), p. A1.

25) 정욱식, 『미사일 방어체제(MD)』 (서울: 살림, 2003).

'직격파괴'直擊破壞, hit-to-kill 능력을 구비한 요격미사일을 확보하지 못하여 실질적인 방어능력은 매우 제한적이다. 또한 지리적으로도 한국은 북한과 인접하여 방어를 위한 시간과 공간이 무척 제한되는 측면도 있다.

최근에 한국은 KAMD를 조기경보체계, 지휘통제체계, 요격체계로 구분하여 체계적으로 추진해 나가고 있다.[26] 조기경보체계로는 2012년 이스라엘로부터 구입한 그린파인 레이더가 있고, 작전통제소도 2012년 구축하였다. 요격체계의 경우에도 PAC-3 요격미사일을 136기를 구입하는 것으로 결정한 상태이다. 다만, PAC-3 요격미사일이 확보되더라도 15km 고도에서 1회 요격할 뿐이라서 방어충분성이 높지 않다는 문제점이 있다. 그래서 한국군은 2020년 중반까지 중거리 및 장거리 지상 요격미사일을 자체적으로 개발하여 중첩성을 강화한다는 계획이지만,[27] 10여년을 더 기다려야 한다는 문제점이 있다. 주한미군이 자신의 방어를 위하여 사드THAAD: Terminal High Altitude Area Defense를 배치하겠다는 입장을 발표하자 한민구 국방장관이 "북한 핵 미사일 위협에 대비한 가용 수단이 제한되는데 사드를 배치하면 우리 안보와 국방에 도움이 될 것"이라고 밝힌 것도[28] 상황이 이러하기 때문이다.

한국은 탄도미사일 방어능력이 미흡하기 때문에 상대방의 탄도미사일 공격이 임박할 때 공군기 등으로 미리 공격하여 지상에서 파괴하는 선제타격preemptive strike에 대한 의존도를 높일 수밖에 없다. 한국군은 현재 '킬 체인kill

---

26) Ibid., p. 59.

27) Ibid., p. 59.

28) 『조선일보』(2014. 10. 8), p. A5.

chain'이라는 용어로 "탐지(1분) → 식별(1분) → 결심(3분) → 타격(25분)"을 30분 내에 완료한다는 목표로 노력하고 있다.[29] 특히 이러한 킬 체인의 완성에는 정보력이 결정적이기 때문에 고고도 무인정찰기인 글로벌 호크Global Hawk를 도입하면서 중·장기적으로 정찰위성을 확보하고, 타격 능력에서도 현 지대지 미사일의 성능을 향상시키면서 첨단의 다양한 공대지유도탄을 확보하여 전투기에서 원거리 정밀타격이 가능하도록 하며, 잠수함이나 함정으로부터의 정밀타격능력도 증강한다는 구상이다.[30] 또한 선제타격의 경우 선공 先攻, 먼저 공격하는 것으로 인식하여 거부감을 갖는 국민들이 적지 않아 시행을 결정하는 것 자체가 쉽지 않다. 미군과 협력할 경우 성공의 가능성은 높아지지만, 결행 여부와 시기를 제약받을 수 있다고 할 것이다.

탄도미사일 방어나 선제타격이 충분하지 않을 경우 한국은 핵공격을 받더라도 피해를 최소화할 수 있는 조치, 즉 핵민방위nuclear civil defense를 강구해야 한다. 또한 그러한 태세를 북한에게 강조함으로써 북한이 공격할 의도를 약화시킬 수도 있다. 한국이 충분한 핵대피 조치를 강구하고 있을 경우 북한은 공격해도 얻을 것이 없고, 한국이 어떠한 대가를 치루더라도 보복하겠다는 자세임을 확인함에 따라 공격을 자제할 것이기 때문이다. 다만, 한국의 경우 외형적으로는 3백 70만명 정도의 민방위대원을 보유하고 있어서 상당한 역량을 갖추고 있는 것으로 보이지만, 실제로는 훈련시간이나 빈도도 계속 줄어들었고, 훈련중점도 방재훈련 쪽으로 전환되고 있

---

29) 권혁철, "북핵 위협에 대비한 한국형 킬 체인의 유용성에 관한 연구, 『정책연구』 제(178)호 (2013), p. 38.

30) 국방부, 『2014 국방백서』, p. 58.

는 추세이다.[31] 핵민방위의 경우에는 아직 그 필요성에 대한 공감대 형성은 물론이고 논의 자체도 기피되고 있는 실정이다.

---

31) 정수성, 『2011 국정감사 자료집 II: 민방위 훈련의 내실화 방안』 (2011), p. 15.

한국의 기본 대응전략

이제 한국은 북한의 핵위협에 대한 대응을 국가적 과제 중에서 가장 중요한 과제로 인식하고, 해결에 모든 국력을 결집하여야 한다. 북한의 핵무기가 사용된다고 할 경우 대규모 국민들이 살상을 당할 뿐만 아니라 상당한 면적의 국토가 불모지대 不毛地帶로 변모할 것이고, 극단적인 상황에서는 민족의 유일한 생활터전인 한반도가 거주 불가능한 상태가 될 수 있다.

당연히 한국은 6자회담을 비롯한 외교적 노력을 통하여 북한의 핵무기를 폐기시키는 노력을 포기할 수는 없다. 이것은 평화적인 방법이고, 가장 비용이 적게 드는 방법이기 때문이다. 그러나 지금까지의 경험으로 봤을 때 북한의 핵무기 개발도 저지하지 못한 6자회담이 개발된 핵무기를 폐기하는 데 성공할 수 있다고 보기는 어렵다. 결국 한국은 북한이 보유하고 있는 핵무기를 사용하지 못하도록 억제하거나 사용하더라도 방어할 수 있는 태세를 강구하는 데 중점을 두지 않을 수 없다.

이를 위하여 가장 중요한 것은 북한의 핵억제 및 방어에 관한 한국 나름의 전략개념을 정립하는 것이다. 그래야 모든 국민들이 공감대를 갖고 국가의 핵전략을 이해할 것이고, 공무원이나 군인들도 동일한 방향으로 노력할 것이기 때문이다. 한국군에서 최근 '능동적 억제전략'이나 '적극적 억제전력 확보'라는 용어를 사용하는 것도 그러한 맥락이다. 다만, '능동적'이거나 '적극적'이라는 용어는 의지나 태도의 강화는 암시하지만 억제를 위한 방법론은 제시하지 못하는 단점이 있고, 국민들에게 그 내용이 무엇인지를 알리기 어려운 단점이 있다.

한국의 핵억제전략으로는 "연합 정밀억제전략"을 채택하는 방안을 고려할 필요가 있다. 내용상으로는 방어도 포함되지만 명분상으로는 억제가 중요하다는 점에서 억제가 강조되는 것이 중요하고, 무엇보다 미국과의 "연합"을 중요시하여야 한다. 현실적으로 한국이 핵무기를 개발하는 것은 어려워 미국의 대규모 핵전력을 활용하는 수밖에 없기 때문이다. 다행히 한국은 세계 최강의 핵전력과 군사력을 보유하고 있는 미국과 동맹관계이다. 따라서 북한의 핵위협이 존재하는 상태에서 한미동맹은 한국에게 핵위협으로부터 국가의 생존을 보장할 수 있는 유일한 방안이라고 할 것이다.

"정밀억제"라는 것은 연합 또는 한국 스스로 북한의 핵위협을 억제하거나 방어하는 능력을 갖출 때의 방향이다. '정밀'이라는 단어는 북한의 핵위협에 대응하기 위해서는 모든 노력과 자산을 정교하게 사용함으로써 한계를 극복해야 한다는 내용을 암시한다. 동시에 "정밀"이라는 용어는 북한의 핵무기에 대한 한국군의 구체적인 대응방법과 대비방향을 제시하고 있다. "정밀"이라는 용어는 첫째, 북한이 핵무기로 공격할 경우 한국은 북한 지도부들을 '정밀공격'할 수 있는 능력을 구비하거나 과시함으로써 북한의 핵무기 공격을 억제시킬 수 있어야 한다는 개념이다. 이것은 미국의 확장억제가 가동되지 않을 경우 한국이 동원할 수 있는 유일한 억제방책일 수 있다. 둘째, "정밀"은 그럼에도 불구하고 북한이 핵무기를 발사하고자 할 경우 이를 사전에 발견하여 한국의 공군이나 미사일로 '정밀타격'하여 파괴시켜야 한다는 개념을 제시하고 있다. 북한이 핵무기로 한국을 공격하려는 명백한 상황을 판단하는 것이 쉽지는 않지만, 대규모 살상을 초래할 수 있는 핵무기로 공격하려고 하는 데도 아무런 조치를 하지 않아서는 곤란하기 때문이다. 셋째, "정밀"은 최악의 상황에서 북한이 핵미사일을 발사했을 경우 요격미사일로 이를 정확하게 '직격파괴'해야 한다는 방향을 제시하고 있다. 비록 그러한 능력을 구비하는 것이 쉽지는 않지만, 워낙 대량의 살상을 초래할 수 있는 핵미사일을 공중에서 요격하지 않아서는 곤란하기 때문이다.

이제 한국은 북한의 핵무기를 국가의 존망을 좌우하는 심각한 위협으로 인식하면서 "연합 정밀억제전략"이라는 개념 하에 핵무기의 사용을 억제하고 극단의 상황에서 방어할 수 있는 최선의 방안을 강구해 나가야 한다. 국가안보나 국방은 가능성과 상관없이 최악의 상황을 가정하여 대비하는 것이다.

한국의 과제

그렇다면 이제 한국은 북한의 핵위협으로부터 국민들의 생명과 재산을 보호하기 위하여 무엇을 어떻게 해야할 것인가? 이에 대해서는 단방약이 있을 수 없고, 가용한 모든 수단과 방법을 동원하여 철저히 노력하는 수밖에 없다.

외교적 비핵화 노력 지속

한국의 비핵화를 위한 외교적 노력은 북한 핵위협의 심각성을 있는 그대로 인정하는 가운데 더욱 절박한 자세로 추진할 필요가 있다. 북한은 10개 정도의 핵무기를 소형화·경량화하는 데 성공하여 핵미사일로 한국을 공격할 수 있고, 한국군은 이로부터 국민들의 생명과 재산을 보호할 수 있는 능력을 구비하지 못하고 있기 때문이다. 앞으로 북한은 더욱 많은 양의 핵무기를 개발하고, 그 질도 지속적으로 향상해 나갈 것이다. "제2차 세계대전 이후 인류가 핵무기를 사용하지 않았다는 사실이 핵무기가 사용할 수 없는 무기라는 것을 의미하지는 않는다"[32]라는 말처럼 최악의 상황이 언제든지 도래할 수 있다는 인식하에 더욱 실질적인 성과를 달성할 수 있도록 6자회담의 진전을 독려해야 한다. 북한 핵위협의 가장 직접적인 피해자가 한국이라는 측면에서 한국의 발언권을 강화하고, 다른 국가들에게 신속한 해결을 위한 압박을 가할 필요가 있다.

한국은 6자회담을 통한 북한의 비핵화를 추진하면서도 한국, 미국, 일본 등 우방국들의 긴밀한 공조를 강화하는 방안을 병행하여 강구할 필요가 있다. 지금까지의 경험에서와 같이 6자회담은 북한의 핵무기 증대를 위한 시간을 벌어주는 점이 있고, 우방국들이 협력하여 나름대로의 조치를 강구해야 북한도 6자회담에 응하는 것이 자신들에게 덜 불리하다고 생각할 것이기 때문이다. 1999년부터 2004년까지 한 · 미 · 일이 대북정책조정그룹TCOG:Trilateral Coordination and Oversight Group을 구성하여 북한에 대한 공조체제를 과시한 사례를 참고할 필요가 있다.

효과적인 핵억제전략 발전 및 구현 노력

한국의 핵억제전략에서 핵심이 될 수밖에 없는 사항은 한미연합억제이다. 핵무기를 보유하지 못한 상태인 한국 단독으로 북한의 핵공격을 충분히 응징보복할 수 없기 때문이다. 미국은 세계에서 가장 강력한 핵공격력

---

32) 이재학, "상황적 억제이론으로 본 한국전쟁기간 트루만 행정부의 핵무기 불사용 결정," 『국제정치논총』, 제54권 3호(2014), p. 107.

을 보유하고 있고, 확장억제 개념을 통하여 한국을 대신하여 응징보복하겠다고 약속한 상태이며, 주한미군이 한반도에 주둔하고 있어서 연합 핵억제의 실효성은 적지 않다. 북한이 핵무기를 사용할 경우 현재로서 한국의 생존은 미국 확장억제의 신뢰성과 효과성에 좌우된다고 할 것이다.

이러한 점에서 최근 한국이 지향하는 듯한 경향을 보이고 있는 중국과의 관계 증진이나 미국과 중국 사이에서 "균형자Balancer"를 추구하는 방향에 대해서는 더욱 신중하게 생각할 필요가 있다. 중국은 핵무기로 한국을 공격하려고 하는 북한의 동맹국이고, 2010년 천안함 폭침과 연평도 포격사태 시 북한을 일방적으로 비호한 적이 있다. 중국과 경제적, 사회적, 문화적 교류와 협력은 증진되어야 하지만, 안보협력관계는 한계가 있을 수밖에 없음을 인식해야한다. 한중간의 관계증진이 한미동맹을 위태롭게 하지 않도록 유의할 필요가 있다. 따라서 최근 미군의 상층방어 요격미사일인 사드 배치를 둘러싸고 중국의 입장을 지나치게 고려하는 것은 재고해 볼 필요가 있다.

다만, 실제 북한이 한국을 공격할 경우 미국이 약속대로 보복할 것인가에 대해서는 불확실성이 존재함을 인정하지 않을 수 없다. 핵전쟁을 결심한다는 것은 너무나 중대한 사항이어서 미국도 당시의 국제정세나 국내여론을 살펴서 신중하게 결정할 수밖에 없기 때문이다. 따라서 한국은 보유하고 있거나 금방 증강할 수 있는 비핵무기에 의한 자체적인 응징보복 방안도 동시에 개발해 나갈 수밖에 없다. 즉 최대억제maximum deterrence 개념에 의한 미국의 확장억제는 결정적인 경우를 대비한 방책으로 보유하면서, 한국은 최소억제minimum deterrence 개념에 의하여 비핵무기에 의한 정밀타격으로 북한이 절대적으로 지키고 싶어하는 표적을 공격함으로써 억제 효과를 달성하고자 노력할 필요가 있다.[33]

탄도미사일 방어체제의 조기 구축

북한의 핵미사일에 대한 방어체제 구축은 당연히 필요한 사항이고, 철저하게 추진되어야할 사항이지만, 지금까지 한국은 "한국의 미사일 방어체제 구축 = 미 MD 참여"라는 일부 인사들의 왜곡된 선동에 영향을 받아서 제대로 추진하지 못하였다. 이러한 점에서 한국의 탄도미사일 방어를 위한 가장 중요한 사항은 국민 모두가 탄도미사일 방어에 관한 사항을 정확하게 이해하는 것이다. 미국 탄도미사일 방어의 핵심은 알래스카와 캘리포니아에 배치된 지상배치 요격미사일GBI: Ground-based Interceptor로서 한국의 참여를 필요로 하지 않고, 미국을 공격하는 중국의 대륙간탄도미사일은 한반도 상공을 통과하지 않아 미국을 대신하여 한국이 요격할 수 없다.[34] 북한 항공기에 대한 한국의 대공방어체제를 미국 대공방어체제 일부라고 말하지 않듯이 한국이 탄도미사일 방어체제를 구축해도 미국 탄도미사일 방어체제의 일부가 되는 것이 아니다. 일본이 구축한 탄도미사일 방

---

33) 최대억제는 입은 피해보다 더욱 큰 피해를 적에게 가한다는 약속으로 핵전쟁을 억제하는 방법이고, 최소억제는 적보다 큰 피해를 끼칠 수는 없지만 최소한 적이 소중하게 생각하는 1-2개의 도시는 파괴시킬 수 있다는 능력을 과시하여 핵전쟁을 억제하는 방식이다. 전자는 미국과 러시아가, 후자는 영국과 프랑스가 채택하고 있는 전략이고, 중국은 최소억제에서 최대억제를 지향해 나가는 과정이라고 평가할 수 있다.

34) 평면지도를 생각하면 중국이 미국을 향해 발사하는 대륙간탄도탄이 한국을 통과할 것 같지만 실제의 비행궤적은 북극지역을 통과한다. 중국의 동남부 광저우 지방에서 미국의 서부를 타격할 경우에만 한반도 상공을 통과하게 된다. 신영순, "THAAD 논쟁에 얽힌 허와 실," 『국가안보전략』 통권 (30)호(2014), p. 27.

어체제도 미국 탄도미사일 방어체제의 일부라고 말하지 않는다. 북한의 핵무기 위협으로부터 국민들을 보호하기 위한 탄도미사일 방어는 당연히 추진되어야 하고, 조기에 배치함으로써 북한의 핵사용을 억제할 수 있어야 한다. 따라서 한국은 PAC-3 지상요격미사일을 최단 시간 내에 확보하여 핵심시설이나 인구밀집지에 대한 종말단계 하층방어를 제공하고, 사드를 비롯한 상층방어체제의 조기개발이나 획득도 검토하며, 해상 요격체계의 필요성 여부도 검토해봐야 할 것이다.

한국이 지금까지 지체되어온 탄도미사일 방어의 수준을 조기에 만회하고자 한다면 동맹국이면서 이 분야의 선도국인 미군과의 협력은 필수적이다. 일본도 상당한 탄도미사일 요격 능력을 보유하고 있고, 북한 핵미사일의 탐지 및 추적과 관련하여 한국과의 상호보완성이 적지 않기 때문에 역안분리歷安分離의 개념에 입각하여 협력을 강화해 나가야할 것이다. 앞으로는 탄도미사일 방어가 국가 간 군사협력의 핵심요소가 될 것이라는 점에서 주변국가와의 협력은 우호적 외교관계의 지속을 위해서도 필요하다.

더욱 중요한 사항으로 한국은 신뢰할만한 탄도미사일 방어 능력을 수시로 과시함으로써 북한의 핵미사일 사용의지를 억제할 수 있어야 한다. 핵무기는 사용되지 않도록 하는 것이 최선이기 때문이다. 탄도미사일 방어와 관련하여 개발된 새로운 기술이 존재할 경우 이를 적극적으로 과시할 필요가 있고, 기 체결된 정보공유 약정을 기반으로 하거나 새로운 협정을 체결하여 미국 및 일본과의 연합훈련을 보장하고, 이를 통하여 3개국의 연합된 탄도미사일 방어능력을 과시할 수 있어야 한다. 이러한 점에서 미군이 사드를 한반도에 배치할 경우 상당한 거부적 억제효과를 파생할 것이다.

선제타격 능력의 보강과 과시

한국이 신뢰할만한 탄도미사일 방어체제를 구축할 때까지 북한의 핵미사일 공격에 대한 유일한 대책은 선제타격이다. 이것은 북한의 핵미사일 발사가 임박하다는 '명백한 징후'가 있을 때 한국의 공군력 및 미사일 전력으로 북한의 핵미사일 및 발사시설을 파괴시키는 것이다. 이것은 성공하면 매우 효과적이지만 징후를 발견하고 난 이후 발사할 때까지의 제한된 시간 내에 성공하는 것이 쉽지 않고, 북한 핵미사일의 위치와 이동상황을 정확하게 파악해야 한다는 전제조건이 충족되어야 한다는 어려움이 있다.

그럼에도 불구하고 현재로서 가용하거나 효과적인 방법은 선제타격이기 때문에 한국은 이의 성공적 구현에 필요한 능력을 집중적으로 확충하고, 그 위력을 북한에게 수시로 과시할 필요가 있다. 일부 국민들은 공격적이라는 이유로 선제타격에 대하여 거부감을 지니고 있지만, 북한의 핵공격이 예상되는 상황에서 아무런 행동을 하지 않다가 핵공격을 받은 다음에 반격하는 것은 의미가 없다. 한국은 어떠한 상황에서 선제타격을 실시하겠다는 방침을 사전에 면밀하게 검토하여 설정해두고, 그러한 상황을 평가하는 징후목록을 설정해두며, 어떤 절차를 통하여 실시 여부를 결정할 것인지를 사전에 정립해둘 필요가 있다. 그리고 적절한 정도를 잘 판단하여 그 중 일부 내용은 북한에게 공개할 수 있어야 한다. 이러할 경우 유사시 성공의 확률도 높아지고, 북한에 대한 억제효과도 증대될 것이다.

선제타격의 성공을 위해서는 북한 핵무기에 대한 정확한 정보를 확보하는 것이 최우선이고, 어려우면서도 중요한 과업이다. 한국은 북한이 핵미사일을 어디에 보관하고 있고, 어디로 이동시키고 있으며, 어느 지점에서 핵미사일 발사를 준비하고 있다는 데 대한 정확한 정보를 확보할 수 있어야 한다. 한국군은 선제타격이 불가피한 상황과 잠재적인 목표지역을 사전에 판단하여 계획을 발전시키고, 상황별로 최적의 전력을 편성해야할 것이며, 첨단의 무기 및 장비들을 계속하여 확보해 나가고, 철저한 훈련을 통하여 만반의 준비태세를 갖춰야할 것이다.

핵민방위 조치 강구

국민들을 불안하게 만들거나 상당한 비용이 소요될 수 있지만, 한국은 핵무기가 영토에서 폭발하는 상황을 가정한 대비책도 논의 및 강구하지 않을 수 없다. 영세중립국인 스위스의 경우에도 핵전쟁 상황에 대비하여 전 국민이 대피할 수 있는 시설을 구축한 상태이고, 미국은 물론이고 대부분의 유럽국가들도 어느 정도의 핵민방위 조치를 강구하고 있다.[35] 북한이 10개 이상의 핵무기를 개발한 상황임에도 아직까지 핵민방위 조치를 강구하지 않는다는 것은 국가의 책임회피일 뿐만 아니라 북한으로 하여금 한국의 핵억제의지를 의심하게 만들 위험이 있다.

핵민방위 활동의 실질적인 조치로서 핵폭발 시를 대비한 공공 및 가족단위의 대피소를 점진적으로 지정 또는 구축해 나가지 않을 수 없다. 한국

---

35) 핵 민방위에 대한 세계적 현황에 대해서는 박휘락, "핵공격 시 민방위(civil defense)에 대한 비교 연구: 북한 핵대비를 중심으로, 『평화학연구』제15권 (5)호(2004), pp. 81-106.

의 경우 국토가 좁고, 도시가 과밀하여 제한사항이 적지 않지만, 대형건물의 지하상가나 지하주차장, 지하철의 선로와 역 등은 최소한의 보강만으로도 대피소로 활용할 수 있다. 개인의 경우에도 주택의 지하실이나 아파트 지하주차장을 활용할 경우 비용 소요도 적으면서 낙진에 대한 방호는 보장할 수 있다. 공공시설의 경우에는 핵폭발 시 대피를 고려하여 설계기준을 추가할 수 있고, 민간시설의 경우에도 건축법 등을 개정하여 핵폭발 시 대피를 위한 공간을 마련하도록 강제하거나 세제감면 등의 혜택을 부여할 수 있다.

앞으로 북한이 핵무기와 관련한 위협을 하거나 심각한 도발을 감행할 경우 한국은 범국민적인 핵민방위 훈련을 실시할 필요가 있다. 이러한 노력을 통하여 민방위태세도 발전시키면서 핵민방위에 대한 국민적인 공감대를 형성하고, 무엇보다 북한에게 한국의 단호한 결의를 전달할 수 있다. 이러한 훈련을 실시할 경우 국민들의 불안감은 줄어들고, 그렇게 되면 북한이 핵무기 사용으로 위협하더라도 동요가 적을 수 있으며, 결과적으로 응징적 억제는 물론이고, 거부적 억제에 관한 제반 조치를 자신감있게 실천할 수 있다. 내 기지가 안전할 때 동원가능한 수단도 많아지고, 결과적으로는 상대방을 단념시킬 가능성도 높아지는 것이다.

예방타격 검토

선제타격의 경우 국제적인 명분에서는 유리하지만 성공 가능성이 높지 않다는 점에서 한국은 예방타격 preventive strike 의 가능성도 검토하지 않을 수 없다. 선제타격이 "적의 공격이 임박imminent하였다는 논란의 여지가 없는 증거에 기초"하여 시행되는 공격이라면, 예방타격은 그보다 훨씬 이전에 실시하는 것이다. 미래에 위협이 될 것으로 판단되는 적의 능력을 사전에 파괴시킴으로써 위협이 되지 않도록 하는 모든 노력을 예방이라고 하고,[36] 그 중에서도 임박한 적의 공격에 대해서 시행하는 것은 선제인 셈이다. 선제타격에서는 임박성이 강조된다면 예방타격에서는 위협의 심각성이 강조되고, 예방타격이 더욱 포괄적인 개념이면서 선제가 이에 포함된다고 할 수 있다. 그래서 예방타격은 충분한 준비를 갖추어서 성공이 확실할 때 시행하면 되는 장점이 있는 반면에 국제적이거나 국내적인 정당성을 확보하는 것이 쉽지 않다. 이스라엘이 1981년에 이라크의 오시라크 발전소를 파괴시킨 것이 예방타격의 전형적인 사례이다.

일부에서는 국제법 상에서 선제타격은 정당하고, 예방타격은 그렇지 않은 것으로 인식하는 경향이 있지만, 선제나 예방 모두 현행 국제법에서는 허용되고 있지 않다. 다만, 국제법 자체는 국내법과 달리 위반에 대한 강제적 조치가 없어 논의를 통하여 합의를 이끌어내는 것이 중요하기 때문에 아무래도 예방에 대해서는 더욱 부정적인 국제여론이 형성될 가능성이 높다. 그렇다고 하여 국제적인 정당성을 획득하기 위하여 기다리다가 핵무기 공격을 당하는 것은 무책임하다. 그래서 미국의 국제법 학자들도 위협이 임박한가에만 치중할 것이 아니라, 위협의 심각성과 지체로 인한 위험 등을 종합적으로 판단하여 그 정당성 여부를 판단해야 한다는 논리로 핵공격에 대한 예

---

36) 박준혁, "미국 예방공격의 결정적 요인: 북핵 위기와 이라크전쟁을 중심으로," 『군사논단』, 제51호 (2007년 가을), p. 141.

방공격의 필요성을 언급하고 있다.[37] 상대 공격의 임박성만 고려할 경우 자칫하면 자위권 자체가 보장되지 않을 수 있다는 것이다.[38]

그럼에도 불구하고 예방타격의 위험도 균형있게 고려하지 않을 수 없다. 예방타격이 실패할 경우 남한은 물론이고 북한도 원하지 않았던 핵무기 사용으로 상황을 악화시킬 수 있는 위험성이 크기 때문이다. 예방타격에 성공하였다고 하더라도 국제사회로부터 침략으로 간주되어 엄청난 비판과 제재를 받을 수 있다. 예방타격으로 북한의 핵무기를 모두 제거하는 데 성공하였다고 하더라도 북한이 생화학무기를 비롯한 다른 대량살상무기를 사용할 수 있고, 지상군을 투입하여 남침을 감행할 수도 있다. 따라서 예방타격을 실시하기 위해서는 북한이 다른 대량살상무기를 사용할 경우에도 대비해야 하고, 북한이 전면전을 감행하지 못하도록 하는 제반 조치도 강구되어야 한다. 예방타격은 이점이 큰 만큼 위험도 크다고 할 것이다.

---

37) Michael Walzer, Just and Unjust Wars: A Moral Argument with Historical Illustrations, 3rd ed. (New York: Basic Books, 2000), p. 74. Donald K. Ulrich, "A Moral Argument On Preventive War," USAWC Strategy Research Project (U.S. Army War College, 2005), p. 4 에서 재인용.

38) John C. Yoo, "Using Force," University of California, Berkeley School of Law Public Law and Legal Theory Research Paper Series, University of Chicago Law Review, Vol. 1 (summer 2004), p. 18.

결론

한국은 민족 역사상 가장 심각한 위기에 직면해있다. 상상하기도 싫은 일이지만 북한의 핵무기가 사용될 경우 국토는 불모지대로 변모하고, 민족의 유일한 터전인 한반도를 상실할 수도 있기 때문이다. 이로부터 국민들의 생명과 재산을 보호하는 일보다 더욱 중요한 일이 있을 수 없다.

더구나 한국이 북한의 핵무기에 대하여 효과적인 억제 및 방어책을 구비하지 못할 경우 북한이 평화적 통일을 위한 한국과의 협상에 응할 가능성은 없다. 핵무기로 인하여 압도적인 군사력 우세를 보유하게 되었다고 확신한다면, 당연히 무력통일을 선호할 것이기 때문이다. 한국은 핵무기를 개발하지는 못하더라도 미국의 핵무기를 최대한 활용하거나 핵무기 대응에 필요한 자체적인 모든 가용조치를 강구함으로써 북한에게 핵무기 공격이 소용이 없다는 점을 인식시키고, 이로써 통일협상에 응하도록 만들어야 한다.

당연히 한국은 북한이 개발한 핵무기를 폐기시킬 수 있도록 가용한 모든 외교적 노력을 지속적으로 경주해야 한다. 국제제도와 여론을 총동원하여 다각적으로 압력을 행사하고, 이로써 북한의 핵무기 폐기 또는 최소한 중단시킬 수 있어야 한다. 다만, 지금까지의 경험으로 볼 때 6자회담만으로는 성과를 기대하기 어렵다. 따라서 한국은 6자회담을 물론이고, 유엔 등의 국제기구를 더욱 적극적으로 활용할 필요가 있고, 한국, 미국, 일본 간의 긴밀한 공조체제를 통하여 직접적인 압력을 행사할 필요가 있다. 어느 경우든 한국은 민족의 공멸을 예방한다는 차원에서 과거에 비해서 더욱 적극적인 역할을 자임해야할 것이다.

외교적 노력을 추진하면서도 북한이 핵무기를 사용하고 싶어도 사용하지 못하도록 하는 억제 노력도 더욱 경주해 나가야한다. "연합 정밀억제전략"이라는 개념 하에서 미국과의 협력을 최우선시하면서 동시에 자체적인 억제전략과 억제전력도 개발해 나가야할 것이다. 특히 중국과의 관계증진에 지나치게 집착한 나머지 한미동맹을 약화시키지 않도록 노력할 필요가 있고, 유사시 북한의 핵무기 제거 및 요격을 위한 "정밀" 능력을 구비하는 데 최선의 노력을 경주해야할 것이다.

현재 상태에서 한국이 가장 중점적으로 노력해야할 사항은 북한의 핵미사일을 공중에서 요격하기 위한 탄도미사일 방어능력이다. 이것은 고도의 기술과 막대한 비용이 소요된다는 점에서 제한점이 없는 것은 아니지만, 구축하기만 하면 가장 안정적인 핵위협 방어책이다. 따라서 한국은 하층방어를 위한 PAC-3 요격 미사일을 조기에 확보하고, 미군의 사드 배치 요청을 수용함으로써 고도가 낮은 PAC-3의 약점을 보완할 필요가 있다. 미군의 사드 요격미사일 운영 사례를 참고하여 사드 구매 또는 해상 요격미사일인 SM-3의 구매도 검토해볼 필요가 있다. 동일한 북한의 핵미사일 위협에 대비하여 단기간에 상당할 정도의 탄도미사일 방어체제를 구축한 일본의 예를 참고할 필요가 있고, 탄도미사일 방어체제의 운영에 있어서 미국은 물론이고 일본과도 적극적인 협력체제를 구축함으로써 비용도 절감하면서 방어효과도 강화시킬 수 있어야 할 것이다.

이제 한국은 핵무기 폭발이라는 최악의 상황을 가정한 상태에서 국민들을 대피시키는 문제까지 고려하지 않을 수 없다. 완전하지는 않지만, 이러한 핵민방위 조치를 통하여 일부 국민들의 생명과 재산이라도 보호한다면 유용성이 클 것이기 때문이다. 국민안전처가 담당하고 있는 민방위 기능에 핵폭발 시 상황까지 포함시켜 필요한 정책을 발전시키거나 훈련을 실시하고, 대형 빌딩의 지하공간이나 지하철 공간 등을 유사시 공공대피소로 전환할 수 있는 방법 등도 적극적으로 검토해 나갈 필요가 있다. 핵폭발 시 국민들에게 필요한 경보를 전파하거나 국민들에게 필요한 행동요령을 교육시킬 필요도 있을 것이다.

국가안보는 합리적인 전망치에 대비하는 것이 아니라 최악의 상황까지 대비하는 것이다. 북한이 10개 정도의 핵무기를 개발하였고, 핵미사일로 한국을 공격할 수 있으며, 5년 정도 후에는 100개 정도까지 증대시킬 수 있다는 전망도 제기되고 있는 것이 현재의 상황이다. 북한이 핵무기를 사용할 수도 있다는 가정 하에 최악의 상황을 가정한 대비조치에 더욱 매진하지 않을 경우 속수무책으로 북한의 핵위협에 굴종하거나 민족의 공멸을 자초할 수도 있다는 점을 유념해야할 것이다.

| 참고문헌 |

- 국방부. 『2010 국방백서』 서울: 국방부, 2010.
- 국방부. 『2014 국방백서』. 서울: 국방부, 2014.
- 권태영 외. 『북한 핵 미사일 위협과 대응』. 서울: 북코리아, 2014.
- 권혁철. "북핵 위협에 대비한 한국형 킬 체인의 유용성에 관한 연구.『정책연구』제 (178)호 (2013).
- 김태우. "북한 핵실험과 확대억제 강화의 필요성." 백승주 외.『한국의 안보와 국방』 (서울: 한국국방연구원. 2010).
- 박준혁. "미국 예방공격의 결정적 요인: 북핵 위기와 이라크전쟁을 중심으로."『군사논단』. 제51호 (2007년 가을).
- 박창권. "북한의 핵운용 전략과 한국의 대북 핵억제 전략." 2014 한국국제정치학회 기획학술회의 발표자료(2014).
- 박휘락. "핵공격 시 민방위(civil defense)에 대한 비교 연구: 북한 핵대비를 중심으로.『평화학연구』제15권 (5)호(2004).
- 신영순. "THAAD 논쟁에 얽힌 허와 실."『국가안보전략』통권 (30)호(2014).
- 이재학. "상황적 억제이론으로 본 한국전쟁기간 트루먼 행정부의 핵무기 불사용 결정."『국제정치논총』. 제54권 3호(2014).
- 전재성. "네트워크 이론의 관점에서 본 북핵 문제와 6자 회담."『국제문제연구』. 제14권 2호(2014).
- 정수성. 『2011 국정감사 자료집 II: 민방위 훈련의 내실화 방안』 (2011).
- 정영태 외.『북한의 핵전략과 한국의 대응전략』(서울: 통일연구원. 2014).
- 정욱식.『미사일 방어체제(MD)』. 서울: 살림, 2003.
- 함형필. "북한의 핵전략 구상과 전략적 딜레마 고찰."『국방정책연구』. 제25권 2호 (2009년 여름).
- Albright, David. "Future Directions in the DPRK's Nuclear Weapons Program:

Three Scenarios for 2020." North Korea's Nuclear Futures Series (U.S.-Korea Institute at SAIS. 2015).
- Department of Defense. Military and Security Developments Involving the Democratic People's Republic of Korea. Washington D.C.: DoD, 2013.
- Freedman, Lawrence. Deterrence. Cambridge. Polity Press, 2004.
- Hecker, Siegfried S. "The real threat from North Korean is the nuclear arsenal built over the last decade." Bulletin of the Atomic Scientists (January 7. 2015).
- McKinzie, Matthew G. & Cochran, Thomas. ""Nuclear Use Scenarios on the Korean Peninsula." Natural Resources Defense Council. prepared for the Seminar on International Security Nanjing. China (October 12-15. 2004). at: http://docs.nrdc.org/nuclear/files/nuc_04101201a_239.pdf (검색일: 2015년 9월 10일).
- Ulrich, Donald K. "A Moral Argument On Preventive War." USAWC Strategy Research Project (U.S. Army War College. 2005).
- Walzer, Michael Just and Unjust Wars: A Moral Argument with Historical Illustrations. 3rd ed. New York: Basic Books, 2000.
- Yoo, John C. "Using Force." University of California. Berkeley School of Law Public Law and Legal Theory Research Paper Series. University of Chicago Law Review. Vol. 1 (summer 2004).

지속가능 한반도를 위한 통일 전략

조영기

한반도선진화재단 선진통일연구회장
고려대학교 교수

요약

　통일은 분단을 전제로 한다는 점에서 '분단상태의 해소'라는 현실의 부정과 '분단종식상태의 지속'이라는 현실의 긍정의 측면이 있다. 이처럼 통일은 이중구조의 의미가 내포되어 있다. 통일의 이중구조의 의미는 통일과정에서 나쁜 체제(제도)를 부정하고 좋은 체제(제도)를 지속하라는 것이다. 우리가 통일과정에서 부정하여야 할 체제는 북한의 전체주의 사회주의 획일화이며, 지속하여야 할 체제는 자유민주주의 시장경제 다양화이다. 그리고 한반도통일의 당위성은 '민족적 역사적 필연성'과 북한 동포들이 억압과 결핍으로부터 자유를 보장하기 위한 '시급성'과 동북아의 평화와 번영을 담보하는 '미래지향의 가치실현'이다. 이런 의미에서 한반도통일은 고토회복의 재통일이 아니라 신통일이다. 신통일은 국가창조의 과정이며, 이 과정에서 '민주통일', '평화통일', '공영통일'의 원칙을 지켜야 한다.

　우리의 통일방안은 자유민주주의체제에 바탕을 둔 '화해협력 단계 →남북연합 단계 → 통일국가의 단계'로 발전하는 '민족공동체 통일방안'이다. 그러나 민족공동체통일방안은 화해협력단계에서 남북연합단계로의 진전이 현실적으로 불가능하며, 북한의 개혁개방이 불가능한 상황에서 동일한 체제를 전제로 한 기능주의적 선先통합 후後통합의 가능성은 희박하다. 따라서 독일통일의 경험으로부터 선先통일 후後통합의 플랜B의 통일방안도 고려하여야 한다.

　대북정책은 한국이 남북분단의 평화적 관리정책이며, 통일정책은 분단의 적극적 해소정책이다. 그러나 대북정책이 분단관리뿐만 아니라 분단해소의 역할도 한다면 통일정책과 관계가 있다. 통일지향의 대북정책은 통일정책의 하위개념으로 북한의 변화를 유도하여 북한의 정상(국가)화하는 것이다. 이를 위해 관여와 확장정책을 통해 북한의 정보화, 민주화, 시장화를 위한 대민정책을 개발하고, 그 수단은 북한동포의 '마음 얻기'와 불가역적 남북경협 제도의 구축, 북한이탈주민의 적극보호이다.

통일지향의 통일정책은 통일내교와 통일외교가 있다. 통일내교는 통일을 하겠다는 국민과 해외동포의 통일의지를 한 곳에 결집하고 통일거부담론을 불식시키는 제반 과정이다. 그리고 한반도 관련 당사국에 대해 한국 주도의 통일의 당위성과 의지를 알리고 설득하는 적극적인 통일외교가 요구된다. 통일외교에는 우리의 불퇴전의 통일의지, 한국주도의 통일을 안정적으로 관리할 수 있는 능력, 한반도의 통일이 주변국에 이익이 된다는 사실, 북핵문제의 근원적 해결, 동북아의 평화와 번영을 위한 필수재 등과 같은 내용이 포함되어야 한다. 통일외교의 축은 한미동맹을 근간으로 한 대미외교이고, 일본과 중국 러시아를 설득하고 협조를 구하여야 한다.

한반도통일의 의미와 지향가치

'통일'의 이중구조와 가치

한 민족이 다른 민족과 합쳐지는 것을 병합annexation이라고 한다. 반면 한 민족국가가 어떤 이유로 분단되었다가 다시 분단 이전의 상태로 회귀하는 것을 '통일'unification이라고 한다. 병합은 분단을 전제하지 않지만 통일은 분단을 전제한다는 측면에서 이 둘은 대비되는 개념이다. 통일이 분단을 전제로 한다는 점에서 통일에는 분단상태의 해소와 분단종식 상태의 지속이라는 두 가지 의미가 내포되어 있다. 즉 통일은 분단을 지속시킨 어떤 상황의 종식이라는 점에서 '현실의 부정'을 의미하고, 통일의 주체가 분단종식 상황 이후 통일국가를 지속시켜 가야 한다는 점에서 '현실의 지속'을 의미한다. 이처럼 통일이 갖는 '현실의 부정'과 '현실의 지속'의 속성을 통일의 이중구조라고 할 수 있다.[1] 통일의 이중구조의 의미는 '통일을 통해 분단 상황의 무엇이 부정되고, 통일 이후 무엇이 지속되어야 하는가'를 내포하고 있다는 점이다. 바로 이중 구조적 통일의 속성은 나쁜 체제(

---

1) 조영기 외, 『한반도블루오션, 선진통일』, 한국학술정보, 2013, pp. 27-28.

제도)를 부정하고 좋은 체제(제도)를 지속하라는 것과 같은 의미이다. 따라서 통일은 무엇을 부정하고 무엇을 지속시켜야 한다는 점에서 가치판단을 전제하고 있다.[2]

남북한은 분단 이후 자기중심의 통일을 주장하고 있지만 지향하는 가치는 동상이몽이다.[3] 한국은 자유민주주의 가치를 전제로 한 통일을 지향하지만 북한은 마르크스-레닌의 전통을 이어받은 사회주의 가치를 실현하는 통일을 지향하고 있다. 따라서 어떤 체제를 선택하는가의 문제는 통일 이후 우리가 추구하여야 할 가치와 직결되는 문제이다. 가치판단이 전제된 통일은 우월한 체제(제도)를 선택하고 열등한 체제(제도)를 부정하는 것과 같다. 마치 자연계에서 우성優性은 살아남고 열성劣性은 도태되는 진화발전의 논리가 적용되는 것처럼 사회체제(제도)에도 그대로 적용된다. 즉 잘못된 사회체제(제도)는 자연도태의 대상이며, 우수한 사회체제(제도)는 진화발전의 대상이다.[4]

남북한 체제에서 어떤 체제(제도)가 우성이고 어떤 체제(제도)가 열성인가에 대한 판단기준은 역사가 될 수 있다. 왜냐하면 역사과정에서 우성의 체제는 살아남았고 열성의 체제는 도태된 역사적 사실 때문이다. 1980년대 동구권의 체제전환과 구소련의 붕괴로부터 우리는 정치적으로 자유민주주의체

---

2) 한국의 많은 통일담론을 보면 통일의 당위성과 필요성에 대한 논의가 많다. 하지만 통일의 이중구조를 통한 가치중심의 통일담론에 대한 논의는 의도적으로 회피·기피되고 있는 것이 우리의 현실이다.

3) 남북한의 통일방안에 대해서는 다음을 참고(통일연구원, 『통일문제의 이해 2010』 통일연구원)

4) 조영기, "동북아 및 한반도평화를 위한 한중의 역할", 『한중 동북아포럼』자료집, 한반도선진화재단, 2014, p.64.

제는 공산당 중심의 1당 독재국가에 비해 우성이었고, 경제적으로는 자본주의시장경제가 사회주의계획경제보다 우성이었으며, 사회문화적으로 다양한 사회가 획일적 사회보다는 우성이었다는 사실을 역사가 증명하였다. 우성의 체제를 선택하는 까닭은 누구나 재능을 발휘할 수 있도록 동기를 부여하고 유인을 제공하는 포용적 제도inclusive institution이기 때문이며, 열성의 체제를 부정하는 까닭은 지배계층만을 위한 수탈적이고 착취적인 제도extractive institution이기 때문이다.[5] 결국 통일이 더 나은 역사발전을 위한 초석을 다지는 것이라는 점에서 우리가 우성의 체제를 선택해야 하는 것은 재론의 여지가 없다. 따라서 통일의 이중구조에서 북한의 '주체사상 하의 전체주의 · 사회주의 · 획일화'는 착취적 제도이기 때문에 통일과정에서 부정하여야 할 체제이며, '자유민주주의 · 시장경제 · 다양화'는 포용적 제도이기 때문에 통일이후 지속하여야 할 체제이다. 결국 한반도통일이 포용적 체제를 선택하는 것은 남북한 주민이 더 나은 삶을 지속적으로 기대할 수 있고, 동북아의 평화와 번영에도 기여할 수 있기 때문이다.

한반도통일의 당위성

분단국가가 통일을 지향하는 것은 시대적 소명이자 구성원 모두의 책무이다. 또한 한반도통일은 통일을 달성하여야 하는 당위성도 있다. 당위성의 의미가 '마땅히 그렇게 하거나 되어야 할 성질'이라는 점에서 한반도통일의 당위성은 '민족적 역사적 필연성', '시급성의 해결', '미래지향의 가치

---

5) 포용적 제도와 착취적 제도에 관한 내용은 다음을 참고(에스모글루 외(2012), 『국가는 왜 실패하는가』, 시공사)

실현'이다.

우선 통일의 당위성으로 늘 지적되는 것은 '민족적 역사적 필연성'이다. '민족적 역사적 필연성'은 남북한이 반만년의 역사를 공유한 민족공동체이라는 점이다. 특히 한반도분단이 우리 민족이 스스로 선택한 결과물이 아니라 제2차 세계대전 이후 외세에 의해 재단(裁斷)된 분단이었다는 점에서 통일은 필연이다. 그리고 한반도통일은 분단이 우리 민족에게 준 고통과 시련을 경감할 뿐만 아니라 자주독립의 입지를 강화시켜 국가의 자존과 자긍심을 회복하는 계기가 된다. 따라서 한반도통일은 민족적 역사적 관점에서 잘못된 역사의 수레바퀴를 정상화하는 과정이라는 점에서 통일은 반드시 달성하여야 할 과제임이 분명하다.

다음 한반도통일의 당위성은 북한 동포들이 겪고 있는 자유의 박탈과 빈곤의 고통에서 벗어나게 하는 시급한 현안을 해결하여야 하는 것이다. '시급성의 해결'의 과제는 대대적 시급성과 대외적 시급성으로 구분된다. 대내적 시급성은 전체주의 김씨 왕조의 폭정과 폭압 때문에 2500만 북한 주민들은 자유를 박탈당하고 빈곤의 고통에서 신음하고 있다. 통일은 북한주민들이 자유회복과 빈곤탈출을 통해 인간다운 삶을 보장받을 수 있는 유일한 통로라는 점에서 발등의 불이다. 즉 통일은 북한주민들이 당면한 '억압으로부터의 자유'와 '결핍으로부터의 자유'를 보장하는 유일한 방안이다. 한편 대외적 시급성은 북한이 보편적 국제규범을 준수하는 국제사회의 일원이 되도록 하는 것이다. 따라서 한반도통일은 북한주민들의 자유신장과 빈곤해소, 보편적 국제규범 준수를 통해 새로운 국가로 재탄생하는 길이다.

또한 한반도통일은 단순히 민족의 분단문제와 북한주민들이 당면한 문제만을 해결하는 것이 아니다. 물론 한반도통일의 '민족적 역사적 당위성'과 '시급성 해결'의 당위성도 매우 중요하다. 하지만 한반도통일이 동북아가 직면하고 있는 많은 문제를 해결해준다는 측면에서 통일의 '미래지향성의 가치'도 무시할 수 없다. 즉 한반도 통일이 단순히 한반도의 평화와 번영에만 국한되는 것이 아니라 동북아의 안전과 발전의 장애물을 제거하여 동북아의 평화와 번영을 보장하는 역할을 할 수 있다는 점이다. 따라서 한반도통일은 남북한뿐만 아니라 동북아 모두의 축복이자 블루오션이라는 점에서 우리 모두의 축복인 것만은 분명하다.

한반도통일의 원칙

이처럼 한반도통일은 '민족적 역사적 필연성', '시급성의 해결', '미래지향의 가치실현'이라는 복합적 당위성을 가지고 있다. 이런 측면에서 한반도통일은 단순히 고토를 회복하는 차원의 재통일re-unification이 아니라 동북아의 평화와 번영을 담보하며 인류의 새로운 가치를 창조한다는 측면에서 신통일new-unification이다. 따라서 한반도통일은 남북한이 함께 선진국으로 도약할 수 있는 기반을 마련하는 것이며, 동북아가 공생의 길을 모색해 가는 토대를 마련하는 것이다. 이런 의미에서 한반도통일은 새로운 국가창조nation creation의 과정이라고 할 수 있다.[6]

---

6) 조영기, "동북아 및 한반도평화를 위한 한중의 역할", 『한중 동북아포럼』자료집, 한반도선진화재단, 2014, pp. 63-64.

한반도통일이 새로운 국가를 창조하는 신통일이라는 점에서 통일한국이 추구하는 국가의 미래상은 기존의 남북한 체제(제도)를 단순히 통합하는 것이어서는 안 된다. 한반도통일이 새로운 국민국가와 민족국가를 완성하는 근대적 국민국가로의 질적 발전을 도모하고, 근대적 국민국가를 기반으로 세계국가로의 비약의 토대를 마련하는 창조적 과정이어야 한다. 신통일의 창조적 과정을 통해 남북한의 기존관행과 기득권 구조를 개혁하여 선진세계국가 창조의 계기로 삼아야 한다.[7]

신통일의 창조적 과정에서 우리가 지켜야 할 원칙은 '민주통일의 원칙', '평화통일의 원칙', '공영통일의 원칙'이다.

자유민주통일의 원칙

민주(民主)란 국민이 주인이며 모든 권력은 국민으로부터 나온다는 주권재민(主權在民)의 정신을 근간으로 한다. 민주통일의 원칙은 통일의 주체가 생명 자유 행복권을 갖는 국민이어야 하고, 국민의 자유의사와 선택에 따라 민주적 방식으로 통일을 선택하고 결정하여야 한다는 의미이다. 이러한 민주통일의 원칙에는 국민들의 선택을 중시한다는 점에서 자유주의를 근간으로 한 민주라는 의미도 포함하고 있다. 따라서 민주통일의 원칙은 자유민주주의적 '바른 통일'을 위해 북한의 정상(국가)화가 전제되어야 한다는 의미를 함축하고 있다.[8]

---

7) 박세일(2013), 『선진통일전략』, 21세기 북스, pp. 67-68.

8) 일반적으로 '정상(국가)화'란 봉건전제국가에서 근대국가로의 변화를 의미한다. 이의 조건으로 국제규범과 국제

민주통일의 원칙은 자주自主의 원칙도 포괄한다. 자주는 민족자결民族自決의 정신에 따라 우리 민족이 주인이 되어 자주적으로 독립적으로 통일을 이룩해야 한다는 의미이다. 그러나 북한은 자주에 주체사상의 가면을 씌워 '반反외세'의 도구로 악용하면서 '배타적 자주' 또는 '독선적 자주'로 둔갑되었다. 사실 북한은 자주를 조국통일3대 원칙의 하나로 제시하고 있고, '우리 민족끼리'나 '민족공조'와 같은 용어를 사용하면서 북한의 자주는 '반미反美자주'의 통일전선적 이데올로기로 변질되었다.[9] 그러나 북한이 주장하는 자주의 원칙은 한반도 통일이 남북한 당사국만의 문제가 아닌 국제적 문제라는 측면을 도외시 하고 있다는 점에서 비현실적 원칙이다.

또한 민주통일의 원칙은 통일의 원칙과 방법에 대해 자유롭게 협의하고 민주적으로 토론하는 과정을 거쳐야 한다는 의미가 있다. 남북한 당국이 통일 논의를 독점할 것이 아니라, 남과 북의 주민들이 통일의 원칙과 방법, 그리고 통일한국의 체제를 놓고 자유롭게 의견을 교환하고 합의를 도출할 수 있는 여건을 마련해야 한다. 다시 말해, 남한 주민들은 북한에 가서 북한의 실정을 직접 보고 북한 주민들과 통일문제에 대해 자유롭게 의견을 교환해야 하며, 반대로 북한 주민들은 남한에 와서 남한 실정을 직접 보고 남한 주민들과 통일문제에 대하여 자유롭게 의견을 교환할 수 있

적 약속의 준수, 개혁과 개방, 인권존중과 평화주의 등이다. 근대국가는 산업화를 통해 국민들에게 '빈곤으로부터의 자유'를 보장하고 민주화를 통해 '억압으로부터의 자유'를 보장한다. 따라서 북한 정상(국가)화의 당위성도 정상화를 통해 '빈곤으로부터의 자유'와 '억압으로부터의 자유'를 주민들에게 주는 것이다.

9) 북한의 '조국통일 3대원칙'은 1972년 7·4 남북공동성명에서 천명된 '자주, 평화, 민족대단결'를 의미한다. 이 원칙은 현재까지 북한의 조국통일원칙으로 설정되어 있다. 여기서 북한은 자주를 반미자주로, 평화는 반전평화로 민족대단결은 인민대중의 단합을 의미한다. 한편 북한은 '조국통일 3대원칙'은 1997년 신년공동사설에서 '조국통일 3대헌장' 중의 하나로 정식화하였다.(북한연구소(1999), 「북한대사전」, p. 839.)

어야 한다. 그렇게 해야 남과 북의 모든 구성원들이 어떤 원칙과 방법으로 통일을 실현하는 것이 옳은지를 알 수 있을 것이기 때문이다. 물론 이 같은 남북한간 자유토론은 북한의 개혁 개방이 실현된 이후에나 가능할 것으로 본다.

평화통일의 원칙

평화통일의 원칙은 한반도 통일이 전쟁이 아닌 평화적 방법으로 실현한다는 원칙이다. 즉 폭력적·억압적 통일이 아니라 헌법에 명시된 평화통일의 대명제를 준수하는 것일 뿐만 아니라 통일된 한반도가 국제평화에도 기여해야 한다는 것이다. 여기서 평화통일은 통일정책의 목표가 아니라 통일을 실현하기 위한 방법이라는 점이다. 물론 평화적 통일을 실현하는 방법에는 대화나 교류 협력 같은 포용정책뿐만 아니라 강제와 압박 같은 강경정책도 있다. 따라서 통일지향의 대북정책은 포용정책과 강경정책을 적절히 병행하여 북한의 정상(국가)화를 도모하는 것이 한반도통일을 완성하는데 더 효과적 수단이다.

일반적으로 평화는 '전쟁없는 상태'를 의미하는 현상유지적인 소극적 평화negative peace와 평화를 위협하는 요인들을 적극적으로 해소해 나가는 적극적 평화positive peace로 대별된다. 본질적으로 한반도 평화는 단순히 평화공존을 지향하는 소극적 평화만으로 평화를 유지할 수 없다. 왜냐하면 북한은 군사도발, 핵과 미사일 등과 같은 대량 살상무기를 개발하여 한반도 평화를 직접적으로 위협하는 요인들을 제거하여야 한반도에 항구적인 평화 정착이 가능하기 때문이다. 따라서 한반도에서 적극적 평화는 통일을 통해 북한의 온갖 위협을 제거할 때에만 가능하다. 또한 한반도의 통일은 남북한 국민과 당국의 주체적 결단과 실행으로 선린·평화의 원칙에 따라 완성된다. 따라서 한반도통일은 동북아에서 평화의 걸림돌을 제거하는 역할과 함께 주변 국가들과 진정한 평화정착에 기여할 것이다. 한편 북한이 조국통일 3대원칙의 하나로 천명한 평화는 미국과 북한 간의 평화협정체결을 의미한다. 북한이 평화협정체결을 주장하는 속내는 '선先 주한미군철수 후後 북한의 무력통일'의 구도를 완성하고자 하는 것이다. 따라서 북한의 평화는 위장평화라는 사실을 직시하여야 한다.

공영통일의 원칙

한반도통일은 '통일이전 보다 통일 이후가 더 나아야 한다'는 것이 전제되어야 한다. 즉 통일은 한민족의 부강과 복리를 증진시켜야지, 국가의 부강과 국민의 복지를 후퇴시키는 통일이어서는 안 된다는 점이다. 바로 한반도통일이 남북한의 번영을 가져오는 공영통일의 원칙이 준수되어야 한다. 공영통일의 원칙은 '빠른 통일'이 아니라 '바른 통일'에 기반하고 있다. 국가의 현실적 역량을 무시한 통일지상주의와 통일환상주의에 바탕을 둔 '빠른 통일'은 공영통일의 원칙을 훼손할 수 있다. 다시 말해 통일은 민족의 상생과 공영의 방향에서 이루어져야 하며, 국제사회의 평화와 번영에도 기여해야 한다는 것을 의미한다.

한반도 통일은 고토회복의 재통일이 아니라 새로운 국가를 창조하는 신통일이라는 측면에서 '한반도 공동체의 부강과 복리의 기초'를 세우는 과업이며 남북한이 새로운 공동체를 복원하는 역사적 과정이다. 일반적으로 공동체는 구성원들 간의 상호의존성이 있고 구성원들은 상호의존성으로부터 분리 불가능하다는 특성이 있다. 따라서 통일이후 남북한 공동체가 발전하기 위해서는 공영은 필연적이다. 그러나 공영통일의 원칙에서 어느 일방이 다른 일방에게 완전히 의존할 경우 자립의 기반을 훼손할 수 있다는 점을 경계해야만 한다.

통일이후 한반도공동체가 나아가야 할 지향점은 남북한이 함께 선진국으로 도약하는 것이다. 이를 위해 북한의 산업화와 민주화가 우선적으로 달성되어야 할 과제이다. 한국이 북한의 산업화와 민주화의 과정을 지원하는 것은 '북한의 자립을 위한 지원'의 과정이다. 이는 남북한 국민 모두가 통일의 대역사에 기여하였다는 자긍심과 함께 오늘보다 내일이 더 풍요롭다는 공영의 과정을 마련하는 것이다. 공영의 과정은 개인의 자유를 통해 자립기반을 마련하는 과정일 뿐만 아니라 건강한 공동체를 통해 공영의 토대를 회복시키는 과정이다. 이런 공영통일의 원칙은 '공동체자유주의'를 기반으로 하여 정치·경제·문화관계를 규정하는 좋은 사상적 토대가 될 수 있다는 점을 직시해야 한다.

한반도통일을 위한 플랜 A & 플랜 B

민족공동체통일방안의 의미와 한계

민족공동체통일방안의 의미

한반도통일은 한국주도로 반드시 달성하여야 할 국가 전략적 핵심과제이다. 물론 시기와 상황에 따라 우리의 통일정책이 변화를 거듭해 왔지만, '1국가 1체제'의 자유민주주의 체제로의 통일을 지향해 왔다는 공통점이 있다. 이승만 정부의 북진통일론도 한국주도의 자유민주주의체제를 건설하는 것이며, 박정희 정부의 '선先건설, 후後통일'도 자유민주주의 원칙에 의한 통일이었고 노태우 정부의 '한민족공동체 통일방안'도 자유민주주의 원칙에 의한 통일을 실현하는 것이다. 이러한 인식의 연장선 상에서 김영삼 정부는 1994년 '민족공동체 통일방안'[10]을 한국의 공식적인 통일방안으

---

10) '민족공동체 통일방안'의 정식명칭은 '한민족공동체건설을 위한 3단계 통일방안'이다. '민족공동체 통일방안'은 1989년 '한민족공동체 통일방안'이 근간이다. '한민족공동체 통일방안'은 남북 간의 교류와 협력을 통해 먼저 민족공동체를 회복·발전시키고, 이를 바탕으로 정치적 통일이 이루어질 수 있는 상태를 만들어 나가야 한다는 것이다. 이 방안은 통일의 원칙으로 자주, 평화, 민주'를 제시하고 통일국가의 미래상으로는 '자유, 인권, 행복'이 보장되는 민주국가를 제시하였다. (통일부 통일교육원(2014), 「통일문제의 이해」, p. 134.)

로 제시하고 있다. 우리의 '민족공동체 통일방안'은 통일철학은 자유민주주의이고 접근은 민족공동체 건설을 2대 지주로 삼고 있다.[11] '민족공동체 통일방안'은 통일이 하루아침에 이룰 수 없다는 인식에서 점진적이고 단계적인 3단계의 통일과정으로 구성되어 있다.[12] 통일의 3단계는 화해협력 단계 →남북연합 단계 → 통일국가의 단계이며, 각 단계는 남북한 간에 협정을 체결하거나 공동정치기구를 구성하는 방식의 제도화를 통해 진전되는 것을 상정하고 있다.[13] 따라서 '민족공동체 통일방안'은 1단계가 완성된 이후 다음 단계로의 진전이 가능한 방안이라는 특징이 있다.

'민족공동체 통일방안'의 각 단계별 특성을 요약하면 다음과 같다. 우선 화해협력 단계이다. 남북 간의 적대와 불신을 줄이기 위해 상호 협력의 장을 열어가는 단계이다. 이는 분야별로 교류와 협력을 활성화하면서 1991년 '남북기본합의서'를 규범으로 해 남북이 각기 현존하는 두 체제와 두 정부를 그대로 유지한 채 분단 상태를 평화적으로 관리하는 단계이다.[14] 이 단계는 '남북기본합의서'가 이행된다면 완성될 수 있다. 둘째, 남북연합 단계이다. 화해협력 단계에서 구축된 상호 신뢰를 바탕으로 남북한 간의 교류와 협력이 더욱 활발해지고 제도화되는 단계다. 이 단계에서 남북은 상호 신뢰를 더욱 다지면서 평화정착과 민족의 동질화를 촉진해 나가

---

11) 통일부 통일교육원(2014), 「통일문제의 이해」, pp. 139-140.

12) 통일부 통일교육원(2014), 「통일문제의 이해」, p. 141.

13) 김학송(2015), "바람직한 통일로 가는 원칙과 방안", 「통일한국의 미래상과 청년세대의 역할」, 고려대학교 공공정책연구소 세미나 자료집, p.22.

14) 통일부 통일교육원(2014), 「통일문제의 이해」, p. 142.

게 될 것이다.[15] 이 단계에서는 정치 사회 경제의 각 부문에서 민족공동체 형성에 부합하는 긴밀한 협력이 심화되며, 이를 제도적으로 정착시키기 위한 연합기구들이 설치된다. 즉 남북한 정상회담을 통해 채택되는 '민족공동체헌장' 또는 '남북연합헌장'에 기초하여, '정상회담', '각료회의', '남북평의회', '공동사무처' 등의 기구들을 만든다. 이 기구들의 역할은 크게 두 가지이다. 하나는 민족공동체의 기반을 확대할 수 있는 제도 정착이고, 다른 하나는 이와 보조를 맞추어 '남북평의회'를 통해 '통일헌법'을 마련하여 통일의 방법과 절차를 확정하는 것이다.[16] 이 단계에서 연합기구들이 설치되면, 남북한은 더 이상 독립된 국가가 아니라 국가연합confederation과 연방federation의 중간쯤 되는 성격을 가진 국가로 통합될 것이다. 셋째, 1민족 1국가의 통일국가 완성단계이다. 이는 남북연합 단계에서 제정한 통일헌법에 따라 남북 자유총선거를 실시해 통일국회를 구성하고 통일정부를 수립해 '1민족 1국가 1체제 1정부'의 통일국가를 완성하는 단계다. 이 단계에서는 민족통일과 국가통일을 동시에 이루는 것을 목표로 한다. 따라서 통일된 국가는 민족구성원 모두에게 정치적 경제적 자유가 보장되고 복지와 인간의 존엄성이 존중되는 국가가 된다.[17] '민족공동체 통일방안'의 각 단계별 내용과 특성을 도식하면 〈그림 1〉과 같다.

---

15) 통일부 통일교육원(2014), 『통일문제의 이해』, p. 142.

16) 김학준(1989), "한민족 공동체 통일방안," 『한국논단』10월호, p. 178; 제성호(1994), "남북한의 통일방안 비교," 『민족공동체 통일방안의 이론체계와 실천방향』, 민족통일연구원, pp. 194-195.

17) 통일부 통일교육원(2014), 『통일문제의 이해』, p. 142.

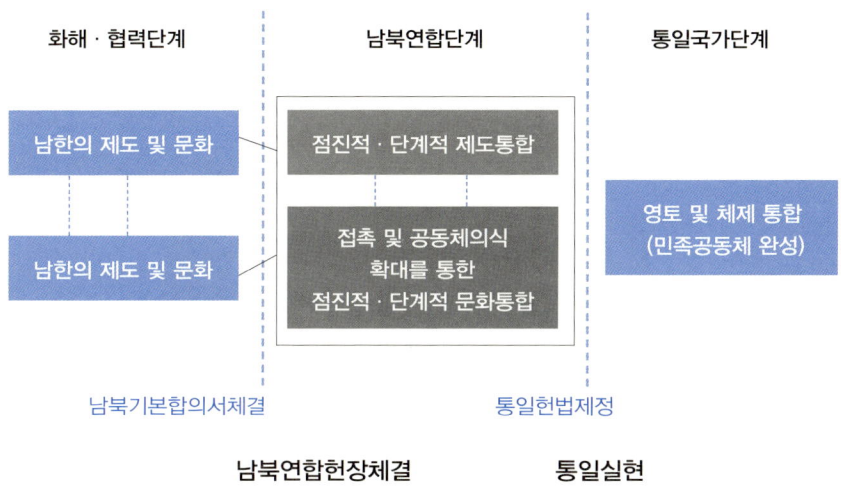

〈그림 1〉 '민족공동체 통일방안'의 추진단계

자료: 김학송(2015), "바람직한 통일로 가는 원칙과 방안", 『통일한국의 미래상과 청년세대의 역할』, 고려대학교 공공정책연구소 세미나 자료집, p.23.

'민족공동체 통일방안'은 통일철학으로 자유민주주의를 제시하고 민족공동체의 복원과정을 통해 통일국가를 완성한다는 기본구상이 문제되지는 않는다. 그러나 '민족공동체 통일방안'이 발표된 이후 20년이 지난 현 시점에서 한반도의 대내외 상황변화는 현실적 한계를 야기하고 있다. 1991년의 남북기본합의서를 전제로 선포된 '민족공동체 통일방안'은 남북기본합의서가 거의 사문화된 현실에서 화해협력단계에서 남북연합단계로의 진전은 불가능하다. 또한 남북한 간에 협력과 대결이 반복되고 있는 상황에서 남북한이 어떤 합의를 하고 제도(기구)를 설치하였다고 하더라도 실천을 강요할 수단이 전혀 없기 때문에 다음 단계로의 진전을 보장할 수

없다.[18]

'민족공동체통일방안'은 화해·협력 → 남북연합단계 → 통일국가를 완성하는 점진적·단계적 접근방법이다. 이 통일방안 중 남북연합 Korea Commonwealth 단계는 민족공동체를 만들어 가는 중간과정으로 3단계 통일방안의 성패를 좌우하는 단계이다. 이 단계는 남과 북이 상호협력과 공존공영의 관계를 도모하면서 통일기반을 조성해 가는 '과도적 통일체제'로 기본적으로 기능주의적 접근에 바탕을 두고 있다. 남북한이 서로 상이한 체제를 유지하고 있는 현실을 감안하여 '선先민족공동체 건설, 후後통일국가 수립'이라는 기본 구상 하에 남북연합을 제안하였다. 남북연합은 국가 간의 관계가 아닌 민족내부의 특수관계를 유지하면서 상호 간의 관계를 협의·조절하고 민족공동의 이익을 추구한다는 점에서 일반적 의미의 국가연합과 다르다.[19] 그러나 기능주의적 접근이 동일한 체제(제도)를 전제로 한다는 점에서 체제가 상이한 남북한에 이 접근방법을 적용할 경우 소기의 목적을 달성할 가능성은 거의 없다는 점이 문제이다. 다시 말해 비정치적 교류와 경제협력을 위주로 한 기능주의적 접근법은 정치 군사적 문제에 대한 해결책이 될 수 없다는 사실을 무시하고 있다는 점이다.[20]

'민족공동체통일방안'은 북한의 개혁·개방을 통한 연착륙 soft landing 을

---

18) 김학송(2015), "바람직한 통일로 가는 원칙과 방안", 「통일한국의 미래상과 청년세대의 역할」, 고려대학교 공공정책연구소 세미나 자료집, p.23.

19) 국가연합은 국제법상 주권의 독립성을 전제로 형성되는 국가 간의 상호작용의 형태를 의미하기 때문에 상호 대등한 국제법적 지위를 보장한다. 통일교육원, 「통일문제이해」, 2010, pp.18-19.

20) 조영기 외(2014), 「한반도통일 플랜 B」, 한반도선진화재단, p. 214.

전제로 북한의 단계적·점진적 변화를 통해 선先통합 후後통일의 과정을 염두에 두고 있다. 따라서 '민족공동체통일방안'은 바람직한 통일방안으로 인식되고 있다. 그러나 북한은 주체사상·선군사상을 고집하고 있고, 기득권 세력들이 3대세습 과정에서 획득한 기득권적 이익을 포기할 가능성도 매우 낮기 때문에 북한에서 개혁·개방은 거의 불가능하다. 따라서 북한체제의 변화를 염두에 둔 정부의 '민족공동체통일방안'은 한계가 있을 수밖에 없다. 즉 '민족공동체통일방안'이 북한이 지배사상인 주체사상·선군사상을 고집하는 한 북한 내부에서 개혁·개방을 통한 연착륙이 불가능하다. 반면 북한이 개혁·개방을 거부한다면 경착륙hard landing의 가능성을 배제할 수 없고,[21] 이는 급변사태로 이어질 가능성도 배제할 수 없기 때문에 선통합 → 후통일의 가능성은 희박하다. 따라서 북한의 급변사태는 선先통일 후後통합으로 연결하는 것이 통일의 기회를 잡는 길이다.

또 다른 통일방안 '플랜 B'

독일통일이 한반도통일에 주는 시사점

동서독 통일은 '선先통일 후後통합'의 과정으로 진행되었다. 그러나 '선先통일'이 가능했던 원인은 동독에서 급변사태가 발생되었기 때문이다. 동독 급변사태가 진행된 과정을 세분해 보면 다섯 단계로 구분된다. 즉 ① 동독의 경제위기와 여행 자유화에 불만을 품은 동독주민의 여행 자유화

---

21) 박세일 (2013), 「선진통일전략」, 21세기 북스, pp. 207-208.

요구(1989년 초) ② 헝가리가 오스트리아 국경 부분개방(1989년 5월) ③ 동독주민이 체코 폴란드 소재 독일대사관에 진입((1989년 8월 9일) ④ 헝가리가 오스트리아 국경 완전개방으로 동독주민 대량 탈출(1989년 9월 11일) ⑤ 체코 프라하의 독일대사관에 체류 중이던 동독주민 6,000명을 특별열차편으로 동독을 경유하여 서독입국(9월30일)의 단계이다.[22] 동독급변사태의 과정 중에서 ① ~ ④의 과정은 동독이 급변사태의 원인을 제공한 것이며, ⑤의 과정은 서독이 동독의 급변사태를 촉발하였다는 점이다. 즉 동독주민들이 대규모 탈출현상이 나타난 직후 정부당국에 공개적으로 개혁을 요구하면서 동독급변사태의 불길을 당겼다는 점이다.[23]

서독 지도자들은 동독급변사태를 동독민주화의 창(窓)으로 활용하였고, 민주화의 열기를 통일의 창으로 활용하였다. 1989년 9월 4일 라이프치히 교회에서의 월요시위[24]는 동독 민주화운동의 시발점이 되었고 이 시위는 동독 전역으로 전염되어 베를린 장벽을 무너뜨리는 동력이 되었다.[25] 한편 동독에서 1989년 9월부터 새로운 정당들이 결성되어 반체제·민주화운동의 구심적 역할을 하였다. 하지만 서독정부는 동독급변사태 초기에는 동독의 민주화를 통일로 연결하는데 미온적인 태도를 보였다. 그러다가 1989년 11월 19일 베를린 장벽의 붕괴로 동독정부의 힘의 약화되자 서

---

22) 김동명(2010), 『독일통일, 그리고 한반도의 선택』, 한울아카데미, pp. 109-115.

23) 조영기(2014), "통일과 북한급변 사태", 『통일과 급변사태: 군사적 과제』자료집, 한반도선진화재단, p.27.

24) 라이프치히에서 최초 시위는 1989년 3월에 여행자유화를 요구하는 시위이다. 하지만 동독정부는 이들을 '체제의 적'으로 간주하고 슈타지(Stasi)에 의해 진압되었다.

25) 김동명(2010), 『독일통일, 그리고 한반도의 선택』, 한울아카데미, p.110.

독정부는 이를 통일의 기회로 활용하기 시작했다. 한편 1989년 11월말부터 12월 사이에 동독지도부가 급격히 무너지면서 시위대는 '우리는 통일된 독일국민Wir sind ein Volk'라는 구호가 등장하면서 동독에서 민주화 운동은 통일운동으로 대체되기 시작했다. 이런 정치상황의 변화를 서독지도부는 통일의 기회로 활용하였다. 서독의 콜Helmut Kohl 수상은 동독에 대한 경제지원을 중단하고 동독 사회주의체제의 붕괴를 유도하는 동시에 1989년 11월 28일에 연방의회에서 점진적 통일방안인 '독일과 유럽의 분단 극복을 위한 10개항 프로그램'을 제시하고 대내·외적으로 통일의지를 천명했다. 그리고 1989년 12월 19일 콜 수상은 모드로 총리Hans Modrow[26]와 드레스덴Dresden 회동에서 동서독 간의 '협력 및 근린 공동협정'을 체결하고 독일통일이 최종 목표임을 대내외에 천명했다.[27] 그리고 서독의 제 정당은 통일 이후를 대비하기 위하여 동독정치가나 정당을 직간접적으로 지원하였다. 바로 서독정부의 리더십과 결단력, 동독주민의 통일에 대한 열의가 결합되어 동독급변사태는 통일의 창을 여는 길이었다는 점이다.

1990년 4월 동독인민의회가 데 메지에르Lothar de Maiziere를 수상으로 하는 민주정부가 수립되자 동서독 정부는 가시권에 접어든 통일준비에 착수하고, 1990년 5월 동서독은 '경제·화폐·사회연합'을 체결하고 1990년 7월1일부로 동독경제는 서독경제에 통합되었다.[28] 특히 1 : 1화폐통합은 동

---

26) 모드로(Hans Modrow)는 1989년 11월 13일 동독이 최초의 비밀투표를 통해 임명된 최초의 총리이다. 모드로는 취임 후 개혁을 천명하고 서독과 계약공동체 관계의 정립을 주장했다. 그러나 그는 섣부른 통일의 위험성을 강조하면서 동독이 사회주의적 대안 국가로 남기를 희망했다.

27) 김동명(2010), 『독일통일, 그리고 한반도의 선택』, 한울 아카데미, p. 116.

28) 김동명(2010), 『독일통일, 그리고 한반도의 선택』, 한울 아카데미, p. 117.

독경제의 생산성을 고려하면 서독의 희생을 요구하는 조치였지만 서독주민은 통일이라는 대의大義를 위해 통일을 선택하였다.[29] 또한 통일과정에서 소요되는 통일비용을 소득세, 재산세, 법인세에 '연대추가징수금Solidaritszschlag'의 명목으로 7.5%를 추가 부담하였다.[30] 바로 독일통일은 화폐통합을 통해 동독주민의 마음 얻기와 서독주민의 희생의 결과물이라는 점이다. 이는 한반도통일과정에서 북한주민의 마음을 사는 정책이 얼마나 중요한가를 보여주는 것이라고 할 수 있다. 한편 '북한급변사태 - 한반도 통일'의 과정에서 당연히 북한주민은 한국을 선택할 것이라는 것을 전제하고 있다. 하지만 이 전제가 틀릴 수 있다는 점이다. 따라서 북한주민의 마음을 확보할 수 있는 정책개발과 추진방안을 강구하여야 한다. 또한 남북한이 통일과정에서 북한 엘리트들에 대한 반발을 무마하는 것도 관건이다. 북한 엘리트계층의 반발이 평화적 통일을 어렵게 만들 수도 있기 때문에 이들에게 면죄부를 주는 방안도 고려하여야 한다.[31] 결국 한반도통일은 통일과정의 안정적 관리를 통해 북한지역에 효율적 체제를 정착시키는가와 밀접한 관련이 있다.[32]

---

29) 동서독 화폐통합의 적정비율은 동서독의 생산성을 비교할 때 1 : 4의 비율이 경제적 타당성이 있는 것으로 분석되었다. 따라서 동서독 화폐통합으로 동독주민은 약 4배 정도의 소득이 증가한 것으로 분석되었다.

30) 연대추가징수금은 7.5% 추가 징수되었고, 독일정부는 통일이후 통일비용을 추계하지 않았지만 서독의 동독에 대한 총이전지출은 1조2800억 유로이며 이는 서독 GDP의 5%선에 상응하는 규모이다. 이중 동독의 조세 및 사회보장부담금 수입을 제외한 순이전지출은 9800억 유로에 달한다. 기간 중 통일비용으로서의 동독으로의 이전지출은 소모성 지출이 7800억 유로이며, 투자성 지출은 5120억 유로이다.(국가정보원(2009), 「통계에 나타난 독일통일 20년」, p. 178.)

31) 북한 엘리트들이 북한체제 하에서의 범죄행위에 대해 어떤 정치적 보복도 없을 것이라는 점을 분명히 해야 한다. 이들이 통일 이전 북한정권에서의 범죄행위는 통일 이후 새로운 정의(transition justice)를 정립하는 문제와 직결된다는 점에서 적절한 기준을 정하는 것은 중요한 문제이다.

32) 조영기 외(2014), 「한반도통일 플랜 B」, 한반도선진화재단, p. 222.

'플랜 B'의 통일방안

우리의 공식적인 통일방안은 '민족공동체 통일방안'이다. 민족공동체통일방안의 구도는 '선先통합 – 후後통일'의 과정으로 요약된다. 물론 민족공동체통일방안으로 통일을 완성하는 것이 가장 소망스러운 방안인 것만은 분명하다. 그러나 앞에서 지적한 것처럼 민족공동체통일방안은 한계를 가지고 있어 실현가능성이 매우 낮다는 점이다.[33] 우리의 민족공동체통일방안은 서독의 빌리 브란트Willy Brandt 수상에 의해 추진된 동방정책Ostpolitik의 구도와 흡사하다. 서독의 동방정책의 기조는 기능주의에 입각한 '접근을 통한 변화정책'이다.[34] '접근을 통한 변화정책'이란 동서독 간에 경제, 청소년, 문화, 방송 등 비정치적 교류협력을 통해 정치적 협력을 확대하겠다는 이루겠다는 것이다. 그러나 동서독 간에 교류협력이 지속적으로 증가했지만 어떤 작은 정치적 통합도 이루어지지 않았다는 점에서 '접근을 통한 변화정책'은 사실상 실패한 정책이다. 뿐만 아니라 동독은 1980년대 동구권의 체제전환의 물결을 차단하기에 급급했다. '접촉을 통한 변화'가 동독의 민주화를 만든 것이 아니라 동독주민들이 스스로 만들어 냈다는 점을 간과하지 말아야 한다. 또한 동독주민이 만든 민주화가 독일통일을 완성한 것이라는 점도 주목해야 한다. 바로 독일통일이 가능했던 것은 '접촉을 통한 변화'의 선先통합 – 후後통일의 패러다임이 아니라 민주화를 바탕으로

---

33) 단계적 통일방안(로드맵 통일방안)에 대한 문제점은 다음을 참고(조영기 외(2013), pp.51~54.

34) 서독의 '접근을 통한 변화정책'은 1963년 7월 에곤 바(Egon Bar)에 의해 구상되었다. 서독의 '접근을 통한 변화정책'의 첫 결실은 1963년 12월 17일 동서 베를린 간 통행권 협정이며, 1967년 서독이 유고슬라비아와 외교관계를 맺음으로써 할슈타인원칙도 사실상 초기했다. 이 정책은 서독 사민당의 브란트 수상이 동방정책으로 구체화하였다.(김근식 (2013), "남북관계와 통일", 「현대북한학강의」, (주)사회평론, pp. 291-292.)

한 선先통일 – 후後통합의 패러다임이 작동했기 때문이라는 점이 역사적 사실이다. 즉 동서독은 동독급변사태 → 동독의 민주정부수립 → 독일통일 → 동서독 통합의 과정을 거쳐 통일을 완성하였다.[35]

정부의 민족공동체통일방안의 선先통합 – 후後통일 패러다임을 '플랜 A'라면 독일통일의 선先통일 – 후後통합 패러다임을 '플랜 B'라고 할 수 있다. 한반도통일이 '급변 → 통일 → 통합'의 '플랜 B'의 패러다임 과정을 가정한다면 통일은 2단계의 과도단계의 설정이 필요하다. 과도 1단계는 급변에서 통일까지의 단계이며, 과도 2단계는 통일에서 통합의 단계이다. 과도 1단계의 목표는 북한의 급변 –민주화 과정 –을 안정적으로 관리하여 평화통일을 이루는데 있다. 한반도통일은 대한민국의 헌법에 의거하여 달성되어야 한다.[36] 과도 1단계에서 평화롭고 효율적인 통일을 달성하기 위해 무분별한 남북한 주민들의 이주를 통제하고 북한을 안정적으로 관리하는 것도 매우 중요하다.[37] 과도 2단계의 목표는 통일 후 남북한의 통합과정을 효율적으로 추진하여 빠른 시간 내에 남북의 제도통합을 완성하는 것이다. 이 과정에서 남한 이익단체의 과도한 이기주의적 행동을 차단하고 과도한 사회보장제도를 경계하여 생산성향상에 기여하며, 공익적 차원에서 재산권 문제가 처리되도록 하여야 한다.[38]

---

35) 조영기 외(2014), 『한반도통일 플랜 B』, 한반도선진화재단, p. 210.

36) 대한민국 헌법 3조와 4조에 의한 헌법정신을 구현하는 것이다. 즉 정치적으로는 자유민주주의, 경제적으로 자본주의시장경제, 사회문화적으로는 다양화를 추구하는 것이다.

37) 조영기 외(2014), 『한반도통일 플랜 B』, 한반도선진화재단, p. 211.

38) 조영기 외(2014), 『한반도통일 플랜 B』, 한반도선진화재단, p. 212.

동독의 급변사태를 독일통일로 완성할 수 있었던 것은 서독 콜 수상의 통일리더십이 있었기 때문이다. 바로 분단국의 최고지도자로서 통일을 최고 가치로 설정하고 통일의 창이 열리자 그 기회를 놓치지 않았다. 만약 한반도에서 독일통일과 같은 '플랜 B'의 상황이 발발한다면 대한민국의 최고지도자는 당연히 통일의 기회를 잡아야 한다. 통일의 창이 열리면 이를 기회로 통일을 완성하는 것이 대한민국 최고지도자가 헌법정신을 실천하는 것이다. 여기서 통일은 여론에 따라 춤출 수 있는 문제가 아니라 최고지도자의 통일철학의 문제라는 점이다. 그리고 북한지역 내 민주적 협상파트너가 북한의 민주정권을 수립할 수 있도록 지원해야 한다. 물론 북한과의 협상은 자유선거를 통해 선출된 지도자여야 한다.[39]

---

39) 조영기 외(2014), 『한반도통일 플랜 B』, 한반도선진화재단, p. 220.

통일지향의 대북정책

대북정책과 통일정책과의 상관성

남북한은 1991년 남북기본합의서를 채택하면서 남북 간의 관계를 '통일을 지향하는 '특수관계'로 규정하고 있다.[40] 남북한이 남북관계를 '특수관계'로 인정한 것은 남북한이 분단의 평화적 관리와 함께 분단의 적극적 해소를 통해 통일을 지향한다는 의미를 내포하고 있다. 남북한이 분단을 평화적으로 관리하는 것을 대북정책이라고 하며, 분단을 적극적으로 해소하려는 각종 정책을 통일정책이라고 한다. 여기서 대북정책이 분단관리에만 국한할 것인가, 아니면 분단해소의 과정까지를 포함할 것인가에 따라 대북정책은 통일정책으로 확장된다. 즉 대북정책이 분단관리에만 국한할 경우 대북정책은 통일정책과 무관할 것이며, 이때의 대북정책의 목표는 분단의 안정적 관리에 국한할 것이다. 그러나 대북정책이 분단관리뿐

---

40) 남북한은 1991년 남북기본합의서를 채택하면서 남북한 간의 관계를 "통일을 지향하는 과정에서 잠정적으로 형성되는 특수관계"로 규정하고 있다. 남북기본합의서가 채택된 이후 남북이 합의한 특수관계는 남북이 합의서나 공동보도문을 채택할 경우 '대한민국'과 '조선민주주의인민공화국'이라는 국호 대신에 '남과 북'이라는 주어로 시작하는 것이 관례가 되었다.

만 아니라 적극적으로 분단을 해소하는데 목표를 둔다면 대북정책은 통일정책과 밀접한 관계가 있다. 이때의 대북정책은 통일지향의 통일준비과정으로 역할을 하게 된다. 따라서 통일지향의 대북정책은 통일정책의 하위개념으로 기능하면서 통일정책을 완성하는 것이다. 이런 점에서 대북정책은 전술이라면 통일정책은 전략이라고 할 수 있다.[41]

통일지향의 대북정책은 적극적 분단해소 정책을 통해 통일을 준비하고 완성하는 것을 목표로 한다. 적극적 분단해소 정책의 관건은 여하히 북한의 변화를 유도하여 북한의 정상(국가)화 normalization of North Korea를 도모할 것인가에 달려있다. 따라서 우리의 통일지향 대북정책의 목표는 당연히 북한의 정상(국가)화이어야 한다. 일반적으로 정상국가란 근대적 국민국가를 의미한다. 근대적 국민국가는 국민의 삶의 질과 생활조건을 향상하기 위해 국제규범을 지키고 개혁개방을 통해 국민의 경제적 삶의 질을 높이고 인권을 존중하는 주권재민을 소중히 한다.[42] 비록 북한의 정상화가 힘든 과제이긴 하지만 대북정책을 통해 북한의 정상화를 위한 정책개발에 전략을 구상하여야 한다. 따라서 통일지향의 대북정책 방향은 '무엇을 얼마나 줄 것인가'에서 '무엇을 어떻게 줄 것인가'로 바뀌어야 한다는 점이다.

대북정책은 '교역을 통한 평화이론 peace through trade'[43] 에 논리적 근거를 두

---

41) 조영기 외(2013), 『한반도 블루오션, 선진통일』, 한반도선진화재단, pp. 181-182.

42) 박세일(2013), 『선진통일전략』, 21세기 북스, pp. 282-283.

43) '교역을 통한 평화이론'은 기능주의에 바탕을 두고 추진한 서독의 '접촉을 통한 변화정책'과 동일한 논리적 근거에 바탕을 두고 있다. 즉 비정치적 접촉이 누적되면 정치적 변화를 초래할 수 있다는 기능주의에 바탕을 두고 있다. 그러나 기능주의는 동일한 체제(제도)를 전제로 한다는 점에서 한계가 있다.

고 있다. 교역·투자 등의 경제적 활동을 통해 남북한이 경제적 상호의존성을 높이면 상호갈등 -무력충돌 또는 전쟁- 의 가치를 하락시켜 평화의 실질적 가치를 높인다는 것이다. 사실 평화이론에 근거한 햇볕정책과 대북포용정책으로 남북경협이 활성화되었지만 북한의 실질적 개혁을 유도하지 못했다는 비판을 받고 있다. 또한 지난 시기 북한체제의 독특한 특성 때문에 대북정책이 북한당국을 상대할 수밖에 없다는 불가피성에도 불구하고 대북정책이 북한의 실질적 개혁을 위한 지렛대로 활용되지 못했다. 이는 대북정책이 통일지향의 대북정책이 아니라는 점을 반증하고 있다.

분단관리정책은 현재의 분단을 평화적으로 관리·유지하는 정책이다. 따라서 현재의 분단상태가 관리·유지되기 위해서는 북한의 무모한 각종 위협과 도발에 순응하면서 강압적 요구를 무조건 수용하면 평화적 분단관리가 되는 최악의 상황이 반복해서 발생할 수 있다는 점이다. 이런 측면에서 평화적 분단관리는 최악의 상황이 최상의 선택으로 받아들여 질 수 있는 함정을 간과하지 말아야 한다. 또한 분단관리의 지속은 분단의 영구화를 고착시킬 가능성이 높아지며, 이는 통일을 더욱 어렵게 만드는 요인이 된다는 점이다. 따라서 통일지향의 대북정책을 통해 북한의 변화를 유도하고, 북한주민의 인권을 개선하고, 북한독재정권의 물적 지지기반을 차단하여야 한다. 사실 북한은 '조선은 하나다'라는 구호로 햇볕정책과 포용정책을 무력화시키면서 대남정책에서 주도권 고수의 원칙으로 견지해왔다.[44] 이처럼 평화적 분단관리가 북한의 변화를 유도하기보다는 오히려 북

---

44) 우평균 (2012), "김대중 정부 이후 한반도에서의 통일노력", 「한반도는 통일독일이 될 수 있을까?」, 송정, pp. 200~201.

한의 통일전선전략의 도구로 활용된 측면을 본다면 통일지향의 대북정책의 필요성을 절감할 수 있다. 따라서 통일지향의 대북정책은 북한정권을 상대로 분단의 평화적 관리, 변화-개혁과 개방-유도, 통일준비 등의 내용을 협의하여야 하지만 대북정책의 대상은 북한주민이 되어야 한다.[45]

통일지향 대북정책의 기조

통일지향 대북정책은 북한의 변화를 통한 정상(국가)화가 목표이다. 정상화는 북한주민들이 인류의 보편적 가치를 향유하고 삶의 질을 제고하는 최소한의 조건이다. 이를 위해 관여engagement와 확장enlargement정책을 통해 북한의 정상(국가)화를 유도하여야 한다. '관여정책'이란 외교, 군사, 경제, 문화 등 다양한 영역에서 대상국가와의 교류를 광범위하게 증진시킴으로써 대상국가의 정치적 행위에 영향을 미치려는 정책이다. 우리의 대북관여정책의 1차 목표는 개혁·개방을 통한 북한의 변화이고, 이를 통해 북한의 산업화와 민주화를 통해 북한의 정상(국가)화를 달성하는 것이 2차 목표이다. 그리고 '확장정책'이란 자유민주주의와 시장경제의 가치를 확장시키는 것이다. 전체주의의 속성은 독재정권이 억압과 충성이 결합되어 저항의 기제를 원천적으로 차단하고 주민의 빈곤을 주민통제의 수단으로 사용한다. 북한도 주체 및 선군정치사상에 의거한 전체주의국가라는 점에서 예외는 아니다. 비록 북한은 1990년대 이후 충성의 측면이 약화되었다고 하지만 억압의 측면은 구조적으로 강화되고 있다는 점에서 폭정은 지

---

45) 조영기 외(2013), 『한반도 블루오션, 선진통일』, 한반도선진화재단, p. 184.

속되고 있다.[46]

이처럼 북한에서 폭정이 지속되면서 주민들은 외부세계와의 정보가 차단되는 것은 당연시되고 있고, 주민들에 대한 인권탄압의 일상화는 인권의 사각지대를 확장시키고 악순환을 연장하고 있다. 또한 독재자와 소수의 측근들은 독재정권을 유지하기 위한 경제적 잉여를 극대화하는 독재자의 정치적 지대political rent를 향유하기 때문에 대다수의 주민들은 부족과 빈곤에 시달릴 수밖에 없다.[47] 따라서 통일지향 대북정책은 북한주민을 대상으로 정보화, 민주화, 시장화를 촉진하는 대민정책對民政策을 개발해야 한다.

우선 북한주민에 대한 정보화이다. 정보화의 필요성은 주민들의 알 권리를 충족시켜 주기 위한 것이다. 북한의 외부정보 차단은 정치적 탄압과 경제적 빈곤을 가능하게 하는 근원이기 때문에 정보화는 필수적이다. 그러나 외부정보가 차단되면서 북한주민들은 탄압과 빈곤의 근원에 대해 알지 못하고 있다. 정보차단의 결과는 북한의 민주주의 지수Democracy Index가 최하위에 머물고 있다는 사실이 이를 반증한다.[48] 북한에 전달해주어야 할 정보는 외부세계의 정보뿐만 아니라 북한내부의 정보도 포함되어야 한다. 특히 북한내부에 정보전달은 향후 자스민 혁명의 원동력이 된다는 점에서

---

46) 박형중 외(2012), 「독재정권의 성격과 정치변동」, 통일연구원, p.146.

47) 박형중 외(2011), 「통일대비를 위한 북한변화 전략」, 통일연구원, pp. 68-70.

48) 민주주의지수는 영국의 이코노미스트지가 '①선거과정의 투명성과 다원주의 존중(Electoral process and pluralism)', '②정부의 기능성(The functioning of government)', '③정치참여(Political participation)', '④정치문화(Political culture)', '⑤시민자유(Civil liberties)' 등을 기준으로 산정하고 있다. 이 조사에서 북한은 2011년과 2013년 조사대상 167개 국가 중에서 167위로 조사되었다.

정확한 정보가 전달되어야만 한다.[49] 또한 한국이 북한주민에 대한 동포애를 전달하고, 우리가 북한주민의 자유와 경제재건의 든든한 버팀목이라는 사실을 알려줌으로써 '남북이 함께 통일을 준비하려고 한다'는 메시지를 전달하여야 한다.[50]

그리고 북한의 민주화이다. 북한의 민주화는 북한주민들에게 수령3대 세습으로 인한 '압제로부터의 자유'를 주는 것이다. 북한에서 1인 독재체제와 장기간의 경제위기는 북한주민의 인권과 민주주의에 심각한 저해요인으로 작용하고 있다. 북한민주화가 단순히 '민주주의와 인권실현'이라는 도덕적 문제만이 아니라 8천만 한반도 주민의 안정과 번영, 동북아의 평화와 번영에 심대한 영향을 미치는 요인이라는 점을 직시하여야 한다. 북한의 민주화를 위해 북한과 '자유를 위한 거래 trade for freedom'를 하여야 한다. '자유를 위한 거래'란 옛 서독정부가 동독에 경제적 지원과 동독 정치범 석방을 거래한 것이다. 우리도 우리의 경제력 수준에 걸맞게 대북인도적 지원을 획기적으로 늘리되 국군포로와 납북자, 북한의 정치범과 양심수, 종교 박해자들의 자유를 위한 거래를 시도하여야 한다. 또한 북한의 민주화를 위해 국제협력을 통한 관여정책이 필요하다. 예를 들면 유럽의 '헬싱키 프로세스 Helsinki Process'가 소련과 동구권의 민주화와 인권문제를 해결한 것처럼 북한의 민주화와 인권문제를 실질적으로 해결하기 위한 '(가칭)북한 인권 프로세스'의 구성이 요구된다. 특히 '북한 인권 프로세스

---

49) 김일성 항일무장투쟁의 과장 및 왜곡, 친일청산, 6.25전쟁의 전쟁책임 회피 등과 같은 근현대사의 내용뿐만 아니라 북한주민들의 일상생활에 밀접한 영향을 미치는 일기예보, 간부들의 부패 등의 내용 등이다.

50) 조영기 외(2013), 『한반도 블루오션, 선진통일』, 한반도선진화재단, pp. 201-203.

(안)'은 '악에 대해 공동투쟁'만이 성공을 담보할 수 있는 제도적 기반이라는 점에서 북한민주화를 강제하는 유용한 수단이 될 수도 있다.[51]

다음 북한경제의 시장화이다. 북한경제의 시장화는 경제적 자유와 밀접한 관계가 있다. 시장화는 개인의 자유로운 선택, 자발적인 거래, 자유로운 경쟁, 가격기구의 작동, 사유재산권의 보호를 촉진시킨다.[52] 또한 시장화는 경제적 자유를 신장시켜 성장과 발전, 행복, 복지 그리고 정치적 자유를 뒷받침하는 요소로 작동하며 종국적으로는 사회주의의 부족의 경제 shortage economy의 문제를 해결한다. 결국 시장화는 '결핍으로부터의 자유'를 보장한다. 자본주의와 사회주의 간에 발생된 경제적 격차는 시장화를 통한 경제적 자유의 과다에 따른 결과이며, 같은 자본주의 국가라도 보다 경제적 자유를 더 보장하는 시장지향적 경제가 더 성장해 온 것은 역사적 사실이다. 사회주의계획경제에서 일반적 인식은 시장이 계획의 미비한 부분을 일정정도 보완해준다는 것이다. 그러나 시장은 상품이 교환되는 단순한 장소 marketplace 로서의 기능뿐만 아니라 각종 정보가 모이고 확산되는 정보유통의 공간 information-space 의 기능도 수행하고 있다. 이처럼 시장은 닫힌 사회 closed society를 열린 사회 open society로 전환할 수 있는 기능을 충분히 이행할 수 있는 공간이라는 점이다. 우리가 북한의 시장화에 주목하는 것은 북한의 열린 사회로의 가능성 때문이다.[53]

---

51) 조영기 외(2013), 『한반도 블루오션, 선진통일』, 한반도선진화재단, pp. 197-198.

52) 한국개발연구원(2011)·시장경제연구원, 「시장경제의 재발견」, 한빛비즈, pp. 33~34

53) 조영기 외(2013), 『한반도 블루오션, 선진통일』, 한반도선진화재단, pp. 198-201.

통일지향 대북정책의 수단

북한동포의 '마음 얻기'

통일지향의 대북정책은 한반도의 소극적 평화공존의 분단상태를 타파하는 정책이다. 물론 대북정책의 협상파트너는 북한당국이지만 대북정책의 목표는 북한주민이다. 즉 북한당국을 위한 대당국자정책對當局者政策이 아니라 북한주민을 향한 대민정책對民政策이어야 한다는 것이다. 대북정책이 통일정책의 하위개념이라는 점에서 대북정책은 통일지향의 정책을 개발하여야 한다. 동서독의 통일은 동독민주화 과정에서 동독주민들이 민주적 선거를 통해 선택한 동독의회가 서독연방정부로의 편입을 결정함으로써 평화적 통일이 가능했다. 이는 서독이 동독을 흡수통일한 것이 아니라 동독주민들이 서독을 선택한 것이라는 점을 강조한 것이다. 결국 독일통일과정에서 동독주민들의 마음이 결집되어 통일을 완성한 것처럼 한반도 통일 과정에서 '북한동포의 마음 얻기'는 중요하다는 것을 입증하고 있다. 흔히 인도적 지원은 인류애의 발로라고 한다. 그러나 인도적 대북지원은 같은 동포에게 지원하는 것이라는 점에서 동포애와 인류애를 함께 발로시킨다. 즉 통일을 지향하는 한국이 북한주민들의 빈곤과 식량문제를 마냥 방치할 수 없다는 점에서 인도적 대북지원이 북한주민들에게 실질적인 도움을 줄 수 있고, 이는 북한주민의 마음을 얻는 중요한 정책으로 기능할 수 있다는 점이다. 물론 인도적 대북지원 과정에서 한국의 대북지원이 북한전체주의체제 유지수단으로 악용될 수 있는 가능성을 최대한 예방·차단하여야 한다.

2012년 유엔의 북한 인권결의는 심각한 영양부족, 만연한 보건문제, 기타 경제적·사회적 어려움 등 북한의 전반적 사회권 실태에 대해 평가했다.[54] 바로 인도적 대북지원은 북한주민의 빈곤과 식량난 해결에 직접적인 도움이 될 수 있다는 측면에서 어떻게 북한 주민의 마음을 얻을 것인가에 대한 전술적 수단을 개발하는 것이 요구된다.[55] 만성적 식량부족 국가인 북한에 식량을 지원하는 것은 '북한동포의 마음 얻기'의 유용한 수단 중의 하나이다. 그러나 지난 시기 우리의 대북식량지원은 차관형식을 취하면서[56] 북한이 이런 우리의 약점을 최대한 악용하면서 남북관계를 오히려 악화시키는 요인으로 작용하기도 했다. 그리고 식량전달 방법은 북한동포의 마음 얻기가 아니라 북한당국의 편의가 최대한 반영되었다는 점에서 비판 받아야 한다. 수십만 톤의 식량을 한꺼번에 선박을 이용하여 북한 부두에 하역할 것이 아니라 수 차례의 걸쳐 육로로 전달하는 것이 북한동포의 마음속에 오랫동안 남아 있을 것이다. 이 광경을 북한주민이 확인할 것이고 인지할 것이다. 이 광경이 북한주민의 가슴에 새겨지면서 동포애를 갖게 될 것이고 북한당국이 유용하는 양도 축소될 것이다. 이는 가랑비에 옷 젖듯이 북한주민의 마음을 얻을 수 있을 것이다.[57]

한편 인도적 대북지원은 WFP, FAO 등과 같은 국제기구의 기준을 준용

---

54) 이규창 외(2013), 「인도적 지원을 통한 북한취약계층 인권증진 방안 연구」, 통일연구원, p. 13.

55) 조영기 외(2014), 『한반도통일 플랜 B』, 한반도선진화재단, p. 201.

56) 차관형식의 대북식량지원은 2000년부터 6차례에 걸쳐 쌀 240만 톤과 옥수수 20만 톤이다. 6차례에 걸친 차관총액은 7억2000만 달러이며, 상환일은 2012년 5월말이었지만 북한은 식량차관의 상환일이 도래한 이후에도 상환을 위한 어떤 조치도 취하지 않고 있는 상태이다.

57) 조영기 외(2014), 『한반도통일 플랜 B』, 한반도선진화재단, p. 203.

하지만 통일을 지향하는 한국의 입장에서는 독자적 인도적 지원규정과 절차를 마련하여 정례적으로 지원하는 것이 요구된다. 인도적 대북지원 과정에서 남북이 지켜야 할 원칙은 '인도주의 존중의 원칙', '근본적 문제해결 추구의 원칙', '상호협조의 원칙'이다. '인도주의 존중의 원칙'은 어떤 정치적 상황에서도 이산가족 교류협력사업을 추진한다는 원칙이며, '근본적 문제해결 추구의 원칙'이란 일회성 상봉이 아니라 상시적 상봉이 가능한 환경을 정착시킨다는 원칙이며, '상호협조의 원칙'이란 납북자, 국군포로 문제해결에 상호 협력하는 원칙이다. 이런 원칙에 따라 인도적 대북지원과 관련하여 이산가족 상봉이 상시적으로 이루어질 수 있도록 정례화의 기반을 마련하고 서신교환, 영상통화 및 만남의 활성화도 이루어져야 한다. 특히 이산가족 상봉이 특정한 정치적 목적을 위한 일회성 이벤트를 경계하여야 한다. 그리고 납북자 및 국군포로의 생사확인과 송환에 대해서는 북한의 적극적인 협조를 촉구하는 동시에 대북 인도적 지원과 연계시키는 방안도 적극 고려하여야 한다.

불가역적 남북경협 제도의 구축

남북경협은 대북정책의 중요한 수단이다. 남북경협이 지속발전하기 위해서는 상호 포용적 제도inclusive institution를 구축하는 핵심은 제도를 구축하는 것도 중요하지만 제도운영도 중요하다. 따라서 남북경협이 지속적으로 발전하기 위해서는 남북이 상대방을 상호인정하고 존중하며 신의성실의 원칙을 지키는 방향이어야 한다. 즉 남북경협은 일방적 지원이 아니라 남북한 간의 교환이라는 점에서 교환의 일반법칙에 따라 결정되기 때문에 일방적 지원은 남북경협의 진전에는 명백한 한계가 노출될 수밖에 없다.

즉 조건없는 일방주의는 북한의 개혁과 개방을 유도할 수 없고 북한의 일방적인 기대수준만 높일 뿐이다. 따라서 남북경협은 남북한 모두의 이익을 증진시키는 호혜주의의 양방향 관계가 확립되어야 한다. 물론 남북한 간의 호혜주의는 동시성과 등가교환을 의미하지 않는다. 그러나 호혜주의는 상호존중의 정신과 신의성실의 원칙을 바탕으로 남북한의 교류와 협력이 이루어지며, 이는 북한의 개혁·개방을 지렛대로 작용할 수 있다는 점에서 호혜주의는 중요하다.

현재 개성공단 등 북한지역에서 진행되고 있는 남북협력은 북한의 배타적 행정권이 일방적으로 작동하는 환경 속에서 진행되고 있다. 북한의 배타적 행정권이 일방적으로 작동되는 환경 속에서 남북경협은 북한의 자의적 행정권이 발동되어 경협의 지속가능성을 낮추는 요인이다. 2013년 북한은 배타적 행정권을 일방적으로 작동시켜 개성공단의 가동을 일방적으로 중단시킨 경우에서 볼 수 있는 것처럼 배타적 행정권이 일방적으로 작동되면 남북경협의 지속가능성은 매우 낮아질 수밖에 없는 구조이다. 특히 북한에 의한 정치·군사적 긴장의 강도가 높아질 경우 경협중단의 위험성도 높아지는 것은 당연한 수순이다. 따라서 북한에 의한 배타적 행정권의 일방적 작동구조를 최소화하는 것이 관건이다. 이를 위해 북한경제를 동북아시아의 시장경제질서에 편입시켜 북한경제가 지역 경제권, 나아가 세계 경제와 소통하도록 유도해야 한다. 북한의 배타적 행정권이 작동되지 못하도록 불가역적인 시장경제질서에 북한경제를 편입시킬 경우 북한도 다양한 재화와 서비스 그리고 제도와 아이디어 등을 제공받을 수 있다는 점을 북한 측에 지속적으로 설득해야 한다.

북한이탈주민의 적극보호

북한주민이 탈북하는 근본적 이유는 억압과 인권유린, 빈곤 등과 같은 체제적 요인 때문이다. 현재 탈북민들은 자신이 처한 입장에 따라 '한국에 정착한 북한이탈주민', '해외에서 난민지위를 획득한 북한이탈주민', '중국 및 동남아시아 등에 체류하는 불법체류자의 신분' 등으로 구분할 수 있다. 우선 '한국에 정착한 북한이탈주민'을 위해 한국정부는 맞춤형 지원정책을 위한 적응프로그램을 운영하고 있다. 하지만 탈북자의 수가 급증하면서 지방자치단체와 시민단체가 협조하여 다양한 프로그램을 개발하고 있지만 많은 한계가 노정되고 있다. 특히 북한이탈주민이 한국사회에서 성공적인 정착은 '통일미래 역군'을 육성하고 실질적인 한반도 통일시대의 기반을 구축하는 지름길이라는 점에서 의미가 있다. 이런 측면에서 북한이탈주민이 한국사회에 성공적으로 정착하는 것이 '작은 통일'의 출발점인 것이다.

제3국에 체류하고 있는 북한주민들의 인권보호를 위한 관심은 상대적으로 적은 편이다. 이들에 대한 관심은 대량탈북이 발생한 경우나 해외체류탈북자가 북한정권의 공작에 의해 강제송환이 이루어지는 경우에 간헐적인 관심이 촉발되기도 하였다. 즉 이런 사건들이 발생하면 국제사회는 탈북자들의 인권을 보호하기 위해 국제난민레짐을 적극적으로 활용하는 방안을 모색해 왔다. 탈북자 인권보호를 위한 국제난민레짐은 제네바난민협약과 유엔난민기구 UNHCR: United Nations High Commissioner for Refugees 를 중심으로 이루어지고 있다. 탈북자에 대한 난민지위 부여의 문제는 단순히 인도적 위기와 관련된 문제만이 아니다. 난민인정과 지원활동은 수용국 정부가 난민신청자의 국적국과의 관계를 고려할 수밖에 없기 때문에 상당히 정치적인 의미를 지닐 수밖에 없다.[58] 탈북 후 제3국에 머무르고 있는 탈북자는 2012년 말 현재 전 세계에서 난민지위을 받고 체류하고 있는 탈북자 수는 1,099명이다. 탈북난민이 가장 많이 체류하고 있는 국가는 영국이며, 독일과 캐나다가 그 뒤를 잇고 있다.[59]

중국 및 동남아시아 등지에서 체류하는 불법체류자는 인권의 사각지대에 거의 방치된 상태이다. 특히 동북아의 국제정치질서를 고려하면 불법체류 탈북자의 난민인정과 인권보호는 효과적으로 이루어지기 어려운 것이 현실이다. 그리고 중국정부가 UNHCR의 탈북자에 대한 접근을 원천적으로 용인하지 않기 때문에 중국체류 불법탈북자의 인권보호가 어려운 것이 사실이다. 따라서 탈북자에 대한 중국정부 혹은 주변국 정부들이 이들을 난민으로 인정하지 않는 한 국제난민레짐에 의한 보호를 받기가 어렵다. 중국은 '난민지위에 관한 협약(1951)'과 '난민지위에 관한 의정서(1967)' 가입국임에도 불구하고 탈북자를 '난민'으로 인정하지 않고 있다. 그리고 북한은 중국과 1986년 체결한 '변경지역의 국가안전과 사회질서 유지업무를 위한 상호협력 의정서'에 따라 탈북자를 색출하여 북한으로 강제송환하고 있다.[60] 그렇다고 이들이 타국에서 인권유린의 상태를 마

---

58) 송영훈(2013), '북한인권과 UNHCR의 역할과 과제', 「유엔인권메커니즘과 북한인권」, 북한인권사회연구센터 편, 통일연구원, pp. 172-174.

59) 송영훈(2013), '북한인권과 UNHCR의 역할과 과제', 「유엔인권메커니즘과 북한인권」, 북한인권사회연구센터 편, 통일연구원, p. 193.

60) 송영훈(2013), '북한인권과 UNHCR의 역할과 과제', 「유엔인권메커니즘과 북한인권」, 북한인권사회연구센터 편, 통일연구원, p. 194.

냥 방치할 수는 없다. 이제라도 정부는 헌법정신에 따라 북한지역을 떠난 탈북자는 모두 대한민국의 국민이며, 대한민국이 이들을 보호하겠다는 의지를 천명하고 이들을 보호하기 위해 관련국들과 적극적으로 협력하여야 한다. 그리고 이들을 보호하기 위해 소요되는 재원은 한국이 부담하겠다는 의지도 천명하여야 한다. 또한 탈북자들이 몽골, 러시아 등지에서 정착하여 생활할 수 있는 정착촌을 만들고, 더 나아가 탈북자들의 자력생존기반을 마련하기 위한 산업기반을 조성하는데 적극 노력하고 재정부담도 하여야 할 것이다.[61]

---

61) 조영기 외(2014), 「한반도통일 플랜 B」, 한반도선진화재단, pp. 204-206

통일지향의 통일내교 · 통일외교

통일지향의 통일내교(內交)

'통일내교'란 통일을 하겠다는 국민의 통일의지를 한 곳에 결집하는 제반 과정이다. 즉 통일거부담론 내지 통일장애담론을 불식시켜 국민들에게 통일의 당위성과 필연성을 고양시키는 것이다. 통일거부담론을 불식시키는 것이 통일의지를 높이는 출발점이라는 점에서 통일내교는 매우 중요하다. 물론 통일의지를 결집하는데 해외동포도 예외일 수 없다. 한반도통일과정에서 해외동포들의 역할과 지원은 통일에 긍정적 요소로 작동되기 때문이다. 사실 통일거부담론은 우리의 통일의지를 훼손시킬 수 있을 뿐만 아니라 주변국에 한국은 통일할 의지가 없다는 나쁜 인상을 심어 줄 수 있다는 점이다. 그러나 '통일거부담론'은 통일에 대한 다양한 견해 중의 하나임에도 불구하고 일반론인 것처럼 확산·정착되는 것은 통일을 어렵게 하는 요인임이 분명하다. 즉 '통일거부담론'은 통일의 당위성에 대한 국민의 공감대를 희석시킬 뿐만 아니라 분단고착을 당연한 것처럼 받아들이게 한다는 점에서 불식되어야만 한다. 그리고 우리의 통일의지 뿐만 아니라 대한민국주도의 통일과정을 안정적으로 관리할 수 있는 능력도 배양해야

한다.[62]

사실 우리 사회에는 통일거부(장애)담론이 그럴듯하게 유포되어 있다. 우리 사회에 침투해 국민을 현혹시키는 '통일장애담론'은 ①북한의 정치적 무능을 은폐하기 위한 〈북한식 통일지상주의〉, ②천문학적 비용 때문에 통일후 삶의 질이 파괴될 것이라는 〈과도한 통일비용부담론〉,[63] ③이질화된 남북의 정치문화 때문에 통일 후 엄청난 혼란을 겪을 것이라는 〈통일한국의 치안불안론〉, ④제도적 통일을 미루고 남북관계를 개선해가는 언젠가는 통일이 될 것이라는 〈사실상 통일만족론〉, ⑤통일은 단계적으로 진행될 것이기 때문에 지금 준비하지 않아도 된다는 〈단계적 통일론〉 등이 있다. 이러한 주장들은 국민들에게 통일에 대한 부정적 인식을 심어주기 때문에 반드시 극복되어야 한다. 그래야만 '분단모드'에서 '통일모드'로 넘어가는 통일당위성을 새롭게 정립할 수 있다. 즉 우리의 인식은 '북한식 통일지상주의'는 파괴적 인식을 불식시키는 '생산적 통일론'으로, '통일비용부담론'은 '통일번영투자론'으로, '통일한국 치안불안론'은 냉전의식의 해체로 인한 '치안질서의 정상화론'으로, '사실상의 통일만족론'은 '분단고착에 대한 경계론'으로, '단계적 통일론'은 '상시통일준비론'으로 전환되어야 한다.[64]

---

62) 박세일(2013), 『선진통일전략』, 21세기북스, pp. 329-331.

63) 통일비용과 관련하여 고려되어야 할 점은 비용의 부담주체와 편익의 수혜주체이다. 우리 사회에서 통일비용의 부담주체는 한국이고 통일혜택의 수혜자는 북한이기 때문에 한국은 실익이 없다는 주장이 광범위하게 주장되고 있다. 이는 편견에서 비롯된 매우 잘못된 주장이다. 통일혜택은 당연히 통일한국 모두의 몫이며, 모두에게 기회의 창(窓)이라는 점이다.

64) 조영기 외(2013), 『한반도 블루오션, 선진통일』, 한반도선진화재단, pp. 219-220.

통일지향의 통일외교(內交)

'통일외교'란 한반도 관련 당사국에 대해 한국주도의 통일의 당위성과 의지를 알리고 설득하는 것이다. 통일외교에 포함하여야 할 내용은 불퇴전의 통일의지, 한국주도의 통일을 안정적으로 관리할 수 있는 능력, 한반도의 통일이 주변국에 이익이 된다는 사실, 북핵문제의 근원적 해결, 동북아의 평화와 번영을 위한 필수재 등이다.[65] 우선 한반도통일은 독일통일의 경험으로부터 많은 시사점을 얻을 수 있다는 점에서 독일통일의 경험, 시행착오에 대한 면밀한 분석이 필요하다. 독일통일이 한반도통일에 주는 시사점은 '재산권 반환이 아닌 보상의 원칙', '북한기술자 보호 및 활용', '통일 이후 건설, 토목, 공장, 설비 등 직접투자에 중점을 두고 정치적 포퓰리즘의 경계' 등이다.[66] 이에 대해 한국과 독일 정부간의 긴밀한 협력이 필요하다.

독일통일의 외교적 경험은 통일독일이 주변국 -헝가리, 영국, 프랑스, 폴란드-에 손해를 끼치지 않는다는 외교전략의 승리이다. 이는 한반도통일이 중국, 러시아, 일본 등 주변국에 절대로 손해가 되지 않는다는 논리의 개발을 통해 주변국을 설득하여야 한다는 것이다. 한반도통일을 위해 주변국과의 통일외교는 매우 중요하다. 통일외교의 축은 대미외교이다. 왜냐하면 한미관계는 지난 60년 이상 한미동맹을 바탕으로 꾸준히 성장해 왔고, 한미상호방위조약은 미국과의 안보동맹으로 국가 발전의 대들보

---

65) 박세일(2013), 『선진통일전략』, 21세기북스, pp. 329-333.

66) 조영기 외(2014), 『한반도통일 플랜 B』, 한반도선진화재단, pp. 318-321.

였다는 점 때문이다. 또한 한미관계는 정치, 경제, 군사 등 모든 분야에서 급속한 발전을 거듭해왔고 국경이 맞대고 있지 않다는 점에서 영토분쟁의 가능성이 낮다.

한반도통일 과정에서 중국과의 외교는 민감하다. 중국은 북한을 순망치한 脣亡齒寒의 역할을 기대하고 있기 때문이다. 대 중국 통일외교는 네거티브와 포지티브의 두 가지 트랙을 병행할 필요가 있다. 북한 급변사태를 가정할 때 중국의 대응여부는 한반도 미래에 대단히 중요하다. 통일의 기회가 공염불이 될 수도 있다. 중국은 한반도에 친중 통일조선[67]을 세우는 것을 염두에 두고 있을 가능성도 있다. 이런 상황 속에서 대 중국 통일외교는 모든 시나리오를 염두에 둔 전략이어야 한다. 무엇보다 한반도 통일이 중국의 이익에 부합할 것이라는 논리를 적극 개발해야 한다. 한반도 통일 과정에서 중국의 안보에 불이익이 되는 일이 생겨서는 안된다. 통일 후 한미동맹이 강화될 것에 두려움을 갖고 있다는 것으로 중국을 포함한 주변국들의 걱정을 잠재울만한 명확한 비전을 제시해야 한다는 주장이다.

북한이 혼란상황에 빠져서 대량의 탈북난민이 중국으로 유입되는 것도 방관할 수 없다는 것이다. 네거티브 전략은 중국이 한반도 통일을 방해하고 나설 때를 가정한 대응책이다. 중국의 동북공정은 심각한 역사왜곡으로 우리 민족은 절대로 방관하지 않을 것임을 대내외에 지속적으로 전달

---

67) 통일조선은 포스트 김정일 시대, 북한에 친중정권을 수립하고 친중정권으로 하여금 남한과 통일협상을 추진해 통일을 이룬다는 시나리오다. 통일한국과 대립되는 개념으로 통일한국이 자유민주주의와 시장경제를 전제로 하는 반면, 통일조선은 중국의 체제와 유사한 형태가 될 것이다. 사피오 (2006. 11. 8). 2006년 10월 6일 독일의 일간지 Die Welt 는 'Nordkoreas Heimliche Freunde'(북한의 비밀친구들) 이라는 제하의 북한 보도에서 중국, 러시아, 일본은 물론이고 남한 내에도 북한의 존속을 바라는 사람들이 다수 있다고 보도한 바 있다.

해야 한다. 분단 고착화나 북한 속국화 전략은 반중 정서를 자극해 중국의 발전을 저해할 것임을 분명히 해야 한다. 중국의 합리적인 지한파 학자들과의 학술적, 문화적 교류를 확대해 공감대를 넓혀가는 것도 중요하다.

대일외교는 대미외교와 함께 우리 외교의 중심이다. 일본은 세계3위의 경제대국으로 한반도 미래에 중국에 버금가는 영향력을 행사할 수 있다는 점에서 중시하여야 한다. 그리고 시베리아 개발은 해외로부터 많은 자본과 기술을 필요로 한다. 중국과 일본이 우리에 앞서 이 지역 개발에 뛰어들고 있으나 러시아 정부는 언제든지 우리의 진출을 바라고 있다. 한러 가스관 사업은 통일이 되면 가장 먼저 추진될 사업이 될 것이다. 이렇듯 통일된 한반도는 러시아와의 관계를 한단계 업그레이드 시킬 것임을 설명하고 러시아의 지원을 요청해야 한다. 중국 보다 러시아가 통일에 우호적인 점을 감안해 적절한 전략을 마련해야 한다.

공동체자유주의 세미나 요약

Post-2020 신(新)기후체제와 산업경쟁력
최광림 　(현) 산업에너지환경연구소 소장
　　　　(전) 지속가능경영원 환경기후전략실장

미래전에 대비한 군 구조 개편 방향
김종하　한남대 정치언론국방학과
　　　　국방전략대학원 주임교수

한반도 통일을 위한 플랜A와 플랜 B
천영우　한반도미래포럼 이사장

Post-2020 신(新)기후체제와 산업경쟁력

발제자 : 최광림 (현) 산업에너지환경연구소 소장

(전) 지속가능경영원 환경기후전략실장

일 시 : 2015년 6월 18일 오전 7시30분

장 소 : 국회의원회관 제3세미나실

■ **국가의 여건을 고려한 목표 달성 가능한 감축안 제시 필요**

: 상황을 현실적으로 재검토하고, 국제협상에 보다 적극적으로 임해야

- 1997년 교토의정서가 채택되면서 국제 기후변화 협상이 본격화 되었다. 이전에는 국지적으로 취급되던 환경문제를 국제적으로 다루기 시작하였다. 기후변화로 인해 지구촌은 그 동안 겪지 못했던 변화를 빠르게 느끼고 있다. 기후변화는 더 이상 한 국가가 해결할 수 있는 사안이 아니다. 국제협상을 통해 다함께 합의점을 찾아야 한다. 향후 20년 이상 기후변화 문제는 국제 환경이슈로 계속 다루어 질 것이다.
- 교토의정서는 2012년 만료 되었다. 이를 대체하기 위한 2009년 신新기

후체제 논의는 실패하였다. 2020년까지 교토의정서는 연장되었고, 2015년에 프랑스 파리에서 신기후체제를 다시 합의할 예정이나 장담하기 어렵다. 그 이유 중 하나는 선진국과 개도국 간의 입장 차이에서 비롯된다. 2009년에는 기후변화를 단순히 환경문제로만 다루었다. 대기권으로 올라간 이산화탄소(CO_2)가 온실효과를 만들어내고, 지구의 온도가 높아지는 것을 해결하기 위해 각국의 CO_2 배출량을 줄이고자 하였다. 이제는 상황이 바뀌었다. 선진국의 CO_2양이 전 세계에서 차지하는 비중이 매우 작다. CO_2를 감축하기 위해선 중국, 인도, 브라질 등 배출이 많은 나라들을 포함시켜야 한다. CO_2배출은 산업구조와 관련이 깊다. 제조업 중심 국가와 금융업 중심 국가는 확연히 다르다. 제조업은 에너지를 사용해야 하므로 CO_2 발생이 많다. 이를 감축하기 위해서는 제조업 비중을 축소시키는 방법 밖에 없다. 지속적인 성장을 해야 하는 개도국들이 반발하는 이유이다.

- 교토체제와 신기후체제의 차이는 뚜렷하다. 교토체제 내에서 선진국은 CO_2 배출을 의무적으로 감축해야 하지만, 개도국은 자발적으로 참여하고 감축한다. 선진국은 2008~2012년에 CO_2 배출을 1990년 대비 평균 5.2% 감축하는 의무가 있었다. 반면, 신기후체제는 개도국을 포함한 모든 당사국들이 자발적인 감축목표를 제시하고 참여하는 방식이다. 교토체제에서 당사국들은 자국의 경제적 유불리에 따라 협상에 참여하였다. 전 세계 온실가스 배출량의 약 22%를 차지하는 중국을 비롯한 세계 온실가스 배출량 상위 5개국은 교토의정서 2차 공약기간에 불참하였다. 선진국과 개도국 모두 자국의 경제성장을 고려하였고, 적극적으로 감축이행 약속을 하지 않았다. 2020년 이후 신기후변화체제는 선진국과 개도국이 모두 참여하는 단일체제를 도입하는 것으로 합의하였다. 2015년까지 당사국들에

게 2020년 이후 감축목표 제출을 요청하였다. 최근 우리나라도 2030년 감축목표를 얼마로 한 것인가에 대한 다양한 의견이 있다. 감축목표 설정은 우리의 상황을 있는 그대로 검토하고, 국익에 적합한 방향으로 해야 한다.

- 금년 10월까지 모든 당사국이 감축목표안을 제출해야 한다. 현재 스위스를 시작으로 미국, EU, 러시아, 캐나다 등 39개국이 제출하였다. 이들 국가의 CO_2 배출량을 합하면, 전세계 배출량의 약 35%를 차지한다. 미국은 2025년까지 2005년 대비 26~28%를 감축하겠다는 입장을 밝혔다. 미국은 CO_2 감축에 매우 소극적이었으나 셰일가스 혁명이 일어나면서 적극적으로 태도를 바꿨다. 셰일가스를 사용할수록 미국경제는 번성하고, CO_2 배출량은 줄어들기 때문이다. 우리나라는 6월말까지 감축목표안을 제출할 예정이다. 금년 12월에 파리 당사국총회에서 각국이 제출한 감축량이 지구온도를 낮추겠다는 목표를 달성할 수 있는지 판단하고 최종 확정할 것이다.

■ 산업경쟁력을 키울 수 있는 기후변화 정책 마련 필요

: 배출전망치와 실배출량 격차 점차 확대…감축목표, 과도한 수준
: 철강 등 우리나라 온실가스 다배출제조업 에너지 효율은 세계 최고 수준

- 2009년에 우리나라 정부는 2020년 BAU 대비 30%를 감축하겠다고 발표하였다. 2010년 저탄소녹색성장기본법에 따라 제도를 도입하였고,

배출권거래제를 올해부터 시행하고 있다. 올해 2030년 국가 감축목표를 제출할 예정이다. 이해관계자인 정부, 산업계, 시민단체는 계속해서 대립하고 있다. 정부는 국제사회에 공표한 감축목표를 달성할 필요가 있다고 주장한다. 반면, 산업계는 현실을 고려해 감축목표를 조정하고 국제적인 흐름에 따라 정책을 추진해야 한다는 입장이다. 시민단체는 보다 공격적인 감축목표를 시행해 글로벌 차원에서 모범을 보여야 한다고 말한다.

- 〈그림1〉 그래프는 우리나라 정부가 온실가스 배출량을 전망한 것이다. 2020년에 776만 톤의 CO_2 배출을 예상하고 있다. 감축목표(회색 선)인 543만 톤과 상당히 차이가 있다. 2009~2010년 CO_2 배출량이 실제로 급증하였다. 정부가 예측한 수치와 산업계의 실제 배출량과는 크게 차이가 난다. 산업계는 현재 우리나라 경제성장률이 3~4%를 유지하면서 CO2 배출량이 급증하고 있어서 정부의 예측대로 CO_2 배출량을 줄인다면 경제성장에 큰 타격을 줄 것이라고 주장한다.

〈그림1〉   〈그림2〉

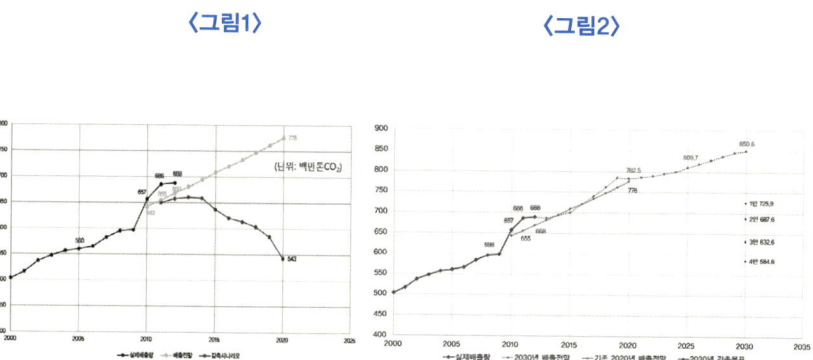

- 2030년의 감축목표는 850.6백만 톤 대비 14.7~31.3% 감축하는 것이다〈그림2〉. 하지만 1~4안 중 어느 것을 선택하더라도 2020년의 목표 배

출량보다 많다. 시민단체에서 반대하는 이유 중 하나다. 2030년 감축목표별 감축수단을 보면, 1안이 가장 부담이 적다. 감축수준은 2012년 대비 5.5%만큼 더 배출하며, GDP는 0.22% 감소한다. 2안에서는 원전 36기를 도입한 것으로, 1안의 감축수단을 포함해 석탄 화력을 축소하고, 건물관리시스템과 자동차 연비 규제가 적용된다. 2안의 경우 GDP는 0.33% 감소한다. 3안에서는 2안의 감축수단에 원전 비중을 확대한다. 또 CCS를 도입하고 그린카를 보급하며 대규모 재정지원과 비용부담이 수반된다. GDP는 0.54% 감소된다. 4안의 경우 원전을 더 많이 추가해 국민의 수용성이 가능할지 의문이 든다. GDP는 0.78% 감소된다.

- 감축수단에는 에너지 효율 향상, 연료 및 원료 전환, 신재생에너지 확대, CCS 및 CO_2 자원화 등 4가지 방법이 있다. 에너지 효율 향상은 투자금액 대비 감축효과가 적다. 연료 및 원료 전환으로 미국의 셰일가스 혁명을 들 수 있다. 상당부분 대체연료이지만, 일회성 효과에 그친다. 신재생에너지는 경제성으로 인해 대량보급에 한계가 있다. 물론 신재생에너지를 화력발전과 같은 단가로 생산하는 나라가 있으나 우리나라에서는 어렵다. 위 3가지 방법이 어렵다면, 발생한 CO_2를 유전층 혹은 가스층에 묻었다가 필요할 때 재자원화하는 방법뿐이다. 하지만 2020년 이전에 기술 사용화 가능성이 없고 누출에 따른 안전성 문제가 존재한다. 4가지 감축수단은 생산비용을 상승시켜 제품가격을 올리고 수출 경쟁력을 저하시키는 문제가 있다. 산업계는 단순히 환경문제로 볼 것이 아니라 경제문제로 바라봐야 한다고 주장하는 이유이다.

- 우리나라의 철강, 석유화학, 디스플레이등 주력산업들은 지속적인 감축

활동을 통해 세계 최고 수준의 에너지효율을 달성하고 있다. 생산량 대비 에너지 효율은 높지만, 부가가치 대비 에너지 효율은 낮다. 이는 우리나라 제품의 국제가격이 낮음을 보여준다. 부가가치 대비 에너지 효율을 높이기 위해 수출 협상 과정에서 적합한 제품가격이 책정되어야 한다. 산업계 혼자 할 수 있는 일이 아니므로 경제 주체가 다 같이 힘을 모아야 한다.

■ **제조업 성장세 지속···온실가스 배출량 정점에 대한 정책적인 결정 필요**

: 주요국 온실가스 배출량 정점(Peak)을 기준으로 감축목표 세워

- 온실가스 감축목표는 다양한 관련 정책의 종합적인 결과물이다. 자국의 온실가스 배출 수준, 에너지정책, 감축기술 발전 추이, 산업경쟁력 등을 종합적으로 고려해 현실적으로 달성 가능한 수준으로 수립해야 한다.

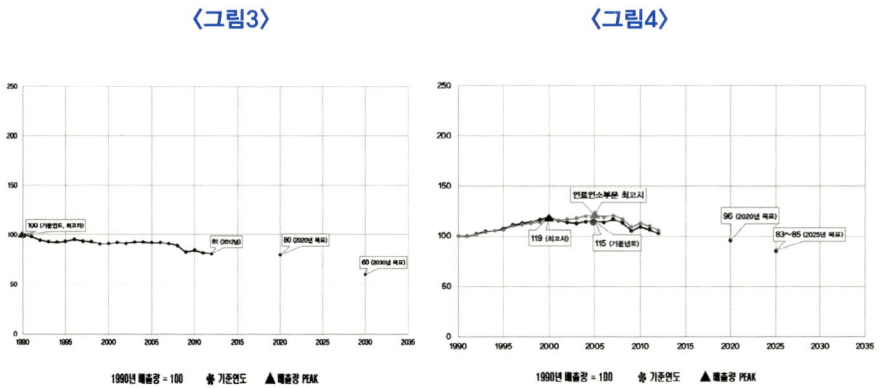

- EU〈그림3〉는 자국의 경제성장과 감축여건을 고려해 배출량 정점(Peak)을 기준으로 감축을 추진하였다. 2030년까지 1990년 대비 40% 감축목표를 밝혔다. 온실가스 배출이 가장 많았던 1990년을 기준으로 감축목표를 세운 것이다. 1990년 이후 제조업 비중이 낮아지면서 배출량의 정점에서부터 30~40년 동안 감축하겠다는 계획이다. 미국〈그림4〉도 경제성장과 감축여건을 고려해 CO_2 배출량 Peak를 기준으로 감축계획을 세웠다. 미국은 2025년까지 2005년 대비 26~28% 감축을 계획했으며, 연료 연소부분 배출량이 가장 많았던 2005년을 기준으로 설정하였다. 셰일가스를 사용하면서 CO_2 배출량이 점차 줄어들고 있다. 일본은 2030년까지 2013년 대비 26% 감축을 목표로 세웠다. 현행 통계상 온실가스 배출이 가장 많은 2013년을 기준으로 정했다. 2005년을 CO_2 배출량의 정점으로 보았으나 2011년 원전사고 이후 다시 증가했기 때문이다. 일본은 원전 발전 비중을 정상화시켜 감축하고자 한다. 중국은 2030년에 CO_2 배출량이 정점일 것이라고 예측하며 2030년 이후에 배출량을 감축하겠다는 입장을 보였다. 중국의 제조업 에너지양이 정점을 보인 후에 어떠한 산업구조로 바뀔 것인지는 우리나라의 산업구조 변화에도 영향을 줄 것이다.

- 우리나라의 제조업 비중은 31.1%로 중국과 독일보다 앞선 세계 1위다. 에너지다소비 제조업 비중도 5.5%로 세계 최고 수준이다. 우리나라의 제조업은 지속적으로 성장하고 있다. 우리나라의 CO_2 배출량 정점의 시기는 언제일까? CO_2 배출량은 지속적으로 증가하고 있어 아직 정점이 정해지지 않았을 뿐만 아니라 예측도 어렵다. CO_2 감축목표를 정할 때, 에너지 사용량이 Peak인 부분을 살펴보고, 에너지다소비산업구조에서 에너지저소비산업구조로 바뀌는 시점과 일치하는지 비교해봐야 한다. 현재 국제

사회에 제출하는 각국의 목표는 바로 확정되는 것이 아니라 평가와 협상을 거쳐 강화될 여지가 충분히 있기 때문에 전략적인 선택이 필요하다.

미래전에 대비한 군 구조 개편 방향

발제자 : 김종하 한남대 정치언론국방학과/국방전략대학원 주임교수

일 시 : 2015년 9월 23일 오전 7시30분

장 소 : 국회의원회관 제3세미나실

I. 서론

한국군은 6.25 전쟁이후부터 지금까지 준비 및 방어, 두 단계에 주로 초점을 둔 군사력 운용하고 있다. '작전계획 5027'(북한과의 전면전 대비), '작전계획 5029'(북한의 급변사태 대비), '평시작계'(북한의 국지도발 대비) 등을 통해 방어, 공세 및 안정화, 평시도발에 대한 대비책을 개념적 차원에서 구축해 놓고 있다.

그러나 실제 군사력 배비와 운용내용, 지상·해상·공중 무기체계 획득 내용을 보면, 주로 준비/방어에 초점을 두고 있고, 공세작전 수행에 필요한 전력의 대부분은 미군에 의존하고 있다. 지금처럼 준비 및 방어중심의 군사전략과 그것을 뒷받침하는 군 구조만 유지할 경우, 실제 전쟁 시, 방

어에서 신속히 전환해 공세 및 안정화 작전을 수행하기가 어렵게 될 것이다. 2015년 8월, DMZ 목함지뢰 도발사건으로 북한이 준전시상태를 선포하던 기간 동안, 미美핵심전력(예: 항공모함) 및 증원전력이 적기에 동원되지 못했던 사례가 이를 증명하고 있다.

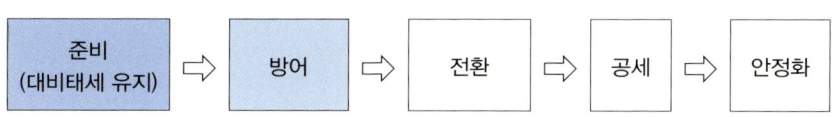

최근 한미는 작계 5027, 작계 5029, 평시작계, 북한 핵·미사일 등 대량살상무기, 사이버전, 생화학전에 대비한 계획을 종합한 '신新작전계획 5015'를 수립해 놓고 있지만, 전면전 발발 시, 그것을 실행에 옮기는 것은 쉽지 않다.

따라서 전쟁발발 시 증원전력을 포함한 주한미군이 보유하고 있는 전력을 제도·운용적 측면에서 확실하게 보장받는 것이 필요하고, 한국군 자체적으로 방어에서 전환해, 공세 및 안정화 작전을 곧바로 수행할 수 있는 군사전략과 그것을 뒷받침하는 군 구조 및 전력체계를 갖추기 위해 노력해야 하는 것이다.

핵심은 북한의 도발과 동시에 북한이 핵 및 생화학무기 사용 검토를 하지 못할 정도로 신속하게 공세로 전환, 전장형성을 평양 또는 그 주변지역으로 확산시키는 것이다. 이런 공세방어전략을 제대로 실행에 옮기기 위해서는 작전부대를 새롭게 개편해야 한다. 군사력 사용에 대한 대응작전환경과 각각의 환경에 부합되는 다양한 수준의 군사력 규모를 판단하면서 작전부대를 혁신적으로 개편하는 것이다.

작전환경에 부합하는 군 구조(작전부대)

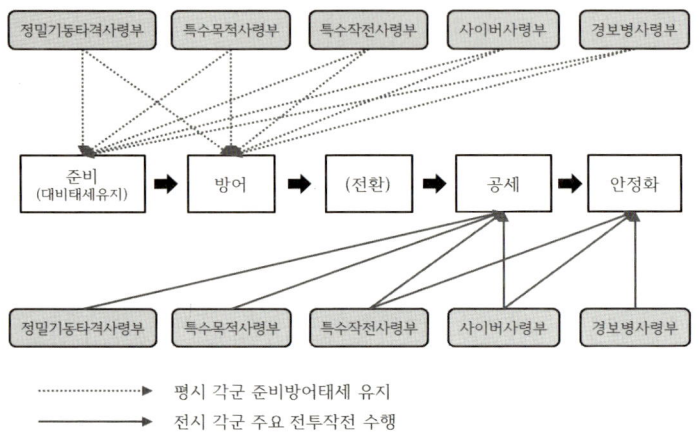

평시에는 전력증강의 효율성을, 전시에는 준비(대비태세 유지)→ 방어 → 전환 → 공세 → 안정화에 이르는 각 작전환경에서 전력발휘의 효율성을 극대화하는 구조로 개편하는 것이다.

a. 정밀기동타격사령부(육/해/군 합동군사령부)

준비 및 방어작전 수행 시, 북한의 군사적 위협을 억제하고, 공세작전 수행 시 반격을 통해 북한군을 무력화시키고, 신속하게 북한지역을 점령/수복하는데 가장 핵심적 역할을 수행하는 중추부대

	구 성	병력충원
정밀기동 타격사령부 (4성급)	**육군:** - 제7기동군단: 수도기계화사단, 제20기계화보병사단 - 제11기계화보병사단(화랑부대) - 제1군단: 제30기계화보병사단(필승부대) - 제5군단: 제8기계화보병사단(오뚝이 부대) - 제6군단: 제26기계화보병사단(불무리부대) - 항공작전사령부 - 미사일 사령부 **해군:** 작전사령부(1, 2, 3 함대사령부, 잠수함사령부) **공군:** - 작전사령부 (북부, 남부전투사령부, 방공유도탄사령부, 방공관제사령부)	전문병사제

b. 특수목적사령부(해병대사령부)

해상기지를 기반으로 전투력을 바다로부터 육상으로 투사하는 상륙작전을 비롯한 기습·수색 등 다양한 작전을 수행하는 부대

	구 성	병력충원
특수목적사령부 (3성급)	해병대: 1사단, 2사단, 1여단	전문병사제

c. 특수작전사령부

정밀기동타격사령부의 공세작전 능력을 지원·보완하고, 비재래식/비정규전에서도 효과적인 작전을 수행하는 역할과 임무를 수행하는 부대

	구성	병력충원
특수작전 사령부 (4성급)	육군 – 특수전사령부 – 제2군사령부 예하 201, 203 특공여단 – 군단직할 특공연대 (수도군단 특공연대(700), 701, 703, 705, 706 특공연대, 7강습대대, 8특공대대)	전문병사제

d. 사이버사령부

준비 → 방어 → 전환 → 공세 → 안정화 작전에 이르는 각 작전단계에 걸쳐 적의 물리적·사이버적 공격에 즉각 대응해 요격·차단할 수 있는 정밀교전 및 방호에 필요한 반정보전 임무를 수행하는 부대

	구성	병력충원
사이버사령부 (3성급)	· 사이버사령부 · 국가정보원 · 경찰청 사이버테러 대응센터	전문병사제

e. 경보병사령부

준비 및 방어작전 수행 시, 휴전선 155마일과 해안경계 임무를 수행, 공세 및 안정화 작전수행 시, 특수작전사령부과 함께 안정화 작전 임무를 주로 수행하는 부대

	구성	병력충원
경보병사령부 (4성급)	· 육군 - 1군 사령부 (강원도 지역 2, 3, 8 군단) - 2군 사령부 (충청, 전라, 경상도 지역 9, 11 군단) - 3군 사령부 (경기도 지역, 1, 5, 6, 7군단)	징병제

한반도 통일을 위한 플랜A와 플랜B

발제자 : 천영우 한반도미래포럼 이사장

일 시 : 2015년 9월 3일 오전 7시30분

장 소 : 국회의원회관 제3세미나실

■ **국제사회로부터 핵보유를 인정받는 게 북한 생존의 핵심**

: 핵 능력 현 수준 동결 조건에서 평화협정 체결과 경제 지원 확보하려 해

- 플랜A와 B를 논의하기에 앞서 북한의 생존전략이 무엇이고, 북한체제의 운명을 결정짓는 요소들에 무엇이 있는지 짚어봐야 한다. 우선 북한의 생존전략 중 중요한 부분은 김정은의 핵·경제 병진노선이 성공해 안보와 민생문제를 동시에 해결하는 것이다. 안보와 민생문제 어느 것 하나 선택해서 해결하기는 쉽지 않다. 이 두 문제를 해결하기 위해서는 주변국의 도움이 필요하다. 북한은 핵무장 수준으로까지 지위를 격상시켜 경제정책과 민생문제를 풀려고 한다. 핵무장은 김정일 때부터 해왔지만 그때와 다른 점이 있다. 김정일 때는 북한 주민들이 굶더라도 핵만큼은 가지고

있어야한다고 생각했다면, 지금은 핵을 갖는 것도 중요하지만 경제발전을 하지 못한다면 미래가 없다고 본다. 북한이 경제중시 정책을 추진하기 위해서는 몇 가지 전제가 필요하다. 우선 남한이 북핵 용인 정책으로 바뀌어야하고, 대북심리전을 중단해야한다. 그리고 5·24조치와 국제사회의 대북제재를 해제해야하며 금강산관광도 재개해야 한다.

- 북한은 대외적으로 핵보유 용인을 전제로 남북회담, 미북회담, 6자회담을 개최하려 한다. 북한이 적극 개최하려하지만 다른 국가들은 응하지 않는다. 이유는 그 전제가 잘못됐기 때문이다. 북한은 비핵화 대신 핵 능력을 현 수준에서 동결하는 조건에서 평화협정 체결과 경제·에너지 지원을 확보하려 한다. 핵 보유 용인을 전제로 하는 협상에 진전이 없자 북한은 장거리 미사일 발사 준비 태세를 과시했다. 그리고 미국 전문가들을 초청해 핵 물질 보유를 보여주기도 했다. 국제사회에 북한의 핵 방지보다는 더 이상 핵 증강과 고도화를 막아야한다는 여론을 만들기 위해서다. 북한의 핵 보유를 국제사회에 인정받는 것이 북한 생존의 핵심이다.

■ '김일성 교(敎)' 신앙심 약화가 북한 미래 결정 요인

: 북한의 내부결속용 국지도발이 오히려 김정은 신뢰성 치명타 될 수 있어

- 북한체제의 미래결정 요인 중 북한 주민들의 '김일성 교(敎)'에 대한 신앙심은 중요한 요인이다. 우리의 확성기 정책의 실효성은 최근 북한의 태도에서 확인되었다. 북한에게 중요시 되는 신앙심을 무너뜨릴 수 있기

때문에 북한의 반발이 우리의 생각보다 강했다. 이처럼 외부 세계에 대한 정보, 시장의 확대, 빈부양극화 심화가 김일성 교에 대한 신앙심과 김정은에 대한 충성심 약화, 민심이반을 초래할 가능성이 있다. 체제의 운명을 좌우할 요인인 것이다.

- 북한 엘리트들의 충성심과 결속력 또한 큰 변수다. 빈번히 발생하고 있는 숙청과 지도부 교체가 단기적으로 김정은의 권력 장악력 강화에 도움이 될 수 있지만, 장기적으로는 상당한 리스크(Risk)가 된다. 엘리트층은 자신이 현재는 체제의 핵심일지라도 언제 무슨 일이 일어날지 모른다는 생각 때문에 불만 누적과 분열을 초래할 수 있다. 북한 내부에서 권력투쟁이 발생하거나 내부 사정이 복잡해질 경우, 김정은은 이를 해결하기 위해 대남 국지도발로 내부결속을 다지려 할 가능성이 있다. 국지도발에 대한 우리의 응징 수위에 따라 김정은의 권위와 신뢰성에 치명적인 타격이 될 가능성이 크다. 따라서 북한은 군사적 모험주의에 대해 신중히 행동해야 한다.

- 대외적인 측면에서는 중국, 대한민국, 미국의 대북정책이 중요 변수다. 정책 변경은 이해관계의 변화에서 오는 것이지만, 둘 사이에는 시차가 있다. 그 예로 현재 중국과 북한의 외교관계가 냉각되어 변화가 있을 것 같지만 중국의 대북정책에는 아직 변화가 없다. 그럼에도 북한이 핵실험과 미사일 발사 등으로 중국의 전략적 이익을 해치는 일을 계속하게 된다면 중국 지도층 내의 분위기가 바뀌어, 중국의 대북정책이 변할 수 있다. 이는 중국에게 한국의 전략적 가치가 상승하게 되어 중국의 대(對) 한반도정책 변화의 요인으로 작용할 것이다. 한국의 경우 북한의 핵·경제 병진 노선의 성공을 도와주

느냐, 체제 변화와 비핵화를 위한 공세적, 적극적 대북정책을 추진하느냐에 따라 대북정책이 변화하게 될 것이다. 미국의 경우는 북한에 대한 집중력, 포괄적 대북제재 법안의 향배가 핵심 변수가 된다.

■ 통일 후 안정화 정책 주무부처 국방부로 이관시켜 연습해야

: 당 중앙위 결정에 의한 김정은 축출 가능성도 배제 못해

- 북한 체제변화 시나리오 중 사람들이 잘 생각하지 못하는 부분은 북한 노동당의 결정에 의한 김정은 축출의 가능성이다. 북한의 의사결정 과정을 보면 1당 독재체제 방식으로 인사, 정부 정책 등 모든 중요한 결정은 당 중앙위원회에서 이뤄진다. 북한 김정은도 소련의 후르시초프의 실각 때와 같이 될 가능성이 있다. 현재 김정은 체제의 공포 분위기에서 그럴 확률은 낮지만, 지도부 내 공멸 위기의식으로 인해 김정은 축출이라는 자구책 모색으로 이어질 가능성을 배제할 수 없다.

- 폭동, 내란으로 김정은 체제의 붕괴가 있을 수 있지만, 그것이 북한 체제 붕괴로 이어지지 않을 수도 있다. 시리아 사례처럼 무자비한 진압으로 대규모 유혈사태가 발생하더라도 외부의 군사개입이 없으면 상당기간 폭압 통치가 지속될 가능성이 있다. 만약 김정은이 축출되고 나서 새로운 정치세력이 등장하더라도 상황 수습에 실패하고 공권력이 마비될 가능성이 있다. 하지만 이는 김정은 체제의 붕괴와 북한의 소멸은 별개다. 체제 붕괴 이후 새로운 체제 하에서 북한의 존속가능성이 있기 때문에 통일을

위해서는 국가붕괴를 전제로 해야 한다.

- 플랜A라는 것은 남북합의서를 통한 자유민주 정부를 구성한다는 것이다. 만약 플랜A를 할 수 있다면 이를 선택하는 것이 좋다. 유혈사태가 발상하지 않기 때문에 가장 이상적인 방안이다. 하지만 이러한 상황이 발생하기 위해서는 북한 김정은 체제가 안정화가 되어야 하고, 핵·경제 병진 노선이 성공하여 북한 자체가 안정화가 되어야 한다. 하지만 이러한 상황일 때 북한이 남북의 평화적 통일을 할 이유가 없다.

- 합의통일은 불가능하다. 통일을 한다는 것은 자신의 기득권을 포기해야하기 때문이다. 이 상황이 가능하기 위해서는 김정은 체제가 북한 내부의 사태를 수습하지 못하고, 북한 체제가 실존적 위기에 몰린다면 모든 것을 다 잃는 것보다 일부라도 자신의 이득을 취할 수 있는 방법을 찾으려 할 것이다. 또 한 가지 가능성은 김정은 다음의 후속 체제가 들어섰을 때 이전 정부의 정책 실패를 인정하고 그 토대 위에서 새로운 정부가 구성되는 것이다. 북한의 미래를 위해 핵도 포기하고 남한의 도움을 받아 내부의 여러 문제를 해결하려는 후속 체제가 들어온다면 평화 통일에 대한 기회의 창이 열릴 것이다.

- 플랜B를 생각할 때 가장 중요한 것이 남북기본합의서이다. 또 급변사태가 일어났을 시, 적용할 법적 논리를 일관성 있게 정해야 한다. 남북이 UN에 동시 가입한 이후, 국제적으로 한반도에는 두 개의 정부가 존재한다. 하지만 국내법상으로는 북한은 우리의 영토 중 일부이다. 남북기본합의서에 남북관계는 서로를 국가 관계가 아니라 통일을 할 때까지 하나의

잠정적인 특수 관계다. 북한은 우리에게 있어서 무허가 지방자치단체고, 북한에게 있어서도 우리 또한 무허가 지자체다. 북한의 자치능력 상실은 중앙 정부의 행정권 접수의 근거가 된다. 북한 급변사태 시 우리가 군을 보내려 할 경우, 북한은 우리에게 무허가 지자체이지만 미국 등 다른 나라에게는 별도의 주권국가로 간주된다. 한국은 안전보장이사회의 승인 없이 국내법과 남북기본합의서를 근거로 안정화를 위한 군사개입 권리를 주장할 수 있겠으나, 미국은 자위권 범위 내에서만 행동이 가능하다. 자위권의 범위를 벗어나는 안정화 작전은 한국군 단독으로 실행하되 핵·미사일 제거 작전은 자위권 행사 차원에서 한미 공동으로 시행한다. 자위권은 북한의 공격이 임박했거나 북한 내 핵무기 지휘통제 체제가 붕괴했거나 또는 핵무기 사용 위험이 증가할 때 발동 요건이 충족된다. 이러한 상황에서 효율적인 안정화 작전을 수행하기 위한 군사력과 군사적 역량이 중요하다. 최단 시일 내 안정화 달성을 위한 작계 수립과 훈련이 필요하다. 현재 통일 후 안정화에 관한 주무부처가 통일부로 되어 있지만 국방부로 이관해야 한다. 군사작전과 행정권 접수, 긴급구호, 인도적 지원 등 제반 임무의 효율적 통합 및 지휘통제 조정시스템 구축과 점검을 실시하는 안정화 훈련을 주기적으로 해야 한다.

- 통일이 되기 전에 북한을 통일 행정·경제특구로 지정하는 특별법 제정이 필요하다. 북한과 통합 과정이 완료 될 때까지 북한에 임시 체제가 있어야 한다. 특히, 북한 토지에 대한 구 소유자와의 법적 분쟁소지 제거와 통화 통합 여부 및 방법을 제정해야 통일 비용을 줄일 수 있다.

- 북한주민에 대한 인도적 구호, 대규모 탈북 또는 국내이동 최소화 대

책을 미리 마련해야한다. 통일이 되고 난 이후에 긴급식량 수송, 배급망 구축, 긴급 보건의료체제를 수립하는 건 너무 늦다. 또한 북한 주민들에게 일정 부분의 토지와 주택을 나눠주는 등 주민들을 거주지에 묶어둘 방안을 강구해야한다. 북한주민들이 대규모로 남한에 온다면 사회 혼란이 발생할 수 있다. 통일 이전에 사전 수립한 국토개발종합계획에 따라 북한 지역에 인프라 건설공사 등을 동시다발적으로 즉각 시행한다면 북한주민들의 생계안정을 위한 대규모 일자리가 창출 될 것이다. 미리 준비되지 않는다면 통일 비용이 급격히 증가하게 될 위험이 있다.

– 통일외교 전략 중 중요한 것은 중국의 개입을 막는 것이다. 그러기 위해서는 미국이 필요하다. 미국이 얼마나 중국에게 강력한 태도를 보이느냐에 따라 억제할 수 있을 것이다. 과거에는 미국과 중국이 관계가 없어서 제재를 하지 않았지만 이제는 모든 나라들과 관계를 갖고 있기 때문에 제재의 필요성이 있다. 통일이 미국의 동아시아 전략과 핵심이익에 부합된다는 확신을 줘야 통일에 대한 미국의 확고한 지지를 얻을 수 있다.